企业战略管理

QIYE ZHANLUE GUANLI

(第二版)

胡大立 主编

南京大学出版社

图书在版编目(CIP)数据

企业战略管理/胡大立主编. —2版. — 南京：南京大学出版社，2021.6(2022.8重印)
ISBN 978-7-305-24559-6

Ⅰ.①企… Ⅱ.①胡… Ⅲ.①企业战略－战略管理－高等学校－教材 Ⅳ.①F272.1

中国版本图书馆CIP数据核字(2021)第113858号

出版发行	南京大学出版社
社　　址	南京市汉口路22号　　邮　编　210093
出 版 人	金鑫荣

书　　名 企业战略管理
主　　编 胡大立
责任编辑 尤　佳　　　　编辑热线　025-83592315
照　　排　南京南琳图文制作有限公司
印　　刷　南京百花彩色印刷广告制作有限责任公司
开　　本　787×1092　1/16　印张 19.75　字数 456 千
版　　次　2021年6月第2版　2022年8月第2次印刷
ISBN 978-7-305-24559-6
定　　价　49.50元

网址：http://www.njupco.com
官方微博：http://weibo.com/njupco
微信服务号：njuyuexue
销售咨询热线：(025) 83594756

* 版权所有，侵权必究
* 凡购买南大版图书，如有印装质量问题，请与所购图书销售部门联系调换

前　言

战略,古称谋略、韬略,为军事用语,是关于战争的艺术和部署。随着人类社会实践的发展,后来将战略思想运用到企业经营领域,形成"战略管理"。

进入21世纪以来,全球化进程不断加快,信息技术日新月异,以及知识经济迅速发展,给企业带来了前所未有的压力和挑战,战略管理的重要性日益凸显。面对这样的经营环境,企业的兴衰成败更多地取决于战略管理者高瞻远瞩的科学决策,取决于企业所处的行业结构和企业的核心竞争力。世界的多变性和环境的复杂性,对企业提出新的要求。任何企业要实现长期的可持续发展,就必须重新审视战略管理的多项要素、前提条件及业务基础。只有运筹帷幄,才能决胜千里。今天,企业遇到的挑战和机会比以往任何时候都要大。战略管理作为研究企业未来发展方向、界定企业经营范围、寻求可持续竞争优势的一门学科,越来越受到我国广大学者和企业界人士的高度关注。

战略管理的研究已有几十年的历史,并于20世纪80年代在西方国家出现"战略热",战略管理成了企业管理理论研究的前沿领域之一。战略管理是现代企业的灵魂,实践证明:科学地制定战略并有效地实施,是适应环境变化、打造核心能力、实现可持续发展的关键。近十年,我国关于战略管理的研究和探索也不断兴起,各大专院校也相应地开设了战略管理这一课程。

目前,国内外战略管理方面的读物和教科书应该说是应有尽有,但是,从我们从事战略管理教学的实践经验来看,要找到一本适合中国企业、操作性强的教科书实属不易。从这个需求出发,我们试图编写这样一本教科书:力求结合我国市场经济发展现状,吸收国内外优秀理论的精华,总结作者多年来从事战略管理教学和研究成果,向读者提供一本能让教师易教、学生好学,能使基本原理和实践相结合,能为解决我国实际战略管理问题提供参考的教科书。

本书最大特色是:篇章分明、浅显易懂;名言警句、切入性强;内容充实、丰富有力;互联时代、模式创新;古今中外、影响力深;案例导向、实战性强。借助深入浅出的编写风格,广泛引用丰富的案例,通过大量的模型和方法进行详细阐述,让读者对战略理论与实践应用更加容易掌握,并且启发读者将战略管理理论创造性地应用到未来的管理实践中。同时,密切关注当今互联网和大数据时代给企业带来的经营环境变化,以及经济新常态、工业4.0给企业带来的机遇与挑战,据此探讨企业如何根据变化的经济技术环境进行相应的战略调整及商业模式创新。

本教材是在广泛吸收国内外优秀教材和最新研究成果基础上形成的。在编写过程中吸收和使用了国内外现有的优秀教材的精华内容,在此,对所有作者一并表示感谢。同时,本书在编写过程中,得到了南京大学出版社的支持和帮助,在此表示衷心感谢。

本书是集体合作的结晶。本书大纲由胡大立、伍亮拟定,全文由胡大立总撰,各章节由各编写人员分工完成。具体分工如下:胡大立、杨晓玲、潘淑清(第八章);伍亮(第一、九、十、十一章);肖唐辉(第二、三章);宋冬雪(第四、七章);邓琳秋(第五、六章);项招阳、徐建阳(第十二、十四章);余兴邦(第十三章);邓舒敏(第十五、十六章)。

尽管我们为本书做出了很大的努力,但由于战略管理本身博大精深,涉及的知识领域广泛,加之时间仓促、编写者学识有限,因而本书中难免会存在诸多疏漏与不当之处,恳请广大读者和专家批评指正。在此,我谨希望本书能起到抛砖引玉的效果,为我国管理理论和实践的发展、繁荣尽到应有的责任。

胡大立
2021 年 5 月

教学资源下载

目　录

第一篇　导论——敲开战略管理之门

第一章　战略与战略管理 3
  第一节　企业战略的概念 4
  第二节　战略管理的本质 8
  第三节　战略管理的层次 11
  第四节　战略管理的过程与模式 14
  第五节　战略管理理论的发展 19

第二篇　战略分析——识别企业战略之境

第二章　外部环境分析：机遇、威胁和竞争对手 27
  第一节　企业外部环境概述 28
  第二节　企业宏观环境分析 30
  第三节　产业环境分析 35
  第四节　竞争对手分析 40
  第五节　外部环境评价技术 43

第三章　内部环境分析：资源、能力和竞争优势 48
  第一节　企业资源 49
  第二节　企业能力 51
  第三节　企业核心竞争力 53
  第四节　价值链分析 56
  第五节　企业外包 57
  第六节　内部环境评价技术 58

第三篇　战略制定——描绘企业战略之图

第四章　企业愿景、使命与战略目标 69
  第一节　企业愿景 70

第二节　企业使命 …………………………………………… 76
　　第三节　企业战略目标 ………………………………………… 80

第五章　公司层战略 …………………………………………… 89
　　第一节　公司层基本战略 ……………………………………… 90
　　第二节　集中性成长战略 ……………………………………… 93
　　第三节　企业多元化战略 ……………………………………… 97
　　第四节　企业一体化战略 ……………………………………… 103

第六章　经营层战略 …………………………………………… 109
　　第一节　基本竞争战略 ………………………………………… 110
　　第二节　行业结构与企业竞争战略 …………………………… 117
　　第三节　行业生命周期与企业竞争战略 ……………………… 123
　　第四节　蓝海战略 ……………………………………………… 127

第七章　国际化战略 …………………………………………… 132
　　第一节　国际化战略的概念及动因 …………………………… 133
　　第二节　国际化战略的种类 …………………………………… 135
　　第三节　企业国际化市场进入模式 …………………………… 136
　　第四节　企业国际化战略风险与挑战 ………………………… 140

第八章　公司战略选择 ………………………………………… 147
　　第一节　战略选择的原则 ……………………………………… 148
　　第二节　战略选择的工具 ……………………………………… 152
　　第三节　战略选择的影响因素 ………………………………… 169
　　第四节　战略选择的误区 ……………………………………… 172

第四篇　战略实施——攻略战略管理之城

第九章　战略目标与资源配置 ………………………………… 181
　　第一节　战略目标分解 ………………………………………… 183
　　第二节　企业目标管理 ………………………………………… 185
　　第三节　企业战略资源的配置 ………………………………… 187

第十章　战略与组织结构 ……………………………………… 192
　　第一节　企业组织结构的类型 ………………………………… 193

第二节	战略与组织结构的关系	196
第三节	战略与组织结构的调整	200

第十一章 战略与战略领导力 ... 206
第一节 战略领导力及风格 ... 207
第二节 战略与领导能力 ... 211
第三节 有效的战略领导力 ... 217

第十二章 战略与企业文化 ... 222
第一节 企业文化的内涵 ... 223
第二节 战略与企业文化的关系 ... 229
第三节 战略与企业文化的匹配 ... 232

第五篇 战略创新——把握战略管理之要

第十三章 基于互联网的企业战略创新 ... 239
第一节 互联网＋、互联网思维的概念 ... 244
第二节 互联网对社会经济的影响 ... 244
第三节 企业战略创新 ... 246
第四节 互联网下的商业模式 ... 250

第十四章 大数据时代的企业战略创新 ... 254
第一节 认识大数据 ... 256
第二节 大数据对企业管理决策的影响 ... 258
第三节 大数据对商业模式创新的影响 ... 261
第四节 大数据时代的商业模式 ... 264

第六篇 战略控制——规避战略管理之险

第十五章 战略控制与评价 ... 271
第一节 战略控制概述与作用 ... 272
第二节 战略控制的类型与特点 ... 273
第三节 战略控制的过程与方法 ... 275
第四节 战略评价 ... 278

第十六章　战略风险与变革 ························· 286
　　第一节　战略风险的概念与类型 ····················· 287
　　第二节　战略风险的控制 ························· 290
　　第三节　战略变革的原因 ························· 293
　　第四节　战略变革的选择 ························· 295
　　第五节　战略变革的成功因素 ······················· 298

主要参考文献 ································· 303

第一篇

导论
——敲开战略管理之门

第一章 战略与战略管理

名言警句

不谋万世,不足谋一时;不谋全局,不足谋一域。

——《三国演义》

战略管理不是一个魔术盒,也不只是一套技术。战略管理是分析思维,是对资源的有效配置。计划不只是一堆数字。战略管理中最为重要的问题是根本不能被数量化的。

——彼得·德鲁克

学习目的

- 熟悉战略管理的本质
- 了解战略管理的演变历史
- 对战略管理的概念、过程的准确把握

引导案例

海通证券公司(改制上市、多元化、国际化)"三步走"战略

海通证券公司成立于1988年,1994年改制为有限责任公司。2001年年底,公司整体改制为股份有限公司。2006年,随着股权分置改革和券商综合治理的完成,资本市场进入实质转折期,公司抓住机遇,深化改革,启动了上市进程并获得了实质性进展。2007年6月7日,公司借壳都市股份上市事宜获得中国证监会正式批准,从而实现了五年规划的良好开局。

在随后的发展中,公司始终遵循"务实、开拓、稳健、卓越"的经营理念和"规范管理、积极开拓、稳健经营、提高效益"的经营方针,先后在全国48个城市设立92家营业部,业务经营涉及证券承销、代理、自营、投资咨询、投资基金、资产委托管理等众多领域,拥有200多万个客户。这充分显示了公司在开展多元化、规模化经营方面所取得的非凡业绩。

近年来,公司积极加强与境外著名金融机构建立战略联盟关系,不断扩展公司的海外业务网络,并先后发起设立了富国基金管理有限公司、海富通基金管理有限公司等。这为公司开展国际化经营奠定了扎实的基础。

资料来源:肖智润.企业战略管理方法、案例与实践[M].机械工业出版社.2018.

第一节　企业战略的概念

一、战略与企业战略

1. 战略的由来

从字面上看,"战略"在中国是一个典型的合成词。"战"本义为"战争",通常指打仗,是政治的继续。"略"本义为"大致、简单","省去、简化","计谋、方略、策略","抢、掠夺"是其引申义。而"战略"合"战""略"二字之义,即"战争的谋略"或"通过打仗来掠夺"。

在远古、中古、近代,当政治发展到水火不相容难以调和的状态时,最后通常是由战争来解决势不两立的局面。当然,在现代社会,战争作为一种血腥的暴力行为,非常容易招致国际社会的指责。所以,一般都是通过双方或多边的协调机制来积极地解决问题。因此,以"通过打仗来掠夺"之义来理解"战略"的含义,也就极为鲜见了。

"战略"一词在英文中为 strategy,在法文中为 stratégie,在德文中为 strategie。其词根出于希腊语,希腊语中有 stratos 一词,意思为军队。从这个词衍生出 strategos,意为将军或领袖,以及 strategeia,其意可以分别为战役或将道。约公元580年,东罗马皇帝毛里斯著《Strategikon》一书以教育其将领,这里 strategikon 意为"将军之学"。自罗马衰亡,西方进入中世纪后,所有这些发源于希腊的名词和观念都已为人所遗忘,直到千余年后才又出现。1770年,法国人梅齐乐在翻译毛里斯的《Strategikon》一书时,根据其书名创造出 strategy 一词,并于1777年在自己所著的《战争理论》一书中首次使用。这即为"战略"一词作为现代军事用语的起源。

"战略"一词,虽然起源于军事语境,但是在和平年代,却广泛地用于复杂的行政管理或工商管理实践。诚然,无论是军事行动,还是行政管理和工商管理活动,优秀的将军或能干的企业管理者或行政管理者,总是先从战略出发,而不是先考虑操作性的计划。

2. 企业战略的概念

"战略"一词与企业经营联系在一起并得到广泛使用的时间并不是很长。1938年,巴纳德在其所著的西方经营名著《经理的职能》中最早提出。巴纳德从分析影响企业目的的各种因素中总结出来战略要素的概念。1962年,钱德勒在《战略与组织》一书中首次对企业战略下了定义。此后,企业战略和战略管理备受关注,大量的研究也不断地丰富着企业战略管理理论体系。但是,值得注意的是,企业战略的思想和概念被广泛传播和应用是在1965年美国经济学家安索夫的《企业战略》发表之后。

今天,在企业的经营中应用这一词,主要是指企业对其长远发展所做的长期性、系统性、全局性的整体谋划。企业战略涉及企业未来的发展方向、发展道路、发展目标和发展行动四个主要方面的问题。但是,在企业战略理论研究的发展中形成了众多流派,因而对企业战略概念的表述也不尽相同。

安索夫认为,战略是指在不完全信息条件下决策的规则。企业战略包括四个要素,即产品与市场范围、企业的发展方向、竞争优势和协同作用。

(1) 产品和市场范围。产品与市场范围主要说明企业所处的行业,经营的产品与细分市场。一些企业将自己的经营范围定得过宽,造成企业经营的产品与市场过于宽泛,结果造成共同的经营主线不明朗。一般来说,为了清楚地表述企业共同的经营主线,企业应该清晰地对产品线宽窄和市场范围加以描述。

(2) 增长向量(发展方向)。增长向量指出了企业经营发展的方向和趋势,具体来说,就是指企业所生产的产品随着生产技术的进步、生命周期的演变,企业在产品上变化的方向和速度,以及在竞争市场上调整的方向和推进的快慢。图1-1所示的产品—市场矩阵列举了企业增长向量发展变化的可能方向。

	现有市场	新市场
新产品	产品开拓策略	组合策略
现有产品	市场渗透策略	市场开拓策略

图1-1 产品—市场矩阵

(3) 竞争优势。竞争优势是指那些可以使企业处于强有力竞争地位的产品和市场的特性。根据迈克尔·波特的观点,企业竞争优势"归根到底来源于企业为客户创造的超过其成本的价值","企业拥有的各种优势可以归结为两种基本类型:成本领先和产品差异性"。所谓差异性就是独特性,是企业在经营中表现出来的独一无二的特性。这两种基本竞争优势在不同企业有不同的表现形式。

(4) 协同作用。协同作用是指企业内部联合协作可以达到的效果。依据系统论原理,协同作用常常被描述为具有1+1>2的效应,即企业内部各经营单位整合起来所产生的效益要大于各经营单位各自分别努力所创造效益的总和。当然,如果协同作用使用不当,也会产生负协同作用,即1+1<2。

随着对协同效应研究的深入,除了存在1+1>2的正协同效应外,我们发现还存在着3-1>3的反协同效应。除了存在水平横向的协同效应之外,还存在着上下纵向的协同效应。除了存在价值增加型协同效应之外,还存在着成本减少型协同效应。

衡量企业协同作用是否存在的方法有:在企业投资一定时,评价由于企业内部各经营单位联合经营而使企业纯收入增加的状况;或在企业收入水平一定时,评价由于企业内部各经营单位联合经营而使企业成本下降的程度。

加拿大著名管理学教授明茨伯格认为,人们在不同的场合以不同的方式赋予战略不同的内涵,说明人们可以根据需要来接受各种不同的战略概念。只不过在正式使用战略概念时,人们只引用其中一个罢了。即战略是计划(plan)、计谋(ploy)、模式(pattern)、定位(position)、观念(perspective),这就是他从5个角度对企业战略进行阐述的5PS模型。

(1) 未来发展角度:企业战略是一种计划。

明茨伯格指出,大多数人把战略看成一种计划,是一种有意识的、有预计的行动,一种处理某种局势的方针。他还引用了彼得·德鲁克的话:"战略是一种统一的、综合的、一体化的计划,用来实现企业的基本目标。"显然,这一概念具有"行动之前""有意识、有目的"的含义。

(2) 企业历程角度:企业战略是一种模式。

作为一种企业模式,说明企业在经营活动中不管事先有无战略考虑都会形成战略,它反映了企业的一系列行动,最终的结果说明了战略执行情况。这种概念强调执行,它与战略作为一种计划是相互独立的。比如说:事先计划了的战略可能没有得到执行,而在实践中实施了的可能预先没有计划。战略可能是人们行为的结果,而不是设计的结果。

(3) 产业层面角度:企业战略是一种定位。

战略可以包括产品及过程、顾客及市场、企业的社会责任与自我利益等任何经营活动及行为,但最重要的是企业在自身环境中所处的位置。战略过程要确定企业应该进入的经营业务领域,确定在选定的业务领域内进行竞争或运作的方式,战略实施使企业能处于恰当的位置,获得生存和发展的空间。战略就是要把企业的重要资源集中到相应的地方,形成一个产品和市场的生长圈。这就是企业的正确定位。

(4) 企业层面角度:企业战略是一种观念。

这种定义是基于企业高管层个性对形成组织特性的影响、组织特性差别对企业存在目的和社会形象及发展远景的影响而给出的。它强调战略的抽象性,只存在于需要战略的人的头脑中。每一种战略都是人们思维的创造物;每一种战略都必须为组织所共享,通过组织成员的期望和行为而形成集体的意识。战略过程的有效性就取决于战略观念的共享程度和共同战略观念转化为共同行动的程度。在企业战略观念范围内的计划和位置的改变比较容易实现,而超出观念允许范围的改变则难以实现。据此,这一定义也就划出了战略变革的界限。

(5) 竞争角度:企业战略是一种计谋。

企业计谋,顾名思义,就是企业把战略作为一种威慑战胜竞争对手的一种手段。它主要强调威慑力,而不是竞争力本身。企业通过公开自己的战略意图和发展野心,向对手传递一种震慑力,并表现了自己的决心,形成对竞争者潜在的、无形的压力和威胁,让竞争对手望而生畏。一旦计谋"得逞",可能会逼迫对手放弃已拟定好的战略,是采用威胁手段来取得竞争优势的权宜之计。

最后,美国战略管理学教授迈克尔·希特从核心竞争力和竞争优势的角度将企业战略定义为:企业战略是企业"设计用于开发核心竞争力和获取竞争优势而整合与协调企业一系列资源和行动的谋划"。

迈克尔·希特主要是抓住三个方面内容来定义企业战略的:竞争力、资源、谋划。它是一种从后往前推的数理关系。即先谋划自己所拥有的资源,然后将其变为自己的竞争力的一整个过程。所以说,企业战略是一种过程要素,而非结果要素。

综合各种定义,本书对企业战略的概念表述为:企业战略是企业为了适应未来环境变化,寻求长期生存和稳定发展而做出的总体性和长远性的谋划。并且,是为了保证目标的正确贯彻和落实,需要依靠企业内部能力将这种谋划和决策付诸实施,以及在实施过程中进行控制的一个动态管理过程。从管理学意义上说,企业战略是科学与艺术的统一,是指导企业生存与发展的一种管理思想。

二、企业战略的特征

尽管各战略学者对企业战略的内涵有不同的认识,但对于企业战略的特征却没有太大的分歧,基本上都坚持着较接近的观点。

企业战略主要具有前瞻性、全局性、长远性、风险性、竞争性、方向性和稳定性特征。

1. 前瞻性特征

企业战略是考虑企业的未来，而不是过去和现在。尽管企业战略本身存在一些现实性，但是这种现实性主要是指企业在制定企业战略时基于自己所拥有的资源而来的，但是，就企业战略的前瞻性特征而言，它是对企业未来的一种预判。因而，企业战略活动就是企业立足于未来，通过对国际、国家的政治、经济、文化及行业等经营环境的深入分析，结合企业自身资源，站在系统管理高度，对企业的远景发展轨迹进行全面的谋划。

2. 全局性特征

企业的战略管理是以企业的全局为对象，根据企业总体发展的需要而制定的。它所管理的是企业的总体活动，所追求的是企业的总体效果。虽然这种管理也包括企业的局部活动，但是这些局部活动是企业在实现长远战略目标上的分部小战略。因此，就这些因素分析，企业战略管理也存在整体性和系统性的特征。

3. 长远性特征

从时间维度上来说，战略管理中的战略决策是对企业未来较长时期内，就企业如何生存和发展等进行统筹规划。虽然这种决策以企业外部环境和内部条件的当前情况为出发点，并且对企业当前的生产经营活动有指导、限制作用，但这一切是为了更长远的发展，是长期发展的起步。从空间维度来说，企业战略是面向未来的，是着眼于长期生存和长远发展的思考。它是为了更好地拓宽企业的规模和业务量的活动，使企业在市场经营中保持竞争优势的思考。

4. 风险性特征

企业战略是对未来发展的规划，然而环境总是处于不确定的变化中，任何企业战略都有一定的风险。只有通过深入的市场研究和准确的市场预测，确立企业的远景目标，科学地、合理地调配人、财、物等资源，才能引导企业快速、稳定地发展。相反，主观臆断、目标不切实际、预测偏差过大，这样制定的战略只会误导企业，甚至给企业带来灭顶之灾。

5. 竞争性特征

竞争性是企业战略的核心内容之一。竞争是市场经济中不可回避的一个主题。企业最直接的目的就是生存与发展，而生存与发展是在一个竞争性的环境和背景中实现和完成的。因此，企业战略是为应付市场竞争的压力、赢得生存与发展的机会而服务的。

6. 方向性特征

企业战略规定着企业未来一定时期内的基本方向。企业短期的经营活动都应在这一基本方向的指导下进行，并对战略的实施提供保证。企业在制定战略时，应该会有阶段性目标，随着这些阶段性目标的完成，企业战略才能在正确的轨道上前进。企业就好比大海中的一条船，它最在乎的是航行的方向是否正确，而不是途经的大风大浪的风险。

7. 稳定性特征

企业战略一经制定，就必须在一个相对较长的时间内保持一定的稳定性。因为，战略已经落实到企业各个单位、部门及人员，这样让战略实行下去更具有一定的可信度。但是，战略并不是一成不变的，基于某些特殊时期、特别条件，企业战略也是可以稍做修改的。但就总体而言，企业战略具有相对的稳定性特征。

第二节 战略管理的本质

一、战略管理的作用

企业管理学从智能化的管理方式走向战略性管理是现代企业管理的一个飞跃,它对于企业的经营绩效有着巨大的推动作用。为此,从20世纪70年代中期开始,西方发达国家的大中型企业越来越重视企业的战略研究。不仅如此,看到这些企业尝到甜头的其他中小企业也纷纷效仿,积极、努力地从事企业的战略管理,并把它视为一种竞争力的体现。它之所以有着如此大的吸引力,是因为它具有以下几方面的作用。

1. 有利于强化自我的主动性

企业战略是把不适应(或适应)当前环境的企业塑造成适应未来环境的企业,这是对企业进行的改造与对企业的重塑。强化战略管理就是强化企业从事这种塑造的能力,实际上就是使企业得到塑造企业的有效工具。而这种主动性会推动企业从小变大、由弱变强,提高自己应对市场环境复杂性的能力,利于企业的持续成长。

2. 有利于提高企业的经济效益

研究表明,运用战略管理观念的企业比那些没有战略管理观念的企业更能盈利,更为成功。例如,据美国学者对101家零售、服务和制造企业历时3年的纵向研究表明,与那些不进行系统规划的公司相比,采用战略管理的企业明显地增加了销售、盈利并提高了生产率。另一项研究表明,在公司可能实现的盈利能力的提高中,有高达80%的是靠改变公司的战略方向而实现的。库克(Cook)和费里斯(Ferris)报告说,高绩效公司的实践反映了更强的战略导向和更长远的目标规划。高绩效公司趋向于进行系统化的计划,以适应未来内部和外部环境的变化。

3. 提高职工对企业的责任心

实施战略管理,其中一个重要的目的是使企业全体职工了解企业当前所面临的经济形势,预判未来市场环境走向以及企业进一步发展应解决的问题。具体包括企业各部门、各单位应该完成的目标,以及落实到每个人的工作任务,每个职工应该担负起什么样的责任,职工在企业中所获得的利益和成长机会。实践经验表明,哪个企业在战略制定过程中能够达到此项目标,哪个企业职工的凝聚力就强,士气就旺,积极性和创造性就高,行为效果就大。其根本原因就是通过战略管理的过程,特别是通过职工参与企业战略的制定使职工了解上述情况,提高了职工的主动性,增强了职工的责任心。

4. 提高企业的综合素质

因为战略的制定是基于企业对市场现有环境的准确分析以及未来市场环境的准确预测,所以,在制定战略时,就无形地提高了企业对外部威胁的认识,增强了对竞争者的认识,所谓:知己知彼,百战不殆。

除了上述作用以外,格林利(Greenley)列举了战略管理在经营和管理方面的14项作用。

(1) 使人们认识、重视和利用机会。

(2) 使人们客观地看待管理问题。

(3) 加强对企业活动的协调与控制。

(4) 将个别条件和变化的作用降至最小。

(5) 使重要决策更好地支持已确立的目标。

(6) 使时间和资源更有效地分配于已确定的目标。

(7) 使企业将更少的资源和时间用于纠正错误或专项决策。

(8) 建立了企业内部人员沟通的环境与条件。

(9) 将个人的行为综合为整体的努力。

(10) 为明确个人的责任提供了基础。

(11) 鼓励超前性思维。

(12) 提供了对待问题和机会的合作的、综合的工作方法和积极的工作态度。

(13) 鼓励对变化采取积极的态度。

(14) 加强了企业管理的纪律和正规化。

把上述战略管理中对于经营和管理方面的作用归纳起来,总结为一点就是,从总体上提高企业的生存、发展能力,从而更有利于企业的持续成长。

二、战略管理的本质

(一) 战略管理与经营管理的区别和联系

1. 战略管理与经营管理的区别

经营管理是企业对现场生产管理的完善和发展,强调的是企业当前的运作管理。而战略管理是企业经营管理阶段的发展,这个发展过程强调的是企业上层管理者对管理重心的变化,即生产——目前的经营——近期的经营——未来的经营。可以用一个模型(图1-2)来表示生产管理、经营管理与战略管理的关系。

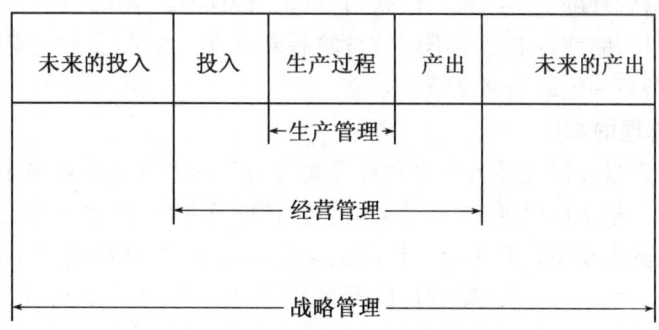

图 1-2　企业管理的三个阶段

经营管理和战略管理最重要的区别是:在面对同样变动环境的条件下,经营管理偏重于依据以往的资源配置方面的经验和产出方面的经验,以适应外部环境的变化;而战略管理则是通过没有现成投入经验可依据的、未来的投入和产出的组织,它一方面是为了适应外部环境的变化,另一方面是为了改变和创造利于自己经营的环境。

另外,从企业追求目标的长远性来说,战略管理追求企业长期的生存发展以及战略竞争能力的提高,经营管理注重近期的经济效益。战略管理要求企业最高管理层能够有效地实施适应未来环境的战略,重视企业长期的经济效益和发展潜力。经营管理则常常把着眼点放在近期环境的适应和短期经营的成果上。所以说,那些只注重眼前利益的企业很难把握战略眼光,并且,他们也不太可能在市场上延续较长的寿命。

战略管理是一种"预应式"管理,经营管理是一种"因应式"管理。实行战略管理,高层管理人员要具有战略的思想和眼光,经常洞察、预测、分析外部环境。对环境变化不仅能迅速地做出反应来适应环境,甚至能够做出预先反应来影响环境。经营管理由于缺乏战略思维,只是对某些环境事变做出临时的反应,因此往往不能捕捉和利用外部环境变化造成的机会,也难以及时地避开危险。

与经营管理相比,战略管理需要不同的知识结构和管理技能。所以,在企业日常经营过程中,应选派具有不同知识结构和管理技能的人去执行战略决策和经营决策。但是,从目前市场行情来看,战略职责与经营职责并没有分家。经理人员仍然必须同时承担战略职责和经营职责,这样做的好处是,经理人员可以就自己制定的战略而布置好经营活动,也可以承担战略决策实施的后果。但是,它也存在一定的副作用,因为经理人员需要处理的事情较多,包括一些日常的经营管理活动,致使经理人员往往因为时间上的紧迫而无暇顾及,一方面耽误经理人员的时间,另一方面降低了经营活动的效率。因此,如何通过企业管理机构的完善和调整使战略管理者和经营管理者既有分工又能彼此协调一致,从而使战略工作能落到实处,就显得非常重要了。

2. 战略管理与经营管理的联系

首先,战略与经营都是关系企业生存、发展的综合性、全局性的管理。

其次,企业经营管理是战略管理形成的基础。战略管理是企业的经营活动发展到一定阶段,为了适应外部环境的变化而做出的调整,没有经营管理就不会存在战略管理。

最后,战略管理是经营管理的发展结果。战略管理是通过经营管理的一系列活动而产生的,它是经营管理的必然结果。但是,它只是结果,不是结束。因为,企业的经营活动不可能中断,一旦中断就可能产生不可估量的后果。所以这时,企业会继续自己新的经营活动,也就是准备新一轮的战略决策。

(二) 战略管理的本质

企业战略管理是在研究环境变化和自身变化的基础上确定企业将来的"位置",并通过战略的制定和实施予以保证,是从被动适应性管理向主动适应性或创造性管理的转变。如果说经营管理的本质是提高企业全局的适应性,那么战略管理的本质就是争取企业全局主动性的创新和变革,这是战略管理的灵魂。尽管时间、地点、条件在变化,宗旨、目标、方针、策略也可以各不相同,但这一点却是始终不变的,这是战略管理的不变量。

主动的创造和变革之所以成为战略管理的本质,是因为它反映了企业整体的一种品质和性能,反映了企业不仅求生存,而且求发展的一种活力。这种活力越大,企业的主动性就越强,反之,则越弱。需要指出的是,这种活力并不一定取决于企业的实力,而是企业的最终实力取决于企业的活力。实力强大的企业如果缺乏这种活力,就缺乏主动性,就会由强变弱;相反,具有这种活力的弱小企业则可以由弱变强。主动创新和变革的最终表现是企业生存发展能力的提高。

第三节 战略管理的层次

企业的战略如同企业的目标一样,可以有不同的层次。一般来说,在大中型企业中,企业的战略可以划分为3个重要的层次:企业总体战略、经营战略和职能战略。

企业的目标是多层次的,不仅有企业的总体目标,还有企业内各个层次以及经营项目的目标,从而形成一个完整的目标体系,保证企业使命的实现。企业的战略不仅要说明企业整体的目标以及实现这些目标的方法,而且要说明企业内每一层次、每一类业务以及每一部分的目标及其实现的方法。这就导致了必须把战略扩展到企业的各个层次。但是,各个层次的战略不是单一存在、断离关系的,战略的这三个层次同时与企业的组织结构是相对应的。图1-3所示(以汽车公司为例)为企业组织机构与战略层次对应关系。

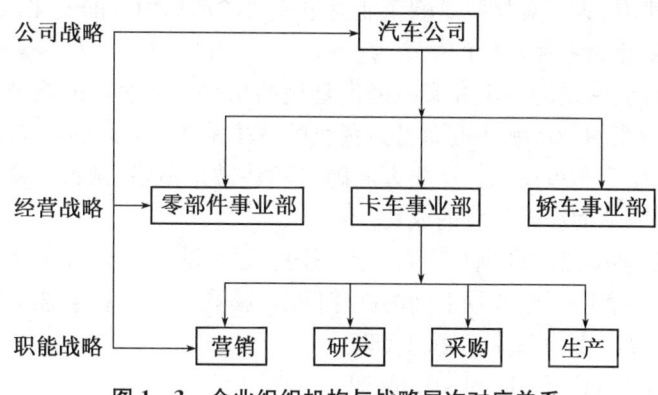

图1-3 企业组织机构与战略层次对应关系

一、战略管理层次

1. 公司战略(corporate-level strategy)

公司战略在一些书中也称为公司的总体战略,其实两者是一个意思。公司战略是企业战略中最高层次的战略,是战略总纲,是高层领导者指导和控制企业一切行为的最高行动纲领。其内容包括:企业经营领域决策,企业经营领域的扩展或限制决策,企业资源的流动和配置决策,提高投资收益率途径和方法的决策,建立战略控制机制的决策。

一般而言,公司战略具有以下几个特点:第一,战略形成的性质具有全局性、整体性、长远性、创新性,而且毫无疑问,具有一定的风险性;第二,战略的制定方和推行方主要是企业的高层领导者,但是战略的责任方则因企业的规模而定;第三,与企业组织形态和经营业务密切相关。组织形态和经营业务单一,企业总体战略就可能与经营战略合一;组织形态复杂、业务多元化,总体战略也相应复杂化。

总体战略主要是回答企业应该在哪些经营领域进行生产经营活动的问题,即回答"我们应当拥有什么样的事业组合"的问题,但它的前提是要充分考虑企业自身的资源能力和协同作用。企业总体战略的制定,实际上是对经营领域结构的优化,即对在战略期中发展或收缩、进入或退出哪些经营领域并进行资源配置的决策和行动的总称。

2. 经营战略(business-level strategy)

经营战略有时也称为事业部战略、竞争战略,它处于战略结构中的第二层次。它是在企业总体战略的指导下,经营管理某一个战略经营单位的战略计划,是企业总体战略之下的子战略,为企业的整体目标服务。在大型企业中,特别是在企业集团里,为了提高协同作用,加强战略实施与控制,企业从组织上把具有共同战略因素的若干事业部或其中某些部分组合成一个经营单位。每个战略经营单位都有自己独立的产品和细分市场。在企业内,如果各个事业部的产品和市场都具有特殊性,则也可以将其视作独立的经营单位。

从企业外部来看,经营单位战略的目的是使企业在其各特定经营领域取得较好的成果,努力寻求建立竞争优势。因此,经营单位战略关注如何有效地满足消费者群体需要,怎样使自己的产品区别于竞争者的产品,如何通过竞争和吸引顾客实现企业的市场定位,以及怎样使事业部的经营活动与本行业的发展趋势、社会变革和经济形势相适应。

从企业内部来看,为了对那些影响企业竞争成败的市场因素的变化做出正确的反应,需要协调和统筹安排企业经营中的生产、财务、研究与开发、营销、人事等业务活动。经营战略可以为这些经营活动的组织和实施提供直接的指导。从企业战略的角度看,企业内部的关键因素是应当明确从哪些方面提高企业的竞争能力,以及如何提高企业的竞争能力。如果在创新、生产和市场销售这些方面确实能够做得不错,做得与众不同,就能建立起企业的竞争优势,从而获得经营的成功。

经营战略与总体战略的区别在于着眼点不同。总体战略是全局的、整体的、长期的战略计划;经营战略则着眼于企业局部性的战略问题,影响着某一事业部或某一市场或具体产品,只在一定程度上影响总体战略的实现。

3. 职能战略(functional-level strategy)

职能战略指企业内部职能部门所制定的战略。是企业总体战略和经营战略及职能的落实和具体化,处于企业战略的第三层次。职能战略的重点是提高企业资源的利用效率,使企业资源的利用效率最大化。在企业既定的战略条件下,企业各层次的职能部门根据职能战略采取行动,充分集中各部门的资源、能力和开发各部门的潜能,支持和改善公司既定战略的实施,正确、充分地履行好各部门的职责,保证企业战略目标的层层落实。

正如前面图1-3所示的企业组织结构与战略层次关系可知,职能战略可分为营销战略、企业研发战略、生产战略,此外还包括企业的人力资源管理战略、企业的财务战略等。它直接处理的是各职能领域的相关问题,如果说企业战略和经营战略强调"做正确的事(do right things)",那么职能战略强调的就是"把事情做好(do things right)"。

职能战略与公司战略的区别主要体现在三方面:第一,期限短。职能战略需要按照公司战略的要求,履行公司战略总纲,然后把注意力集中在当前所要做的工作上,而且部门的管理人员可以更好地认识当前的经营条件,及时地适应变化以做出相应调整。第二,具体性强。职能战略是公司战略的具体化,职能战略提供了具体的指导,增强实施战略的能力,使管理者能够明确年度目标的实现方式。第三,职权与参与。企业高层管理人员负责制定企业的长期目标和总体战略。职能部门的管理人员在总部的授权下,负责制定年度目标和部门战略。职能部门管理人员参与制定职能战略,可以使其更自觉地做好职能战略所需要进行的工作,增强其实施战略的责任心,从而顺利实现本部门的年度目标。

二、战略层次关系

企业总体战略、经营战略和职能战略的制定与实施过程实际上是各管理者充分协商、密切配合的结果。这三个层次战略共同构成了一个企业的战略体系。它们之间相互作用,紧密联系。如果企业想获得成功,想在战略上获得市场竞争优势,企业必须将三者有机地结合起来,形成如图1-4所示的战略层次关系。当企业战略的各个部门与层次之间相互配合、密切协作时,就能增加企业的凝聚力,也就能最大限度地有效贯彻、实施企业的总体战略,实现企业的目标。具体来说,企业各职能部门相互协作,充分利用企业现有的人力、物力、财力,就能很好地实施好企业的职能战略;接着,职能战略的良好落实与实现,有利于企业更好地经营管理,增加经营战略层次的可实现度;当企业的职能

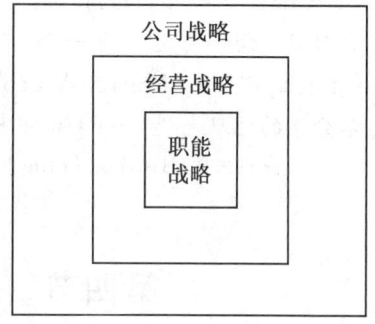

图1-4 战略层次关系

战略和经营战略正确、良好地履行好后,说明做好了公司总体战略的具体事项,这就无形中实现了企业的总体战略。

综上,企业战略管理的成败很大程度上有赖于这三者的关系是否处理得当,是否能够准确地把握好三者的联系。同时,也印证了我们一个经典的哲学原理:事物是普遍联系的,我们要用联系的、发展的眼光看待事物,才能正确地认识和理解事物。

运作案例

Five Guys 公司

您在 Five Guys 连锁店用过餐吗?总部设在弗吉尼亚州已有25年历史的 Five Guys 公司一直在增长,得感谢其卓越的战略管理(和您能吃到的带花生酱的大汉堡)。Five Guys Burgers and Fries 作为快餐店,呈现在菜单上的就是汉堡、薯条和热狗。在美国和加拿大有超过1000家店面,Five Guys 很得意其一流的配料,最好的牛肉、面包、薯条以及只使用花生油,并保持花生酱主题,餐馆中还提供块状花生酱。Five Guys 公司是1986年由杰里·默雷尔(Jerry Murrell)、他的妻子和他们的五个儿子(吉米、马特、查德、本和泰勒)建立的,其每一天的成功都源于大而快的汉堡食物链条。

Five Guys 的战略一直是使用最好的配料、不做广告和营销,要的是口碑,善待员工提供高薪与福利,提供超值的顾客服务。Five Guys 30000 余名员工已经加入公司的秘密购买奖励项目,可以匿名进入其他店面的操作间检查。所有的这些员工都会得到一笔额

外的奖励以确保所检查的店面提供的是大汉堡和优质的服务。Five Guys 所有员工都颇有主人翁意识,因为店面绩效关系着他们的薪资。任何时候您走进他们的店都会感到心情大好。Five Guys 的汉堡是要昂贵一点儿,但是冲着新鲜的产品以及高档的布置和卓越的服务,消费者每天都愿意光顾。

Five Guys 的另一项战略是特许经营。大约有 800 家 Five Guys 店面属于特许经营。Five Guys 在美国和加拿大的全部店面都属于特许经营,2013 年公司计划在英国开第一家店,并计划在 2013 年内在英国开设 4 家店面。默雷尔认为在创业初期,宁可信赖风险投资人,包括朋友和家人,也不要信赖银行。2013 年,62 岁的默雷尔有超过 10 亿美元的收入,他给当下和未来的商人的建议是:"善待您的员工和顾客。做您爱做的事情。不要迷失自我。您不可能让每一个人满意,但是您所能做的全部至少得让您自己满意。"在 Google 上用"Jerry Murrell Video"搜索可以观看一个很精彩的 2 分钟视频,是杰里·默雷尔分享的他从打造 Five Guys 中学到的经验。

资料来源:Based on Lottie Joiner. Family Keeps It Simple. USAToday(July 30, 2012):311.

第四节 战略管理的过程与模式

一、战略管理过程

战略管理是对一个企业的未来发展方向制定决策和实施这些决策的动态管理过程。一个规范性的、全面的战略管理过程可大体分解为 4 个阶段:战略分析阶段、战略制定或选择阶段、战略实施阶段及战略控制阶段。在进行战略分析之前,首先要确定或审视企业的使命。战略管理过程如图 1-5 所示。

从图 1-5 可知,本书认为一个完整的战略管理过程是通过该图一次性展现出来的,并且,在战略管理过程中,之前已经完成的战略路径并不是就不管不顾了,而是要随着战略的施行进行调整或者修正的,特别是到了战略控制阶段。况且我们根据管理学知识可知,控制属于管理的六大要素之一,控制的主要功能是对计划的调整和修正。因此,我们的战略过程到了战略控制阶段,就要对前面的战略阶段有一个重新地审视,有必要的话还可以调整企业的使命或愿景。因此,本书认为,在整个战略管理过程中战略控制是最重要的关键环节。

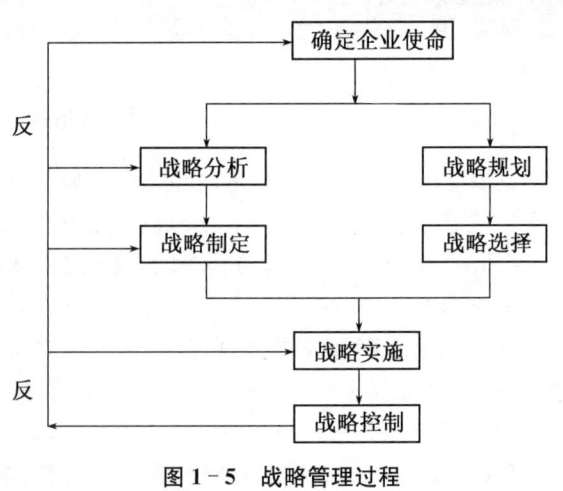

图 1-5 战略管理过程

(一) 战略分析

战略分析是对企业的战略环境进行分析、评价,并预测这些环境未来发展的趋势,以及这些趋势可能对企业造成的影响及影响方向。一般来说,战略分析包括企业外部环境分析和企业内部环境或条件分析两部分。

(1) 企业的外部环境一般包括以下几个因素,即政府—法律因素、经济因素、技术因素、社会因素以及企业所处行业中的竞争状况。

企业外部环境分析的目的是适时地寻找和发现有利于企业发展的机会,以及对企业来说所存在的威胁,做到"知彼",以便在制定和选择战略中能够利用外部条件所提供的机会而避开对企业有威胁的因素。

(2) 企业的内部环境是指企业本身所具备的条件,也就是企业所具备的素质,它包括生产经营活动的各个方面,如生产、技术、市场营销、财务、研究与开发、员工情况、管理能力等。

企业内部环境分析的目的是发现企业所具备的优势或弱点,以便在制定和实施战略时能扬长避短、发挥优势,有效地利用企业自身的各种资源。

(二) 战略制定

一个企业可能会为达成战略目标制定出多种战略方案,这就需要对每种方案进行鉴别和评价,从而选择出适合企业自身的方案。因此,企业在制定战略时要注意以下几个问题。

1. 善于提出问题和分析问题

企业在制定战略时,如果对面临的问题并不十分清楚,就不可能制定出符合企业实际情况的战略,制定的战略也就不可能真正得到贯彻执行。如果企业对自身面临的问题不仅十分清楚而且加以认真总结,那么企业战略的制定就会水到渠成,战略的实施也就具有较强的可行性。

实际上,企业制定战略的过程是一个不断提出问题、分析问题、解决问题的过程。因为,提出问题和分析问题是战略管理需要回答的核心问题,是企业战略管理的基础,只有真正准确地把握了现有的市场问题,企业才能制定出好的战略。总之,企业在制定战略前要充分了解市场行情和消费者需求,才能掌握企业战略思维,才能顺应市场环境发展大趋势。

运作实例

日前,长虹多媒体产业公司总经理徐明对外称,长虹彩电将"全力推进智能化战略"。"等离子与智能化矛盾吗",有人以此质疑长虹对等离子战略"犹抱琵琶半遮面"的模糊态度。在我看来,所谓"全力推进智能化战略",实际上是长虹彻底"放弃等离子战略"的另一种表述。斗转星移,今日中国彩电的产业格局,早已不同于长虹"彩电老大"的时代。换言之,等离子战略让长虹付出了超出其承受范围的代价。

2007年,长虹决策层执意上马等离子面板生产线,甚至喊出"不做面板毋宁死"的口号。长虹的逻辑是,虽然等离子蛋糕不如液晶大,但这个蛋糕鲜有人分抢。遗憾的是,长虹只看到硬币的一面,没有看到硬币的另一面,一个没有人分抢的产业注定做不大。其实,"液晶为主,等离子为辅"的产业趋势,已经表现得相当明显,"等离子阵营"趋于分崩离析。长虹没有看到这一点,或者说,它宁愿"选择性失明"。

今日长虹,已与"中国彩电老大"渐行渐远。2012 上半年,昔日的"彩电三甲"业绩如下:长虹彩电实现营收 53.77 亿元,同比下滑了 15.71%;康佳彩电实现营收 51.55 亿元;TCL 多媒体(绝大部分是彩电)实现营收 163.8 亿港元(折合人民币 132.05 亿元),同比增长 24.5%,长虹、康佳彩电之和尚不及 TCL 一家,没落迹象十分明显。

长虹走到今天着实令人扼腕叹息。想当年,很多人都坚定反对长虹上马等离子面板,有行业内专家甚至还在长虹上马等离子面板生产线之前写了一篇《长虹等离子,一个人的战争》的博文,力劝长虹止步。然而,头脑发热的长虹根本听不进逆耳忠言,其高层拿着相关文章在新闻发布会上对记者说:"刘步尘说我们是一个人的战争,我告诉大家,TCL、海信均已决定购买我们的面板。"有人就长虹的说法电话询问相关企业负责人时,得到的回答几乎一样:"我们已经放弃等离子电视,为何购买别人的面板?"。

至 2009 年,索尼、三星、LG 相继宣布退出等离子电视领域,等离子阵营越来越小,只剩下日本的松下和中国的长虹。但是,这并没有让长虹警醒。

2007 至 2011 年,长虹将其彩电营销资源的大部分拿来做等离子推广,试图通过"不闪的才是健康的""等离子比液晶更护眼""等离子画质好,不拖尾,更省电"等卖点的诉求,扭转消费者对等离子的认知,遗憾的是,在 LCD、LED 攻城略地的大背景之下,长虹的努力并没有收获相应的回报。相反,等离子份额连年下滑,至 2011 年,全球等离子销量不足液晶的 1/15;在中国,虽有长虹一再努力,但等离子销量依然不足液晶的 1/20。

显然,所谓"等离子大有前途"的说法不过是长虹刻意制造出来的幻象。

2011 年上半年,坚守多年之后,松下决定放弃等离子战略,转向以液晶为主。这时,长虹在全球等离子产业格局中越发形只影单。回头看,这些年等离子战略害了两个企业:一个是松下,彻底告别"全球彩电老大"地位;一个是长虹,彻底退出"中国彩电三甲"阵营。今天的长虹彩电,排名在 TCL、创维、海信之后,与康佳并称落难凤凰。

长虹等离子战略的失误值得深思:任何时候,企业的决策都必须基于产业发展规律,而不是由非市场因素来主导,如短期业绩、当地 GDP 等等。如果对产业发展方向把握不准,宁可放一放,也不要匆忙上马。实事求是地讲,长虹当时执意上马等离子项目,很大程度上与其对电视产业发展方向判断不清有关,虽然当时"液晶为主,等离子为辅"格局已经相当清晰。从这一点来讲,长虹的失误几乎是不可原谅的。还有一点必须指出,长虹上马等离子面板生产线,与当时工信部有关领导的鼓动有关。

一失足成千古恨。目前的中国彩电产业格局与 2007 年之前大为不同,长虹想要重回第一阵营的难度很大,激烈的市场竞争从来不给失误者修正其错误的机会。以长虹对手 TCL 为例,预计 2012 年其彩电海内外销量将达到长虹两倍之多。许多人倾向认为,曾与长虹并称中国"彩电三甲"的 TCL 之所以东山再起,很大程度上与其建立了液晶面板产业有关。假如当年长虹 20 亿美元(长虹宣传数据)的投资不是投向等离子面板,而是投向液晶面板,也许长虹彩电的市场地位与今日完全不同。然而历史没有假设,长虹已不可能回头。

资料来源:刘步尘.长虹等离子战略的惨痛教训[J].IT 时代周刊.2012(22):77.

2. 明确制定战略的基本准则

在明确了企业所面临的问题和分析了问题之后,企业还需明确战略制定的基本准则。

(1) 科学性。这一准则要求企业要依据科学的原理制定战略,要使用定量和定性的方法,经过科学的分析,提出可行的战略方案。

(2) 实践性。这一准则要求企业战略的制定要尊重企业发展的客观规律,从实践中来再回到实践中去。不仅要学习成功企业的经验,更要从失败企业的教训中总结出适合企业具体情况的可借鉴的经验,以便使制定的战略更符合企业实际状态,能够真正被贯彻执行,并给企业带来期望的效果。

(3) 风险性。战略决策并不是万无一失的,战略制定有可能关乎企业的生死存亡。因此,决策者在制定和选择战略时,必须具有强烈的风险意识和充分的心理准备,要对战略的风险性进行详细的分析评估,并制定必要的防范预案。

(三) 战略实施

企业的战略方案确定后,必须通过具体化的实际行动,才能实现战略及战略目标。一般来说,可从三个方面来推进一个战略的实施:首先,确定企业资源的规划和配置方式,包括公司级和战略经营单位级的资源规划与配置;其次,对企业的组织机构进行构建,以使构造出的机构能够适应所采取的战略,为战略实施提供一个有利的环境;最后,要使领导者的素质及能力与所执行的战略相匹配,即挑选合适的企业高层管理者来贯彻既定的战略方案。

(四) 战略控制

在管理学中,控制具有重要的地位和作用:①控制是完成计划任务、实现组织目标的保证;②控制是及时改正缺点,提高组织效率的重要手段;③控制是组织创新的推动力。除此之外,控制还具有以下几个特点:①具有较强的环境适应性;②具有自身的目的性;③具有较强的反馈功能。

所以,根据管理学中控制的作用和特征,企业战略管理中控制的作用也是毋庸置疑的。在战略的具体化和实施过程中,为了使实施中的战略达到预期目的,实现既定的战略目标,必须对战略的实施进行控制。在战略实施的过程中,企业战略管理者需要根据战略实施不同阶段的实施情况和最终目标的实现情况进行评价和控制,并对战略实施的计划和措施进行及时的调整,对企业管理者的行为进行激励和调整。如果这些过程中的微观调整不能够达到效果,那么企业战略管理者将可能终止战略实施的进程,并且重新开始新一轮的战略制定过程。因此,从图1-5中也可以看出,战略管理是一个动态的和循环往复的不间断过程。

二、战略管理模式

由于战略涉及企业的长期发展方向问题,因此通常认为它是关于未来的重要决策。但是企业战略并不能经过一步式的变革来发展,它是一个连续演变的过程。战略有一种"惯性",一旦组织采用了某种特定的战略,那么它就以这个战略为基础进行发展,而不是根本性地改变方向。

1. 渐进式的战略发展

明茨伯格对组织的几十年的研究表明,"全局性的"或者"转型式的"变革确实发生过,但并不经常发生。更典型的变革是"渐进式"的变革,即战略是逐步形成的。有些战略变化了,有些则保持不变;也有连续期,在这期间已建立的战略保持不变;还有"连续变化"期,在这期间战略虽然发生了变化却没有清晰的方向。

在许多方面,这些渐进的变革有很大的意义,管理人员应该寻找管理战略的方法,以便获得战略变革的益处。如果一个组织经常改变其战略,那么它很难有效地完成任务。而且在任何情况下,环境变化不可能快到需要经常修订战略。因此,在不断变化的环境中,渐进的变革是比较合适的过程。但是,环境变化可能并不总是逐渐的,不可能总与渐进的变革同步。如果这种渐进的战略变革落后于环境变化,那么组织可能就会与环境不协调,这时可能需要重大的战略变革。明茨伯格的研究说明:在组织内部发生危机,尤其是当公司的经营业绩下降得很严重时,可能要发生转型式变革。

2. 设计的战略和已实现的战略

一般情况下,虽然战略是由管理者立意设计的,但它都要以计划的方式明确地表达出来。从资源分配的角度看,战略的实施也要进行规划,然后战略随之产生,或者说在实践中实现了战略。在这种方式下,战略被认为是一个审慎的、系统的开发和实施的过程。但在许多具有计划系统的企业和想以这种系统的方式制定战略的企业内,这种设想的战略并没有变成现实的战略,或者只有一部分实现了。

3. 自然发生的战略、机会性战略和强加的战略

设计的战略没有实施的事实并不意味着企业根本就没有战略。如果认为战略是企业的方向,随着时间的推移而发展,那么就能够将其理解为一种"自然发生"的过程。还应该指出,虽然似乎通过一个计划机制就能实现战略,但战略的发展仍然具有一个自然发生的属性。战略也许还会以机会型的方式出现。例如,当环境变化或者新技术得到承认时,它们可能具有机会上的优势。事实上,公司可能是因为企业家在市场上看到了机会才会选定其第一个厂址,如果最初的选址战略是成功的,那么这一战略还会执行一段时间。另外,比如,现在的互联网+商业模式和盈利模式的出现,会让企业家之前已拟好的战略根据市场经济形势而有所改变。

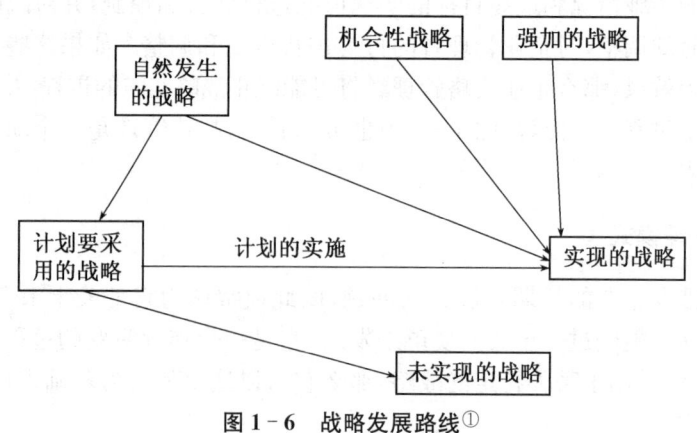

图1-6 战略发展路线①

---

① 尹少华,陈英梅. 企业战略管理[M]. 北京:北京大学出版社,中国农业大学出版社,2009.

另外,战略还有可能是强加上去的,出现这种情况,最有可能是整个经济形式不稳定,或者突然面临的高速增长型,抑或是急速衰退型,都有可能强加给企业新的战略模式。此外,就是政府的政治环境、法律环境等政治性因素的影响下,企业可能会改变已有战略方案。

第五节 战略管理理论的发展

一、企业战略概念的演变

"企业战略"的概念是随着产业革命和经济的发展而逐渐形成的。18至19世纪,伴随着产业革命的推进,欧洲产生了以亚当·斯密、瓦特、斯图亚特等为代表的欧洲管理思想,以后在美国又出现了以泰罗为代表的科学管理学派。当时这些学者和管理者都是将思考的重点放在组织内部活动的管理上。到20世纪初,法约尔对企业内部的管理活动进行整合,提出了管理的五项职能。这可以说是最早出现的企业战略思想,哈佛大学的迈克尔·波特教授将之称为企业战略的第一种观点。1938年,巴纳德在《经理的职能》一书中,首次将组织理论从管理理论和战略中分离出来,认为管理和战略主要是与领导人有关的工作。此外,他在该书中提出管理科学的重点在于创造组织的效率,其他的管理工作则应注重组织的效能,即如何使组织与环境相适应。这种有关组织与环境"匹配"的主张成为现代战略分析方法的基础,波特称之为企业战略的第二种观点。20世纪60年代,哈佛大学的安德鲁斯对战略进行了四个方面的界定,将战略划分为四个构成要素,即市场机会、公司实力、个人价值和渴望、社会责任。其中,市场机会和社会责任是外部环境因素,公司实力与个人价值和渴望则是企业内部因素。他还主张公司应通过更好地配置自己的资源,形成独特的能力,以获取竞争优势,波特将其称之为企业战略的第三种观点。同一时期,美国学者安索夫在研究多元化经营企业的基础上,提出了"战略四要素"说,认为战略的构成要素应当包括产品与市场范围、增长向量、协同作用和竞争优势。由此,战略管理理论的研究逐渐由单纯的组织内部转向组织与环境的关系研究。1965年,安索夫出版了第一本有关战略的著作《企业战略》,成为现代企业战略管理理论的研究起点。从此以后,很多学者积极地参与了战略理论的研究,他们对战略管理提出了各自的主张。[①]

二、企业战略管理理论流派

(一) 传统战略管理理论

美国著名管理学者阿尔弗雷德·钱德勒《战略与结构》一书的出版拉开了企业战略理论研究的序幕。在传统战略管理理论的框架下,形成了以下两大主要流派。

---

① 秦远建.企业战略管理[M].北京:清华大学出版社,2013:12-13.

1. 设计学派

1962年,钱德勒(Chandler)在其所著的《战略与组织》一书中指出,企业的经营战略要适应环境的变化,企业的组织结构形成必须随企业战略需求的变化而改变。根据这一观点,设计学派的代表人——哈佛大学商学院的安德鲁斯在1965年编写哈佛教科书时,提出了如前所述的战略的四种构成要素,充分考虑了企业的内外部环境对制定战略的影响。此外,他还把战略分为制定和实施两个阶段,认为制定战略就是围绕发展核心能力,在内外部进行平衡,实现匹配的过程。

设计学派认为战略制定是领导者有意识的但非正式的构想过程,并建立了知名的SWOT(Strength、Weakness、Opportunity、Threat)战略形成模型。这一模型也是计划学派的基础。该模型表明,形成战略最重要的因素是对外部因素和组织因素进行匹配。正如安德鲁斯所指出的那样,"战略是对公司的实力和机会的匹配。这种匹配将一个公司定位于它所处的环境之中。"因此,该模型考虑了企业面临的机会和威胁(外部评价)及企业本身的优势与劣势(内部评价)。

设计学派的主要观点有以下几方面内容。

(1) 战略的形成是一个有意识的、经过深思熟虑的思维过程。因此,企业组织既不能靠直觉发展战略,也不能以自然形成的方式实现。相反,企业组织应当经过尽可能仔细慎重的考虑才能形成战略。

(2) 企业内外环境条件对企业战略形成有重大影响,战略形成过程实际上是把企业内部优势和劣势与外部机会和威胁进行匹配的过程。

(3) 企业战略的规划和控制必须由企业高层领导负责,这是一个精心设计的过程。企业战略应当是清晰的、简明扼要的,这样才易于理解和贯彻执行。

2. 计划学派

计划学派与设计学派的出现时间大体相近,其最早的代表著作当属安索夫1965年出版的《企业战略》,另外还有斯坦纳1969年所著的《最高管理层的规划》等。

但是不同于设计学派的是,计划学派的主要观点如下:

(1) 战略的形成应当是一个受到控制的、有意识的、详细具体正规化的过程。该过程可以分解成几个主要的步骤,每个步骤要考虑大量的因素和各种技巧。

(2) 原则上是由主要领导人承担整个过程的责任。在实践中,则由计划人员承担实施的责任。

(3) 需要详尽清楚地阐明这一过程形成的战略,以便具体地落实目标、预算程序和各种运作计划,并加以实施。

(二) 竞争战略管理理论

自20世纪80年代以来,出现了行业结构学派、核心能力学派、战略资源学派,这三大学派对竞争战略管理理论的发展都做出了重要贡献。

1. 行业结构学派

该学派的主要代表人物是竞争管理大师迈克尔·波特,他在1980年著的《竞争战略》和1985年著的《竞争优势》中详细地阐述了企业如何获得竞争战略。波特的竞争战略理论着重研究如何发现外部环境的机遇,并将其与内部的资源能力相结合寻找有利的战略定位,运用五种竞争力模型(供应商、购买者、竞争对手、替代品和潜在进入者)等分析技巧,帮助企业选择行业并制定符合行业特点的竞争战略。波特指出,构成企业战略环境的最关键部分就是企业所在的行业,行业结构影响着竞争规则和企业竞争战略。企业在行业中的竞争地位又决定着企业组织结构模式。因而,行业结构分析和竞争地位分析就是战略分析的起点,企业应该选择行业利润水平较高、发展前景较好的行业。波特提出了三种基本竞争战略,即成本领先战略、差异化战略、集中战略。

该学派的贡献是首次将战略分析重点由企业扩展到行业。该学派的主要观点是:企业在制定战略的过程中必须做好两方面的工作,一是企业所处行业的结构分析;二是企业在行业内的相对竞争地位分析。

2. 核心能力学派

核心能力学派的代表作是1990年普拉哈拉德和哈默发表在《哈佛商业评论》上的《企业核心能力》一文。1992年斯多克、伊万斯和舒尔曼在《哈佛商业评论》上发表的《基于能力的竞争——公司战略的新规则》对核心能力论的发展进行了有力补充。

核心能力学派的战略思想是企业的核心能力,是企业保持长期优势的源泉,是企业战略的焦点。所谓核心能力,就是企业自身蕴含着的特殊的智力资本,它能够确保企业以自己特有的方式从事生产经营活动。企业核心能力具有一系列特征。即知本性、独占性、优越性、延展性、难以模仿、难以替代等。故该学派强调以企业生产经营过程中的特有能力为出发点,制定和实施竞争战略。

因此,企业经营成功与否,已不再取决于产品和市场结构,而是取决于企业对市场趋势的预测和对需求变化的反应速度和反应能力,所以,企业战略的目标就在于识别和开发竞争对手难以模仿的核心能力。企业要获得和保持持续的竞争优势,就必须在核心能力、核心产品和最终产品三个层面上参与竞争。

3. 战略资源学派

战略资源学派的标志性成果是巴尼发表于1991年的《公司资源和可持续竞争优势》一文,该文率先提出战略资源的概念。柯林斯和蒙哥马利于1995年发表的《资源竞争:90年代的战略》则对企业的资源和能力进行了更为深刻的阐述。

该学派认为资源是企业所拥有的资产和能力的总和。企业战略要获得成功,就必须培育出一系列具有竞争力的资源,并在其竞争战略中进行配置整合,以形成自己独特的竞争优势。

战略资源学派的观点是:资源价值的评价不能局限在企业本身,而应置于整个产业环境。通过与竞争对手拥有的资源进行比较评价,来判断优劣。具体标准有5条:一是不可模仿性,即竞争对手难以复制。二是具有持久性,即资源价值不会很快贬值。三是占有性,即谁占有资源所创造的价值。四是替代性,即预测企业的资源有无更好的替代物。五是优越性,即在竞争中资源最具有的比较优势。通过这几个方面的评价,为企业掌握资源总体状况,打下竞争战略选择和制定的基础。

(三) 战略管理理论的新发展[①]

随着经济的国际化、市场的全球化、环境变化和市场竞争的不断加剧,在战略管理中企业已不能只从自身角度出发来思考和决策,也不能只是适应环境,而必须创造环境、抓住未来。实践中的这些要求使得战略管理理论有了新的发展,形成了边缘竞争战略理论、战略生态理论、柔性战略理论等。

1. 边缘竞争战略理论

该理论由布朗与艾森哈特在1998年所著的《边缘竞争》一书中提出。其理论出发点是把制定战略目标和实现战略目标的内容紧密结合起来,主张通过变革管理来建立和调整企业竞争优势,捕捉无序平衡的边缘状态,使企业在无序和有序之间保持微妙的平衡。企业的关键动力是应变能力,故需利用变革来构建一系列的竞争优势。

该理论的主要特征有四个方面的内容:①边缘竞争战略具有不确定性。因为边缘竞争战略是处理一些意外事件的结果,而不是预先制定的,预先并不知道事件的发展方向和趋势。在事件发展过程中采取实施措施,通过实施效果的观察从中选出确有成效的措施继续执行。②边缘竞争战略具有不可控性。企业内部环境总是在变动,个人能力有时无法有效控制,往往会导致组织将错就错,从而由低层的行为中形成某些战略。③边缘竞争战略具有连续行动性。它不是一些分散的措施,而是坚持不懈的行动,往往由某个部门的特色行动而成为企业的主要战略。④边缘竞争战略具有整合性。企业战略的核心不再仅仅来自管理高层,而是从各个业务单元中提炼整合出来。管理高层就负责整合企业的业务组合,以确保业务部门与不断变革的市场相匹配。

2. 战略生态理论

该理论把生态学的理论思想及方法应用到企业战略管理的研究中,从而开拓了企业战略管理理论发展的崭新视角,展现出一个广阔的视野。

该理论把企业竞争环境视为一种生态系统,它具有一般自然生态系统的基本特征。企业与竞争环境的相互作用,就像生物与生态环境的相互作用一样。企业的生命周期长短依赖于其对战略环境的适应能力和协同进化能力。企业能够适应竞争环境才能生存,因此,企业的使命就是谋求与战略生态的和谐共生关系。

企业可以通过变异、进化来适应战略生态环境的规律,因而该理论主张全面考察战略生态系统的组成、结构、环境,诊断评价自组织机制、核心竞争力、竞争与合作等,从而为企业提供适应新环境的战略逻辑和战略视角。

该理论对企业战略管理理论和竞争手段的发展具有重要价值。其研究成果有谢洪明的《企业战略的抽象群及其演化引论》(2002)、梁嘉骅的《企业生态与企业发展》(2002)等。

3. 柔性战略理论

柔性战略理论主要强调企业不仅要适应环境变化,而且要主动利用变化和制造变化来增强自身的竞争实力。任何环境的变化都对参与竞争的企业提供着机会和威胁,这些变化往往更多地来自企业自身。

---

① 谭白英、熊莎莎,等.企业战略管理[M].武汉:武汉大学出版社,2014:26-27.

柔性战略理论具有三个特征：一是强调战略的博弈性而不是战略的计划性。企业在动荡变化的环境中要获得竞争的主动权，就必须主动去博弈，而不是靠预见。二是强调主动制造变化而不是被动适应环境。以创设新环境和新规则来引导消费和竞争行为，从中确立自己的竞争优势。三是强调企业家、员工、组织的整体创新而不是哪一方面的创新。全方位打造企业的累积学习性、组织协调性、整合灵活性等能力，从而形成和保持竞争优势。

章末案例

宜家出走马甸变脸

宜家在马甸 15000 平方米的店面，创造出 5.4 亿元/年的销售额。这个世界 500 强企业搬离马甸的消息一经传出，引起了媒体和社会的广泛关注——既关心宜家的前景，也关心马甸的发展趋势。

马甸曾经被北京市商委规划为北京市十个商业中心之一。马甸经历过两次辉煌，一次是在亚运会期间，马甸是亚运会商品集散地，那时大众和社会对马甸作为商业中心有了初步认识。第二次是在马甸被大规模开发以后，特别是宜家进驻以后，形成了马甸商业上真正的繁荣。

据了解，宜家在选址上有两点必备条件，第一，必须处于交通要道。马甸地区有四通八达的交通，马甸立交桥交通流量巨大。第二，宜家在世界各国的发展，物业都是自己的，不采取租用的办法。宜家初进北京，在马甸破例采取了租赁的方式来开店，也证明了马甸的商业价值。

宜家出走可能基于三个原因：一、15000 平方米营业面积已不能满足经营需求；二、宜家失去了在马甸的定价权，成本为王的经营理念使宜家难以接受马甸区域日益成熟带来的租金上涨的成本压力；三、马甸由纯商业转向商业与商务结合的大势，已使宜家失去了小资定位的环境土壤。

商业和商务应该是互为表里，相辅相成的不同业态对商务的支持也各不相同。从这个角度来说，宜家"出走"也许意味着这个区域的商业或商务价值的新陈代谢。宜家搬走不一定是坏事，可以通过马甸商业的重新整合和洗牌，让市场来检验马甸区域真正的商务和商业价值。

资料来源：百度文库（https://wenku.baidu.com/view/45ba5a82a0c7aa00b52acfc789eb172dec639943.html）.

请回答以下问题：

（1）根据宜家在选址上的两个条件，谈谈你对企业战略的认识。

（2）根据上述资料谈谈你对战略实施的认识。

本章小结

世界上唯一不变的就是变。世界的多变性和环境的复杂性对企业成长与发展的影响越来越重要。无论是大中型企业,还是小微企业,企业的远见是企业持续的关键。因此,任何一个想取得成功并具有持续竞争力的企业必须要有大思维、宽眼界,能够做到运筹帷幄,才能决胜千里之外。

企业战略是企业战略管理学科的核心概念。企业战略是指企业为了适应未来环境变化,寻求长期生存和稳定发展而做出的总体性和长远性的谋划。企业战略管理是企业在竞争中获取优势的必要环节,同时也是关键环节。本章主要介绍了有关战略管理的基本理论知识,为后面更深入了解战略管理打下坚实的基础。

关键概念

战略　战略管理　企业战略　企业战略管理

复习思考题

1. 什么是战略管理?企业战略有什么特征?
2. 企业为什么要实施战略管理?
3. 战略管理的本质内容是什么?它对于企业又有什么意义呢?
4. 简述战略管理的过程?
5. 战略管理几种基本理论的主要观点是什么?
6. 战略管理理论是如何演变的?有哪些新的发展?
7. 结合章末案例谈谈你对战略管理的认识。

第二篇

战略分析
——识别企业战略之境

第二章　外部环境分析：机遇、威胁和竞争对手

名言警句

如果有人错过机会，多半不是机会没有到来，而是因为等待机会者没有看见机会到来，而且机会过来时，没有一伸手就抓住它。

——罗曼·罗兰

任何情况下往往是机会和威胁多，而利用机会或避免威胁所需的资源少。因此，战略基本上就是资源分配问题。想要战略成功，就应该将优势资源分配给那些起决定作用的机会。

——威廉·科恩

学习目的

- 通过本章的学习理解公司外部环境的重要性
- 掌握企业宏观环境分析、产业环境分析和竞争对手分析的相关内容
- 了解外部环境评价技术

导入案例

绿色物流 PEST 分析

十九大报告提出"绿水青山就是金山银山"，意味着我们在追求经济发展的同时，要走绿色可持续发展道路。然而，电商的发展使快递业务量迅猛增长，带来了环境污染和资源浪费。例如，包装物污染、汽车尾气排放等。2019 年快递业务量累计 635.2 亿件，所用瓦楞纸多达 4600 万吨，总体回收率不到 20%，与绿色化发展背道而驰。为了电商产业的长远存续，绿色发展成为物流业的当务之急。

（1）政治法律环境分析。十九大以来，政府加强了环境治理力度，绿色生产生活理念深入人心。然而，仅靠市场自发调节不能保证绿色物流顺利实现，需要通过规范严明的法律来确保其充分落实。良好的政治环境为绿色物流提供了有效引导，使其更能有序化发展。针对绿色物流，国家发改委司法部印发《关于加快建立绿色生产和消费法规政策体系的意见》，提出要完善绿色物流支持政策，加快健全快递绿色包装政策体系，鼓励使用可降解、可循环使用的物流器具。

（2）经济环境分析。目前我国整体经济环境良好。近年来，物流产业迅猛扩张，社会

物流总费用稳步增长，从2015年的10.8万亿元增长至2019年的14.6万亿元。而作为物流费用的重要组成部分，物流包装成本近年来的消耗量一直居高不下，2018年达到了941.23万吨。如此经济环境，给物流产业带来了不少机遇，同时也为绿色物流的发展提供了土壤。此外，发展绿色物流是全球一体化的需要，目前已成为国际主流趋势，同时也成为我国迈向世界的契机。尤其是加入WTO之后，很多世界著名物流企业入驻中国，带来了绿色生产、流通等先进理念，促进了我国绿色物流的发展。

（3）社会文化环境分析。五位一体总布局的推进使生态文明建设逐渐被重视，绿色物流成为其建设重点。综观目前市场情况，快递企业和平台为绿色物流贡献了不少努力：苏宁推行生鲜冷链保温箱现场回收；京东"青流计划"计划到2020年，50%以上包装使用可降解材料；菜鸟推行"ACE"绿色智慧物流汽车计划，系统根据订单动态生成最优配送路线，实现了配送员、车、仓库的全程绿色。这些都体现快递企业和平台为绿色物流的深入推进提供了良好社会氛围。

（4）技术环境分析。近年来，绿色物流科技发展迅速，体现在运输、包装等多环节。首先，清洁能源在能源消耗中占比增加，能源结构优化，新能源车辆被更多企业选择；其次，"互联网+"使物流与互联网融合，GIS、GPS等技术取得突破，减少了资源浪费。最后，各企业研发了新型绿色物流设施，如菜鸟的智能箱型设计，为包裹提供了智能箱型推荐、装箱顺序；顺丰研发的"丰·BOX"共享循环箱，一千万个循环箱可替代5亿纸箱、14亿米胶带，以及225万立方米内填充的使用。

资料来源：朱思凡，乔玉洋.基于PEST分析的绿色物流发展对策研究[J].物流科技.2020(9):81-83.

第一节　企业外部环境概述

外部环境分析重点关注识别和评价超出企业控制能力的外部趋势和事件，比如，国外竞争加剧、人口向环境质量较好的发达国家迁移、人口老龄化、消费者旅行恐惧症及股票市场动荡等。外部环境分析反映了组织面临的关键机会和重大威胁，因此管理者应该制定战略来利用机会，消除或减轻威胁。

一、外部环境分析的目的

迈克尔·波特战略是一个企业"能够做的"（即组织的优势和劣势）和"可能做的"（即环境的机会和威胁）之间的有机组合。外部环境分析的重点是识别和评价超出公司控制能力的外部发展趋势与事件。成功的战略必须将主要的资源用于利用最有决定性的机会。通过外部环境分析，企业可以很好地明确自身面临的机会与威胁，从而决定企业能够选择做什么。对外部环境的未来变化做出正确的预见，是战略能够获得成功的前提。外部分析的目的是形成一张清单，涵盖对公司有利的有限机会和应该避免的威胁。注意定语"有限"，原因在于影响公司的外部因素很广泛，而不同的外部因素对公司所产生的作用也各不相同。所以,外部分析绝非找出所有可能影响公司的机会,而是识别出能够付诸实践的关键因素。依靠对关键因素的识别,公司能够制定相应的战略,主动或被动地回应这些因素,从而利用外部机会发挥优势,或使潜在威胁的影响降到最小。

二、外部环境

外部环境影响着公司的战略行动。从宏观角度来看,影响公司战略行动的环境因素主要有政治法律、社会文化和自然环境等。外部环境给公司带来了机会和威胁,而机会和威胁共同影响着公司的战略行动。

除了产业因素,外部环境还影响着公司战略竞争力和超额利润的获取。本章将重点关注外部环境分析。公司对外部环境的理解应与对内部环境的理解(下一章中进行讨论)相匹配,以作为形成愿景和使命,以及识别和执行战略的基础。

当前经济环境条件与以往已大不相同。例如,技术的不断变革(大数据、云计算、互联网+及工业4.0等),信息收集与处理能力的不断提高,使得公司必须采取快速、有效的竞争行为。在许多国家,社会环境的快速变化影响着劳动力状况以及日益多样化的产品需求特征。政府的政策和法律影响着公司在何地、如何开展竞争。

从影响公司的各个条件来看,外部环境充满着不确定性因素。要想成功应对这些不确定性因素,获取战略竞争力,公司必须充分理解外部环境各要素。

公司可以通过获取竞争者、顾客和其他利益相关者的信息来了解外部环境,形成自己的知识和能力。在这些信息的基础上,公司可以采取行动,如培养新能力和核心竞争力,远离战略环境的消极影响,寻求机会以作为更好地满足利益相关者需求的基础。影响公司战略行动的外部环境因素主要包括三部分:宏观环境、产业环境、竞争者环境。

1. 宏观环境

宏观环境由社会中影响行业和公司的所有因素组成。这些因素大概有以下七种:人口、行业、经济、政治/法律、社会文化、技术、全球化和自然环境。公司通常无法直接控制总体环境因素,而这些因素却影响着公司的行动。因此,成功的公司会收集、分析与环境相关的各种信息,以便选择和执行公司战略。

2. 产业环境

产业环境是指一系列可以直接影响公司及其竞争行为和反应的因素:新进入者的威胁、供方力量、买方力量、替代品的威胁、现有竞争对手的竞争强度。总体来说,这五种力量的相互作用决定了行业的潜在盈利能力;而行业的盈利能力又影响着公司战略行动的选择。公司所面临的挑战是,如何在行业中确定一个位置,使其能够影响这五种力量,或者能有效地防御这五种力量的影响。公司对这五种力量的影响力越大,获取超额利润的可能性就越大。

3. 竞争者环境

公司对竞争对手信息的收集和解释称为竞争对手分析。对竞争者环境的了解是研究总体环境和行业环境的必要补充。例如,美国苹果公司在了解总体环境和行业环境的同时,还尽可能地了解其主要竞争对手的情况,如三星公司、HTC等。

宏观环境分析关注的是环境的变化趋势,行业环境分析的重点在于了解影响公司潜在盈利能力的要素和条件,而对竞争对手的分析主要是为了预测竞争对手的行动、反应和意图。总体来说,这三种分析结果将影响公司的愿景、使命和战略行动。虽然我们分别对这三类环境进行讨论,但是只有将这三类分析的结果有效地整合起来,才能改善公司的业绩。

三、开展外部分析的流程

开展外部分析,需要管理者和员工的参与。对战略管理过程的参与,可促进员工对企业经营更深的理解和更积极地投入。员工希望有机会更好地了解企业所在产业和竞争市场,并乐于贡献自己的见解。

为了开展外部分析,企业首先需要收集竞争情报以及经济、社会、文化、人口、环境、政治、政府、法律和技术趋势的相关信息。公司可以任命其成员监控各种信息来源,例如主要杂志、贸易期刊和报纸。这些人不仅能参与其中,而且能够向负责外部分析的经理委员会提交阶段性报告,为外部分析提供持续的战略信息。一些公司、大学和公共图书馆的网站是收集战略信息的另一个重要来源。此外,供应商、分销商、销售人员、消费者以及竞争对手都是重要的信息来源。

一旦信息收集完成,应该对其进行评价。企业需要召集部门经理会议,找出公司面临的最重要的机会和威胁。然后,将这些关键的外部因素列在活动挂图或黑板上。管理者对这些因素按照重要程度,从1～20进行评分,其中1代表最重要的机会或威胁,20代表最不重要的机会或威胁,由此得出优先因素表。这些关键的外部因素,随时间和产业的不同有所差异。供应商或分销商的关系经常被认为是最关键的因素,其他因素还包括:市场份额、竞争产品的市场占有率、全球经济、国外分公司、所有权和关键账户优势、价格竞争、技术优势、人口变化、利率以及污染税减免等。

弗罗因德强调,这些关键的外部因素:①对企业实现长期和短期目标很重要;②可测量;③对所有竞争企业都适用;④分为多个层次,部分因素对整个公司有影响,而另外一些只影响部门层面。最终形成的包含最重要关键外部因素的清单应在整个组织内进行讨论。注意,机会和威胁都属于关键外部因素。

第二节 企业宏观环境分析

企业的宏观环境由公司外部的多个因素组成。虽然影响的程度不尽相同,但是每一个行业及公司都会受到这些因素的影响。公司面临的挑战是,如何对每一个因素都进行扫描、监测、预测和评估,以明确它们对公司的影响。有效的扫描、监测、预测和评估对识别机会和威胁有很大的帮助。

一、经济因素

经济因素是指影响企业营销活动的一个国家或地区的宏观经济状况,主要包括经济发展状况、经济结构、居民收入、消费者结构等方面的情况。一般来说,公司更愿意在稳定的、增长潜力大的经济条件下进行竞争。经济的全球化使得国家间的依赖程度加深,因此,公司必须对本国及其他国家的经济状况进行扫描、监测、预测和评估。

在21世纪的第二个十年中,世界经济环境更加充满不确定性,大数据、互联网+、工业4.0等概念的不断提出,有商业人士开始怀疑,经济学家是否具有对世界经济趋势做出有效而可靠的预测的能力。由于对专业机构的预测缺乏信心,公司了解未来竞争条件的努力将更加困难。

以互联网对经济的影响为例。有经济学家建议现在的经济应称为裸露的经济,因为互联网的出现使它变得更加透明与暴露,互联网使卖方和买方更容易对比价格,排除了厂商和顾客之间的中间商,减少了交易成本。更为重要的是互联网减少了进入的障碍(主要针对互联网服务商而言)。经济学家Ronald Coarse在1937年说到公司存在最主要的原因是交易成本最小化。互联网减少了这样的成本,它也就减少了公司的最优规模。小公司能从外界更便宜地购入服务,所以总的来说进入障碍减少了。互联网减少了成本,增加了竞争,强化了价格机制的作用。它促使现实的经济更像是教科书中所说的那种完全信息、零交易成本、无进入障碍的完全竞争形式。通过增强信息在买卖双方之间的流动,互联网使得市场更有效率,并且使得资源被配置到最需要它的地方。"新"经济最显著的效果就是使得"旧"经济更有效率。[①]

二、政治、法律因素

政治法律环境是指一个国家或地区的政治制度、体制、方针政策、法律法规等方面。这些因素常常制约、影响企业的经营行为,尤其是影响企业较长期的投资行为。从本质上讲,这些因素反映了组织如何影响政府以及组织和政府对战略行动的影响力。

政治法律环境是影响企业营销的重要宏观环境因素,包括政治环境和法律环境。政治环境引导着企业营销活动的方向,法律环境则为企业规定经营活动的行为准则。政治与法律相互联系,共同对企业的市场营销活动产生影响和发挥作用。

政治环境分析主要是分析国内的政治环境和国际的政治环境。国内的政治环境包括:①政治制度;②政党和政党制度;③政治性团体;④党和国家的方针政策;⑤政治气氛。国际政治环境主要包括:①国际政治局势;②国际关系;③目标国的国内政治环境。政治环境对企业营销活动的影响主要表现为国家政府所制定的方针政策,如人口政策、能源政策、物价政策、财政政策、货币政策等,这些都会对企业营销活动带来影响。

法律环境是指国家或地方政府所颁布的各项法规、法令和条例等,它是企业营销活动的准则,企业只有依法进行各种营销活动,才能受到国家法律的有效保护。法律环境分析主要分析的因素有:①法律规范,特别是和企业经营密切相关的经济法律法规;②国家司法执法机关;③企业的法律意识;④国际法所规定的国际法律环境和目标国的国内法律环境。

如果规则是以立法机构通过的新法律为基础的,那么它就会对公司的战略行动产生影响。例如,全球范围内,政府所有的公司和政府监管的公司的私有化趋势,使得一些规

---

① 张屹.浅谈互联网冲击对经济的影响[J].安徽大学学报:哲学社会科学版,2000(6):44-46.

则对公司行为只有很少的限制。出于对政府预算以及减少赤字的考虑,公司的私有化程度不断提高。有些人认为,发生在许多国家的国有公司私有化的转变,将对竞争格局产生巨大的影响。

公司必须认真分析政府机构新的商业政策和思想。反垄断法、税法、政府放松管制的行业、劳工培训法以及对教育机构的支持程度等方面的行政政策,都会对全球各个行业或公司的运营和盈利产生影响。例如中国按照反垄断法对微软等公司进行制裁,这些将影响到此类公司未来的在华战略。

为了应对政治、法律因素引起的一些问题,减少政策的影响力,公司应制定政治性战略以影响政府政策。另外,各国政府的政策对公司竞争地位的影响也在不断增加,因此,公司必须形成有效的政治性战略。

全球的公司都要面对一系列政治和法律问题。例如,欧洲的主权债务危机破坏了欧洲的稳定。这场危机从希腊蔓延到爱尔兰、葡萄牙和西班牙,政府沉重的债务负担削弱了经济,并导致财政政策的紧缩。债务危机使银行面临风险,消费水平的制约也使投资者丧失信心。另一场危机是中东以及整个阿拉伯地区被称为"阿拉伯之春"的政治变革。从突尼斯开始,变革波及埃及、利比亚、巴林、叙利亚以及一些其他的国家,政局的混乱还导致石油价格节节攀升。这些政治事件使商业形势更加多变,增加了各公司制定政策的难度。

三、社会文化、人口和自然环境因素

(一) 社会文化因素

社会文化环境是指企业所处的社会结构、社会风俗和习惯、信仰和价值观念、行为规范、生活方式、文化传统、人口规模与地理分布等因素的形成和变动。社会文化是某一特定人类社会在其长期发展历史过程中形成的,它主要由特定的价值观念、行为方式、伦理道德规范、审美观念、宗教信仰及风俗习惯等内容构成,它影响和制约着人们的消费观念、需求欲望及特点、购买行为和生活方式,对企业营销行为产生直接影响。

社会文化因素与社会态度和价值取向有关。由于态度和价值观是构建社会的基石,因此,它是推动人口、经济、政治/法律、技术条件和其他变化的动力。

不同的国家都有各自独特的价值观和趋势。国家的文化会影响组织的行为,进而影响组织产出,如首席执行官报酬的差异。同样,国家的文化还会影响公司在本土形成的国际化战略。知识的共享对于组织内新知识的传播,以及变革执行速度的提高,都是非常重要的。人际关系在中国尤为重要,它已成为在中国这个更加开放的市场上做生意和谋求个人职业晋升的重要方式。对关系重要性的理解,是每一个在中国做生意的外国公司都必须重视的问题。

(二) 人口统计因素

人口统计因素与人口的数量、年龄结构、地理分布、种族构成以及收入分布有关。人口因素的分析应立足于全球,因为人口因素的潜在影响已经跨越了国界,并且许多公司是在全球市场开展竞争的。

1. 人口数量和年龄结构

美国人口普查局指出,到 2040 年,世界人口将达到 90 亿人。到 2050 年,印度将成为

世界上人口最多的国家,中国、美国、印度尼西亚、巴基斯坦是另外四个人口最稠密的国家。公司在寻找潜在产品和服务市场时,应该意识到这五个国家的市场潜力。另外,在观察不同国家和地区的人口时,公司应该研究正在发生的人口变化情况,以评估其战略内涵。如人口老龄化是各国面临的一个显著问题,因为它涉及劳动力的需求和退休金的负担问题。在日本以及其他一些国家,为了克服这一问题,鼓励员工工作更长的时间。在北美洲,按照目前的财政危机,将有9000万"婴儿潮"一代人延长退休年龄。此外,"婴儿潮"一代人掌握着可以创造价值的技能,他们延长退休年龄,可以方便公司成功执行战略。另外,退休年龄延长后,公司还可以考虑采用更多的方法,让他们把积累的知识传授给年轻员工。

2. 地理分布

世界各地人口的地理分布特征都不尽相同。比如,在中国60%的人口生活在农村,而人口的增长主要集中在特大城市,如北京、上海。这一数据表明,公司在销售产品时应意识到,是大城市的人口规模在增长,而不是农村地区。大城市的人均国民生产总值增速超过小城市,同时也吸引了更多的人力资本——有才华的人可以促进经济的增长。

3. 种族构成

各国人口中的种族构成也在不断发生变化。例如,现在美国最大的少数族裔是西班牙裔。事实上,美国的西班牙裔市场是仅次于巴西和墨西哥的第三大拉丁美洲经济体。基于这些事实,公司应该评估产品和服务的调整程度,以更好地满足西班牙裔顾客的特殊需求。这一调整尤其适用于在消费领域竞争的公司,如零售商店、电影公司、金融服务机构和服装商店。另外,种族构成的变化还影响了劳动力的构成。在美国,由于移民数量的不断增加,人口和劳动力构成将持续多元化。

4. 收入分布

了解收入在不同人群中是如何分配的,有助于公司了解不同人群的购买能力和可支配收入情况。收入分布的研究显示,尽管生活水平不断提高,但不同国家间以及各国内部存在着很大的差异。公司感兴趣的是家庭平均收入和个人平均收入情况。

中国经济的增长之所以能带动许多公司的发展,原因不仅在于制造成本低,还在于以人口为基础而形成的大量的潜在产品需求。然而,在中国国内生产总值总量的构成中,国内消费比例低于其他主要经济体,占不到1/3的比例。相比而言,印度的国内消费占经济总量的比例是2/3,是中国的两倍。因此,随着印度中产阶级的不断扩大,许多西方跨国公司都将印度视为主要的消费品市场。虽然印度的基础建设比较差,但是其城乡收入差距的减小速度要快于中国。总之,以收入分布为基础,关注不同市场间的差异是非常重要的。

(三) 自然环境因素

自然环境要素是一切非人类创造的直接和间接影响到人类生活和生产环境的自然界中各个独立的、性质不同而又有总体演化规律的基本物质组分,包括水、大气、生物、阳光、土壤、岩石等。自然环境因素是指自然环境中潜在的和实际的变化,商业活动就是要积极应对和处理这些变化。考虑到全球自然环境保护的大趋势,公司应该意识到,生态、社会和经济系统中发生的变化是相互影响的。

在识别这一因素的趋势时,有许多自然环境特征是值得公司注意的。有人认为,全球变暖这一趋势就值得一些公司和国家特别注意,它们应努力预测其对社会和商业运营的潜在影响。许多投资者正在寻求这一趋势中的优势地位,成为"绿色第一",主张通过增强环境的可持续性来获得利益。

由于对环境的关注不断增加,一些公司制定了环境友好政策。百事公司的首席执行官卢英德正寻求一个称为"目的性资本绩效"的战略。通过这一战略,百事公司开发了一种可以在多个设备间复制的技术,从而大大节约了费用。另外,百事公司的业务部门Frito-Lay,运营着世界第七大私人货运车队,它在一些大城市投入了一批纯电动货车,估计每年可节约 50 万加仑的柴油,并有望节省 70 万美元的维修成本。

四、技术因素

技术环境是指一个国家和地区的技术水平、技术政策、新产品开发能力以及技术发展动向等,是科研、高等教育发展的重要基础之一。在衡量技术环境的诸多指标中,整个国家的研究开发经费总额、企业所在产业的研究开发支出状况、技术开发力量集中的焦点、知识产权与专利保护、新产品开发状况、实验室技术向市场转移的最新发展趋势、信息与自动化技术发展可能带来的生产率提高前景等,都可以作为关键战略要素进行分析。

技术变革从不同深度和广度影响着社会的方方面面。这些影响主要源于新产品、新流程和新材料。技术因素包括所有能创造新知识,并将知识转化为新产出、新产品、新过程和新材料的制度和行为。由于技术变革的速度很快,因此公司必须全面研究技术因素。有研究发现,越早采用新技术,公司越可能获得更高的市场份额和更高的回报。因此,不论公司大小,都应持续进行环境扫描,识别当前技术的潜在替代品,以及能给公司带来竞争优势的新技术。

在制定战略时,技术因素是需要充分考虑的机会和威胁。技术革新对企业的产品、服务、市场、供应商、分销商、竞争对手和消费者,以及生产环节、营销策略和竞争地位有着极大的影响。技术革新能创造新市场,促进新产品出现,改变产业的相对竞争和成本格局,还能使现有产品及服务过时。技术变化能够减少或消除企业之间的成本壁垒,缩短生产过程,弥补技能的不足,从而改变员工、管理者和消费者的价值和期望。相比现有的优势,技术革新能够帮助企业创造新的、更大的竞争优势。如今,没有哪家企业或产业能置身新兴技术之外。在高新技术产业,对关键技术型机会和威胁的识别和评价已经成为战略管理外部分析最重要的环节。

互联网作为一项重要的技术进步,它给全球每一个人都提供了获得方便、快捷、有效的信息的能力,它通过改变产品生命周期、提高物流速度、创造新产品和服务、减少传统市场的地理位置限制,以及转变以前产品质量和灵活性之间的对立关系,改变了机会和威胁的各种性质。互联网改变了规模经济和进入壁垒,也重新构建了产业、供应商、债权人、消费者和竞争者之间的关系。公司应持续不断地对互联网的功能进行研究,预测未来的发展趋势,利用它为顾客创造更多的价值。互联网的影响很大,而无线通信设备已成为公司获取战略竞争力时可利用的下一个技术机会。手提装置和其他无线通信设备已运用于获取各种基于网络的服务。具有无线网络功能的手提电脑、具有上网功能的手机以及其他一些新兴平台(如用户的互联网接入设备:iPhone 和 iPad)的大量增加,使它们很快成为沟通和贸易的主要模式。

为了有效利用电子商务,许多企业出现了两种新的职位:首席信息官(CIO)和首席技术官(CTO)。这种趋势反映了信息技术在战略管理中的作用日益重要。首席信息官和首席技术官合作,确保企业在制定、实施和评价战略时,能够随时随地获得所需信息,他们负责开发、维护和更新企业的数据库。其中,首席信息官的管理者色彩更浓,而首席技术官更侧重技术,主要解决数据获取和处理、决策支持系统以及软硬件兼容等问题。

第三节　产业环境分析

在传统社会主义经济学理论中,产业主要指经济社会的物质生产部门,一般而言,每个部门都专门生产和制造某种独立的产品,某种意义上每个部门也就成为一个相对独立的产业部门,如"农业""工业""交通运输业"等。

产业环境是指对处于同一产业内的组织都会发生影响的环境因素。与宏观环境不同的是,产业环境只对处于某一特定产业内的企业以及与该产业存在业务关系的企业发生影响,对企业的战略竞争力和获利能力有更直接的影响。

图 2-1　波特"五力模型"

波特的"五力模型"是许多产业制定战略常用的竞争分析工具。不同领域的竞争激烈程度差异很大。按照波特的观点,既定产业的竞争本质由五大因素构成:①竞争对手间的竞争强度;②新进入者的威胁;③替代品的威胁;④供方议价能力;⑤买方议价能力。

一、竞争对手间的竞争强度

由于行业中各公司是相互制约的,所以一个公司的行为会引起其他公司的竞争反应。在许多行业中,公司间竞争相当激烈。如果公司受到竞争对手的挑战,或者发现了一个改善市场地位的机会,竞争行为往往会加剧。

同一行业内很少有完全相同的公司,各公司在资源、能力方面总会有所不同,并会努力寻求与竞争对手的差异。通常公司会在顾客认为有价值的方面寻求与竞争对手产品的差异,以此来获得竞争优势。竞争的维度一般包括价格、售后服务以及创新。

接下来我们将讨论经过经验证明的、对竞争强度有重要影响的几个显著因素。

1. 大量的或势均力敌的竞争者

公司数量较多的行业中,激烈的竞争是非常普遍的。竞争对手的数量较多时,少数公司会片面地认为,它们的行动不会引来竞争对手的反应。然而,有证据表明,其他公司通常都会密切注意竞争者的行动,并且做出适当的反应。另一个极端是,行业内只有少数几个势均力敌的行动和反应。

2. 缓慢的行业增长

当市场处于增长阶段时,公司会设法有效地利用资源以满足更多的顾客。市场的增长降低了公司与竞争对手争夺顾客的压力。然而,在无增长或增长缓慢的市场上,由于要吸引竞争对手的顾客来扩大自己的市场份额,公司间竞争激烈。

3. 高额的固定成本或库存成本

如果在总成本中固定成本的比例较大,公司就会设法最大限度地利用生产能力,因为产出的增加可以分摊成本。然而,当每个公司都试图使产能最大化时,就会导致整个行业的产能过剩。为了减少库存,公司一般会降低价格,向顾客提供回扣或其他特殊折扣。在高库存成本行业,经常可以见到行业产能过剩导致公司间激烈竞争的情况。

4. 缺少差异化或转换成本低

一旦顾客发现了一种能够满足需求的差异化产品,他们以后还会经常购买这种产品。如果行业中的公司能够成功实现产品差异化,那么公司间的竞争程度就会降低。开发并保持竞争对手难以模仿的差异化产品,可以使公司获得高额利润。然而,如果购买者认为产品都是同质化的,那么竞争将会加剧。

5. 重要的战略利益

如果行业中的几家公司都重视好的业绩表现,那么竞争就会比较激烈。例如,尽管三星是个多元化公司,而且还是一些其他市场的领导者,但它却将目标放在成为电子消费品市场的领导者上,并且做得很好,而这个市场对于索尼等其他主要的竞争对手,如日立、松下电子、NEC 和三菱来说,都是非常重要的,因此它们之间的竞争也相当激烈。

6. 高退出壁垒

即使公司的资本回报很低甚至为负,公司还是坚持进行竞争。之所以做出这样的决策,原因之一是退出壁垒很高,尽管公司继续留在行业内会导致盈利的不确定性,但是诸如经济的、战略的和情感的因素使它们不得不这样做。常见的退出壁垒包括:

- 专用资产
- 退出的固定成本
- 战略相关性
- 情感障碍
- 政府和社会约束

二、新进入者的威胁

识别新的进入者对公司是非常重要的,因为它们可能威胁到现有竞争者的市场份额。新进入者造成威胁的原因之一是,它们带来了额外的生产能力。除非产品或服务的需求增加,否则额外的产能会降低消费者的成本,从而导致竞争公司的收入和回报下降,而且新进入者往往对占有更大的市场份额有浓厚的兴趣,因此,新的竞争对手将迫使现有公司提高效率,并学习如何在新的领域进行竞争(例如使用网络分销渠道)。

公司进入新行业的可能性主要取决于两个因素:进入壁垒和行业内现有公司的报复行为。行业壁垒增加了新公司的进入难度,即使进入,也会使公司处于竞争的劣势。因此，高进入壁垒增加了行业中现有竞争者的利润，也使一些公司能够垄断整个行业。在行业竞争中获得成功的公司都希望能维持高进入壁垒，以打消潜在竞争者的进入企图。

行业中的现有公司（尤其是获得超额利润的公司）会设法增加进入壁垒来阻挠潜在的进入者。有以下几种潜在的阻碍公司进入市场的主要壁垒：

1. 规模经济

规模经济是指随着规模的不断扩大，公司通过经验的积累而使效率不断提高。因此，在一定时期内，随着产品产量的不断增加，单位产品的成本不断下降。如服务器市场上的IBM、惠普和戴尔就拥有规模经济。

规模经济可以通过许多商业功能来实现，如营销、制造、研发和采购等。规模经济提高了公司的灵活性。例如，在规模经济下，公司可以选择降低价格，获得更大的市场份额。或者，公司也可以保持价格不变，增加收益。这些做法可以增加公司的自由现金流，对于应对金融风险是很有帮助的。

新进入者在面对行业现有竞争者拥有的规模经济时，会处于两难的境地。如果规模较小的公司进入市场，将面对自身成本的劣势。与服务器市场的三个主要竞争对手相比，甲骨文公司凭借所收购的太阳微系统公司的规模，很难与这些具有规模优势的对手进行竞争。此外，新进入者通过收购、提高产量而获得规模经济，但进入市场后会引来竞争对手强烈的竞争性报复。

2. 产品差异化

随着时间的推移，顾客可能会认为公司的产品是独特的。这种认知可能来自公司对顾客的服务、有效的广告、率先提供某种产品或服务的行为。在软饮料市场，可口可乐公司和百事公司都建立了强大的品牌，这些品牌不仅在美国，而且在世界范围内竞争。由于每一个品牌的建立都耗费了大量的资源，因此顾客具有很高的忠诚度。在考虑进入软饮料市场时，其他公司需要好好想一想，如何才能战胜该行业两大巨头塑造的品牌形象和顾客忠诚。

像宝洁和高露洁这样的公司，花费了大量的资金进行广告宣传和产品开发，目的是使潜在顾客相信产品的独特性，以及购买该产品的价值所在。顾客认可产品的独特性后，会对产品和公司更加忠诚。反过来，顾客忠诚也形成了进入壁垒，其他公司在选择进入该行业与宝洁和高露洁这样的公司展开竞争时，必须充分考虑这一问题。为了与那些向忠诚顾客提供差异化产品的公司进行竞争，新进入者经常配置各种资源。为了战胜独特性，它们还经常低价销售产品，但这种做法会导致公司的利润下降，甚至是亏损。

3. 资本要求

进入新行业竞争，需要公司投入足够的资源。除了设备，资本还是库存、市场营销活动以及其他重要职能的基础。即使新行业具有吸引力，公司也可能由于缺乏成功进入该行业所必需的资本而放弃该市场机会。例如，进入国防行业就很难，因为公司必须投入大量的资源才能获得竞争力。另外，由于该行业对知识水平要求极高，因此，其他公司可能会通过兼并行业内现有公司来进入该行业，但前提是公司必须有足够的资本。

4. 转换成本

转换成本是顾客转向不同供应商购买产品时产生的一次性成本。购买新的辅助设备,重新培训员工,甚至是结束原有购买关系的精神成本,都会产生转换成本。在有些情形下,转换成本比较低,如顾客购买不同品牌的软饮料。转换成本还会随时间发生变化。

有时,制造商做出的生产创新型产品的决定,会给最终消费者带来较高的转换成本,顾客忠诚计划,如航空公司的里程累积计划,目的就是增加顾客的转换成本。如果转换成本高,那么新进入者只能利用超低的价格或更好的产品来吸引顾客。一般来说,双方关系越紧密,顾客转换成本越高。

5. 分销渠道的获得

随着时间的推移,行业的竞争者都会各自发展有效的产品分销方式。与分销商建立关系后,公司会细心地培育,以增加分销商的转换成本。分销渠道也会成为新进入者的进入壁垒,尤其是非耐用消费品市场和国际市场更是如此。新进入者必须设法说服分销商经销它们的产品,即在原有销售产品之外增加新进入者的产品,或者替代现有的产品。降价和广告费用补贴经常用来达成这一目的,然而这些做法会降低新进入者的利润。有趣的是,对于进行网络产品销售的公司来说,分销渠道并不会成为进入壁垒。

6. 与规模无关的成本劣势

有时,现有公司的成本优势是新进入者无法复制的,比如独有的产品技术、唯一的原材料获取途径、优越的地理位置以及政府的津贴等。新进入者要想成功开展竞争,就必须减少与这些因素的战略相关性。比如,送货上门可以抵消地理位置的劣势,因此,处于不利位置的新食品店常会采取这种做法。

7. 政府政策

政府通过颁发执照和许可证,可以对行业的进入者进行控制。对于酒类零售、广播和电视、银行和运输业,政府的决策和做法就对进入行业的可能性有较大影响。另外,为了保证服务质量和保护就业,政府通常会限制其他公司进入某些行业。

8. 预期的报复

公司在进入某个行业时,还需要顾及行业中现有公司的反应。如果预计反应是迅速的、激烈的,则会减少公司进入的可能。如果现有公司与行业利益攸关,或者拥有大量的资源,行业增长缓慢或受到限制,那么它的报复行为会比较激烈。

如果新进入者定位于现有公司未能提供服务的利基市场,则可以避开行业壁垒。一些小的创业公司是最适合识别和服务于那些被忽视的细分市场的。

三、替代品的威胁

替代品是指外部特定行业生产的,与本行业的产品和服务具有类似或相同功能的产品和服务。例如,作为食用糖的替代品,甜味剂虽然和糖不同,但是功能却相同,它限制了食用糖生产商的产品价格。其他替代品的例子有:电子邮件和传真机替代隔夜快递,塑料容器替代玻璃容器,茶替代咖啡等。

总而言之,如果顾客的转换成本很低,甚至为零,或者替代品的价格更低而质量或功能却等同于甚至超过竞争产品,那么替代品就会给公司带来很大的威胁。在顾客认为有价值的方面(如质量、售后服务、位置)进行差异化,则可以减少替代品的吸引力。

四、供方议价能力

提高价格和降低产品质量是供方对公司施加影响的手段。如果公司无法通过自身的价格结构,来弥补由供方引起的成本的增加,那么它的盈利能力就会因供方的行为而降低。下列情形中供方将更具议价能力:
- 与产品销售市场相比,供方市场只由少数几个大公司控制,市场集中程度更高;
- 供应商的产品没有很好的替代品;
- 对供应商而言,行业内公司不是重要的客户;
- 供应商的产品是行业内公司获得成功的关键;
- 供应商产品的有效性增加了行业内公司的转换成本;
- 供应商通过前向整合进入买方的市场而对公司造成威胁;如果供应商拥有充足的资源并能提供高度差异化的产品,那么这种威胁的可能性将增加。

五、买方议价能力

公司总是追求投资回报最大化,相反,买方则总是希望以尽可能低的价格购买产品——在这个价格上,行业只能获得可接受的最低投资回报率。为了降低成本,买方会要求更高的质量、更高水平的服务和更低的价格。通过鼓励公司间的竞争可以达到这些目的。顾客在下列情况下具有更强的议价能力:
- 买方的购买量占整个行业产出的比例很大;
- 买方购买产品的总数额占销售方年收入的比重很大;
- 买方的转换成本很低;
- 行业产品差别不大或者是标准化产品,买方可以后向整合进入销售方的市场而给销售方带来实实在在的威胁。

在许多行业,顾客能够获得更多的有关制造商成本的信息,以及互联网给销售和分销带来的影响,都增加了买方的议价能力。原因之一就在于顾客转换厂商和转换经销商的成本几乎为零。

有效的产业分析源于对各种来源的数据和信息的仔细研究和解读。对单个国家的分析可以获得大量的产业专有数据,而全球化使公司在进行产业分析时必须考虑两个因素,即国际市场和竞争对手。有研究显示,在某些行业中,对于战略竞争力的决定因素来说,国际化因素比国内因素更为重要。由于全球市场的不断发展,国家界限已经不能限制产业的结构。事实上,国际市场为新的合资公司和现有的公司都提供了更多成功的机会。

借助波特五力分析,公司可以判断产业的吸引力,即能否给公司带来足够的或更多的利润。一般来讲,竞争越激烈,行业中公司的潜在盈利越低。对于一个缺乏吸引力的行业而言,进入壁垒往往比较低,供方和买方的议价能力比较强,替代产品的竞争威胁比较大,竞争也比较激烈。这些行业特征使公司很难获得战略竞争力和超额利润。相反,有吸引力的行业的进入壁垒会比较高,供方和买方的议价能力比较弱,替代品的竞争威胁比较小,竞争相对缓和一些。

第四节　竞争对手分析

竞争者环境是外部环境中最后一项需要研究的内容。竞争对手分析聚焦于直接竞争的公司。例如,可口可乐和百事可乐,波音和空客,它们都对竞争对手的目标、战略、假设和能力非常感兴趣。事实上,为应对激烈的竞争,更需要对竞争对手做充分的了解。在竞争对手分析中,公司希望了解的信息包括:

- 竞争对手的驱动因素是什么,即它未来的目标;
- 竞争对手正在做什么,能做什么,即它当前的战略;
- 竞争对手对行业有何看法,即它的假设;
- 竞争对手的能力是什么,即它的优势和弱点。

上述四个维度的信息,可以帮助公司对每一个竞争对手制定有针对性的反应预案。对竞争对手的有效分析有助于公司了解、解读和预测竞争对手的行为和反应。显然,若能对竞争对手了如指掌,公司就有能力在行业竞争中获得成功。有趣的是,研究表明,管理者经常忽略对竞争对手的竞争行动做出反应,结果导致公司处于竞争的不利地位。

对竞争对手进行有效分析的关键是收集数据与信息,以帮助公司了解竞争对手的意图和战略含义。有效的数据与信息相互结合便形成了竞争对手情报,这是公司收集的一组数据,用来更好地了解和预测竞争对手的目标、战略、假设和能力。在竞争对手分析中,公司不仅要收集有关竞争对手的情报,而且要收集世界各国相关的公共政策信息。这些信息有助于了解国外竞争对手的战略态势,还可以使公司制定出有效的战略决策,与竞争对手展开竞争。

当被问到对竞争情报的理解时,经常有人用"竞争间谍""商业间谍"这样的词来描述。这些词暗示竞争情报是一种涉及交易的活动。之所以会有这样的理解,原因在于不同国家对于"什么是道德"所持的观点是不同的。这进一步说明,在不同国家收集竞争情报时所遵守的基本约定并不完全相同。然而,只有在收集竞争情报时恪守道德和法律,公司才有可能避免法律纠纷和道德困境。也就是说,行为道德和法律法规是公司收集竞争情报的基础。

在收集竞争者情报时,公司还需要注意互补公司的产品和战略。互补公司是指那些销售和本公司产品或服务相互兼容的互补产品或服务的公司或公司网络。如果互补品能增加本公司产品或服务的价值,那么它实际上是为本公司产品创造了价值。

许多公司的产品或服务都可以作为其他公司的互补品。例如,英特尔和微软或许是世界上最大的互补公司,微软的标识"英特尔处理器"表明了两者之间的关系,虽然两种产品不是直接的买卖关系,但有着很强的互补关系。

如上所述,在进行完整的竞争对手分析时,必须评估互补公司中隐藏的竞争对手。如甲骨文公司收购太阳微系统公司后,互补关系发生了变化,它不再是戴尔、惠普的互补者,而是竞争者。同样,英特尔和微软也会分析彼此的行动,因为这些行动要么有助于公司获得竞争优势,要么会摧毁公司获得竞争优势的能力。

一、竞争者分析的含义与内容

竞争者分析是一种正式、系统地收集有关竞争者信息的过程。与宏观环境分析、五种竞争力模型分析及战略群体分析相比,竞争者分析是最微观层面上的外部环境分析。如果企业没有进行仔细的竞争者分析,则容易在战略制定上存在盲点。尤其在竞争者分析中,企业选取作为分析对象的竞争者通常是与企业构成直接竞争的对手,对这些竞争对手的分析能够使企业获得有关竞争者的情报和知识,了解竞争对手的意图并理解其中的战略意义,从而根据竞争对手的信息做出正确的战略反应,提高战略决策的质量。

通过竞争者分析,企业可以获得以下四个问题的回答:①是什么驱动着竞争对手?②竞争对手正在做什么以及能做什么?③竞争对手对行业怎么看待?④竞争对手的能力是什么?

"是什么因素驱动着竞争对手?"这一问题反映了竞争对手的目标和未来的追求。企业应当在考虑竞争者未来目标的基础上对自己的目标进行评估,思考未来企业所要追求的重点和追求此目标的风险等问题。

"竞争对手正在做什么以及能做什么?"这一问题反映了竞争对手当前的战略以及未来的可能发展方向。对这一问题的回答可以有助于企业了解其当前的竞争方式,以及当竞争结构在未来发生变化后,当前的战略是否能继续适用。

"竞争对手对行业怎么看待?"这一问题反映了竞争对手关于行业及其自身的基本假设。这些假设有助于预测竞争对手的行动。因此,企业可以由此来了解、评价自己对自身和行业的现状及未来的假设是否恰当。

"竞争对手的能力是什么?"这一问题反映了竞争对手的优势和劣势所在。企业可以因此而了解自身的优势和劣势所在,并对双方的优势和劣势做出正确的评价。

这个模型能够系统地收集竞争者当前和过去的各种信息,从而预测未来竞争对手会对企业的战略做出何种反应,预测竞争对手对行业内其他企业的战略做出何种反应等。通过对上述四个问题的回答,企业就能够为每一个竞争对手建立起竞争者反应档案,从而可以为战略规划人员提供有效的竞争情报。

二、竞争者分析的主要步骤

竞争者分析的主要步骤包括确定竞争对手、确定需要哪些有关竞争对手的信息、确保具有获取相关信息的能力、对收集到的信息进行战略性分析、以合适的方式表述这些信息、确保决策者及时得到正确的信息、在分析的基础上制定战略、继续监视竞争对手和寻找潜在的竞争对手。从上述步骤来看,竞争者分析是一个动态的和循环的过程,这就要求企业对竞争对手进行持续的识别、监控与跟踪。

竞争者分析的第一步是要确定所要分析的竞争对手。这里,竞争对手既包括现有的竞争对手,也包括对企业未来发展有较大影响的潜在竞争对手。确定竞争对手的一种主要思路是看哪些企业与本企业在争夺相似的东西。如果两家企业所争夺的东西越相似,那么这两家企业在该维度上的竞争也就越直接。从这个角度上来看,争夺相同顾客的企业就构成了直接的竞争对手。因此，企业可以通过了解顾客的看法来确定当前和未来的竞争对手。

竞争分析的第二步是要确定需要哪些有关竞争对手的信息。要注意的是，企业所收集的竞争对手的信息应当是相关的，即与影响企业向顾客提供卓越价值相关的信息。

为了获得有效的信息，企业还应当确保具有获取相关信息的能力。这些能力主要包括收集技能、处理技能、分析技能和传播技能。此外，企业还需要考虑如何有效地利用各种竞争情报的信息来源，包括供应商、营销人员、销售人员、客户运营人员、客户等都是潜在的有价值的信息来源。

对于收集到的信息，企业应当采用适当的方式进行战略性分析。根据未来的目标、当前的战略、假设、优势和劣势四个方面展开对竞争对手和企业自身的战略性分析。

当对信息进行了战略分析后，企业应当确保这些信息能够以一种合适的方式进行表述和沟通。例如，企业可以利用比较矩阵、雷达图、竞争优势图等直观、简单明了的方式来识别重要的战略信息。

此外，由于环境变化迅速，企业应当及时将分析的结果准确地传达到决策制定者那里，以便决策制定者能够在及时、准确的信息分析基础上制定战略。

最后，当上述完整的分析流程完成后，企业还应当继续监视竞争对手和寻找潜在的竞争对手，并循环进行上述的竞争者分析步骤。

三、竞争情报

美国竞争情报职业协会（SCIP）的正式定义是，竞争情报是指企业为了自身的未来目标，在不违背伦理道德的前提下，系统地收集和分析竞争态势和一般商业发展趋势的过程。

好的竞争情报之于企业，如同之于军队一样，是成功的关键。企业获得的关于竞争对手的信息和知识越多，就越有可能制定和实施有效的战略。主要竞争对手的劣势可以成为企业的外部机会，其优势则可能是企业的主要威胁。

和竞争对手讨论任何价格、市场或布局计划，都可能违反反垄断法。但是，不能因此而低估企业评价系统收集竞争对手情报的必要性和益处。互联网已成为收集竞争情报的得力媒介。从雇员、管理者、供应商、分销商、顾客、债权方和顾问那里，亦可收集到比一般竞争信息质量更高的情报。

企业需要开展有效的竞争情报项目，有三个基本目标：①总体把握产业和竞争对手；②识别竞争对手的薄弱领域，评价己方战略决策对竞争对手的影响；③识别竞争对手可能有损本企业市场地位的举动。

竞争情报对于战略制定、实施和评价同样适用。竞争情报项目使企业各个部门在决策时，都能不断获得丰富的信息。组织中所有成员——从 CEO 到一般管理者，都是有价值的情报来源，也都是情报项目的一部分。成功的竞争情报项目具有灵活、有用、按时、跨部门合作等特征。

随着美国公司将竞争分析也视为一种职能，设立诸如竞争分析主管、竞争战略经理、信息服务主管或者竞争评价副主管等职位，表明美国公司对于竞争分析日益重视。竞争分析主管的职责包括：计划、收集并分析数据，简化数据收集和分析流程，及时传递情报，研究特殊问题，识别重要信息并传递给需要知道的人。竞争情报工作并非公司间谍活动，因为制定战略所需信息95%都是公开的。竞争情报的来源包括：商业杂志、广告、报纸和政府文件，以及消费者、供应商、分销商、竞争对手和互联网等。

四、道德思考

公司在收集竞争对手情报时，必须遵循相关的法律法规以及明确的道德准则。行业协会通常会做出此类规定，包括：①收集公开的、可获取的信息（比如法庭记录、竞争对手的招聘广告、年报、上市公司的财务报告、《统一商法典》的条款）；②在贸易会议和展览会上收集竞争对手的宣传册，参观展览，参加产品讨论会。有些活动，如勒索，非法侵入，窃听，偷窃图样、样品和文件，则普遍被认为是不道德的行为，而且是违法的行为。

虽然有些获取竞争者情报的行为可能是合法的，但是如果公司希望成为企业公民，那么就必须判断这些行为是否符合道德规范，尤其是在电子传输中，往往很难判断法律与道德之间的界限。例如，议价公司的网址可能与竞争对手的相似，因此，有时就会收到原本发给竞争对手的电子邮件。这意味着，公司面临的挑战不仅在于决定如何收集竞争对手情报，还在于如何阻止竞争对手获取太多关于自己的信息。为了应对这些挑战，公司应该遵守统一的原则和行动准则。许多公司在处理这一问题时，遵循战略和竞争情报专业人员协会的规定以及专业规则和道德规范。

公开情报收集技术可以帮助公司让雇员、客户、供应商，甚至是潜在的竞争对手相信，它在收集情报的过程中会遵循道德准则。收集竞争对手情报的基本指导方针就是，尊重一般道德原则以及竞争对手保护产品、经营战略意向等信息不被泄露的权利。

第五节 外部环境评价技术

一、产业分析：外部因素评价矩阵

外部因素评价矩阵[External Factor Evaluation(EFE) Matrix]可以帮助战略制定者总结和评价经济、社会、文化、人口、环境、政治、政府、法律、技术和竞争等方面的信息。如表2-1所示，建立EFE矩阵有五个步骤。

(1) 外部分析时，列出影响企业和产业的15～20个主要外部因素，包括机会和威胁两方面。先列机会后列威胁，尽可能使用百分比、比率和对比性数字。

(2) 为每个因素从0.0～1.0赋予权重。权重意味着该因素对于企业在所在产业中取得成功的影响的重要程度。通常，机会比威胁的权重高，但当威胁特别严重或正在发生作用时，其权重也可以很高。合适的权重可以通过比较成功和失败的竞争对手，或者通过小组讨论达成共识来确定。所有权重系数的总和必须等于1。

(3) 为关键的外部因素从1～4进行评分，以此衡量企业现有战略对于该因素的响应程度。其中,4=很好,3=高于平均水平,2=在平均水平,1=很差。评分应反映企业战略的有效性,即该评分是针对企业的,而第二步中的权重则针对产业。

(4) 用每个因素的权重乘以其评分,得到每个因素的加权分数。

(5) 将所有因素的加权分数求和,即得到企业的加权总分。

表 2-1　当地一家大型综合剧院的 EFE 矩阵分析

关键外部因素	权重	评分	加权分数
机会			
1. 罗文县人口每年增长 8%	0.05	3	0.15
2. TDB 大学每年扩招 6%	0.08	4	0.32
3. 位于市中心的主要竞争对手最近停止经营	0.08	3	0.24
4. 电影院需求每年增长 100%	0.07	2	0.14
5. 3 千米内两个邻近的新县正在开发建设	0.09	1	0.09
6. 去年居民人均可支配收入增长 5%	0.06	3	0.18
7. 县失业率下降至 3.1%	0.03	2	0.06
威胁			
8. 健康饮食趋势侵蚀特许销售	0.12	4	0.48
9. 在线电影和 DVD 的需求每年增长 10%	0.06	2	0.12
10. 邻近电影院的商业地产正在出售	0.06	3	0.18
11. TDB 大学校园正修建电影院	0.04	3	0.12
12. 县(市)房产税今年增加 25%	0.08	2	0.16
13. 本地宗教团体反对 R 级电影上映	0.04	3	0.12
14. 当地百视达店电影版权费上涨了 12%	0.08	2	0.16
15. 时代华纳公司电影版权费上一个季度增长了 15%	0.06	1	0.06
总计	1.00		2.58

无论 EFE 矩阵中关键机会和威胁的数量如何,企业最高可能的加权总分为 4.0,最低可能的加权总分为 1.0,从而平均加权分数为 2.5。加权总分为 4.0 表明,企业对产业内的机会和威胁有很好的响应,换言之,企业的战略趋利避害,从而有效地获得了优势。总分为 1.0 则表明,企业战略未能有效利用优势,避免威胁。

二、竞争态势矩阵

竞争态势矩阵(Competitive Profile Matrix, CPM)用于确认企业的主要竞争对手及其相对于本企业战略定位的特殊优势和劣势。CPM 中因素的权重和总体加权分数,其含义和 EFE 矩阵中相同。但是,CPM 中的关键成功因素既有内部因素,也有外部因素。打分从优势到劣势进行,4=较大优势,3=较小优势,2=较小劣势,1=较大劣势。CPM 的关键成功因素没有按照机会和威胁进行分组,因为这些在 EFE 矩阵中已得到体现。在 CPM 中,可以将竞争对手的评价和加权总分与企业自身的相应指标进行比较,这一比较分析为企业提供了重要的内部战略信息。

表2-2给出了一个CPM的例子。此例中,产业成功的最重要因素是广告和全球扩张,权重均为0.2。注意,如果没有权重一栏,则默认每个因素都同等重要。设置权重可以使分析更为准确,可以使分析者为把握感知的或实际的重要程度而赋予因素较高或较低数值。表中,企业1在"产品质量"上表现最佳,所以评为4分;而企业2在"广告"方面实力最强。总体上,企业1最强,总分为3.15。

表2-2 一个CPM矩阵的示例

关键成功因素	权重	企业1		企业2		企业3	
		评分	权重得分	评分	权重得分	评分	权重得分
广告	0.20	1	0.20	4	0.80	3	0.60
产品质量	0.10	4	0.40	3	0.30	2	0.20
价格竞争力	0.10	3	0.30	2	0.20	4	0.40
管理	0.10	4	0.40	2	0.20	3	0.30
财务状况	0.15	4	0.60	2	0.30	3	0.45
客户忠诚度	0.10	4	0.40	3	0.30	2	0.20
全球扩张	0.20	4	0.80	1	0.20	2	0.40
市场份额	0.05	1	0.05	4	0.20	3	0.15
总计	1.00		3.15		2.50		2.70

除了例子中CPM所列出的关键要素,分析中还需考虑其他一些因素,如产品线的丰富程度、销售、配送效率、知识产权或专利优势、厂房选址、生产能力和效率、经验、劳资关系、技术优势和电子商务专业知识等。

此例中,不能仅仅因为一家企业在 CPM 中评分为3.2而另一家为2.8,就判定第一家比第二家好20%。数字只表明企业的相对优势,但其隐含的精度是一种假象,数字不是魔术。CPM 的目的不是获得一个数字,而是用比较有意义的方式对信息做出评价,为决策制定提供帮助。

章末案例

T公司外部环境的PEST分析

T公司是国内一家二级民营电信运营商,专注于宽带接入业务,在国内一些重要城市设有20多个大规模主机托管数据中心机房,形成密集覆盖、高稳定、高品质的互联网资源。

T公司的供应商主要分为带宽供应商和设备供应商。带宽供应商主要是三家一级电信运营商,它们控制了绝大部分互联网出口带宽资源。T公司与其他二级电信运营商一样,只能从这三家一级运营商手中购买带宽资源。设备供应商数量众多且规模较小,T公司每年都可以选择从不同供应商手中采购大量设备,在价格及付款方式等方面已达成很好的默契。T公司的客户主要是中小企业,这些企业的资金实力有限,对T公司产品的价格较为敏感,加之T公司目前的产品较为单一,且容易被竞争对手复制,使客户具有较强的议价能力。

2013年,政府制定政策,将宽带定位于重要的公共基础设施,并对民间资本进一步敞开了进入电信运营业的大门,以适应经济快速增长和互联网普及率迅速提高的需求。面对十分广阔的市场前景,许多投资者跃跃欲试,准备跻身于宽带接入行业。尤其是三大一级运营商,手中积累了大量资金,打造"全产业链"成为其战略发展方向。一旦它们的业务延伸到宽带接入领域,将很可能成为该领域的主导者。有的一级供应商还有可能一举用更为先进的4G技术来代替传统的宽带接入技术,从根本上改变行业竞争格局。这些一级运营商在直接介入宽带业务之前,已经利用其市场知名度和资金优势,调整市场开发策略,通过扶植众多的代理商参与市场竞争。这些代理商虽然目前实力较弱,覆盖区域较小,但价格灵活,服务的客户比较集中,它们往往以价格为利器与T公司展开竞争,其中个别代理商提供的产品价格已达到与T公司产品价格持平甚至略低的水平。

资料来源:邹昭晞.T公司外部环境的PEST分析.企业战略管理[M].中国人民大学出版社.2018.

思考题:
从宏观环境(PEST)和物种竞争力的角度分别分析T公司面临的威胁和机会。

本章小结

公司的外部环境充满挑战性和复杂性。鉴于外部环境对公司业绩的影响,公司必须提高分析技巧,以识别环境中存在的机会和威胁。

外部环境主要包括三部分:(1)宏观环境(社会中影响行业和公司的所有因素);(2)产业环境(影响公司的竞争行为、反应以及产业潜在盈利能力的因素);(3)竞争者环境(分析主要竞争对手的未来目标、当前战略、假设和能力)。

宏观环境包括七个因素:人口、经济、政治/法律、社会文化、技术、全球化和自然环境。公司需要针对每一个因素,确定战略与环境变化趋势间的相关性。

与宏观环境相比,产业环境对公司战略行动的影响更直接。五力竞争模型包括:新进入者的威胁、供方力量、买方力量、替代品以及竞争者之间的竞争强度。通过研究这些力量,公司可以确定在行业中的位置,从而使这些因素朝有利于自己的方向发展,或者避开这些因素的不利影响,获得竞争优势和超额利润。

竞争对手分析可使公司了解直接竞争对手的未来目标、当前战略、假设和能力。一个完整的竞争对手分析包含对互补公司以及竞争网络和联盟的分析。分析竞争对手时,公司还应仔细识别和监测那些业绩低于行业标准的竞争者的行动。

关键概念

企业外部环境　经济因素　政治法律环境　社会文化环境　技术环境　产业环境　竞争环境　外部因素评价矩阵　竞争态势矩阵

复习思考题

1. 为什么公司研究和了解外部环境是非常重要的？
2. 宏观环境和产业环境之间的区别是什么？为什么这些区别是重要的？
3. 宏观环境的七个因素是什么？解释它们之间的区别。
4. 五种竞争力是如何影响行业潜在营利性的？请解释。

第三章 内部环境分析：资源、能力和竞争优势

名言警句

夫将者，国之辅也，辅周则国必强，辅隙则国必弱。

——孙子

如同产品或服务那样，规划若被高层管理者用作战略决策工具，则必须对规划自身进行管理和塑造。

——罗伯特·伦茨

学习目的

- 理解公司为何需要研究和了解内部环境
- 了解有形资源和无形资源之间的区别
- 了解核心竞争力的四个标准
- 理解如何通过价值链分析来识别公司在哪些环节上可以利用资源、能力和核心竞争力来创造价值
- 了解外包及其原因

导入案例

Priceline.com

你是倾向于用 Priceline 还是 Expedia 去发现较低的旅游价格呢？总部设在康涅狄格州诺沃克市（Norwalk）的 Priceline.com 是领先的在线旅游公司，在其网站上消费者可以对飞机票、酒店、运输费、乘船游、度假计划实行自主定价。创立于 1997 年的 Priceline.com 拥有专门的运营模式，该公司通过 Book.com，Priceline.com，Traveljigsaw 和 Agoda 等品牌运营。Priceline.com 运用了高效的战略管理方式运营其网上旅游项目。例如，这家公司年营业收入超过 40 亿美元，每股收益超过 30 美元。Priceline.com 的普通股在标准普尔 500 指数所有公司中拥有近五年（2007—2011 年）最优异的业绩表现：总体收益率达到 97.2%。许多分析师认为 Priceline.cm 的股票目标价格为 750 美元/股。在最近的 12 个月里，Priceline 的资产回报率达到了 23.08%，而它的竞争者 Expedia 和 Orbitz World Wide 的资产回报率为 4.19% 和 2.60%，Priceline 的净资产收益率为 48.41%，完全高于 Expedia 和 Orbitz World Wide 的 13.44% 和 21.25%。在最近的 12

个月里，Priceline 的利润率达到了 25.58%，而 Expedia 和 Orbitz World Wide 的利润率为 10.42%和 4.83%。

拥有 5000 多名员工，Priceline 的顾客可以有一整套价格选择。对于机票和酒店预订，Priceline.com 以低利润销售，保持 Priceline.com 提供的机票或酒店支付价和个人支付价格之间的差额。Priceline 最近的成功得益于国际旅行，特别是新兴的市场目的地。Priceline.com 的酒店预订预期目的地在欧洲以外的比率，从年初的 42%上升到了大约 65%。Priceline 提供了价格接近的酒店以及私家车预订的全球化服务项目，在 160 个国家有 185000 家酒店和旅馆。公司的汽车租赁服务是通过它的 Name Your Own 系统进行运营，还有包括机票、旅馆、汽车零部件、邮轮之旅的旅行套餐以及旅行地服务，包括公园、门票、地点转移以及在美国旅游。Priceline 提供了旅行保障服务，包括行程取消、旅行中断、医药服务以及紧急疏散，同样也包括行李、财产丢失保险，在美国还有租赁汽车碰撞损坏保险。

Priceline 最主要的竞争者，Expedia 成立于 1996 年，比 Priceline 早一年成立。如今 Priceline 的营业收入是 Expedia 的 4 倍，但是这两家公司在全球范围内的竞争日趋激烈。

资料来源：弗雷德·R. 戴维，福里特斯·R. 戴维著，李晓阳译. 战略管理案例部分[M]. 清华大学出版社. 2017.

第一节　企业资源

从广义上讲，**资源**涵盖了一系列个人、社会和组织现象。资源本身并不能让公司为顾客创造价值，并以此为基础获得超额利润。事实上，资源整合在一起才能形成能力。赛百味将自己的新鲜原料与其他能力相结合，如对公司每一个门店的运营者进行持续不断的培训，作为提供顾客服务的基础，从而形成能力，顾客服务也是赛百味的核心竞争力。作为单独的分销渠道，互联网只是亚马逊的一个资源。该公司利用互联网销售产品，而产品的价格通常低于竞争对手在实体店销售的同一种产品的价格。通过与其他资源的结合（如获得各种库存产品），亚马逊在顾客鼓舞方面赢得了很高的信誉。顾客服务能力是亚马逊的核心竞争力，它为顾客创造了独特的价值。亚马逊还利用它的技术核心竞争力提供 AWS（亚马逊网站服务），这项服务可以让其他公司以每小时几便士的成本租用亚马逊的计算能力。用公司领导者的话来说，"AWS 让每一个人都可以与互联网相连接，让所有的信用卡都可以进入世界顶级的计算机系统，亚马逊就是用这套系统来运营每年高达 340 亿美元的零售业务。"

公司资源中有些是有形的，有些则是无形的。**有形资源**是指那些可以看见的、量化的资产。生产器械、制造设备、分销中心以及正式的报告系统都是有形资源。赛百味的食物原料就是有形资源。无形资源是指那些深深地根植于公司的历史之中，随着时间的流逝不断积累的资产。由于它深植于独特的模式中，因此竞争对手是很难分析和模仿的。知识、管理者与员工之间的信任、管理能力、组织制度(人们共同工作的独特方式)、科技能力、创新能力、品牌、公司的产品和服务的声誉、与人们(如员工、顾客和供应商)交往的方式以及组织文化都是无形资源。赛百味的发展模式和培训程序都是无形资源的一个例子。

有形资源的四种主要类型为:财务资源、组织资源、实物资源和技术资源。无形资源的三种主要类型为:人力资源、创新资源和声誉资源。

表 3-1 有形资源

财务资源	• 公司的借款能力 • 公司通过内部运营产生资金的能力
组织资源	• 正式的报告系统 • 公司先进的厂房和设备以及优越的地址
实物资源	• 配送设施 • 产品库存
技术资源	• 可获得的技术资源:版权、专利、商标和商业秘密

表 3-2 无形资源

人力资源	• 知识 • 信任 • 技能 • 合作能力
创新资源	• 创意 • 科技能力 • 创新能力
声誉资源	• 品牌名称 • 对产品质量、耐用性和可靠性的认识 • 利益相关者的积极评价,如供应商和顾客

一、有形资源

作为有形资源,公司的借款能力和物资设备的状况都是可见的。许多有形资源的价值可以在财务报表中反映出来,但是这些报表并不能反映公司所有资产的价值,因为它遗漏了一些无形资源。有形资源的价值也是有限的,因为它们很难进行更多的综合利用,也就是说,公司很难从有形资源中获得额外的业务或价值。

尽管生产性资产是有形的,但对这些资产的许多使用流程却是无形的。因此,与制造设备等有形资源相关的学习过程和潜在的专有流程,却具有独特的无形资源的特征,例如质量控制流程、独特的生产流程以及随时间不断发展的技术等。

二、无形资源

与有形资源相比,无形资源是能力和核心竞争力的更高级别的来源。事实上,"在全球经济中,公司的成功更多源于知识和系统能力,而不是实物资产。此外,对人力资本的管理能力——以及把人力资本转化为有用的产品和服务的能力——正迅速成为当代一项关键的管理技能"。

由于无形资源不可见,很难被竞争对手了解、购买、模仿或替代,因此,公司更倾向于以无形资源而非有形资源作为能力的基础。实际上,资源越难以观察,它创造的能力越有价值。无形资源的另一个好处是,它们可以得到更大程度的综合利用。例如,员工间的知识共享不会减少其中任何人的价值,恰恰相反,如果两个人共享各自独有的知识,那么双方知识的综合可以创造出更多的知识,这些知识对双方来说都是全新的,可以改善公司的经营业绩。

声誉资源是公司的能力和核心竞争力的重要来源,甚至有人认为,良好的声誉是竞争优势的来源。通过公司的行动和宣传而获得的能创造价值的声誉,是公司多年来在市场竞争中出色表现的结果,这些结果也是利益相关者能够感知到的。因此,声誉表明了利益相关者对公司发展的认知程度和对公司的尊重程度。

一个众所周知的、高价值的品牌是一种特殊的声誉资源。持续不断地创新和积极的广告宣传,可以让公司更好地把声誉和品牌紧密联系起来。

第二节　企业能力

能力是企业开发和利用资源并发挥其生产与竞争作用的能动作用力。能力是企业配置和开发企业内外资源以实现不同经营状态转变的投入要素集合,它出现在企业经营状态转移的过程中并产生作用。

表 3-3　公司创新能力举例

职能领域	能力	公司举例
分销 人力资源	• 有效地利用物流管理技术 • 激励、授权以及留住人	• 沃尔玛 • 微软
管理信息系统	• 通过购买点数据收集法有效地和高效地控制存货	• 沃尔玛
营销	• 有效地推行品牌产品 • 有效的顾客服务 • 创新型采购	• 宝洁 • 麦肯锡
生产	• 可靠产品的设计和生产能力 • 产品和设计的质量 • 产品和元件的微型化	• 小松集团 • 索尼

(续表)

职能领域	能力	公司举例
研发	• 技术创新 • 开发精密的电梯控制系统 • 把技术快速转化为新产品和新流程 • 数字技术	• 卡特彼勒 • 奥的斯电梯

企业能力由研发能力、生产管理能力、营销能力、财务能力、组织管理能力等构成。

1. 研发能力

企业研究开发能力是指企业能否在掌握现有科学技术知识的基础上，把握市场需求，找到问题，确定选题，并组织人力、物力，去解决问题的能力。它是创新资源投入积累的结果。对于引进技术而言，可以把消化吸收后的创新活动视为研究开发活动，相应地把消化吸收后的再创新能力作为研究开发能力的衡量指标之一。

企业的研发能力主要从研发计划、研发组织、研发过程和研发效果几个方面进行衡量。

2. 生产管理能力

生产管理能力是指企业建立必需的生产设施和员工队伍，将新产品投入大规模的生产，包括建立必要的质量保障体系和原料采购体系的能力。

生产管理能力主要涉及五个方面，即生产过程、生产能力、库存管理、人力管理和质量管理。

3. 营销能力

企业营销能力可以分解为以下三种能力：产品竞争能力、销售活动能力和市场决策能力。其中，产品竞争能力是指产品符合市场要求的程度，这种要求具体体现在消费者对产品各种竞争力要素的考虑和要求上。

4. 财务能力

企业财务能力是企业施加于财务可控资源的作用力，指企业所拥有的财务资源和所积累的财务学识的有机组合体，是企业综合实力的反映和企业活力的价值体现，由财务管理能力、财务活动能力、财务关系能力和财务表现能力所构成。

企业财务能力是企业能力系统的一个有机组成部分，它是由各种与财务有关的能力所构成的一个企业能力子系统，主要涉及两方面：一是筹集资金的能力；二是使用和管理所筹资金的能力。

能够为企业创造持续竞争优势的财务能力，能够为企业创造更多的价值，进而提升企业核心竞争力。从根本上讲这是由其特殊地位决定的，一方面，表现在企业的可持续发展以稳定的资金流为保障，如果企业的资金流动不能正常进行，企业的持续竞争优势就会丧失殆尽，以至于破产倒闭；另一方面，财务能力表现在对财务可控资源的作用力上，对财务可控资源的合理配置，将直接推动企业持续竞争优势的形成和核心能力的提升。因此，应对其进行合理评价。

5. 组织管理能力

组织管理能力是指管理者按照既定目标任务和决策要求，进行统筹安排，组建一套科学合理的组织机构和团队,把各种资源有效地组合起来,协调一致地保证领导决策顺利实施的能力。

组织管理能力主要可以从以下一些方面进行衡量:①职能管理体系的任务分工。②岗位责任。③集权和分权的情况。④组织结构(直线职能制、事业部制等)。⑤管理层次和管理范围的匹配。

第三节　企业核心竞争力

一、核心竞争力

核心竞争力是可以作为战胜竞争对手的竞争优势来源的一系列资源和能力。核心竞争力凸显了公司的竞争力,反映了公司的独特个性,核心竞争力是在组织的长期积累以及学习如何利用各种不同的资源和能力的过程中逐步形成的。作为采取行动的一种能力,核心竞争力是"公司的御宝"。在这些行动中,公司比竞争对手表现得更好,凭借这些行动,公司可以为销售给顾客的产品和服务增加独特的价值。

创新被认为是苹果公司的核心竞争力之一,作为一种能力,研发活动是这种核心竞争力的来源。具体来说,苹果将某些有形资源与无形资源相结合来完成研发任务,这种方式创造了公司的研发能力。通过强调研发能力,苹果公司不断创新为顾客创造独特价值的方式,进一步表明了创新是公司的核心竞争力。

零售店出色的顾客服务是苹果的另一种核心能力。独特、时尚的店面设计与知识型、技术型员工相结合,为顾客提供了上佳的服务。苹果出色的顾客服务这一核心能力,是在大量的开发培训和发展程序等能力的基础上发展而来的。这些程序包括"对员工与顾客的接触方式进行严格的要求,对现场提供的技术支持进行书面培训,仔细考虑每一家门店预先下载的照片和音乐的演示装置等细节"。

二、建立核心竞争力

有两种工具可以帮助公司识别核心竞争力。第一种工具是由可持续竞争优势的四个具体标准组成的,它可以用来判定哪些能力是核心竞争力。第二种工具是价值链分析。公司用这种工具来选择创造价值的能力——这些能力需要不断维护、更新和发展,以及选择应该外包出去的能力。

三、可持续竞争优势的四个标准

那些有价值的、稀缺的、难以模仿的和不可替代的能力就是核心竞争力。核心竞争力又可以进一步成为能战胜竞争对手的竞争优势。不能满足这四个标准的能力就不能称为核心竞争力,这意味着,虽然每一种核心竞争力都是能力,但并非每一种能力都是核心竞争力。换句话说,一种能力要想成为核心竞争力,那么在顾客眼里,它一定是具有价值、独一无二的,而一种核心竞争力要成为竞争优势的潜在来源,那么对竞争对手来说,它一定是难以模仿和不可替代的。

表3-4 可持续性竞争优势的四个标准

有价值的	• 帮助公司抵御威胁或利用机会
稀缺的	• 不被他人拥有
难以模仿的	• 历史性:独特而有价值的组织文化或品牌名称 • 模糊性:竞争力的起因和应用是模糊的 • 社会复杂性:管理者、供应商以及顾客间的人际关系、信任和友谊
不可替代的	• 不具有战略对等性

当竞争对手无法复制公司战略带来的收益,或者缺乏足够的资源进行模仿时,公司才能获得可持续的竞争优势。在某一段时间内,公司可以利用有价值的、稀缺的但是易模仿的能力来获得核心竞争力。例如,有些公司正试图通过比竞争对手"更绿色"来发展核心竞争力和潜在竞争优势(有趣的是,发展"绿色"核心竞争力也可以帮助公司获得超额利润,并且让整个社会都受益)。从2005年开始,沃尔玛利用它的资源减少各个商店10%以上的碳足迹,而货车运输的碳足迹减少程度是这一比例的几倍。另外,公司针对经营过程中"零废弃物"的目标制定了一系列程序。在加利福尼亚州,它的废弃物减少了80%,证明了公司的这一目标是有可能达到的。沃尔玛的竞争对手塔吉特百货公司也在利用资源和能力形成"绿色"核心竞争力。商店员工说:"环境的可持续发展渗透于公司的所有业务中——从我们建造商店的方式到货架上摆放的产品。"塔吉特为追求环境的可持续发展所采取的行动之一就是,利用由25%的可再生植物塑料制成的袋子来包装薯片。

公司利用核心竞争力创造的价值能维持多长时间,取决于竞争对手成功地模仿产品、服务或生产流程的速度。只有接下来要讨论的这四项标准都满足,创造价值的核心竞争力才能持续比较长的时间。因此,沃尔玛和塔吉特需要知道,只有当公司利用资源完成绿色实践活动并满足这四个标准时,公司才会具有核心竞争力和潜在的竞争优势。

1. 有价值的

有价值的能力能让公司抓住外部环境中的机遇,消除环境中的威胁。有效地利用能力来把握机遇或消除威胁,公司就可以为顾客创造价值。对出版商来说,电子图书既是一个机遇(可以通过不同的渠道销售图书),又是一个威胁(会减弱出版商通过实体书店等传统销售渠道销售图书的能力)。为了消除传统销售渠道的低销售收入带来的威胁,出版商正在思考该如何利用数字技术这一机遇转变公司业务。通过与其他公司的合作,互联网的直销方式是一个可以为顾客创造价值的机遇。

2. 稀缺的

稀缺的能力是指只有极少数竞争对手拥有的能力。评估这一标准时,公司需要回答的一个关键问题是:"有多少竞争对手拥有这些有价值的能力?"对任何一个公司来说,许多竞争对手都有的能力是不可能成为核心竞争力的。相反,有价值但又普遍存在的能力会导致对等的竞争。只有当公司创造并开发的有价值的能力成为核心竞争力,并与竞争对手不同时,公司才能获得竞争优势。如果用来完成绿色导向任务的能力是有价值的但不是稀缺的,那么沃尔玛和塔吉特很有可能在可持续的绿色倡议下展开对等的竞争。

3. 难以模仿的

难以模仿的能力是指其他公司不能轻易建立的能力。之所以能够创造出难以模仿的能力,有时是基于一个原因,有时则是基于三个原因的结合。第一,有时公司可以基于特定的历史条件建立起能力。随着公司的发展,它们会不断获取和开发独一无二的能力。

在公司发展的早期阶段形成的独特的、有价值的组织文化,"会让该公司具有那些在其他历史时期成立的公司所不能完全模仿的优势",而那些缺乏价值和竞争实用性的价值观和信念也会对组织文化的发展产生强烈的影响。当所有员工通过共同的信念紧紧凝聚在一起时,组织文化就会成为优势的来源。

第二个成为难以模仿的能力的原因是,公司的核心竞争力和竞争优势之间的界限有时比较模糊。在这种情况下,竞争对手很难清楚地了解公司是如何利用成为核心竞争力的能力来获取竞争优势的。这样一来,竞争对手也很难确定到底要发展何种能力才能复制公司的价值创造战略来获得收益。多年来,许多公司都设法模仿西南航空公司的低成本战略,但大多数都没能成功,主要原因在于它们无法完全复制西南航空的独特文化。

社会复杂性是能力难以被模仿的第三个原因。社会复杂性意味着,至少有一些或者经常有很多公司的能力是错综复杂的社会现象的产物。管理者之间以及管理者与员工之间的人际关系、信任、友谊,以及公司在供应商和顾客中的声誉,都是社会复杂性的例子。西南航空公司仔细地招聘认可该公司文化的员工,以及公司文化与人力资本之间的关系,都为该公司增添了其他公司无法模仿的价值,比如飞机乘务员之间的玩笑,或者机场员工与飞行员之间的合作。

4. 不可替代的

不可替代的能力是指那些不具有战略对等性的能力。这最后一个衡量标准就是,具有战略对等性的有价值的资源,既不可能是稀缺的,也不是不可模仿的。如果两种有价值的公司资源分别被用来执行相同的战略,那么这两种资源就是战略对等的。总体来说,一种能力越难以替代,就越具有战略价值。一种能力越是无形的、不可见的,其他公司就越难找到它的替代能力,在模仿价值创造战略时就会面临更大的挑战。公司特有的知识以及管理者与非管理者之间建立的相互信任的工作关系,就像西南航空公司的员工关系一样,都是一些很难被识别和替代的能力。然而,有时模棱两可也有可能使公司难以学习并阻碍进步,因为公司不知道如何提高这些难以标准化的、模棱两可的能力。

一种能力要成为核心竞争力和竞争优势的来源,它必须满足:①让公司在执行一个活动时能创造出比竞争对手更高的价值;②让公司能够执行竞争对手无法执行的价值创造活动。只有满足这两个条件,公司才能不断为顾客创造价值,并有机会收获这一价值。

综上所述,只有利用有价值的、稀缺的、难以模仿的和不可替代的能力,公司才有可能获得可持续竞争优势。将这四个标准相互结合起来分析可以很好地帮助管理者决定公司各种能力的战略价值。需要注意的是,公司绝对不能选择满足其中的几项标准,那些能产生竞争对等性的能力,以及暂时的或可持续的竞争优势的能力,则应当得到公司的支持。如可口可乐和百事可乐、波音和空客等竞争对手的能力就导致了竞争的对等性。在这种情况下,公司应该继续培育这些能力,同时设法开发能产生暂时的或可持续的竞争优势的能力。

第四节 价值链分析

价值链分析可以让公司了解运营过程中，哪些环节可以创造价值，哪些环节不能创造价值。了解这些是非常重要的，因为只有公司创造的价值大于价值创造过程中消耗的成本，公司才能获得超额利润。

价值链是一个模板，公司可以用它来分析成本定位，并且识别能促进战略实施的各种方式。在目前的竞争格局下，公司必须在全球范围内考察价值链，而不是仅局限在本国背景下，尤其是与供应链相关的一些活动更要放在全球范围内进行研究。

下图给出了一个价值链模型。正如该模型所描述的，公司的价值链可以分解为价值链活动和辅助功能。**价值链活动**是指在产品的生产、销售、分销和售后服务过程中能为顾客创造价值的一系列活动和任务。**辅助功能**是指为了支持产品的生产、销售、分销和售后服务工作而进行的活动或任务。当这样做的时候，也就可以获得为顾客创造价值的能力。当公司能用独特的核心竞争力为顾客创造出竞争对手无法复制的价值时，公司就获得了一个或多个竞争优势。宝洁就是这样一个例子，在之前的战略聚焦中我们提到，该公司就是依靠所拥有的五种核心竞争力，为全世界的消费者提供独特的、高质量的品牌产品，从而获得了多个竞争优势。

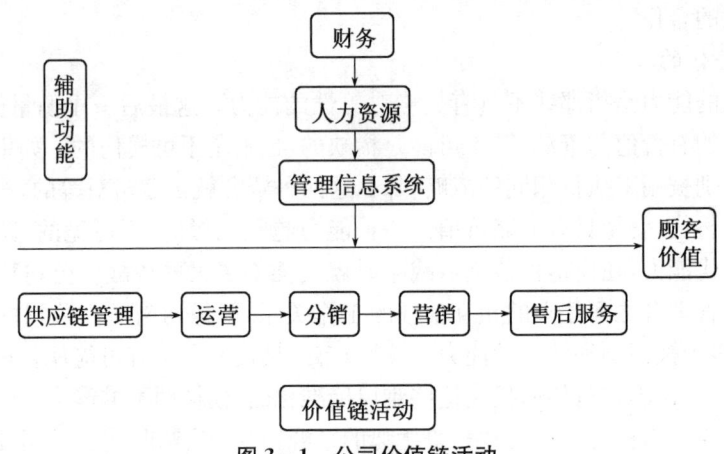

图 3-1 公司价值链活动

表 3-5 通过价值链活动创造价值

供应链管理	公司为获得原材料并将其转化为最终产品所需的采购、转换和物流管理活动
分销	使顾客得到最终产品的相关活动：高效地处理客户订单、选择最佳交付渠道、与财务辅助功能一起安排顾客的支付
营销	为了以独特的需求为基础来细分目标顾客群满足顾客需求，以及对其他顾客进行定位而开展的活动：广告、开发和管理产业品牌、确定适合的价格策略、培养和支持销售人员

	(续表)
运营	将原材料高效地转变成最终产品的活动:安排员工的工作时间表、设计生产流程和运营设备的布局、确定所需的生产能力、选择和维护生产设备
售后服务	为增加顾客价值而采取的活动:顾客满意度调查、提供售后的技术支持、严格遵守产品保修期

表3-6 通过辅助功能创造价值

财务	为了有效地获取和管理财务资源而开展的活动:确保足够的财务资本,为了支持公司的短期和长期产品生产和分销而对组织功能进行投资、管理与资本供应者之间的关系
人力资源	与管理公司人力资本相关的活动:为了创造能力,甚至是核心竞争力而进行的人力资源的选择、培训、保留和报酬活动
管理信息系统	为了获取和管理公司的知识和信息而开展的活动:识别和利用先进技术、确定收集和传播知识的最佳方法,将相关的知识和信息与组织的功能联系在一起

在利用价值链的某些活动为顾客创造价值时,公司经常需要与供应商建立有效的同盟关系,还要与顾客建立良好的关系。当公司与供应商和顾客建立了强有力的良好关系时,它就拥有了"社会资本"。这些关系本身就具有价值,因为它们可以转移知识,并且让公司接触到一些其内部没有的资源。为了建立社会资本,让知识等资源能在组织间进行转移,成员之间必须相互信任。合作伙伴间的信任可以让所有成员在资源的使用过程中长期受益,而不需要相互利用。随着交往的不断加深,信任和社会资本会发生变化,公司也可以通过一些特殊的方式结成管理联盟,增强相互间的信任,提高产出的收益。

评价公司执行价值链活动和辅助功能的能力是一项颇具挑战性的工作。确定并评估公司的资源和能力的价值是需要判断力的。在进行价值链分析时,判断力同样很重要,因为没有通用的必然正确的模型或规则可以在这个过程中使用。

第五节 企业外包

作为公司获得零部件、成品或服务的一种方式,外包是指从外部供应商那里购买价值创造活动或者辅助功能活动。现在,不管是营利组织还是非营利组织都在积极参与外包。有效的外包可以提高公司的灵活性,降低风险,减少资本投资规模。在全球各行业中,外包趋势正不断扩大。此外,在一些行业中,几乎所有的公司都在寻求通过有效的外包来获得价值。和其他战略管理过程决策一样,公司在决定外包之前也需要进行仔细的分析。在进行外包时,公司必须认识到,只有那些不能为公司创造价值的活动,或者与竞争对手相比存在很大劣势的活动才能进行外包。

由于很少有公司能拥有让自己在所有价值链活动和辅助功能上获得竞争优势的资源和能力,所以外包才会如此有效。例如,研究显示,很少有公司能独自在内部研发出可以让公司获得竞争优势的所有技术。通过外包，公司本身只需培育少数几种能力，就可以提高公司获得竞争力和竞争优势的可能性，并且这种做法不会导致公司的过度扩张。另外，将公司的一些缺乏竞争力的业务外包出去，可以让公司更加专注于能创造价值的领域。

此外，外包也会带来一些其他问题。多数情况下，当公司决定将一部分工作外包给他人时，围绕公司创新能力的缺失和工作职位的减少会产生一系列问题，因此，创新和技术的不确定性是公司做出外包决策时必须考虑的两个重要问题。然而，公司也可以向承包商学习如何增强自己的创新能力。公司必须意识到外包存在的问题，并且做好充分的准备，以应对利益相关者对外包机会的顾虑。当公司将一些活动或者功能外包给国外供应商时，这种顾虑会更多。

第六节 内部环境评价技术

通过内部环境分析，公司可以识别资源的优势和劣势。例如，如果公司在某方面存在劣势或者无法获得核心竞争力来实现竞争优势，公司就必须想办法获得这方面的资源，塑造必要的能力和核心竞争力。或者，公司可以决定将存在缺陷的功能或活动外包出去，以提高自己的能力，同时更好地利用保留下来的资源创造价值。

考虑到内部环境分析的结果，管理者应该明白，拥有大量的资源与拥有正确的资源不是同一个概念。正确的资源可以形成核心竞争力，从而成为为顾客创造价值和发展竞争优势的基础。有趣的是，在公司的所有资源受限制的情况下，决策制定者在寻找正确的资源时，有时会更专心、更富有成效。

像外包这样的工具可以帮助公司聚焦于核心竞争力，并作为竞争优势的来源。然而，有证据显示，核心竞争力的价值创造能力是不能从别人那里获得的，并且能成为长久竞争优势的核心竞争力也不能由别人来承担。之所以需要这样小心谨慎，是由于所有的核心竞争力都有成为核心刚性、形成惯性和抑制创新创造的条件。"当新的竞争对手发现了一种更好的方法来为顾客创造价值时，当新的技术出现时，当政治和社会事件从根本上改变了外部环境时，核心竞争力的另一面，也就是黑暗面将会显现出来。"

研究完外部环境，公司可以决定做什么；研究完内部环境，公司可以了解自己能做什么。有了这些信息，公司就可以选择业务层战略，与对手进行竞争。

一、内部因素评价矩阵

对战略管理内部分析进行总结的步骤是建立内部因素评价矩阵。该矩阵用于总括和评价企业各职能领域的优势与劣势，并为确定及评价这些领域间的关系提供基础。建立IEF矩阵看似是一个不断量化的计算过程，其实需要很强的直觉力和洞察力，科学方法并不意味着它是一种万能技术。对矩阵中各项因素的透彻理解，比实际数字本身更为重要。与外部因素评价矩阵类似，建立IEF矩阵可按以下5个步骤进行：

(1) 列出在内部分析过程中确认的关键因素。使用10～20个内部因素，包括优势和劣势两方面,先优势后劣势。列示要具体,尽可能使用百分比、比率及比较数字。

(2) 给每个因素赋予权重,其数字范围从 0.0(不重要)到 1.0(非常重要)。权重表明各因素对企业在产业中成败影响的相对大小。不论关键因素是内部优势还是劣势,对企业绩效影响较大的因素应该赋予较高的权重。所以权重之和必须等于 1.0。

(3) 使用数字 1~4 对各因素进行评分。1 表示重要劣势,2 表示次要劣势,3 表示次要优势,4 表示重要优势。注意,优势的评分必须使用 3 或 4,劣势的评分必须使用 1 或 2,评分以公司为基准,而第 2 步中的权重以产业为基准。

(4) 用每个因素的权重乘以其评分,得到各个因素的加权分数。

(5) 将所有因素的加权分数加总,得到企业的总加权分数。

无论 IEF 矩阵包含多少因素,总加权分数的范围都是从最低的 1.0 到最高的 4.0,平均分为 2.5。总加权分数远低于 2.5 或远高于 2.5 的企业,分别表明其内部状况处于弱势或强势。如同外部因素评价矩阵,IEF 矩阵应包含 10~20 个关键因素。因素的个数不影响总加权分数的范围,因为权重总和恒等于 1.0。

IEF 矩阵为战略的制定提供重要信息。例如,该计算机零售商店可能要另聘结账人员,需修复其地毯,解决油漆及浴室问题。对跨国公司而言,每个自主经营的分公司或战略事业部门都应建立自身的 IEF 矩阵。将各个分部门的 IEF 矩阵进行整合,在此基础上最终建立总公司的 IEF 矩阵。

二、雷达图分析法[①]

雷达图又称综合财务比率分析图、戴布拉图、蜘蛛网图、蜘蛛图等。因其形状像雷达,故名。

雷达图是企业财务能力分析的重要工具,是从静态和动态两方面来分析企业的财务现状。静态分析是横向分析,即把企业的各种比率与其他类似企业或行业的财务比率进行比较;动态分析是纵向分析,即把企业现时的财务比率与历史的财务比率进行比较,从而掌握企业的财务状况和经营情况的变化。

雷达图能够直观地反映企业的收益性、成长性、安全性、流动性和生产性五类指标。

1. 收益性指标

收益性指标的分析目的是观察企业在一定时期内的收益和获利能力。主要指标含义及计算公式如表 3-7 所示:

表 3-7 企业收益性指标

收益性比率	指标所反映的意义	计算公式
资产报酬率	企业总资产的利用效果	(净收益+利息费用+所得税)/平均资产总额
所有者权益报酬率	所有者权益的汇报	税后净利润/所有者权益
普通股权益报酬率	股东权益的报酬	(净利润-优先股股利)/平均普通股权益

---

① 谭白英,熊莎莎.企业战略管理[M].武汉:武汉大学出版社,2014.

(续表)

收益性比率	指标所反映的意义	计算公式
普通每股权益报酬率	股东权益的报酬	（净利润－优先股股利）/普通股股数
股利发放率	股东权益的报酬	每股股利/每股利润
市盈率	股东权益的报酬	普通每股市场价格/普通股每股利润
销售利税率	企业销售收入的收益水平	利税总额/净销售收入
毛利率	企业销售收入的收益水平	销售毛利/净销售收入
净利润率	企业销售收入的收益水平	净利润/净销售收入
成本费用利润率	企业为取得利润所付的代价	（净收益＋利息费用＋所得税）/成本费用总额

2. 安全性指标

安全性指标用以反映企业经营、资金调度的安全程度。通过对该指标的分析,可以观察到企业一定时期内的偿债能力。主要指标含义及计算公式如表3-8所示：

表3-8 企业安全性指标

安全性比率	指标所反映的意义	计算公式
流动比率	企业短期偿债能力和信用状况	流动资产/流动负债
速动比率	企业立刻偿付流动负债的能力	速动资产/流动负债
资产负债率	企业总资产中有多少是负债	负债总额/资产总额
所有者权益比率（股东权益比率）	企业总资产中有多少是所有者权益	所有者权益/资产总额
利息保障倍数	企业经营所得偿付借债利息的能力	（税前利润－利息费用）/利息费用

其中流动负债表明每1元的负债有多少流动资金来作为保证,流动负债比率越高,说明流动负债得到偿还的保障就越大。但是流动负债比率过高,说明企业流动资产上的滞留资金过多,没能有效地利用,这样会影响企业的获利能力。经验表明,流动比率在2∶1左右比较恰当。所谓"速动资产",是指可以立即变现的资产,包括流动资产中的现金、有价证券、应收票据、应收账款等,而存货的变现能力较差。所以,从流动资产中扣除存货就成为"速动资产"。经验表明,速动比率在1∶1左右较为恰当。资产负债率越高,企业借债资金在全部资金中所占的比重越大,在负债所支付的利息率低于资产报酬率的情况下,股东的投资收益率就会越高,对股东有利,说明企业经营有方,善用借债经营。但是,比率越高,借债越多,偿债能力就越差,财务风险就越大。而负债比率越低,说明企业在偿债时有资金缓冲。所以,资产负债率也要保持适当水平,一般而言,资产负债率低于50%比较好；所有者（或者股东）权益比率与资产负债率之和等于1,所有者（或者股东）权益比率越大,资产负债比率越小,财务风险就越小；利息保障倍数比率如果低于1,说明企业经营所得不足以偿付借债利息,所以,该比率至少应该大于1。比率越高,说明按时按量支付利息就越有保障。

3. 流动性指标

流动性指标用于观察企业在一定时期内的资金周转状况,掌握企业资金的运用效率。主要指标含义及计算公式如表3-9所示:

表3-9 企业流动性指标

流动性比率	指标所反映的意义	计算公式
总资产周转率	全部资产的使用效率	销售收入/平均资产总额
固定资产周转率	固定资产的使用效率	销售收入/平均固定资产总额
流动资产周转率	流动资产的使用效率	销售收入/平均流动资产总额
应收账款周转率	年度内应收账款的变现速度	销售收入/平均应收账款
存货周转率	存货的变现速度	销售成本/平均存货

前三项指标的高低,表明企业获利能力的强弱。资产利用率越高,企业获利能力就越强。第四项指标的高低,表明企业坏账损失可能性的大小。企业催收账款速度越快,损失越小。第五项指标的高低,表明企业资金回收的快慢。从投入存货到销售收回的平均期间越短,资金回收越快。

4. 成长性指标

成长性指标用以观察一定时期内企业经营能力的变化趋势。一个企业虽然收益性较高,但是成长性不一定好,说明其未来盈利能力会下降。所以,要以发展的眼光看待企业,动态分析企业财务状况,对企业战略的制定非常重要。这类指标的计算方法如表3-10所示:

表3-10 企业成长性指标

成长性比率	指标所反映的意义	计算公式
销售收入增长率	销售收入变化趋势	本期销售收入/前期销售收入
税前利润增长率	销售收入变化趋势	本期税前利润/前期税前利润
固定资产增长率	固定资产变化趋势	本期固定资产/前期固定资产
人员增长率	人员变化趋势	本期职工人数/前期职工人数
产品成本降低率	产品成本变化趋势	本期产品成本/前期产品成本

5. 生产性指标

分析生产性指标,是了解在一定时期内企业的生产经营能力、水平和成果的分配。主要指标如表3-11所示:

表3-11 企业流动性指标

生产性比率	指标所反映的意义	计算公式
人均销售收入	企业人均销售能力	销售收入/平均职工人数
人均净利润	企业经营管理水平	净利润/平均职工人数
人均资产总额	企业生产经营能力	资产总额/平均职工人数
人均工资	企业成果分配状况	工资总额/平均职工人数

以上对企业财务能力的五性分析结果可用雷达图来表示。

雷达图的绘制步骤如下：

(1) 画出三个大小不同的同心圆圈，小圈代表同行业平均水平的 1/2 值或最低水平；中圆圈代表同行业平均水平（又称标准线）；大圈代表同行业先进水平（或平均水平）的 1.5 倍。

(2) 从圆心到圆周画出 5 条粗线，以此把圆圈分成 5 个面积相等的扇形区，分别代表收益性、安全性、流动性、成长性和生产性 5 个指标。

(3) 从 5 个扇形区的圆心开始以放射线形状分别画出相应的财务指标线，并标明指标名称和标度，财务指标线的比例尺寸和同心圆的大小由该经营比率的量纲和同行业的水平来决定。

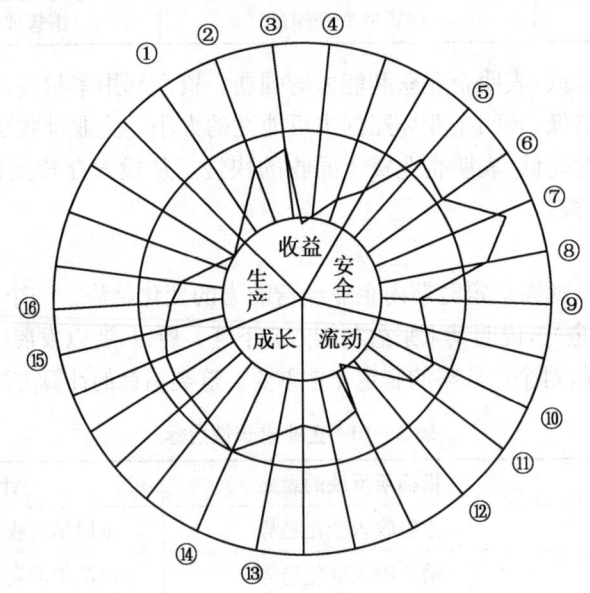

图 3-2　企业现实财务状况雷达图

(4) 把企业同期的相应指标值用点标在图上，用线段依次连接相邻点，形成一个多边形折线闭环，这就代表了企业现实的财务状况。

图 3-2 中序号的含义如下：

收益性指标：①——资产报酬率，②——所有者权益报酬率，③——销售利润率，④——成本费用率

安全性指标：⑤——流动比率，⑥——速动比率，⑦——资产负债率，⑧——所有者权益比率，⑨——利息保障倍数

流动性指标：⑩——总资产周转率，⑪——应收账款周转率，⑫——存货周转率

成长性指标：⑬——销售收入增长率，⑭——产值增长率

生产性指标：⑮——人均工资，⑯——人均销售收入

从图 3-2 可看出，当指标值处于标准线以内时，说明这个指标比同行业水平低，需要改进完善；如果靠近最小圆圈（或者位于其内），则说明指标处于极差状况，企业经营状况

危险；如果位于标准线外侧，则说明指标处于较理想状态，这是企业所具备的优势。不过，并不是所有指标都位于标准线外侧就是最好，还要具体指标具体分析。

章末案例

华 为

从1987年到现在，华为经过31年的发展，由当初的一家不知名的小公司成为中国乃至全球通信技术领域的翘楚，在云计算、电信运营商和企业终端等领域取得不菲业绩。截至目前，华为的员工数目超过17万，为全球170多个地区和国家、20多亿人口提供通信服务。

华为于1987年成立，以代理销售用户交换机起家。1989年，华为开始了模仿创新之路，先后推出BH01、BH03、HJD48等产品。1994年华为研发C&C08产品在市场上获得巨大成功，之后，华为开始了技术创新之路。2015年底，华为的业务范围覆盖了包括美日英法等发达国家在内的100多个国家和地区。现在，华为在全球移动通信设备市场中处于领头羊地位，实现了自主品牌的国际化。

华为的立足之本是其拥有核心的技术创新能力。自从2005年技术专利申请位列全国第一之后，华为连续几年的技术专利申请均名列第一。2014年华为以3442件专利申请数成为全球专利申请最多的企业。2015年底，华为拥有的专利授权数量共计52377件，其中发明专利超过90%。华为坚持将超过每年销售额的10%用于研究开发和技术创新，2015年，华为在研发上花费了596亿人民币，超过了总收入的10%。

从成立之初到现在，华为不断进行技术创新，经历了从模仿创新到合作创新再到自主创新的创新过程，从一个不知名的民营企业迅速成长为全球知名企业。1989年，华为最先开始从事的是代理销售用户交换机以赚取差价。由于代理行业的利润空间小，发展前景不大，华为开始模仿创新。华为从其他地方买来产品的零部件，模仿现有产品，组装成新的产品，配上华为自己的标签和使用说明，华为的第一个产品BH01就诞生了。BH01这一组装产品生产成本相对具有竞争优势，同时，华为对该产品提供了较好的售后服务，推出之后反响热烈。BH01的销售成功后，华为趁热打铁，在BH01的基础上加以改进和完善，随后推出了华为的自主产权产品BH03。推出BH03之后，华为学习吸收HJD04产品技术，模拟创新生产出HJD-04用户交换机，迅速积累了资金，树立了公司形象。

与此同时，华为开始在全球范围内招聘优秀技术人才和创新人才，并开始将大量的资金注入到产品研发中。华为积极与各大高校开展合作，高校学生的加入催生了HJD48产品。与之前的同类产品相比，HJD48体积小，节省空间，增加了用户的数量，大大提升了集成程度，而且极大地提高了性价比，销量一度居高不下。1994年华为自主研发了C&C08交换机，并提出6件中国发明专利申请，标志着华为企业的技术创新能力处于适度领先地位。

1990年代后期，华为意识到模仿并非企业发展的长久之计。随后，华为一方面在国内开始积极与高校、科研机构等进行合作，另一方面，华为与国外企业积极展开合作，主动融入全球创新系统当中去,积极主动地提高自身的创新性和开放性。1997年,华为成功研发了商用GSM数字蜂窝移动通信系统。1998年,进军到3G领域中。2002年,华为推出Quidway Net Engine系列高端路由器等产品,研发成功40G SDH系统。2003年,华为成为我国第一家能独立开发设计并优化WCDMAASIC芯片的厂商。

华为不断加大研发投入,积极实施自主创新战略。2002年,华为投入30亿元来更新研发设备、建立高端人才库、创建研究院。截至2014年底,华为建立的联合创新中心有28家,实现的联合创新有100多个,与华为开展合作的高校和研究机构有200多家,与业界大多数主流厂商签订了交叉许可协议。

2003年7月,华为成立了手机业务部。2004年,华为针对我国市场开发了3G移动通信标准。2009年2月,华为推出第一款Android智能手机。2010年,华为与他人合作开发UMTS技术。2011年,华为研发成功首款高端路由器200G线卡。同年8月,华为推出了云服务平台以及全球首款云手机Vision。2013年,华为成为世界上规模商用能力的400G核心路由器的唯一一家拥有者。同年,华为推出了网络部署方案,研发成功LTE创新技术,推动企业的迅速发展。

2008年开始,华为的技术创新和发明更多地体现了独立性,不再过多依赖外部。现在,华为积极参与到5G标准的研究和制定当中,逐步从一个追随者蜕变为行业领跑者。

资料来源:彭明蕊.技术创新分析——以华为为例[J].西部皮革.2018,40(16):83.

思考题:
华为的核心竞争力是什么?是怎么做到打造属于自己的核心竞争力的?

本章小结

在当前的竞争格局下,成功的公司已经意识到,只有核心竞争力(通过研究公司的内部环境进行识别)与机遇(通过研究公司的外部环境进行识别)相匹配时,公司才能获得战略竞争力和超额利润。

没有一种竞争优势是长久不变的。随着时间的推移,竞争对手会运用自己独特的资源、能力和核心竞争力形成不同的价值创造能力,凭借这种能力,竞争对手可以复制公司的竞争优势。公司在充分挖掘现有竞争优势的同时,还要充分利用资源和能力来形成新的优势,进而在未来的竞争中取得成功。

有效地管理核心竞争力要求公司必须认真分析自己拥有的资源(生产过程的投入要素)和能力(将资源整合起来去完成一个或几个任务)。公司人力资本拥有的知识是重要的组织能力之一,并最终将成为竞争优势的基础。因此,公司必须创造一种组织文化,让人们的知识相互交流、整合,从而使公司拥有重要的价值创造知识。

公司的整体能力最有可能成为核心竞争力以及竞争优势的来源。公司应该以一种竞争对手看不见的、难以理解的、难以模仿的方式,来开发和支持核心竞争力。只有那些有价值的、稀缺的、难以模仿的和不可替代的能力,才有可能成为公司的核心竞争力和竞争优势的来源。随着时间的推移,公司必须不断支持自己的核心竞争力,但也要避免它成为核心刚性。当核心竞争力能够促使公司利用外部环境中的机会为顾客创造价值时,它才能成为竞争优势的来源。如果核心竞争力做不到这一点,公司就必须转移注意力,选择发展其他能满足可持续竞争优势的四个标准的能力。

价值链分析用来识别和评价资源和能力的竞争潜力。通过研究与价值链活动和辅助功能相关的技能,公司可以了解成本结构,识别哪些活动可以创造价值。

如果价值链活动和辅助功能都不能创造价值,公司就应该考虑将这些活动外包出去。在当今的全球经济中,外包已非常普遍。外包就是从外部供应商那里购买价值创造活动。公司只能选择在特定的主要活动和辅助功能方面具有竞争优势的公司进行外包。另外,公司还要不断确定没有将价值创造活动外包出去。

关键概念

企业资源是企业所控制或拥有的要素的总和,可以分为外部资源和内部资源。企业的内部资源可分为:人力资源、信息资源、技术资源、管理资源、可控市场资源、内部环境资源。而企业的外部资源可分为:行业资源、产业资源、市场资源、外部环境资源。

能力是企业开发和利用资源并发挥其生产与竞争作用的能动作用力。能力是企业配置和开发企业内外资源以实现不同经营状态转变的投入要素集合,它出现在企业经营状态转移的过程中并产生作用。企业能力由研发能力、生产管理能力、营销能力、财务能力、组织管理能力等构成。

核心竞争力是群体或团队中根深蒂固的、互相弥补的一系列技能和知识的组合,借助该能力,能够按世界一流水平实施多项核心流程。企业核心竞争力就是企业长期形成的,蕴含于企业内质中的,企业独具的,支撑企业过去、现在和未来的竞争优势,并使企业在竞争环境中能够长时间取得主动的核心能力。

企业的价值创造是通过一系列活动构成的,这些活动可分为基本活动和辅助活动两类,基本活动包括内部后勤、生产作业、外部后勤、市场和销售、服务等;而辅助活动则包括采购、技术开发、人力资源管理和企业基础设施等。这些互不相同但又相互关联的生产经营活动,构成了一个创造价值的动态过程,即**价值链**。

企业外包是指企业整合利用其外部最优秀的专业化资源,从而达到降低本企业的成本,充分提高生产效率,充分发挥自身核心竞争力和增强企业对环境的迅速应变能力的一种管理模式。

内部因素评价矩阵是一种对内部因素进行分析的工具,其做法是从优势和劣势两个方面找出影响企业未来发展的关键因素,根据各个因素影响程度的大小确定权数,再按企业对各关键因素的有效反应程度对各关键因素进行评分,最后算出企业的总加权分数。通过 IFE,企业就可以把自己所面临的优势与劣势汇总,来刻画出企业的全部内部因素。

复习思考题

1. 对一个公司来说,为什么研究和了解其内部环境是非常重要的?
2. 什么是价值?为什么创造价值对公司来说是非常重要的?公司应当如何创造

价值？

3. 有形资源与无形资源之间的区别是什么？对决策制定者来说，了解这些区别的重要性是什么？

4. 什么是能力？公司如何创造自己的能力？

5. 能力必须具备哪四个标准才能成为核心竞争力？为什么说这四个标准是非常重要的？

6. 什么是价值链分析？成功的价值链分析能让公司获得哪些好处？

7. 什么是外包？为什么公司需要进行外包？今后外包会越来越重要吗？如果是，那么原因是什么？

8. 公司如何识别优势和劣势？为什么说管理者了解公司的优势和劣势是非常重要的？

第三篇

战略制定
——描绘企业战略之图

第四章　企业愿景、使命与战略目标

名言警句

一个企业不是由它的名字、章程和公司条例来定义的,而是由它的使命定义的。只有明确了使命和目的,才可能制定明确、现实的目标。

——彼得·德鲁克

学习目的

学习完本章之后,你应该能够做到:
1. 掌握企业愿景、使命和战略目标的含义
2. 解释企业愿景和使命是如何为企业创造价值的
3. 了解企业如何构建共同愿景
4. 掌握企业愿景和使命之间的区别
5. 掌握战略目标的基本特征
6. 了解战略目标的构成体系

导入案例

小米公司正式成立于2010年4月,是一家以手机、智能硬件和IOT平台为核心的互联网公司。创业仅7年时间,小米的年收入就突破了千亿元人民币。截至2018年,小米的业务遍及全球80多个国家和地区。

愿景: 让每个人都能享受科技的乐趣是小米公司的愿景。小米公司应用了互联网开发模式开发产品的模式,用极客精神做产品,用互联网模式干掉中间环节,致力让全球每个人都能享用来自中国的优质科技产品。

使命: 小米的使命是坚持做"感动人心,价格厚道"的产品,用最具性价比优势的产品服务消费者。

价值观: 真诚和热爱。雷军表示,真诚就是踏踏实实用真材实料做品质过硬、价格厚道的产品,和粉丝做朋友,用心倾听用户需求;热爱就是聚拢一批追求极致产品的兄弟姐妹,大家做自己喜欢的事情,咬定青山不放松、千难万险不回头,享受创业乐趣。

资料来源:小米官网(www.mi.com)以及作者根据相关资料整理

第一节 企业愿景

一、企业愿景的概念、要素及效能

(一) 企业愿景的概念

愿景(Vision)是战略与文化的交集,既是战略的指引,也是文化的导航。企业愿景是高层管理者对企业未来发展方向的一个设想,它主要是指企业的长期愿望及日后的发展前景,是组织发展的蓝图,体现了组织永恒的追求。它回答"我们希望成为怎样的企业"这一问题。

德鲁克认为企业要思考三个问题:第一,我们的企业是什么?第二,我们的企业将是什么?第三,我们的企业应该是什么?而这三个问题集中起来就体现了一个企业的愿景,即企业愿景需要回答以下三个问题:

(1) 我们要到哪里去?
(2) 我们未来是什么样的?
(3) 目标是什么?

(二) 企业愿景的基本要素

企业愿景一般包括两部分:核心理念(Core Ideology)、未来前景(Envisioned Future)。核心理念是企业愿景的重心,它用以规定企业的基本价值观和存在的原因,是企业长期不变的信条,如同把组织聚合起来的黏合剂,可以说它是企业的灵魂所在,是企业的凝聚力和精神支柱。未来前景代表着企业追求的东西,它具有一定的可变性,它会随着企业的实际经营情况而做出相应的改变调整。核心理念和未来前景两者并不是相对独立的,而是对立统一的关系,一起构成了企业发展的内在驱动力。

核心理念包括核心价值观(Core Value)和核心目的(Core Purpose)。核心价值观是一个企业最基本的价值观和最持久的信仰,是组织内成员的共识。例如,沃尔玛的核心价值观是为顾客提供质优价廉、品种齐全的商品、友善的服务以及"一站式"购物体验。核心目的是企业存在的根本原因。例如,迪士尼的核心目的就是"给人们带来欢乐"。

未来前景是企业未来10~30年想要实现的宏大愿景目标以及对它的鲜活描述。生动形象的未来前景描述能够有效地激发员工的工作热情和斗志,使员工产生强烈的企业认同感,全身心地投入到企业的建设中去。

(三) 企业愿景的效用分析[①]

科林斯和帕里斯在其著作中将企业划分为两种类型:一种是有明确的企业愿景,并成功地将它扎根于员工之中的企业,这些企业大多排在世界前列,广受尊敬;而另一种类型的企业则认为只要增加销售额就万事大吉了,没有明确的企业愿景,或者企业愿景没有扩

---

① 秦远建.企业战略管理[M].北京:清华大学出版社,2013.

散到整个企业内部,可想而知这些企业绝不可能位居世界前列。由此可见,只有具备全体员工共同拥有的企业愿景,这个企业才有成长为优秀企业的基础。

在当今的企业活动中企业愿景的效用主要体现在以下六个方面:

1. 提升企业的存在价值

企业愿景的终极目标就是将企业的存在价值提升到极限。企业的存在价值是**企业本质**的存在理由和信念。这不同于财务报表上的利润或"近视(Myopia)"的期望值。传统观念认为,企业的存在价值在于它是实现人类社会幸福的手段与工具,是在促进全社会幸福和寻找新的财富来源的过程中创造出来的。由于企业价值观经历全球化和信息时代的变革,企业愿景的概念范围也随之扩大。在以往那些企业活动的基础上增加了与全球自然环境共生和对国际社会的责任与贡献等内容,使企业存在价值这一概念更加完整。在先进企业的经营活动中,我们很容易发现优秀企业愿景的例子。如"重视实际和价值"的GE的理念,"强调人类健康信条"的J&J公司的理念,"尊重革新和创意"的3M公司的理念,"强调持续革新和改善"的摩托罗拉公司的理念等等。

企业愿景涵括的意义分为三个不同层次:企业对社会的价值处在愿景的最高层,中层是企业的经营领域和目标,下层是员工的行动准则或实务指南。企业对人类社会的贡献和价值是企业赖以存在的根本理由,也是其奋斗的方向,它是最高层次的企业愿景,具有最高的效力;企业的经营领域和目标是低一层次的概念,指出企业实现价值的途径和方式;行为准则和实务指南是在这个过程中应该遵循的经济和**道德准则**。愿景所处的层次越高,具有更大的效力,延续的时间更长。

2. 协调利害关系者

对于一个特定的组织来说,**利害关系者**通常是指那些与组织有利益关系的个人或者群体。弗里曼认为,利害关系者就是指"能够影响组织任务的完成或者受组织任务的实现影响的群体或者个人"。如果组织忽略了某个或者某些能够对组织产生影响的群体或者个人,就有可能导致经营失败。

正像利害关系者会受到企业的决策、行动的影响一样,这些利害关系者也会影响该企业的决策、行动,两者之间存在着双向的影响和作用力。实质上,企业与利害关系者之间是一种互动的共生关系。企业在制定企业愿景时,必须界定利害关系者的类型,他们的利益诉求以及相应的策略。如何识别各种各样的利害关系者,并通过企业愿景加以反映和协调,是企业高层管理人员的重要任务。如果利害关系者的利益不能在愿景中得到尊重和体现,就无法使他们对企业的主张和做法产生认同,企业也无法找到能对他们施加有效影响的方式。比如说,一家化工企业如果只是以营利为目标而没有将环保责任融入愿景,必将遭到环保组织、当地社区甚至消费者的抵制。

3. 整合个人愿景

现代社会的员工特别是知识员工非常注重个人的职业生涯规划,都有描述自己未来的个人愿景。要使企业员工都自觉、积极地投入到企业活动中,就需要有企业愿景来整合员工的个人愿景。

一般而言,与西方的先进企业相比,中国企业很少用明确的企业愿景或行动指南指导员工并贯彻到实践当中。这是因为中国企业往往把企业愿景理解为企业宗旨、企业文化、企业精神、信条等抽象的概念或形态,并不明确企业的使命、存在意义、**经营方针**、事业领域、行动指南,并且过于看重"人和""诚实"等过于含蓄的非规定性的潜意识力量。而国外企业极其重视企业愿景的具体化、明确化,强调对**个人愿景**的引导和融合。因为它们要融合不同民族、文化等异质要素去完成共同的目标。

在现代社会中,企业不能仅仅从经济代价或交换的角度去理解个人和企业的关系。相对于经济利益,员工往往更加重视自我价值的实现和个人能力的提升。企业在制定愿景的时候,应当激发员工的自觉参与意识,理解和尊重员工的个人愿景并将他们恰当地融入企业共同愿景当中。通过这种方式产生的企业愿景能够获得员工的认同和响应,因为他们在充分发挥个人能力去达成企业共同愿景的同时能够实现自我。

企业愿景还能收到软约束的效果。众多的中国企业由于管理制度的缺陷,无法对其经理人形成有效的制约,**经理人**经常利用制度的缺陷牟取个人私利。但如果企业愿景融合了经理人的个人愿景,个人利益和企业利益之间就能形成长期意义上的一致性,企业变成了帮助他们实现自我价值的平台,企业愿景就能对经理人员发挥无形的制约作用。

4. 应对企业危机

在动态竞争条件下,环境的关键要素复杂多变且具有很大的随机性。企业的生存时刻面临极大挑战,处理不慎就可能演变为致命危机。

企业应对危机、摆脱困境迫切需要愿景,明确的企业愿景是动态竞争条件下企业应对危机的必要条件和准则。一方面,企业不能停留于简单的刺激——反应模式,光顾着埋头救火而忘记了抽出时间进行长远规划的必要。如果以未来的不可预测性或情况紧急为托词而不去明确企业愿景,只是在危机到来时被动应付,那么即使能勉强渡过难关,最终也会因迷失方向而无所适从。另一方面,已经拥有愿景的企业在制订危机处理方案时,必须努力遵循源于经济理论、社会道德的企业愿景。必须从企业愿景出发去寻找行动方案,考虑所采取的行动是不是与企业一贯的方针和自身承担的使命及社会责任相一致。以愿景为危机处理的基准才能保证企业的长远利益和社会认同。

企业愿景还有可能将危机转化为机遇。本质上,所谓机遇是指同企业环境建立良好的、建设性的互动关系;而危机常以某种方式出现,迫使企业必须处理好环境的问题,否则就会在财务、公众形象或者社会地位方面受到损害。但是危机如果处理得当,就可能转变为企业的机遇。世界上成功的企业在面对危机时,往往为了保证愿景的贯彻而不惜牺牲巨大的当前利益,这些负责任的举动为它们赢得了广泛的尊重,无形中提升了企业形象,提高了在消费者心目中的地位,这些都为以后的市场开拓提供了便利。

5. 累积企业的努力

企业的现状是日积月累的努力的最终结果,而企业愿景就是有选择地、高效地累积这些努力的关键手段。愿景是企业有能力实现的梦想,也是全体员工共同的梦想。愿景能描绘出企业将来的形态,引导企业资源投入的方向。企业因为有愿景,就可以一直朝相同的方向前进,在追求短期目标的同时,也可以为中、长期目标的实现奠定基础。共同愿景还能让每一个人的努力发生累积的效果。

企业没有愿景,就会分散力量,也会导致经营上的问题,即使短期内有不错的业绩,也会因为和长期目标不够一致,各种力量会互相抵消。不管是事业或新事业都是为了达成企业愿景,反过来说企业有了愿景,才有新事业诞生。在动态竞争中,环境要素复杂多变,拥有愿景的企业可以在别人还未看见、尚无感觉的时候,已经开始了对未来的规划和准备。经过长时间的努力,当市场机会出现时,企业已经备妥所有的竞争力,从而占据竞争的主动,赢得先动者优势。相反,企业如果没有愿景,只是看着别人的做法亦步亦趋,终究要因为累积的时滞而被淘汰。

6. 增强知识竞争力

当前企业愿景受重视的另一个原因是组织知识、应变能力等"知识竞争力"作为企业竞争力要素开始受到广泛关注。这些要素的作用发挥取决于企业愿景这种基于知识资源的管理体系的建立。

传统观念的企业竞争力是由产品或服务的生产能力、销售能力、资本的调配和运营能力等与企业利润直接相关的要素决定的。但随着企业活动领域的巨大变化,企业开始重新审视竞争力的来源,组织知识和应变能力受到广泛关注。而企业愿景有助于知识和能力的获取及其作用的发挥。

许多学者把企业组织看作知识主体,而把它的知识创造力看作企业应当追求的竞争力要素。组织知识是企业多年以来周而复始地开发、应用、总结而形成的,是以往采取的众多战略步骤的结果,存在一种路径依赖性。路径依赖性越高,越不易被对手所模仿,企业的竞争优势就能更长久。企业如能制定明确的、长期的愿景,保持战略的稳定性和连续性,并保证一切战略战术行动均围绕愿景而展开,就能使组织知识拥有长期的战略积淀和深厚的文化底蕴,提高其路径依赖性,增大对手模仿的难度。

在动态竞争条件下,如果不能创造性地、柔韧地应对环境变化,企业本身的生存发展就会出现问题。一般认为,组织取决于战略,战略的张力和柔性决定着组织的灵活程度和应变能力。而企业愿景是战略规划的最终目的和根本依据,其长期性和预见性提供了规避风险的线索。科学明确的愿景决定企业战略的选择范围,在保证战略方向正确性的同时留有回旋的余地,提升企业的应变能力。

二、企业愿景的作用

企业愿景的作用是促使组织的所有部门拥向同一目标并给予鼓励。同时,它也是员工日常工作中的价值判断基准。为此,在规定企业愿景时应明确企业的提供价值和目的。企业的提供价值是企业本质的存在理由和信念。

在当今的企业经营活动中必须有企业愿景的原因如下:

1. 重整企业愿景

急剧变化的企业环境引起企业的生存危机,企业要想摆脱困境,就迫切需要重整企业愿景。特别是在大部分东南亚国家,金融危机不期而遇,在其影响下,不但是企业经营,甚至国家的运转本身也处在了一种危机状况之中。如果以危机为借口,不去明确企业愿景,而是在现在状况下随波逐流,采取与企业愿景相违的行动,那么即使能获得高额利润,最终也无法取得社会的认同。即使处在危机之中,企业也应在日常的企业活动之中努力遵守源于经济理论、社会道德的企业愿景。如果企业不从企业愿景出发去选择行动方案,就不可能进行真正的危机管理或决策,所以明确的企业愿景是企业活动中,解决问题或进行革新活动的必要条件。

2. 整合的企业愿景

要使企业员工都自觉地参与到企业经营活动之中，就需要有整合了企业所有理念的企业愿景。和西欧优秀企业相比，东方企业很少有以明确的企业愿景或行动指南，准确地教育企业员工并反映到实践当中的倾向。当然也有重视企业愿景的企业，但毕竟是少数。这是因为东方企业往往把企业愿景当作企业原则、训言、企业精神、信条等抽象的观念或姿态，并不明确企业的使命、存在意义、经营方针、事业领域、行动方针等。此外，还一贯重视"人和""诚实"等过于含蓄的非规定性的潜意识力量。而西欧的企业极其重视企业愿景的具体化、明确化，因为它们要融合不同民族、文化等异质要素，去完成共同的目的。

当前，随着结构重组（restructuring）和再造工程（reengineering）、标杆学习（benchmarking）等西方管理方法的普及，终身雇佣制逐步解体，取而代之，个人经理的自律性受到了重视。若要在自律的基础上，企业员工充分发挥个人能力去达成企业共同的目标和愿景，同时实现自我，就必须明确企业愿景。仅仅从经济代价或交换的角度去理解个人或企业关系是不全面的。当个人能理解和参加到企业愿景中时，就能融进企业里，文字化的企业愿景不应是抽象的概念或只言片语，而应包含具体明确的方针。当提出明确的企业愿景，并传播到每个员工，激发起员工的自觉参与意识时，企业就能获得发展。

3. 强化关系性

要强化企业的关系性，就必须有企业愿景。近来在管理和营销领域，关系性（relationship）这一概念受到关注。这是企业在对大量生产、大量销售体制造成个体的人际关系衰退后进行反思产生的概念，许多学者认为这种概念对于曾坚持生产者观念的企业是必要的。关系的概念不但适用于企业和顾客的交往，也适用于企业与内部员工之间的关系。经营者和员工之间的关系不是指简单的劳动合同，而是指以相互信赖和密切联系为基础的关系。即，非机械的伙伴关系，这种关系需要通过公司内部沟通创造出共同价值的"共同创造"观念。另外，这种关系的基础要求由企业成员共享的共同企业愿景。有了共享的企业愿景，就能迅速正确地沟通，企业成员在同一企业愿景、共同目标下建立关系的话，就能在相互沟通和活动中创造共享价值（shared value）。

4. 知识竞争力

当前企业愿景受重视的另一个理由是"知识竞争力"作为企业竞争力要素开始受到关注，传统观念的企业竞争力是由产品或服务的生产能力、销售能力、资本的调配和运营能力等与企业利润直接相关的要素决定的。但随着近年来企业活动领域的巨大变化，应重新讨论企业竞争力的来源。企业竞争力由复合要素构成。价格、质量、品牌、技术含量是产品竞争力的重要因素。而近年来，以下两种有助于提高竞争力的要素受到关注。首先是组织知识（organizational knowledge）。其次是应变能力。今天，企业环境剧变，如果不能创造性地、有柔韧性地应对这种变化，企业本身的生存发展就会陷于危境。有人认为组织决定于战略，若战略随环境而相应变化，则组织也应随环境而变化。此时关键是以企业愿景为据，即企业战略是达成企业愿景的手段。

5. 价值创造力

企业提供的商品和服务是具有价值创造可能性的"企业价值创造物"，而非价值本身。

所有商品和服务都是在人类生活的某种特定时期、场所和状况下，与其他信息结合起来创造出独特的使用价值来感动或满足人们。作为企业竞争力的新的要素，我们提到组织的知识、应变能力、价值创造力，但必须清楚，这些要素作用的发挥取决于企业愿景这种知识资源基础管理(knowledge resource-based management)体系的确立。

三、企业愿景的构建①

(一) 企业愿景的主要构架

1. 组织领导层

一个企业愿景的倡导者、支持者不是某一个人，而是企业高级管理层。企业高层领导承担着中心领导的角色，他们是实施愿景的责任人，时刻监督公司的发展与其愿景保持一致，同时在监督的过程中还要处理企业成长中随时出现的各种问题。没有企业领导层齐心协力的努力，企业愿景就可能只是一纸空文。

2. 组织文化

组织文化体现一个组织的经验、历史、信仰和标准，如果一个公司有着独特的企业文化，那么它将强化企业愿景，使得竞争者难以复制。组织文化也可以堪称是它的核心价值观。企业核心价值观不因领导人的更迭以及产品的更新而变迁。对于一家公司而言，"资源是可以枯竭的，唯有文化生生不息"。

3. 组织结构

组织结构决定了一个组织中人员的组合和分工方式。组织的结构既能支持愿景，又可能会侵蚀愿景。当鼓励各种集体层可能保持其独特性以完成不同任务的同时，这些集体还要尽可能地整合在一起来实现不同的合作以及贯彻组织始终的企业愿景。

4. 人员管理

如何招募、选择新员工并使他们快速适应、融入企业环境之中等是一个企业的人员管理问题，是一个企业可持续成长的重要因素。正因为如此，人员管理是所有管理层的职责，而并不仅仅是人力资源部的事务性工作。如果一个企业的人员管理准确合理，每个人的职责任务清晰明确，那么对一个企业有条不紊地可持续发展有百利而无一害。

(二) 企业共同愿景的建立

要在一个企业建立其共同愿景主要有以下三个阶段：

1. 提出个人愿景阶段

彼得·圣吉认为共同愿景可以源自企业领导者的个人愿景，也可以源自非权力核心的其他阶层，它包括：(1) 酝酿阶段。这个阶段是组织的高层管理者对组织未来的发展方向的设想。通常高层管理者对此会有自己的看法，也应该征求别人的意见。此时的设想包括：将来的组织形态、未来的目标、达到目标的途径以及组织可利用资源的整合。(2) 意见征集阶段。高层管理者在形成初步愿景设想的基础上，会在比较广泛的范围内征求意见，同时也应适当征集基础员工的建议。

另外，对共同愿景的描述要尽可能简单、诚实而中肯，遵循宏伟、振奋、清晰、可实现的

---

① 洪旭亚："建立共同愿景，塑造企业灵魂"，《管理科学研究》，2009年第7期。

原则来建立企业愿景。

作为建立愿景的第一步,由于价值观念和道德规范的不同,提出的愿景可能差别很大,甚至完全相反,但此时,就是要人人提出自己的愿景,挖掘出自己真正关心和希望的,从而充分调动大家的积极性,使每个人都参与到这件关系企业兴衰成败的大事中来。

2. 个人愿景分享阶段

在这一阶段,企业上下要展开广泛深入的讨论,让各个愿景相互激荡从而互相成长,形成新的企业愿景。企业成员间要坦诚相待,互相宽容,让别人分享自己的愿景,也主动去分享别人的愿景。在分享愿景的同时,要主动去分析愿景形成的内部原因,分析其是否符合先进的价值观念和道德规范。愿景应该紧密结合行业特点,并维护先进的价值观念和道德规范。

3. 共同愿景形成阶段

经历了前面两个阶段后,企业已经可以形成自己独特的、全体成员共同追求的共同愿景。在此阶段有三项工作要做:

(1) 告知。共同愿景一旦形成需要正式告知组织的所有员工。彼得·圣吉在《第五项修炼》中写道:"我们一定得这么做,这是我们的愿景。假如这个愿景不能打动你,那么你最好重新考虑你在公司的前途。"有效的告知应把握以下的原则:要直接而有效,同时说明理由;须将组织的现状真实地告诉员工,让他们知道组织的处境;有关愿景的目标、任务、价值观等没有议论的余地,必须坚决落实。

(2) 推销愿景。在这一阶段,领导人需要感召人们投入到愿景之中,并希望员工全力以赴。同时,通过各种渠道随时听取员工对共同愿景的反映,强化愿景所带来的好处,强调组织目标的实现仰仗每个员工的努力。

(3) 共同创造。以上的"告知、推销"等都是为共同愿景的创建而准备的热身活动,达到这个阶段,组织成员对于共同愿景已经十分清晰,而且认识趋于一致。因此,"共同创建"是愿景的具体实施阶段。这时,个人愿景已融入组织愿景之中,大家真正成为休戚与共的集体。

第二节 企业使命

一、企业使命的含义

(一) 企业使命的内涵

企业使命(mission)就是指在社会的不断发展过程中企业所应该承担的社会角色和责任,它主要阐述了企业的主要任务是什么,说明企业的经营领域和经营思想,反映企业的价值观和企业形象,它主要是说明企业存在的理由和价值以及界定企业的业务是什么。企业使命回答以下几个问题:

(1) 我们的事业是什么?

(2) 我们的顾客群是谁?
(3) 顾客需要的是什么?
(4) 我们用什么特殊的能力来满足顾客的需求?
(5) 如何看待股东、客户、员工、社会的利益?

例如,迪士尼公司的企业使命就是"使人们过得快乐";微软公司的企业使命是"致力于提供使工作、学习、生活更加方便、丰富的个人电脑软件";IBM 公司的使命是"无论是一小步,还是一大步,都要带动人类的进步";麦肯锡公司的企业使命与企业愿景二者是合一的——"帮助杰出的公司和政府更为成功";华为的使命是"聚焦客户关注的挑战和压力,提供有竞争力的通信解决方案和服务,持续为客户创造最大价值"。

我们可以从以下两个方面更好地理解企业使命:

(1) 实际上,企业的使命就是回答企业为何存在的原因,也可以说是企业生存的目的定位。如果一个企业无法清晰明确地说明本企业存在的原因或理由,那企业的经营一定会出问题的,事实上,不管是为了"提供某种产品或服务",还是为了"满足大众的某种需要",这都是企业的使命,企业的经营者都必须明确了解。

(2) 企业使命可以与企业生产经营的形象定位画上等号。它反映了企业为自己预设的企业形象,例如"我们是一个在技术上卓有成就的企业""我们是一个愿意承担社会责任的企业"等,有了明确的企业形象定位,企业的经营活动就能够在企业形象定位的指导下稳步前进,不断茁壮发展。

企业使命就是企业存在的目的和理由。明确企业的使命,就是要确定企业实现长远目标必须要承担的责任和义务。

(二) 企业使命的陈述

企业使命的陈述要素[①]:

(1) 用户(customers)——公司的用户是谁?
(2) 产品或服务(products or service)——公司的主要产品和服务项目是什么?
(3) 市场(markets)——公司在哪些领域竞争?
(4) 观念(philosophy)——企业的基本价值观、信念和道德倾向是什么?
(5) 技术(technology)——企业采用的基本技术什么?技术是否是最新的?
(6) 对生存、增长和盈利的关注(concern for survival, growth and profitability)——公司是否努力实现业务的增长和良好的财务状况?
(7) 自我认识(self-concept)——公司最独特的能力或者最主要的竞争优势是什么?
(8) 对公众形象的关注(concern for public image)——企业的公众形象什么?是否对社会和环境负责?
(9) 对雇员的关注(concern for employees)——组织是否视员工为企业本身的宝贵资源?

这九个方面是大多数企业所共同关注和重视的,也是企业经营过程中的首要问题,是构成企业使命的基本要素。

---

① 康丽,张燕.企业战略管理[M].南京:东南大学出版社,2012.

在具体制定企业使命陈述时,企业需要注意到以下问题[①]:

(1) 态度宣言。企业使命的陈述就是对企业态度和展望的宣言,而不是对具体细节的阐述。企业使命的陈述比较笼统,主要是因为:

①一个好的使命陈述应该有利于多种可行的企业战略目标的产生,避免出现抑制管理部门的创造力这种不利情况。

②企业使命的陈述应当需要充分高度概括,使得企业不同的利益相关者之间有效地调和。

(2) 用户导向。企业使命应该阐明企业的经营生产目的、客户群、所提供的产品或服务、目标市场、企业价值观以及采用的基本技术。维恩·麦金尼斯(Vern McGinnis)认为,一项完整、准确的企业使命陈述应该包含以下几点:

①应该明确企业存在的目的并表明企业的追求。

②内容要窄到足以排除某些风险,宽到足以使企业有创造性的增长。

③使本企业区别于其他同类企业。

④可作为评价现时及将来活动的基准体系。

⑤叙述足够清楚以便在组织内被广泛理解。

⑥理想的使命陈述还应认定本企业产品对用户的功效。

(3) 社会政策宣言。由于社会政策与企业最高管理层的宗旨和理念密切相关,所以社会政策对企业使命陈述的制定会有所影响。在制定企业使命的陈述时会涉及社会责任问题,社会政策会直接影响企业的客户群、产品和服务、市场、技术以及公众形象。企业的社会政策应当贯彻到企业所有的战略管理活动中,社会问题迫使战略管理者不仅仅要考虑到企业对各类股东的责任,还要考虑到企业对用户、环境保护主义者、少数民族以及其他集团所负有的责任。

二、企业使命的内容

企业使命一般包括两个方面的内容:即企业哲学与企业宗旨。

所谓企业哲学是指一个企业为其经营活动或方式所确立的价值观、态度、信念和行为准则,是企业在社会活动及经营过程中起何种作用或如何起这种作用的一个抽象反映[②]。企业哲学主要是企业的理想、信念、人本观和价值观,它是企业生存观、发展观和效益观的指南针,主导着企业文化相关要素的发展方向。正是因为企业哲学具有如此重要的指导意义,构建企业哲学就成了企业的必修课。当然,企业哲学最大的意义在于实践,否则就没有意义了。企业不仅要构建清晰明确的企业哲学,还必须将其付诸行动,加以展现,通过实践活动将其深植于整个组织的人心之中。

企业宗旨是指规定企业去执行或打算执行的活动,以及现在的或期望的企业类型[③]。

---

① 秦远建. 企业战略管理[M]. 北京:清华大学出版社,2013.
② 陈少峰. 企业家的管理哲学(第1版)[M]. 广州:广东经济出版社,2004.
③ http://baike.baidu.com/link?url=tQq5L4-FfLTu6x76zrtKBcazBHE_nsHX1Ak5xg2dBXgALL47ymMF0aWwLS-ZbZ_A5ILO08y_EHGEeQS5mqnJKa

从根本上来说,企业宗旨回答的是"我们的企业是什么"以及"我们要成为什么样的企业"这两个问题。企业宗旨不仅涉及企业的长远目标、具体业务,同时它还涉及企业文化、经营理念以及企业的规模地位。企业在任何一个发展阶段都不能偏离企业宗旨,可以说,企业宗旨是一个企业的根本思想和发展路线。例如,联想公司的企业宗旨是"把员工的个人追求融入企业的长远发展";韩国三星集团的宗旨是"企业成败的关键,在于职工的责任。企业就是人。钱财之源不是权,也不是钱,而是人";荣事达集团的宗旨是"相互尊重,互相平等,互惠互利,共同发展,诚信至上,文明经营,以义生利,以德兴企"。

三、企业使命与企业愿景的关系

企业愿景与企业使命既有区别又有联系。

两者的联系在于企业愿景作为企业发展规划的一个重要支撑点,对于一个追求长远发展的企业来说,要实现美好的企业愿景,首要任务就是要使得全体员工的使命感经久不衰。也就是说,扎根人心的企业使命是企业美好愿景实现的首要条件。

而就两者的区别来说,一般企业愿景界定的是企业未来的业务范围,而企业使命所要界定的是企业已有的业务。通俗地来讲,愿景主要是回答"企业是什么"的问题,它告诉我们企业将来的发展前景,是对企业未来发展的一种期望与描述。而企业使命是解释企业存在的理由与价值的,它告诉我们企业为谁创造价值以及企业创造何种价值。

四、企业使命的作用[①]

事实上,并非所有的企业都有明确的文字表述的企业使命,很多企业的使命仅仅存在于企业领导层的意识之中。然而,现在企业使命作用在凸显,越来越多的企业逐渐看重企业使命的陈述在企业经营中的作用。一般来说,企业使命用文字表述出来有不少好处和作用:

(1)明确的企业使命能够清楚地指明企业未来的发展方向,有利于企业有效合理地分配企业资源,从而避免投资于其他偏离企业发展方向的领域,尽可能地使企业资源投资方向明确、力量集中。

(2)明确的企业使命可以为企业的各利益相关者提供一个渠道来了解企业的经营宗旨和发展方向,使大家的思想与行动符合公司的宗旨和发展方向,增强组织的凝聚力。

(3)明确的企业使命有助于企业经营领域的界定,从而也界定了企业战略环境分析的范围。

(4)明确的企业使命不仅是企业确定战略目标的前提,也是企业选择战略方案的依据。

(5)明确的企业使命还有利于企业自身形象的树立以及提高客户对企业的辨识度。

总之,一项清晰明确的企业使命陈述对企业的发展和战略管理是至关重要的。

---

① 赵顺龙.企业战略管理[M].北京:经济管理出版社,2008.

第三节　企业战略目标

一、战略目标的含义及其特征

(一) 战略目标的含义

战略目标是对企业使命和企业愿景进一步的具体化和明确化,是对企业战略经营活动预期取得的主要成果的期望值[1],它表明了企业在实现其使命的过程中所要达到的长期结果,是企业战略结构的基本内容。企业战略目标涉及企业经营的方方面面,包括企业如何在同类行业中占据领头羊地位;如何提高公司的市场份额;如何以更低的生产成本获取竞争优势等等。例如,福特汽车公司的战略目标——"我们通过下列方式满足我们的客户:提供高质量的汽车和卡车,减少新产品的问世时间,改善我们所有工厂和工艺的效率,建立我们同雇员、工会、特约经销商和供应商的团队合作精神。"

(二) 企业战略目标的特征

一般来说,一个好的企业战略目标应该具有以下特征[2]:

1. 可实现性

制定企业战略目标时必须在全面分析企业内部条件的优劣和外部环境的利弊的基础上判断企业经过努力后所能达到的程度。既不能脱离实际将目标定得过高,也不可妄自菲薄把目标定得过低。这是因为过高的目标会挫伤员工的积极性,浪费企业的资源;而过低的目标则容易被员工所忽视,错过市场机会。总而言之,企业战略目标必须要适中可行。

2. 可分解性

企业战略目标是一个总体、长期概念,必须按层次或时间阶段进行分解,因此战略目标是能够分解的,也就是企业战略目标可以转为具体的短期目标,具体分配给企业的各部门单位乃至员工个人身上,从而帮助管理者有效地从事计划、组织、激励和控制工作。

3. 可接受性

企业战略的实施和评价主要是通过企业内部人员和外部公众来完成的,所以战略目标首先要符合他们的利益,并且能够被他们所理解。但事实上,不同的利益集团的目标往往是不一致的,甚至会发生冲突。一般情况下,企业成员更容易接受那些能够反映企业使命、表述明确、易于理解的战略目标。

4. 可检验性

一般情况下,为了准确衡量企业管理活动的结果,战略目标应该是具体的、明确的、可以检验的。具体地说,就是目标要完整地表达企业将在何时达到何种预期结果。将目标

---

[1] 秦远建. 企业战略管理[M]. 北京:清华大学出版社,2013.
[2] 王方华. 企业战略管理[M]. 上海:复旦大学出版社,2006.

量化是使目标具有可检验性的最有效的方法,例如,一个企业将生产目标定为"极大地提高企业销售净利润",远不如"到 2016 年底,产品销售额达到 2 亿元,税后净利润达到 1800 万元"这一数量化的目标明确恰当。但是在实际操作过程中有很多目标是难以量化的,那种时间跨度越长、战略层次越高的战略目标就越难以用具体数量来界定。那么我们就应该用定性化的术语来表达目标所要达到的要求,一方面明确战略目标实现的具体时间,另一方面要详细说明工作的特点。只有对战略目标的各阶段都有明确的时间要求以及定量或定性的规定,战略目标才是具体而有实际意义的。

5. 宏观性[①]

战略目标是一种宏观目标,是对企业全局的一种总体设想,它着眼的是企业的整体。企业战略目标是企业从宏观角度,对企业未来进行的一种理想的设想,它所提出的是企业整体的发展总任务和总要求,它所规定的是企业整体发展的根本方向。

6. 长期性

战略目标并不是一个短期的计划,而是以长远发展为目的的长期目标,它着眼的是企业的未来和长远发展。战略目标所规定的是一种长期的发展方向,它所提出的是一种长期任务,是要经过企业全体员工很长时间的努力来共同实现的。

7. 可挑战性

就目标本身而言它就是一种激励手段,而当企业目标充分地体现了企业全体成员的共同利益的时候,企业战略目标就会和个人小目标结合在一起,就能够极大程度地激发组织成员的工作热情和积极性。因此,企业战略目标必须具有足够强大的动力来激发全体员工,也就是企业战略目标要具有感召力和鼓舞作用;同时,战略目标还应具有一定的挑战性,并不是企业遥不可及的,而是企业全体成员经过努力可以达到的目标,这样员工对目标充满希望和征服欲望,愿意尽力去贡献自己的力量完成企业战略目标。

8. 全面性

战略目标是一种整体性的要求,它既要着眼于未来,也要结合当前实际情况;它既要着眼于企业整体全局,又要考虑到企业局部。一个科学的战略目标,要同时结合企业现时局势和长远利益,企业整体利益和局部利益,要顾虑到企业的全面发展。

二、战略目标的内容

战略目标是企业使命的具体化,一方面有关企业生存的各个部门都需要有目标,以便从多个角度反映企业的自我定位和发展方向;而另一方面,个别企业的不同战略也对目标有所影响。所以企业的战略目标应该是多元化的,不仅包括经济性目标,也要包括非经济性目标;既要包括定量目标,也要包括定性目标。尽管如此,彼得·德鲁克认为各个企业需要制定目标的领域却是一样的,他认为所有企业的生存都取决于某些同样的因素,对此,彼得·德鲁克在《管理实践》一书中提出了以下几个关键领域的目标:

(1) 市场方面的目标:应表明本公司希望达到的市场占有率或竞争中占据的地位;

(2) 技术改进和发展方面的目标:对改进和发展新产品,提供新型服务内容的认知及

---

① 李敬,陈收.企业战略管理[M].长沙:湖南大学出版社,2011.

其措施；

（3）提高生产力方面的目标：有效地衡量原材料的利用，最大限度地提高产品的数量和质量；

（4）物质和金融资源方面的目标：获得物质和金融资源的渠道及其有效地利用；

（5）利润方面的目标：用一个或几个经济指标表明希望达到的利润率；

（6）人力资源方面的目标：人力资源的获得、培训和发展，管理人员的培养及其个人才能的发挥；

（7）职工积极性发挥方面的目标：对职工进行激励、提高报酬等措施；

（8）社会责任方面的目标：注意公司对社会产生的影响。

企业战略目标一般包括以下几个内容：

（1）盈利能力。用利润、投资收益率、每股平均收益、销售利润率等来表示。

（2）市场。用市场占有率、销售额或销售量来表示。

（3）生产率。用投入产出比率或单位产品成本来表示。

（4）产品。用产品线或产品的销售额和盈利能力、开发新产品的完成期来表示。

（5）资金。用资本构成、新增普通股、现金流量、流动资本、回收期等来表示。

（6）生产。用工作面积、固定费用或生产量来表示。

（7）研究与开发。用花费的货币量或完成的项目来表示。

（8）组织。用将实行的变革或将承担的项目来表示。

（9）人力资源。用缺勤率、迟到率、人员流动率、培训人数或将实施的培训计划数来表示。

（10）社会责任。用活动的类型、服务天数或财政资助来表示。

一个企业并不一定在以上所有领域都规定目标，而且战略目标也并非局限于以上十个方面。

三、战略目标体系

1. 战略目标体系的核心结构

在企业使命的定位基础上，企业战略目标一般按以下四大内容展开：市场目标、创新目标、盈利目标和社会目标。

（1）市场目标：一个企业在制定战略目标的最重要的决策是企业在市场上的相对地位，它往往反映了企业的竞争地位。企业所预期到的市场地位应该是最优的市场份额，这就要求对顾客、对目标市场、对产品或服务、对销售渠道等做仔细的分析。

（2）产品目标：包括产品组合、产品线、产品销售和销售额等。

（3）渠道目标：包括纵向渠道目标——渠道的层次，以及横向渠道目标——渠道成员的数量和质量目标。

（4）沟通目标：包括广告、营业推广等活动的预算和预算效果。

（5）创新目标。在环境变化加剧、市场竞争激烈的社会里，创新概念受到重视是必然的。创新作为企业的战略目标之一，是使企业获得生存和发展的生机和活力，在每一个企业中，基本上存在这三种创新：技术创新、制度创新和管理创新。为树立创新目标，战略制定者方面必须预计达到市场目标所需的各项创新,另一方面必须对技术进步在企业各个领域中引起的发展做出评价。

(6) 制度创新目标。生产的不断发展,引起新的企业组织形式的出现。制度创新目标即对企业资源配置方式的改变与创新,从而使企业适应不断变化的环境和市场。

(7) 技术创新目标。这一目标将导致新的生产方式的引入,既包括原材料、能源、设备、产品等有形的创新目标,也包括工艺程序的设计、操作方法的改进等无形目标。制定技术创新目标将推动企业乃至整个经济广泛和深刻地发展。

(8) 管理创新目标。管理创新涉及经营思路、组织结构、管理风格和手段、管理模式等多方面的内容。管理创新的主要目标是试图设计一套规则和程序以降低交易费用,这一目标的建立是企业不断发展的动力。

(9) 盈利目标。这是企业的一个基本目标,企业必须获得经济效益。作为企业生存和发展的必要条件和限制因素的利润,既是对企业经营成果的检验,又是企业风险的报酬,也是企业乃至社会发展的资金来源。盈利目标的达成取决于企业的资源配置效率及利用效率,包括人力资源、生产资源、资本资源等的投入—产出目标。

(10) 生产资源目标。通常情况下,企业通过改进投入与产出的关系就可以获得盈利。一方面,提高每个投入单位的产量;另一方面,在单位产量不变的情况下,成本的降低也同样意味着利润的增加。

(11) 人力资源目标。人力资源素质的提高能使企业生产率得以提高,同时还能减少由于人员流动造成的成本开支。因此,企业的战略目标中应包括人力资源素质提高、建立良好的人际关系等。

(12) 资本资源目标。达成企业盈利目标同样还需要在资金来源及其运用方面制定各种目标,一方面,确定合理的资本结构并尽量减少资本成本;另一方面,则通过资金、资产的运作来获得利润。

(13) 社会目标。现代企业越来越多地认识到自己对用户及社会的责任,一方面,企业必须对本组织所造成的社会影响负责;另一方面,企业还必须承担解决社会问题的部分责任。企业日益关注并注意树立良好的公众形象,既为自己的产品和服务争取信誉,又促进组织本身获得认同。企业的社会目标反映企业对社会的贡献程度,如环境保护、节约能源、参与社会活动、支持社会福利事业和地区建设活动等等。

(14) 公众关系目标。这一目标的着眼点在于企业形象、企业文化的建设。通常以公众满意度和社会知名度作为保证、支持性目标。

(15) 社会责任目标。常常是指企业在处理和解决社会问题时应该或可能做些什么,如在对待环境保护、社区问题、公益事业时所扮演的角色和发挥作用的程度。

(16) 政府关系目标。企业作为纳税人支持着政府机构的运作;同时,政府对企业的制约和指导作用也是显而易见的。往往这一目标的达成可能为企业赢得无形的竞争优势。

2. 战略目标体系的构成[①]

战略目标不止一个,而是由若干目标项目组成的多层次的目标体系。例如,一般情况下,涉及面广的、综合性强的企业整体目标属于企业的长期目标;相反,涉及面窄的部门目标则是企业执行的短期目标。

从纵向来看,企业战略目标体系由总体战略目标和主要的职能目标两部分构成。为保证战略目标的顺利实现必须要将其层层分解,规定保证性职能战略目标。也即总战略目标是主目标,职能性战略目标是保证性的分目标或子目标。具体参考下图 4-1。

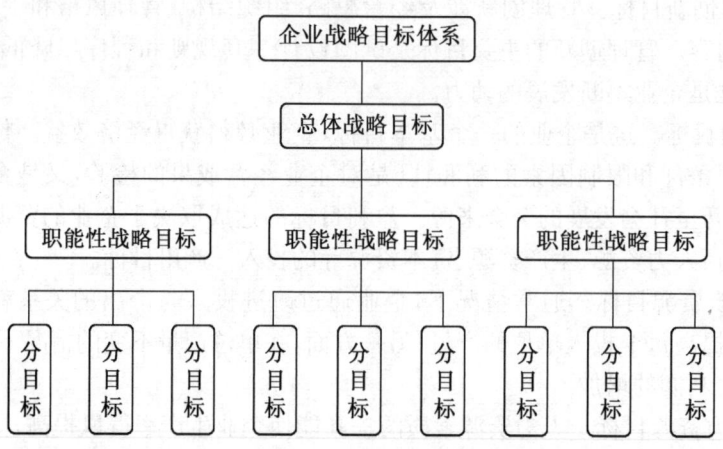

图 4-1 企业战略目标体系

从横向来看,企业战略目标大致可以分为两类:

第一类是用来满足企业生存和发展所需要的项目目标,这些项目目标又可以分解为财务目标和能力目标两类。财务目标主要有收益性、成长性和安全性指标这三类定量指标。能力目标主要有企业综合能力指标、研究开发能力指标、生产制造能力指标、市场营销能力指标、人力资源开发能力和财务管理能力指标等一系列定性和定量指标。

第二类是企业利益相关者所要求的目标。与企业利益相关的主要有客户、企业职工、股东、所在社区、供应链上的合作伙伴以及其他社会群体。如下表 4-1。

表 4-1 企业战略目标体系

分类		目标项目	目标项目构成
第一类	财务目标	收益性	资本利润率,销售净利率,资本周转率
		成长性	销售额成长率,市场占有率,利润增长率
		稳定性	自有资本比率,附加价值增长率,盈亏平衡点
	能力目标	综合能力	战略决策能力,集团组织能力,企业文化,品牌商标,管理创新,知识管理
		研发能力	新产品比率,技术创新能力,专利数量

[①] 赵健.战略的力量——永续经营的保证[M].北京:中国纺织出版社,2006.

(续表)

分类		目标项目	目标项目构成
		生产制造	生产能力,质量水平,合同执行率,成本降低率
		市场营销	推销能力,市场开发能力,服务水平
		人力资源开发	职工留任率,职务安排合理性,直接间接人员比率
		财务管理	资金筹集能力,资金运用效率
第二类	社会目标	客户	提高产品质量,降低产品价格,改善服务水平
		股东	分红率,股票价格,股票收益性
		企业职工	工资水平,职工福利,能力开发,士气,学习与成长
		社区	公害防治程度,利益返还率,就业机会,企业形象
	环境目标	生态	节能减排,循环经济,绿色GDP

章末案例

访沈阳鼓风机集团股份有限公司董事长苏永强

GM 记者:苏总您作为沈鼓发展的见证人和带头人,是怎样的一种精神和使命让您殚精竭虑为企业奉献了 42 年?

苏永强:沈鼓是与新中国一起成长、发展及壮大的国有企业,虽然沈鼓是一个地方企业,但沈鼓在国民经济中有它的特殊地位,它为石油、化工、冶金、煤炭、电力、轻纺、环保、国防和科研等十几个行业提供重大工程技术装置。回顾沈鼓所取得的成绩,让我们感到骄傲和自豪,它为国家的经济发展做了贡献,打破了外商的垄断,不仅为国家节约了大量的外汇,更重要的是显示了我国的经济实力,尽管我们在这个过程中经历了许多痛苦,但民族的自豪感和责任感孕育着我们身在其中并享受着快乐。我入厂 42 年,一直孜孜不倦地为这一事业奋斗就是这种责任感和使命感,同时还有员工的期盼,让我不遗余力,反过来员工的稳定又促进了企业的发展。

GM 记者:沈鼓技术的发展从某种意义上反映了我国在重大装备国产化上的进步,除了国家给予的支持外,企业自身又做出了哪些努力?

苏永强:新中国成立后,由于我国工业相对比较落后,所以沈鼓从国外进口了 13 套大化肥,4 套大乙烯,7 套小乙烯,不夸张地说,不仅当年全套设备需要进口,甚至包括一颗螺钉都是进口的,正因为国家看到了我国工业落后的现状,党中央国务院决定在全国布点,设立为石油化工等领域提供装备的国产化依托单位,沈鼓从那时起肩负起了重大装备国产化的重任。以石油化工百万吨乙烯为例,项目总投入需要近 200 亿元,沈鼓提供的乙烯三机(丙烯压缩机、乙烯压缩机和裂解气压缩机)是头部装置的核心设备,设备投资虽然只是总价值的 1%左右,但整个项目成功与否,却起着非常大的作用,如果运行稳定,会创造 100%的效益,一旦有了问题,则会造成 100%的损失,所以它承载着我国重化工大型装备的使命,从这一点而言,绝不仅仅是企业提供一台产品,而是重大装备发展的责任和一种国家的使命。

沈鼓从引进、消化、应用到将产品推向市场,基本满足了当时产品具有国际先进水平的要求,在引进的同时沈鼓也不断创新,从1985年开始,沈鼓对现有产品进行了二次创新,使引进的技术得到了进一步的提升,通过相当长一段时间的创新,沈鼓的产品一直处于领先的水平。

主要从以下几个方面总结沈鼓所走过的路,一是以自我为主体研发和提升技术,沈鼓建立了博士后工作站,引进博士进站工作,并通过国内外引智工作,为企业做项目;二是进行产、学、研相结合,与大专院校、科研院所进行合作,沈鼓建立了国家级的研发中心、国家级技术中心,在全国建立了国家级研发、技术分中心,现在沈鼓有三个研究院,三个分中心,分别是大连理工大学、西安交大和沈鼓的研究院,采用这一系列的技术手段与措施,使沈鼓产品的整体技术水平得到很大提高;三是继续与国外合作生产;四是继续引进国外的先进技术。

GM记者:2011年10月18日,受国家能源局委托,中国机械工业联合会和中石油集团公司在沈鼓主持召开"天然气长输管线压缩机"新产品鉴定会,对沈鼓研制的天然气长输管线压缩机做出了高度评价:"填补国内空白,实现技术重大突破,达到国际领先水平。"请您谈一下我国天然气长输管线压缩机研制的难度在哪?沈鼓又是如何克服困难的?

苏永强:天然气长输管线压缩机的研制成功,进一步证明了沈鼓有能力完成重要领域重大产品的国产化任务,这一产品被用户称为天然气领域的"两弹一星",因为之前这一产品一直被国外少数企业垄断,沈鼓打破了这一领域国外企业长期垄断的局面,使得我国在这一领域不再受制于人。天然气长输管线压缩机组是由压缩机、变频器和电动机组成,各自都有难点。以压缩机为例,首先要解决机组的效率达到国际先进水平的问题,效率是靠基本级来实现的,我们一共开发了7个基本级,然后形成了系列,把开发的成果直接应用到产品设计中,解决了一个高效的核心问题;然后是机组的安全稳定问题,这个机组属于高压100 kg级的压力,打易燃易爆气体,另外机组长期在荒郊野外工作,作业环境比较恶劣,天寒地冻风沙大,属于远程监控,所以在材料的选择上沈鼓下了足够的功夫,包括高压筒型机组的外壳,所有设计现在都已经实现了突破,这个机组的气动性能和力学性能都已经达到国际先进水平,机组的安全稳定性非常高。从变频和电动机来讲,都是我国第一次生产这么大功率的变频器和这么高转速的电动机,无论是电动机的温升问题、绝缘问题还是间隙问题、稳定性问题等,解决了很多的技术难点,经过不断地调整,最终试车成功。我们排除了许多质疑,最终用非常理想的结果证明沈鼓行。

GM记者:随着国家对"振兴东北老工业基地"及"重大技术装备国产化"等政策的深度推进,面对"十二五"规划等如此契机,沈鼓集团将会怎样迎接新机遇和新挑战?

苏永强:沈鼓"十二五"规划基本已经敲定,仍然继续坚持自主创新,加大科研新品开发力度,2011年沈鼓的销售额是100亿,产值110亿,我们的目标是在"十二五"将现有的指标翻一番,管理上等级,跻身于世界同类企业的前列。"十二五"沈鼓要紧跟国家的政治导向,大力发展国家提倡和发展的项目,使沈鼓在"十二五"跃上一个新台阶。

首先,大力培育和发展与战略性新兴产业相关的产品。战略性新兴产业的许多内容和沈鼓有关,比如说清洁能源、智能化制造、信息化及节能减排,这几个领域都和沈鼓的产品直接相关,特别在节能减排上,沈鼓要推出一些适应国家节能减排装备需要的产品。除了机组本身提高效率降低能耗外,还会对节能减排供应装备如污水处理、脱硫、钢铁厂的锅炉尾气回收、水泥厂石化厂等流程中的余热利用等,这都是沈鼓"十二五"期间的规划。我们的基本思路就是将沈鼓的主业做强、做大,把产业链延长,发展与沈鼓工艺相关和相近的产品和成套,解决系统集成一揽子供货工程和总成套的能力。

其次,通过两化融合整合资源,提升能力。沈鼓被定为两化融合的示范企业,"十二五"期间在两化融合上沈鼓推出了云制造的概念,借鉴云计算的理念把整个资源整合,用信息化手段推进沈鼓的整体发展。主要是将管理上的、工程上的 ERP 以及协同办公系统的整个版本升级,然后在全集团形成一种共用的平台和网络,同时让沈鼓的优势资源为全社会共享。

最后,发展现代服务业。沈鼓正在做大型成套,比如 PTA、ITCC 制冷系统、小炼油、地铁等,下一步要将成套做大,解决从提供单一设备到系统集成、系统一揽子工程。比如江苏一家企业 PTA 项目,整个厂房,除了土建之外,包括机组、辅机、强电、弱电、水气及管路等设备都是沈鼓总承的;福建炼油的 ITCC 制冷系统,在长 50 m、高 32 m、宽 45 m 空间内,所有系统的动设备与静设备都是沈鼓提供的;还有沈阳地铁的通风系统、空分整套装置、天然气工程等,这些项目沈鼓给客户提供的不仅是成套的设备,更是一种服务,也就是从制造服务向服务制造转变。

几年来沈鼓将客户服务体系进行了整合,现在客户服务中心具备销售服务、远程监控、备品备用件地提供、长期服务、安装检修以及国内外产品升级改造这几大功能。下一步沈鼓还将着力打造云制造平台、自动控制以及物流系统,这都是国家所提倡的现代服务业的发展方向。

资料来源:邱明杰,聂常松,使命——让沈鼓一路创造奇迹——访沈阳鼓风机集团股份有限公司董事长苏永强[J].通用机械.2012(2):16-20.

思考题:

沈鼓的企业使命是什么?他们会怎么去实现这个使命?

本章小结

本章主要介绍了企业愿景、企业使命和战略目标三个基本概念,应该充分认识和理解这三者在制定企业战略过程中的地位和作用。

企业在制定经营战略之前,首先应该确定企业的愿景和企业的使命,并在此基础之上确立企业的战略目标。企业愿景实际上是为企业描述未来的发展方向,回答企业会成为一个什么类型的企业。企业使命则是管理者为企业确定的较长时期的生产经营的总方向、总目的、总特征和总体指导思想,考虑企业的业务是什么的问题。明确的使命表达是确立战略目标和制定战略目标的基础,也是企业战略管理的起点。企业的目标是企业期望得到的预期结果和产出,并以此衡量企业的生产经营活动。

关键概念

企业愿景　共同愿景　企业使命　企业战略目标　战略目标体系

复习思考题

1. 企业愿景的概念是什么?企业愿景的基本要素有哪些?
2. 企业愿景对于企业而言有什么重要意义?
3. 一个企业应该如何构建自身的企业愿景?
4. 企业使命是什么?它的具体内容是什么?它与企业愿景存在着什么关系?
5. 如何完成一个完整准确的企业使命?
6. 企业使命对于一个企业有哪些作用?
7. 企业战略目标的具体内涵是什么?
8. 企业战略目标体系由哪些要素构成?

第五章　公司层战略

名言警句

胜兵先胜而后求战,败兵先战而后求胜。

——《孙子兵法·军形》

不以兵强天下。

——《道德经》第三十章

学习目的

- 理解公司层战略的演进历程
- 掌握集中性成长战略的概念和分类
- 理解多元化战略的含义
- 掌握多元化战略的适用范围和分类
- 掌握多元化战略的意义
- 理解一体化战略的概念
- 掌握纵向一体化和横向一体化的优劣势

导入案例

2010年4月,金山软件的联合创始人雷军进行再创业,联合其他几位工程师在北京投资创立了小米科技有限责任公司(简称"小米公司")。小米公司最早开发MIUI起家,积累了第一批用户群体。凭借互联网营销和粉丝经营战略,以高性价比著称的小米手机一经上市就受到广大用户的热捧。小米公司的发展在2014年迎来了一个巅峰,小米公司对外宣称自己是全球第三、中国第一手机品牌兼中国第三大电商。至今为止小米公司依然是一家以手机业务为主的企业,但小米公司已经开始构建属于自己的生态链。

2014年小米便开始了产品生态链的布局。小米的生态链分为五环,依次为小米手机、用户、应用软件、硬件和线下体验店。第一环是手机,智能手机在移动互联网时代发挥着越来越大的作用,其作为入口的身份引得各大手机厂商竞相争夺。国内智能手机市场的竞争为何如此激烈也就不难解释了。第二环是用户,以顾客的需求为导向,小米公司的粉丝战略为自己争取到了一大批用户粉丝——米粉,米粉们在小米论坛和小米之家上的交流沟通,为小米产品的测试提供了宝贵的反馈意见。第三环是应用软件,小米应用商店上有大量经过小米公司检测的第三方软件。并且小米公司也积极自助研发或投资开发各种实用的、好玩的应用软件。第四环是硬件,过去的小米公司不做硬件,没有自己的工厂。然而现在小米公司已经投资了 55 家硬件公司,以构建自己的上游体系,完善自身的供应链。第五环是小米线下实体店,主要有"小米之家"和小米专卖店。这些线下实体店是小米新零售战略的集中体现。小米之家原来便承担着维修服务的售后功能。雷军说要让更多的"小米之家"体验店和小米专卖店落户各大城市,为广大用户提供厚道的产品,宣称要成为"科技界的无印良品"。作为线上的补充,线下体验店的扩张能使小米用户们更进一步地体验和感受小米公司的产品和经营理念。

小米公司多元化发展。以往小米公司不生产一个零部件,只通过整合其他优质厂商的零件来打造出一件件合格的产品。如今,小米公司也开启了自己的转变之路。手机、路由器和电视是小米精心打造的三件重量级产品,是小米生态圈内的三大核心。

小米通过旗下的无线路由器涉足智能家电领域,面向生活的方方面面,形成了小米平板、小米电视、小米电饭煲等产品;为了营造舒适、健康的生活环境,小米推出了空气净化器、净水器等产品。小米特意为了进军智能家电领域而创立了"米家"品牌,在小米品牌下专门创立子品牌能够增强其辨识度。

当智能穿戴设备火遍全世界时,小米又研发了小米手环、运动相机、智能跑鞋等产品。小米公司也曾通过旗下生态链企业收购平衡车鼻祖赛格威推出代步工具小米平衡车。更加细分下去的话,我们还能发现小米设计发售过小米背包、小米服饰以及和小米吉祥物"米兔"有关的玩偶。小米还接连推出小米米家电动自行车、小米无人机、小米笔记本电脑等高端产品。

资料来源:徐剑韬,吴玥瑭.多元化战略实施:以小米生态链为例[J].财政监督.2018(16):112-116.

一个企业开始从专注于一个行业转向进入多个行业的时候,其战略管理的内容就从经营层战略扩大到公司层战略。

第一节 公司层基本战略

公司层战略的对象是整个组织,主要说明公司存在的逻辑及其发展方向,其目的是使公司整体力量大于每个业务单位力量的简单之和。20 世纪 60 年代至 90 年代,公司层战略的演变经过了多元化、重组和分立等几个阶段。

一、公司层战略的含义

在企业战略研究的初期,大多数学者主要集中于对基本原理的描述。出于全面展示思想主张的需要,有些学者借助层次划分的办法,阐述了不同层次企业战略的含义。

1. 早期学者的战略层次划分

安索夫在《公司战略》中把组织的决策从高到低依次分为三个不同层次:战略决策是选择产品组合和市场,使企业与环境相匹配;管理决策是配置企业的资源,使绩效潜力最大化;运作决策是使企业资源转化过程的效率最大化。安德鲁斯的公司战略定义有两层意思,第一层界定公司正在开展或即将进行什么经营活动,第二层界定公司是什么或即将是什么类型。在范西尔和罗兰吉提出的多元化公司战略规划的三个环路中,高层负责设定公司的目标,事业部设定与之协调一致的经营目标,职能层则制订所需的行动方案。迈尔斯等人也提出了组织必须处理创业管理(entrepreneurial problem)、运作管理(engineering problem)和执行(administrative problem)三个层次的问题。

2. 根据计划层次进行的划分

战略规划的影响非常深远,以至于在对战略进行分层次研究时,不少是以"计划"作为其代名词的。斯坦福研究所(Stanford Research Institute,SRI)倡导的"计划体系"中就包括"公司发展计划和经营计划"两大部分。公司发展计划代表的是公司管理权,如转让部分投资、多元化经营等;经营计划主要指产品、营销、财务等项目计划。根据明茨伯格(Mintzberg)的分类,战略体系中不管是绩效控制还是行动规划,都有公司管理、经营管理、职能管理、作业管理四个层次。

3. 现代意义上的战略层次划分

对公司层战略和经营层战略两个概念进行明确区分的是霍福尔和斯库迪尔(Hofer and Schendel)。他们在《战略形成:分析的概念》中认为,公司层战略的主要内容是确定经营活动的范围及其资源配置,而经营层战略则聚焦于如何在一个特定的产业或产品市场中开展竞争,为企业战略的层次划分了一道鲜明的分界线。

Wit&Meyer所做的划分稍稍有点不同,他们提出的三个层次战略的内容分别是经营层战略、公司层战略和网络层战略(network level strategy)。可见,在现阶段的研究中,战略联盟等与外部相关联的新趋势引起了学者的注意,而影响较小的职能层战略被忽略了。显然,Wit&Meyer的划分方法过多地倾向于大公司,特别是多元化经营的公司。其实,公司层战略对于小企业来说同样需要。公司层战略的实施,不仅仅是公司高层(如总部)自己的事,它必须依托并通过经营单位的执行才能取得实实在在的效果。这样,公司层战略又有了新的内涵,从注重公司整体扩展到处理好整体与部分之间的关系,特别是如何指导经营单位取得更好的绩效,创造更大的价值。

二、公司层战略的种类

(一) 增长型战略

增长型战略又称发展型战略,或扩张型战略、进攻型战略,意味着扩大企业的经营规模或业务领域,企业通过实施增长型战略,往往能够增强自身的竞争力,扩大竞争优势,从而获得更多的利润,达到企业的发展目标。增长型战略包括:集中性成长战略、一体化成长战略、多元化成长战略。

1. 多元化战略

多元化战略,也称多角化战略、多样化战略,是企业尽量增大产品大类和品种,跨行业生产经营多种产品或业务,扩大企业的生产经营范围和市场范围,充分发挥其企业特长和利用企业的资源,提高企业效率,保证企业的长期发展。

2. 一体化战略

一体化战略，是以企业当前的活动为核心，主要通过在纵向和横向两个方向上合并或兼并其他企业，取得规模经济增长的一种战略方案。分为横向一体化和纵向一体化两个基本形式。

3. 集中性成长战略

集中性成长战略，也称密集增长战略，是指企业在原有的生产范围内，充分利用现有产品和市场方面的潜力，以求得成长的战略。

通常情况下，公司通过横向一体化打败竞争对手，达到市场多头垄断地位后，便会进入纵向一体化扩张，占领市场。一旦公司某一部门在市场占有一定地位，便会向多种部门扩张以完成企业增长，也就是多元化战略。

（二）稳定型战略

稳定型战略又称防御型战略，是指企业遵循与过去相同的战略目标，保持一贯的成长速度，同时，不改变基本的产品或经营范围。它是对产品、市场等方面采取以守为攻，以安全经营为宗旨，不冒较大风险的一种稳健增长战略，其本质上是在过去经营状况的基础上追求稳定。

其有以下特点：

一是企业对过去的经营业绩比较满意，决定追求既定的或与过去相似的经营目标。

二是企业战略规划期内所追求的绩效按大体的比例递增。

三是企业准备以过去相同的或基本相同的产品或劳务服务于社区，这意味着企业在产品的创新上较少。

（三）紧缩型战略

紧缩型战略是指企业将要减小经营规模或多元化经营的范围，从目前的战略经营领域和基础水平中收缩或撤出，是偏离起点战略较大的一种经营战略。

其特点是：对企业现有产品和市场领域实施收缩、调整和撤出；严格控制企业资源运用，尽量削减各项费用支出；具有明显的短期性。紧缩型战略是一种以退为进的战略。

紧缩型战略有如下选择方式：

1. 收割

收割是指企业尽可能地从企业经营单位中收回现金的战略。其战略行为包括严格削减甚至终止投资，减少设备维修，减少或者停止研究开发和广告宣传等，实行整体的收缩政策，以便在清算前增加经营单位的短期现金流量。

2. 清算

清算指企业由于无力清偿债务而停止营业进行清理。对于单一经营企业来说，清算意味着结束了企业的生存；对于多种经营企业来说，清算意味着关闭一定数量的经营单位和解雇一批员工。

3. 放弃

放弃指企业在衰退初期把其经营不善的单位或业务出让给其他企业，在终止无前途业务的同时最大限度地收回投资。在实施放弃战略时，企业要把握好时机，争取将损失降到最低。

(四) 混合型战略

混合型战略,即公司同时实行两种或两种以上战略,是稳定型战略、紧缩型战略和增长型战略的组合。事实上,很多的企业,尤其是有多个相关性较小的战略业务单元的企业实行的不只是单一的战略,从长期来看都是多种战略的组合使用。

关于公司层战略的类型,可以按照企业所从事的业务类型、生产的产品种类等的不同,划分出许多不同的类型,而使用最多的是一体化战略和多元化战略。

第二节 集中性成长战略

集中性成长战略,又称密集增长型战略,是著名的战略学家安索夫提出的。他认为,创业型的企业战略可以结合产品和市场两大因素进行考察。而产品又可分为现有产品和新产品,市场有现有市场和新市场,四者组合就形成了所谓的安索夫矩阵,主要包括市场渗透、市场开发、产品开发三种主要战略形式。

表 5-1 安索夫产品—市场矩阵

市场＼产品	现有产品	新产品
现有市场	市场渗透	产品开发
新市场	市场开发	一体化

一、集中性成长战略的类型

(一) 市场渗透战略

市场渗透战略是以现有产品在现有的市场范围内,通过更大的营销努力提高现有产品或服务的市场份额。企业战略研究人员应该有系统地考虑市场、产品及营销组合的策略以促进市场渗透。

1. 适用范围

市场渗透战略的适用范围主要体现在以下几方面:

第一,当现有用户对产品的使用率还可显著提高时,企业可以通过营销手段进一步提高产品的市场占有率。

第二,当企业的产品或服务在当前的市场中还未达到饱和时,企业采取市场渗透战略就具有潜力。

第三,当企业通过渗透战略取得市场份额的增加,使企业销售规模增加,且规模能够为企业带来显著的竞争优势时,渗透战略才是有效的。如果市场份额的增加,产生的大规模销售量是建立在企业亏损的基础上,那么这种渗透战略就是失败的。

第四,企业在进行产品营销时,随着营销力度的增加,其销售额呈上升趋势,其高度相关能够保证市场渗透战略的有效性。如果营销的投入并不能带来销售额的增长,那么,采取这一战略就很难达到预期目标。

企业实行市场渗透战略,包括增加销售人员、增加广告投入、进行产品升级换代、推出强有力促销活动等具体措施。它是一种立足于现有产品,充分开发其市场潜力的企业发展战略,又称为企业最基本的发展战略。由于市场渗透战略是由现有产品和市场组合而成的,所以企业战略管理人员应当有系统地考虑市场、产品及营销组合的策略,以达到促进市场渗透的目的。

2. 市场渗透的具体方法

在现有市场上,扩大现有产品的销售量主要取决于产品使用者的数量和每个使用者的使用频率,因此从这两个因素角度出发,市场渗透的具体方法如下:

(1) 扩大产品使用者的数量。

①转变非使用者。企业通过努力把原来不使用本企业产品的人转变为使用人。例如飞机货运服务公司的发展就要不断寻找新的用户,说服他们相信空运比陆地运输有更多的好处。

②努力发掘潜在的顾客,把产品卖给从未使用过本企业产品的用户。例如本来为妇女生产的洗发剂,现在又成功地推销给男士及儿童使用。

③把竞争者的顾客吸引过来,使之购买本企业的现有产品。例如百事可乐公司劝说可口可乐的饮用人改喝百事可乐。

(2) 提高产品使用者的使用频率。

①增加使用次数。企业可以努力使顾客更频繁地使用本企业的产品。例如肉联厂可以宣传它生产的火腿肠不仅可以夹在面包里吃,而且还可以放在菜里、汤里吃,味道同样鲜美,因此早、中、晚餐都可以吃。

②增加使用量。企业努力使消费者在每次使用时增加该产品的使用量。例如油漆公司可以给用户暗示,每次使用本企业的产品来漆家具时,起码要上三遍油漆,上油漆的次数越多,则家具越光亮、美观。

③增加产品的新用途。企业应努力发现本企业产品的各种新用途,并且要使人们相信它有更多的用途。例如,为制作降落伞发明了尼龙,后来发现尼龙还可以制成服装,再后来又发现尼龙放在橡胶中制成轮胎,可以大大增加轮胎强度及耐磨性。

3. 市场渗透的意义

在产品市场组合生命周期的不同阶段,市场渗透战略的灵活运用都具有重要意义:

第一,当产品在市场上处于引入期和成长期时,很多消费者对产品一无所知或者稍有了解但尚不全面,这些消费者由于对新产品的信息掌握不充分,而对该产品持怀疑或观望的态度。在这一阶段实行市场渗透战略,企业可以通过有效的信息传播,吸引那些尚未使用此类产品的顾客,消除其顾虑,将其转化为企业的现实顾客。

第二,市场进入成熟期后,企业间的相对竞争地位基本稳定下来,市场总容量趋于饱和。但是优秀的企业仍然可以借助市场渗透战略来扩大销售量和市场份额,进一步增强竞争地位,促使企业进一步壮大,并延缓其衰老。

(二) 市场开发战略

市场开发战略是由现有产品和相关市场组合产生的战略,是发展现有产品的新顾客层或新的地域市场从而扩大产品销售量的战略。

1. 适用范围

市场开发战略的适用范围主要有以下几种:

第一,企业可以获得新的、可靠的、经济的、高质量的销售渠道。

第二,企业必须拥有扩大经营所需要的资金、人力资源及物质资源等。

第三,在空间上存在着未开发或未饱和的市场区域,为企业提供市场开发的空间。

第四,企业要在目前的经营领域中非常成功,这样才有实力实行市场开发战略。且企业的主营业务应是正在迅速全球化的产业,这可以为企业的市场扩张提供动力。

第五,企业存在过剩的生产力。企业如果在当地都难以满足市场需求,还舍近求远去拓展新市场,风险是很大的。许多企业在经营中其实没有过剩的生产能力,而是把主战场上的力量撤离,去发展新的市场,往往得不偿失,最后两败俱伤。

2. 市场开发的具体方法

实行市场开发战略的方法有以下三种:

(1) 扩大新的市场范围。

这种办法即把本企业现有产品打入其他相关市场,如区域性市场、国内市场和国际市场等,从而扩大现有产品的销售。

(2) 在新市场寻找潜在的用户。

例如计算机过去一直是销售给科研部门、学校、企业及事业单位的,但现在计算机已经走入家庭,许多想培养孩子计算机能力的家庭及教师、科研人员、医生、作家等都需要计算机,存在着潜在的计算机购买群。

(3) 增加新的销售渠道。

例如,葡萄酒厂的产品原来只通过烟酒公司等中间商到达消费者手中,现在为了增加销售量,有的葡萄酒厂自己开设经销店,直接将产品卖给消费者,同时企业还与各大中城市的大饭店、旅馆挂钩,直接将葡萄酒卖给这些单位,极大地扩大了销售量。

市场开发战略比市场渗透战略风险性大,这种战略迫使管理人员放开眼界,拓宽视野,重新确定营销组合,但此战略仍是一个短期战略,它仍然不能降低因客户减少或技术落后而导致的风险。

(三) 产品开发战略

产品开发战略是通过改进和改变产品或服务而增加产品销售。进行产品开发通常需要大量的研究和开发费用。

1. 适用范围

产品开发战略的适用范围主要有以下几种:

第一,企业参与竞争的产业属于迅速发展着的高技术产业,企业在产品方面进行的各种改进和创新都是有价值的。

第二,企业具备较高的研究和开发能力,不断进行产品的开发创新。

第三,企业拥有很高的市场信誉度,过去的产品或服务是成功的,可以吸引顾客对新产品的使用。

第四,企业所处的产业高速增长,使得企业必须进行产品创新才能保持竞争力。相反,如果企业所处的产业缓慢增长或趋于稳定,那企业进行产品创新就要承担很高的成本。

第五,企业在产品开发时,较之竞争对手,提供的产品能够以较高的价格性能比更好地满足市场需求。

2. 产品开发的实施方法

产品开发的方法可以分为发明、组合、减除、技术革新、商业模式创新或改革等。例如:计算机的发明、汽车设计的更新换代、饮食方式的创新、电子商务推动人们消费习惯的改变等。实施产品开发战略一般有两种途径:

第一,创造性研制新产品。这是指企业在现有市场上开发出其他企业从未生产销售过的新产品,当某企业创造性地研制出新产品时,其便会率先占领市场,抢得先机,并且凭借先发优势积累资源,实现价值创新。企业摒弃原有的产品理念,突破了原有产品的范围。

第二,改良原有产品。这是指企业根据消费者反馈,凭借新技术的应用,推出新一代的产品,新产品比旧产品拥有更加合理的设计,更符合消费者的使用习惯,所以更受消费者欢迎。企业基本沿用过去的思路进行产品改良,没有突破原有产品的范围。

企业进行产品开发要遵循以下原则:①关心市场定位。在选择市场机会和设计产品时要充分重视市场的作用,尤其要关心产品的市场定位而不是强力推行某个管理或技术人员所喜好的产品构思。②构建技术基础。从战略角度讲,企业应重点开发以其核心能力和技术为基础的产品,并以此构建起长期发展的技术基础。③加强管理,不断改进。在产品开发过程中充分借鉴顾客、供应商和销售人员的意见和建议,并尽可能与竞争对手的产品做出对比判断,同时要强调各部门之间的交流与协作,以及在必要时利用外部公司的技能等。

二、集中性成长战略的优点和风险

1. 集中性成长战略的优点

(1) 从经济学意义上说,集中性成长战略由于具有"专业化"的特点,有利于企业实现规模经济和学习效应的好处,获得较高的运作效率。

(2) 由于企业将资源集中于一种产品或业务,因此,有可能在生产技术、产品开发、市场知名度、对顾客要求的敏感性和满足程度以及对市场的了解和营销、服务等涉及企业价值活动的诸多方面做得更好,在行业中或市场上建立起较强的竞争力和成本领先或差异化优势。同时,管理人员在对业务、技术、市场、管理等方面也会有更深的了解和更丰富的经验,这一切都有利于企业形成较强的核心能力和持久的竞争力,并提高企业的盈利能力,从而将某种产品或业务做大、做精、做强,使企业占据行业的领导地位,成为某一产品市场上的"专业化巨人"。

(3) 该战略还具有对追加资源要求低,有利于发挥企业已有能力等优点。因此,集中性成长战略适用条件较为广泛,取得经营成功的可能性也大。许多成功的企业都是通过这种发展战略成长壮大的。特别是在企业成长的初期,采取这种战略显得尤为重要。

2. 集中性成长战略的风险

虽然集中性成长战略能使企业获得稳定发展,但由于产品市场范围所限,其发展总有尽头;加之企业将全部资源投入到单一行业、集中在单一市场上从事经营,使得竞争范围变窄,这犹如"将所有鸡蛋放入一个篮子里",所以,当市场变得饱和或缺乏吸引力或因新技术、新产品出现使消费者快速转移导致其业务需求下降,行业发生萎缩时,采取这一战略的企业容易受到极大的打击。

因此,当企业面临所从事经营的产品(业务)是即将或已经进入衰退期的夕阳产业,没有发展前景,或整个行业产品市场需求下降,竞争过度,企业将长期处于微利、无利甚至亏损状态,生存艰难,更无发展前景时,企业应利用已经积累的资源,及早寻找并开拓新的经营领域或产品项目,通过多元化发展战略的转换,确立企业未来新的经营支柱产品,以保障企业健康发展。①

第三节 企业多元化战略

当今世界的市场环境多变,企业自身也处于不断发展变化的生命周期中,企业经营无处不面临着考验,选择适合的战略尤为重要。多元化也称为多角化,多元化战略指企业的发展、扩张是在现有产品或业务的基础上增加新的产品或业务。这是一种产品/市场战略,企业实施这种战略是为了长期稳定地经营和追求最大的经济效益。

一、多元化战略内涵

多元化战略是企业同时生产和提供两种以上基本用途不同的产品或劳务的一种经营战略,是指企业根据发展目标、自身资源、外部环境等因素,通过对企业资源的重新分配,投入到企业相关或者不相关的产品和市场领域。也就是说,是企业未来获得长期发展,开发有潜力的产品,或通过兼并其他行业的企业,以丰富产品组合结构的一种经营模式。

企业多元化经营相对应于专业化经营,但两者在性质上有着根本的不同。企业选择多元化发展战略,需要对企业的资源重新进行整合和调整,多元化不仅仅是企业战略目标或者战略执行计划,更是一种战略选择,需要对企业现有的资源和业务进行评估,从而使多元化业务和现有业务达到企业资源与能力的关联性和匹配性。企业的多元化战略并非单独存在,而是与其他企业战略密不可分。企业多元化战略是由著名的"产品—市场"战略大师安索夫于20世纪50年代提出的。

企业实施多元化战略的动因可以用政治学、社会学等多种学科加以解释,但是最主要和基本的解释还是经济学。1962年,Gort在《美国产业的多元化和一体化》中提出了通过单个企业市场异质性增加来定义多元化,同时,多元化又不等于市场异质性。在经济学理论中,以需求的交差弹性来细分市场,通过产品分类对多元化进行判断和度量。交差弹性高,则产品替代性强,这些产品属于同类市场,但由于需求交差弹性数据信息获得难度大,同时也需要对产品的弹性值进行定义,因此这样定义的精确性不大。② 多元化战略的经

---

① 康丽,张燕.企业战略管理[M].南京:东南大学出版社,2012:135.
② 孙敬波.上海铁路局多元化业务发展战略研究[D].上海:华东理工大学,2014.

济学解释是:在做出多元化战略选择时,企业战略管理者必须从经济学的角度去理解不同行业组合背后经济效益以及实现不同组合效益所存在的管理上的难度,在此基础上他们才可能理性地做出组合决策。

多元化经营战略是大型企业集团发展的重要战略选择,现今世界500强企业中绝大多数是多元化发展起来的,这就表明多元化战略是企业发展、壮大的必由之路。

多元化经营能够使企业规避风险,取得规模经济效益。同时,由于涉及经营领域的增加,也会带来管理上的风险。具体来说,多元化经营战略有一定的适用范围。

第一,企业原来的市场呈现饱和状况,必须拓展新的市场。

第二,企业原有的主营业务在年销售额和盈利方面呈下降局面,企业必须选择新的经营领域。

第三,企业拥有在新的产业或市场上发展所需的资金、人才及管理方面的经验。

第四,新产品或新的市场的波动周期可以与原有产品和市场的波动周期进行互补,可以规避风险。

二、多元化战略类型

在企业发展的过程中,企业可以选择两种多元化战略,第一种是相关多元化战略,即通过进入具有实质性相关的行业实现增长的目的;第二种是非相关多元化战略,即通过进入不具有实质性相关的行业实现增长目的。

(一) 相关多元化

相关多元化指增加新的、与原有业务相关的产品与服务。根据现有业务与新业务之间"关联内容"的不同,相关多元化又可以分为同心多元化和水平多元化。

1. 同心多元化

同心多元化指企业利用原有的技术、特长、经验等发展新产品,增加产品种类,从同一圆心向外扩大业务经营范围。其优点体现为开发成本低、成功的可能性较大、易形成产品系列,因而是发展初期常用的方式。例如,生产洗涤剂产品的企业开发生产香皂。

2. 水平多元化

水平多元化指企业利用现有市场,采取不同的技术发展新产品,增加产品种类。其特点表现为现有产品与新产品的基本用途不同,但存在较强的市场关联性,可以利用原来的分销渠道销售新产品。如娃哈哈创办之后就定位于儿童市场,开发了一系列的产品,都是围绕着这一目标市场,又如电影院开办KTV、舞厅等。

另一种分类是,在实施相关多元化发展的过程中,企业可以根据选择的战略组合有所不同进行分类。第一种是限制性相关,即所进入的行业之间存在着某种可以共享的相关性,例如纵向相关(纵向多元化)或者职能活动相关(共享型相关);第二种是非限制性相关,即所进入的行业不存在可以全部共享的相关性,例如其中几个行业之间可能是纵向相关,另几个行业之间可能存在共享性相关,当然这两组行业之间又是不相关的关系。

(1) 纵向多元化。

纵向多元化,通常又被称为纵向一体化。主要是指企业通过自己建立或者并购方式将与主业相关的价值创造活动纳入自己边界的行为。企业在自己边界内完成价值链上的活动越多,则企业纵向多元化或者纵向一体化程度就越高。如果企业的纵向多元化更靠近价值链起点,即更接近原材料供应商,则其采取的是后向一体化战略。例如,钢铁公司投资新建原料生产基地、卷烟公司并购烟叶生产企业等;如果企业的纵向多元化更靠近价值链的终点,即更接近终端消费者,则其采取的是前向一体化战略,例如,企业进入了流通领域,获得分销商或零售商的控制权。随着网络技术和无线通信技术的发展,电子商务的盛行为企业创造了实施纵向一体化的机会。

(2) 共享型相关多元化。

当一家企业主导业务的收入少于70%,而它的各个业务之间在投入、生产技术、分销渠道或客户等方面均存在广泛的协同与共享时,我们认为该公司采取了共享型相关多元化战略。随着存在协同和共享关系的行业的增加,企业内部各种资源和能力,尤其是核心专长的范围经济效益和规模经济效益增加。其中,范围经济效益是由于多个产品或者行业共享所带来的资源节约,而规模经济效益则是由于共享而扩大规模所带来的经济效益,例如单位产品各种活动成本的下降。西方企业的实践表明,共享型相关多元化是经济效益最高的多元化战略选择。

(二) 非相关多元化

非相关多元化指企业向现有用户提供新的、与原有业务不相关的产品或服务。在不相关多元化中,不需要寻求与企业其他业务有战略匹配关系的业务领域。寻求不相关多元化的企业总是通过并购一家已经建立的企业来进入新的领域,而很少采用在自己的企业结构内组建新的子公司的形式。前提是:通过并购实现的增长可转化成增加的股东价值,非相关多元化能够为企业带来年收入和利润的持续增长,并且并购企业不会因为经营不善而倒闭。

非相关多元化对企业来说有其积极的作用,也有消极的作用,具体如下。

1. 非相关多元化的正面作用

非相关多元化主要有以下几个方面的积极作用:①经营风险分散。与相关多元化相比,这是更好地分散财务风险的方法。因为企业的投资可以分开在有着完全不同的技术、竞争力、市场特征和顾客群的业务之中。②发挥财务资源优势。通过投资于任何有着最佳利润前景的行业,而不是考虑在相关行业中的机会,可以使企业的财务资源发挥最大优势。尤其是来自低增长和低利润前景业务的现金流量可以转向并购或扩大具有高增长和高利润潜力的业务。③企业获利能力更加稳定。一个行业的艰难阶段可以被其他行业的昌盛阶段部分抵消,某些业务的周期性下降可以与多元化进入的其他业务的周期性上涨取得平衡。

2. 非相关多元化的负面作用

①管理难度加大。企业涉足的业务越多,多元化程度越高,高层管理者越是难以对每一个子公司进行监察和尽早发现问题,也越难以评价每个经营行业的吸引力和竞争环境的真正技能,而各个业务管理者提出的计划和战略行动也更难以执行。②理论与实践的不符。理论上不相关多元化在经营周期过程中,销售和利润会更加稳定,但在实际中这种反周期的多元化的尝试却难以取得预期效果。经营很少会有着相反的上下波动周期,绝大多数业务都受到相似的经济繁荣时期和萧条时期的影响。

从单一行业经营向多元化的转折是一个过程。在这个过程中,单一行业在企业总收入中的比例和所进入行业的相关性都会发生变化。因此,有关学者就提出根据采取这两个指标来衡量一个企业的多元化程度(图5-1)。根据这个测量方法,可以将企业多元化组合按照程度划分为:低度多元化、中度多元化和高度多元化。

低度多元化	单一业务型	超过95%的收入来自某一项业务	 A
	主导业务型	70%~95%的收入来自某一项业务	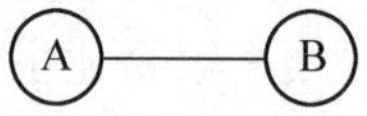 A—B
中度多元化	限制性相关多元化	不到70%的收入来自主导业务,所有业务共享产品、技术、分销渠道	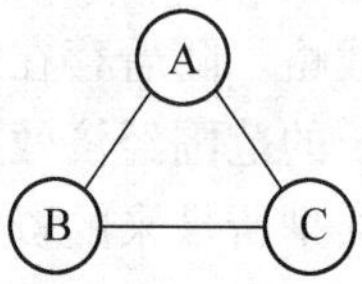 A,B,C(三角形相连)
	非限制性相关多元化	不到70%的收入来自主导业务,事业部之间的关联是有限的	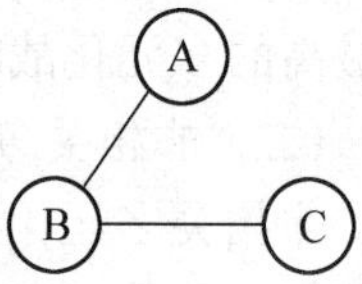 A,B,C(部分相连)
高度多元化	非相关多元化	不到70%的收入来自主导业务,事业部之间通常无关联	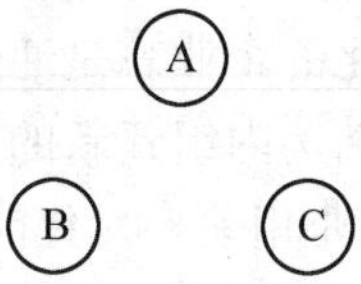 A,B,C(不相连)

图5-1 多元化的程度及类型

资料来源:Rumelt R P. Strategy, structure, and economic performance[J]. American Economist, 1974,(75):91-92.

三、多元化战略意义

(一)多元化战略的优点

1. 分散经营风险

如果企业的多元化战略是相关多元化,那么企业对进入的新业务较为熟悉,在技术开发、筹划、生产等方面的联系可以减少企业的成本,从而使企业在扩展过程中的风险得到降低;如果企业的多元化是非相关多元化,那么企业不同业务之间收益的盈亏在一定程度上可以相互平衡,从而分散经营风险。

2. 获取范围经济

范围经济是指由于企业经营范围的扩大而带来的经济性。一般来说,联合生产的成本小于单独生产成本之和。范围经济的本质在于企业多项业务可以共享企业的资源。由于特定投入都有一定的最小规模,即不可分性,而这种投入在生产一种产品时可能未能得到充分利用,再生产两种或两种以上的产品时,就能使其投入成本在不同的产品中分摊,于是使单位成本降低,产生范围经济。范围经济的存在原理与规模经济有相似之处,但本质是不同的,规模经济在于产品产量的增加;而范围经济则来自生产多种产品或业务,简而言之,来自经营范围的扩大。

3. 增强竞争力

多元化企业凭借其在经营规模及不同业务领域的优势,通过其他业务领域的收益来支持某一业务领域的竞争,实现调动全企业资源专攻一点的效果,从而大大增强了企业的竞争力。

(二) 多元化战略的缺点

多元化战略除了具有以上优点之外,也存在一些不足,主要体现在以下几个方面:

1. 管理难度加大

企业在进行多元化经营时,不可避免地要面对多种多样的产品和各种各样的市场,这些产品在生产工艺、技术开发、营销手段上可能不尽相同,这些市场在开发、渗透、进入等方面也都可能有明显的区别。企业的管理、营销、生产人员就要重新熟悉新的业务领域等新的业务知识。由于企业采用多元化经营,企业规模逐步扩大,机构逐渐增多,企业内部原有的分工、协作、职能、利益平衡机制都可能打破,管理、协调的难度大大增加,在资源配置和保证企业竞争优势方面遇到较大挑战。

2. 企业资源分散

对于任何一个企业来说资源都是有限的,多元化发展必定导致企业将有限的资源分散在每个业务领域,从而使每个想发展的领域都难以得到充足的资源支持,有时甚至无法维持在某一领域的最低投资规模要求,结果在与相应的竞争对手的竞争中失去优势。从这个意义上说,多元化战略可能会加大企业失败的风险。

3. 出现人才短缺现象

企业竞争归根到底是人才的竞争,企业的成功归根到底是依赖优秀的人才。然而,每个人都有自己的专长,专业对口是人才发挥作用的基础,所以,企业在进行多元化发展时,必须要在多元领域内有相应的经营管理和技术等方面专业人才的支撑,否则就很可能失败。

4. 运作成本提高

企业从专业化经营转向多元化经营,涉及进入众多陌生的业务领域,必将使运作费用上升。一方面,顾客认识企业新领域的成本加大。当企业新的领域有了产品时,需要得到消费者的认知,虽然此时可借用原有领域的品牌,但要在新领域中改变消费者原来的认知态度,必须做出投入来吸引顾客,这反而又使已分散的资源更加难以应付。另一方面,多元化发展的学习费用较高。企业从一个熟悉的业务领域到另一个陌生的业务领域,需要一个学习的过程。这个过程中由于不熟悉而导致的低效率、由陌生到熟悉的机会损失都构成较高的学习费用。

(三) 多元化战略的利益

多元化战略的利益动因很多,归纳起来主要有如下几点:

1. 战略性行业转移

当企业现在所在的行业处在衰退期阶段时,为了避免倒闭,就必须进行多元化经营。通过进入新的行业,企业逐步从现有行业中撤出,并将"生命线"建立在新行业领域中。

2. 提高或获取核心能力

日本佳能公司于1960年进入电子计算器行业,虽未取得成功,但佳能公司由此获得了微电子技术方面的能力。这种能力与佳能公司原拥有的精密机械技术和光学技术方面的核心能力相互结合,不仅提高了佳能核心能力的水平,而且在后来企业成长中,佳能利用上述核心能力成功地进入复印机等办公设备行业,使这些能力得以充分利用并提高。

3. 分散风险

当企业现在经营的行业由于市场、技术等变化导致经营风险加大时,企业通常采取多元化经营来实现分散风险的目标。当然,应该注意的是,很多研究证明,多元化经营与风险的降低没有直接关系。把鸡蛋放在多个篮子里造成的安全感往往会引起心理疏忽,同样会使鸡蛋全部被打破,有时还不如全部放在一只篮子里再全力以赴看住篮子的效果好。认为"多元化经营一定可以分散风险"是不全面的,问题的关键在于:如何从事和从事什么样的多元化经营。

4. 追求成长

当企业现有市场容量达到饱和或产品竞争力不强时,企业只有通过多元化经营方可实现其成长的目标。四川长虹集团为实现"进入世界500强"的成长目标,于1997年开始进行多元化经营,进入VCD、空调及电脑行业。长虹的彩电产品自1995年以来一直居中国市场占有率首位,全国彩电市场容量虽没有达到饱和状态,但长虹仅依靠彩电产品是不可能实现其成长目标的。

(四)多元化与经济效益的关系

相比单一或主导业务,尽管不同类型的多元化各有利弊,但收益也很明显,经研究表明,适度多元化会增加企业价值,然而当多元化达到较高水平时,其边际成本快速上升,以至于超过边际收益。因此,多元化程度与绩效之间呈现倒"U"关系(如图5-2)。

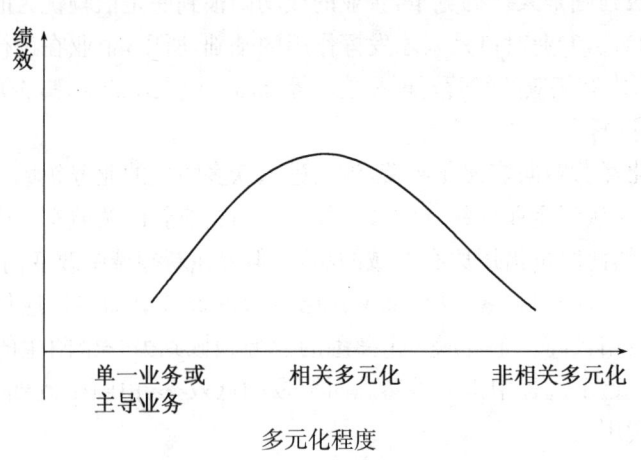

图5-2 多元化与绩效关系模型

(资料来源:Palich L E, Cardinal L B, Miller C C. Curvilinearity in the diversification-performance linkage: an examination of over three decades of research[J]. Strategic Management Journal, 2000, 21(2): 155-174.)

尽管如此,至今还是有一些企业采取非相关多元化战略,在南欧及一些新兴经济国家中就存在许多大型非相关多元化企业。然而,随着制度的转型,有许多企业开始逐步放弃非相关多元化,回到核心主业上。

第四节 企业一体化战略

英国著名管理大师德·波诺说过这样一段话,美国企业界存在的一个很大的问题是:当他们遇到麻烦时只会按照原方向加倍努力。这正像挖金子一样,当你挖下20米但还没有发现金子时,你的战略会是再挖2倍的深度。但是,如果金子是在距你横向20米处,那么,不论你挖多久也永远找不到金子。一体化战略就其本质而言,确实是一个方向性的选择问题,就是向下挖,还是横着挖的问题。

一、一体化战略概述

"一体化"的原意是指将独立的若干部分加在一起或者结合在一起成为一个整体。一体化战略是指企业充分利用自己在产品、技术、市场上的优势,使企业不断地向深度和广度发展的一种战略;是指企业通过集团化形式,集供应、生产、销售于一体以实现企业成长的战略。企业集团化,可以通过兼并、控股其他相关企业或自己开设子公司等方式,实现集团内部供应、生产、销售的一体化,以产生规模经济效应,促进企业迅速成长。

既然一体化战略是关于方向选择的,那么这种战略到底有几个方向呢?

一般来说,一体化战略可分为两类:纵向一体化和横向一体化。纵向一体化战略又叫垂直一体化战略,是将生产与原料供应,或者生产与产品销售联结在一起的战略形式。依据一体化的方向划分,纵向一体化可分为后向一体化和前向一体化两种。横向一体化战略指企业通过购买、兼并与自己有竞争关系的企业或者与之联合来扩大营业,获得更大利润的发展战略。

二、横向一体化战略

横向一体化战略是指企业兼并处于同一生产经营阶段的一个或多个企业的战略。横向一体化能使企业的核心能力得以加强,因为兼并同类企业可以获得自己所缺乏的各种资源,包括生产能力、营销体系、研发能力等。

(一) 适用范围

一是企业在一个成长着的产业中进行竞争。

二是规模的扩大可以提供很大的竞争优势。

三是企业具有成功管理更大的组织所需要的资金与人才。

四是竞争者由于缺乏管理经验或特定资源而停滞不前。但当竞争者因为整个产业销售下降而经营不善时,不适宜用横向一体化战略对其进行并购。

五是在不会被政府指控为有较大的削弱竞争倾向的前提下,企业可以在特定地区获得一定程度的垄断。

(二) 横向一体化的战略优势

横向一体化的战略利益主要包括获取规模经济、减少竞争对手、扩张生产能力。

1. 获取规模经济

横向一体化通过收购同类企业达到规模扩张,可以使企业获取充分的规模经济,从而大大降低成本,取得竞争优势。同时,通过收购往往可以获取被收购企业的技术专利、品牌名称等无形资产。

2. 减少竞争对手

通过实施横向一体化,可以减少竞争对手的数量,降低产业内企业间相互竞争的程度,为企业的进一步发展创造一个良好的产业环境。

3. 扩张生产能力

通过合并或联合,可以迅速提高企业的生产能力与规模,与企业自身的内部扩张相比较,这种扩张形式相对较为简单和迅速。

(三) 横向一体化的战略劣势

横向一体化也具有一定的战略成本,其中主要包括管理协调问题和政府法规限制两个方面。

1. 管理协调问题

收购一家企业通常涉及收购后母子公司管理上的协调问题。由于母子公司在历史背景、人员组成、业务风格、企业文化、管理体制等方面存在着较大的差异,因此母子公司的各方面协调工作很困难,这是横向一体化的一大成本。

2. 政府法规限制

横向一体化容易造成产业内垄断的结构,各国法律法规都对此做出了限制。如美国司法部《反托拉斯公司法》在确定一项企业合并是否合法时要考虑以下因素:①这一合并是否导致过高的产业集中度;②这一合并是否增强合并企业对其他企业的竞争优势;③进入该产业的困难程度是否提高;④被合并企业的经济实力;⑤对该行业产品需求是否增长;⑥是否有激发其他企业进行合并的危险。

三、纵向一体化战略

纵向一体化又分为前向一体化和后向一体化。后向一体化战略是指当企业目前的供货成本太高或不能满足企业需要时,采取的向自己业务链供货方向发展的战略。后向一体化的目的是确保企业生产经营的稳定与企业发展所必需的生产资源,并通过减少采购成本而降低生产成本,提升产品竞争力。

前向一体化是指企业向自己业务链的消费者方向发展的战略。前向一体化使企业更接近消费者,如原材料生产企业进入产品制造领域,产品生产企业扩展到产品销售领域等。当一个企业发现它的价值链上消费者方向的环节对它的生存和发展至关重要时,它就会加强对这个方向环节的控制。例如,许多大型企业在各大城市都设立了自己产品的专卖店。

(一) 适用范围

1. 后向一体化战略

(1) 企业目前的供货成本很高、供应商不可靠或不能满足企业对零件、部件、组装件或原料的需求。

(2) 供应商数量减少而需求方竞争者数量较多。

(3) 企业所参与竞争的产业正在迅速发展,因为在下降的产业中,一体化战略会削弱企业进行多元化经营的能力。

(4) 企业具备自己生产原材料所需要的人力资源。

(5) 价格的稳定性至关重要。这是由于通过后向一体化,企业可稳定其原材料的成本,进而稳定其产品的价格。

(6) 目前的供应商利润丰厚。这意味着它所经营的领域属于十分值得进入的产业。

(7) 企业需要尽快地获取所需资源。

2. 前向一体化战略

(1) 企业目前的销售商成本高昂、不可靠或不能满足企业的销售需要。

(2) 可合作的高质量销售商数量很有限,采取前向一体化的公司将获得竞争优势。

(3) 企业所参加竞争的产业明显快速增长或预期将快速增长。当企业主营业务停滞不前时,前向一体化会降低企业进行多元化经营的能力。

(4) 企业具备销售自己产品所需要的资金和人力资源。

(5) 稳定的生产对企业十分重要。这是由于通过前向一体化,企业可以更好地预见市场对自己产品的需求。

(6) 目前的经销商或零售商有较高的利润。这意味着通过前向一体化,企业可以在销售自己的产品中获得高额利润,并可以为自己的产品制定更具竞争力的价格。

(二) 纵向一体化的战略优势

1. 实现范围经济,降低经营成本

(1) 优化生产过程。通过把技术上相区别的生产运作放在一起,企业有可能实现高效率。如在制造业,这一做法能够减少生产过程的步骤,降低成本,减少运输费用。

(2) 有利于控制和协调。由于成品和零部件归并于一个系统,在生产、设计、营销等内部环节上,更易控制和协调,从而会提高企业的生产效率。

(3) 减少信息成本。生产与销售一体化有利于市场信息准确、及时地反馈使企业能迅速地了解市场供求和监控市场,而且实行一体化还能将收集信息的总成本由各部分分摊,从而减少了信息成本。

(4) 减少交易成本。通过纵向一体化,企业可以节约市场交易的销售、谈判和交易成本。尽管内部交易过程中也常常要进行某些讨价还价,但其成本绝不会接近市场交易成本。

(5) 精简组织机构。因为内部交易不需要任何销售力量和市场营销或采购部门,也不需要进行广告促销活动,从而精简了组织机构。

2. 稳定供求关系,规避价格波动

实行纵向一体化,可以使上游、下游企业之间不会随意终止供求关系,减少了原料供应的不确定性。上游、下游企业之间的交易虽然也须反映市场价格,但这种内部转移价格实际上只是一种未来便于业务管理、成本核算的影子价格,企业可以自动调节,从而避免产品价格的大起大落。

3. 提高差异能力,树立经营特色

通过纵向一体化,可以实现企业规模扩大、成本降低和控制加强,进入壁垒提高。由于强化了对关键零部件设计的控制,可以更好地满足不同市场层面用户的特殊需求,从而增强对最终用户的控制;同时也有更多的机会使用特殊原材料、零部件或技术等途径,寻求区别于同行业竞争者的产品特色。

(三) 纵向一体化的战略劣势

1. 弱化激励效应

纵向一体化意味着通过固定的关系进行购买与销售,把原本的市场交易内化为企业内部交易。上游企业的经营激励会因为是在内部销售而不是在市场上竞争而有所减弱,下游企业同样也会由于是企业另一个单位购买产品,从而不会像从外部供应商购买时那样激烈地讨价还价。因此,可能减弱激励效应,降低企业运作的效率。

2. 加大管理难度

实现一体化战略以后,两个或者多个不同的企业合并或联合在一起,企业的管理层次与管理幅度都大大增加,企业管理所需的生产、营销、服务等各项职能都更加复杂,这些因素都对企业管理者的管理素质和管理技巧提出了更高的要求。

3. 加剧财务紧张

企业实行纵向一体化战略以后,一些零部件和原材料由企业外购转变为企业自制,这些零部件和原材料的成本将比外购低,但自制所需的生产资金、储备资金和材料资金等都要比外购时多得多。如果企业的财务资源不够雄厚,就有可能加剧企业财务紧张,严重时导致整个一体化战略的失败。

4. 降低经营灵活性

企业选择纵向一体化会导致产品设计方面的局限性,对厂房和原材料来源的巨额投资,常常阻碍新的产品设计或材料品种的完善。如果企业不实行纵向一体化战略,企业可以根据外界环境变化而减小原材料的采购量,或转向其他供应企业,而采用了纵向一体化战略的企业就缺乏这种动机性,同时经营方向的调整也更加困难,因而也就增大了经营的风险。

5. 难以平衡生产能力

纵向一体化企业内部的上游单位与下游单位的生产能力必须保持平衡,任何有剩余生产能力的环节必须在市场上销售一部分产品。然而,在企业纵向一体化条件下,这一步可能往往是困难的,因为纵向一体化常常迫使企业从它的竞争者处购买原料或向它的竞争者销售产品。

章末案例

SZ钢铁公司实施纵向一体化战略

规模位列国内钢铁行业前列的SZ钢铁公司已连续三年盈利能力低于6%,究其原因,SZ钢铁公司长期采用的"集中式"战略(即生产组织仅局限于钢铁冶炼流程)已不能适应近年来国内外钢铁产业企业竞争转换为产业链竞争态势之需要。

一方面,世界钢铁企业通过对原料企业的整合使得钢铁原料矿石、煤粉等资源处于被垄断地位,进口铁矿石价格连年暴涨,带动国内铁矿石价格不断攀升,导致SZ钢铁公司原料供应受制于人。另一方面,钢铁市场的需求虽然依旧十分旺盛,但下游客户面临的选择越来越多,对用料的要求也越来越高。SZ钢铁公司固守于钢铁冶炼阶段,对客户需求的变化缺乏敏感性,导致公司结构性产能过剩。

目前钢铁产业链中的上游原料的销售利润率可以达到15%,而下游产品的销售利润率可以达到7%~10%。SZ钢铁公司在以往的经营过程中,与上下游企业业务联系密切,因而可以在现有人才和技术不需要做大的投入和调整的前提下,实现纵向一体化的整合。

SZ钢铁公司纵向一体化战略的实施从以下两个方面展开:

(1)前向整合。与Q公司等石油公司签订集研发、生产、销售为一体的合作协议,待条件成熟,进行合资生产;收购Y造船厂;参股G造船厂;与D钢帘线制造厂签订合作协议。

(2)后向整合。SZ钢铁公司开始着手在远东区建立铁矿资源生产企业,确保公司铁矿资源的长期稳定供应;与L煤炭集团建立长期合作协议,解决煤炭资源供应问题。

资料来源:邹昭晞.企业战略管理[M].北京:中国人民大学出版社.20018.

思考题:

分析SZ钢铁公司实施一体化战略的动因和适用条件。

本章小结

公司层的战略对于企业的总体目标有着重要的意义,它会是各项分战略的指导性纲领。公司层的总战略分为增长型战略、稳定型战略、紧缩型战略和混合型战略四大类,而增长型战略的多元化和一体化战略是公司普遍注重的。

企业在发展过程中一般会先实施横向一体化进行发展,当企业发展到一定的实力时,会采取外部扩张等方式实施横向一体化,进一步取得竞争优势后逐步实施纵向一体化。当发展到一定的程度,企业在一个领域做得比较好后,就开始考虑其他业务的发展,从而实施多元化战略。

关键概念

1. 增长型战略,又称发展型战略,或扩张型战略、进攻型战略,意味着扩大企业的经营规模或业务领域,企业通过实施增长型战略,往往能够增强自身的竞争力,扩大竞争优势,从而获得更多的利润,达到企业的发展目标。

2. 稳定型战略,又称防御型战略,是指企业遵循与过去相同的战略目标,保持一贯的成长速度,同时,不改变基本的产品或经营范围。

3. 紧缩型战略,是指企业将要减小经营规模或多元化经营的范围,从目前的战略经营领域和基础水平中收缩或撤出,是偏离起点战略较大的一种经营战略。

4. 混合型战略,即是公司同时实行两种或两种以上战略,是稳定型战略、紧缩型战略和增长型战略的组合。

5. 市场渗透战略是以现有产品在现有的市场范围内,通过更大的营销努力提高现有产品或服务的市场份额。

6. 市场开发战略是由现有产品和相关市场组合产生的战略,是发展现有产品的新顾客层或新的地域市场从而扩大产品销售量的战略。

7. 产品开发战略是通过改进和改变产品或服务而增加产品销售。

8. 多元化战略是企业同时生产和提供两种以上基本用途不同的产品或劳务的一种经营战略,是指企业根据发展目标、自身资源、外部环境等因素,通过对企业资源的重新分配,投入到企业相关或者不相关的产品和市场领域。

9. 相关多元化指增加新的、与原有业务相关的产品与服务。

10. 非相关多元化指企业向现有用户提供新的、与原有业务不相关的产品或服务。

11. 一体化战略是指企业充分利用自己在产品、技术、市场上的优势,使企业不断地向深度和广度发展的一种战略。

12. 横向一体化是指企业兼并处于同一生产经营阶段的一个或多个企业的战略。

复习思考题

1. 简述集中性成长战略的分类。
2. 市场渗透的具体方法有哪些?
3. 什么是企业的一体化战略和多元化战略?具体有哪些分类?
4. 多元化战略应注意哪些问题?尝试根据具体企业来分析多元化战略。
5. 企业应该在何种情况下实施一体化战略?
6. 对纵向一体化和横向一体化进行对比分析。

第六章 经营层战略

名言警句

攻其不备,出其不意。此兵家之胜,不可先传也。

——《孙子兵法·计篇》

对于看不清楚的路,先走两步,踩结实了,然后再跑,回头看看,没问题了,再撒开脚丫跑。走了两步,发现不对,赶快折回来,脚上沾了点泥水,没什么了不起,换双鞋寻找新路再往前走。

——柳传志(联想集团总裁)

学习目的

- 掌握成本领先战略、差异化战略及集中化战略的理论
- 了解和掌握分散行业中的竞争战略
- 了解和掌握规模经济行业中的竞争战略
- 了解和掌握新兴行业中的竞争战略
- 了解和掌握成熟行业中的竞争战略
- 了解和掌握衰退行业中的竞争战略

导入案例

"三只松鼠"的差异化战略

三只松鼠股份有限公司成立于2012年,是中国第一家定位于纯互联网食品品牌的企业,也是当前中国销售规模最大的食品电商企业。"三只松鼠"成立仅短短5年时间已一跃成为中国销量最大的食品电商企业,2016年销售额超55亿元,已拥有近2000家线下门店的零食品牌"来伊份"。"三只松鼠"主要通过以下两种方式来进行差异化:

第一,以互联网技术为依托,利用B2C平台实行线上销售。凭借这种销售模式,"三只松鼠"迅速开创了一个以食品产品的快速、新鲜为特征的新型食品零售模式。这种特有的商业模式缩短了商家与客户的距离,确保让客户享受新鲜、完美的食品,开创了中国食品利用互联网进行线上销售的先河。以其独特的销售模式,"三只松鼠"在2012年"双十一"当天的销售额在淘宝、天猫坚果行业跃居第一名,日销售近800万元。

第二,通过品牌差异化,"三只松鼠"成功在消费者心目中树立了互联网第一坚果品

牌。"三只松鼠"的理念特点十分鲜明,其核心是"忠于信仰",表现方式是"萌"。品牌标志(LOGO)是萌态十足的三只松鼠,并且有各自个性十足的名字:鼠小贱、鼠小酷、鼠小美;它的办公室被装修成森林中松鼠之家;产品包装、购物网站页面均以松鼠系呈现,甚至企业内每个人都有一个以鼠开头的花名,章燎原被称为"松鼠老爹"。在"三只松鼠",员工就是"家人",把客户叫作"主人",当客服跟顾客沟通的时候,会演化成宠物和主人的关系,以萌系沟通方式拉近与顾客的距离。这种情景化的设定有效地增强了企业凝聚力和员工归属感,更为重要的是使得企业文化与品牌文化真正成为企业的基因。

资料来源:魏江,邬爱其.战略管理[M].北京:机械工业出版社,2018.

第一节　基本竞争战略

在全球化、信息化、一体化的背景下,企业面临着日益空前激烈的市场竞争环境,如何在激烈竞争中求发展,是每个企业都在思考的问题。20世纪80年代,有三本关于竞争分析的著作受到了广泛的关注,即迈克尔·波特的《竞争战略》《竞争优势》和《国家竞争优势》。在书中,波特的战略思考倾向于集中分析企业的外部环境和内部条件,即SWOT分析,并在此基础上,波特总结出了三种通用的竞争战略,即成本领先战略、差异化战略和集中化战略。

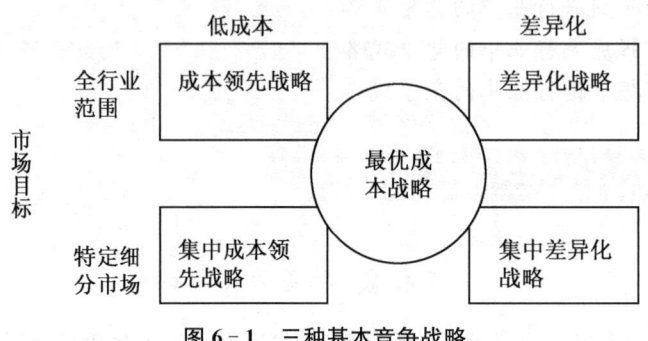

图6-1　三种基本竞争战略

一、成本领先战略

成本领先战略(overall cost leadership strategy),也称为低成本战略,是指企业通过有效途径降低成本,使企业的全部成本低于竞争对手的成本,甚至是在同行业中最低的成本,从而获取竞争优势的一种战略。

20世纪70年代,由于经验曲线概念的流行,成本领先战略得到了普遍应用。这种战略要求企业努力取得规模经济,以经验曲线为基础,严格控制生产成本和管理费用,最大限度地减少研究、开发、服务、营销等领域的成本费用,成为行业中的成本领先者。为了达到成本目标,企业有必要在管理方面对成本控制给予高度的重视。尽管质量、服务等方面也不容易忽视,但成本领先的主体贯穿于整个战略中,成为一种主导的思想。企业凭借其成本优势,可以在激烈的市场竞争中获得有利的竞争优势。

(一) 适用范围

一般来说,消费者对价格越敏感,就越倾向于低价格企业,成本领先战略就越有吸引力。成本领先战略使用的范围有以下几方面:

第一,企业所处产业的产品基本上是标准化或同质化的。在这种条件下,由于产品在质量方面几乎没有差异,消费者购买决策的主要影响因素就是价格的高低。

第二,产品实施差异化的途径很少。也就是说,不同品牌之间的差异化对消费者来说并不重要,从而使得消费者对价格的差异非常敏感。

第三,多数顾客使用产品和消费者的需求相同。由于消费者的需求相同,标准化的产品可以满足消费者的需求。在这种情况下,低销售价格取代了特色或质量,成为消费者选择品牌的主要决定因素。

第四,消费者的转换成本很低。当从一个企业产品转向另一个企业产品所承担的成本较低时,消费者就具有较大的灵活性,从而容易转向低价格同质量的企业产品。

第五,消费者具有较大的降价谈判能力。

第六,现有竞争企业之间的价格竞争非常激烈。

除了具备以上条件外,实施成本领先战略对于企业的资源、技能以及组织都有一定的要求。降低成本的方式很多,可以通过比竞争者更快地积累经验,或是扩大经营规模以获得尽可能大的经济效益,但这些只是大规模生产才可能实现。同时,要求企业拥有较大的市场份额。

(二) 如何控制成本

1. 规模经济

价值链上的很多具体活动,如采购、生产、销售等,都会受到规模经济的约束。如果企业的业务规模较大,规模经济才明显,成本才低,才会盈利;否则,就会出现亏损。所以企业要考虑行业的最经济规模区间(规模经济不变的产能区间)是什么,市场能否容纳这么大的规模。如果市场能容纳行业内的所有规模经济产能,而且规模效应明显,企业就可以迅速采取扩大产能来获得规模经济效益并降低企业成本,从而获得企业领先优势。另一方面,企业要考虑业务活动整个价值链各环节的经济规模,据此来调整组织结构的规模,降低运营成本。

2. 学习曲线或经验曲线的效应

学习(经验)曲线效应的规则是做一个任务的次数越多,每次重复所需的时间越少。这个关系的第一次量化是 1936 年在美国的 Wright-Patterson 空军基地:每次飞机产量翻倍,所需劳动时间降低 10% 到 15%,随后在其他行业的实证研究中得出的结果从百分之几到 30% 不等,但大多数情况下比例都是一个常数,它不随规模变化。学习曲线理论说明,随着生产产品数量的翻倍,成本以可估的比率下降。

经验曲线的范畴更广,不仅仅包括劳动时间。它说明一个任务重复的次数越多,成本越低。这个任务可以是生产任何产品或服务。每次累积产量翻倍,附加价值的成本(包括行政、市场、分销和生产)以固定的可预估的比例下降。

3. 关键资源投入的成本

关键资源投入的成本如劳动密集型企业的人工投入成本、技术密集型企业的大型设备成本和研发费用、零售商的采购成本等。例如沃尔玛,其关键成本是进货成本,为了能降低商品成本,通过利用大批量采购带来的谈判能力从供应商那里获得较低价格的商品,形成了低成本的优势。

4. 协同效应

协同效应就是指企业生产、营销、管理的不同环节、不同阶段、不同方面共同利用同一资源而产生的整体效应。协同效应可以使企业在不增加任何成本的情况下增加企业价值,使资源得到最充分的利用,从而降低产品所分摊的成本。

5. 生产能力的利用率

这是价值链中的一个很大的成本驱动因素,因为生产能力本身就带来了巨大的固定成本,生产利用率的提高可以使承担的折旧成本和其他固定费用随生产量的扩大而降低单位产品所分摊的固定成本。

6. 生产、管理流程的改进

企业内部各种运营管理会产生大量的管理费用,如果管理得当、流程合理,这部分成本会大大降低。运用波特的价值链分析方法,可以发现企业生产管理流程中不创造价值的环节,从而改造价值链的原有结构,使之更加符合价值链的需要。也可以采用流程改造的方法,重新设计改造管理流程,来提高企业管理的有效性。

(三) 成本领先战略的价值

随着对规模经济与学习效应认识的不断深入,人们也体会到成本领先战略对企业发展的价值,从 20 世纪 70 年代开始的成本领先战略逐步被多数企业所采用。

1. 成本领先和现有竞争者的威胁

低成本可以有效抵御竞争对手的进攻。因为一旦拥有成本领先的优势,竞争对手就很难在价格上与其争锋,特别是在权衡这种竞争的潜在后果之后。成本领先者降低竞争对手的威胁主要通过低成本的定价战略,以及此定价战略对竞争对手业绩的影响来实现。

2. 成本领先和买方(顾客)的威胁

成本领先有助于减少买方的威胁。强有力的买方可以迫使成本领先者降低价格,但这个价格通常仍然能使成本领先者赚取到行业平均利润水平或更高。如果买方迫使成本领先者将价格降到更低水平,那么其竞争对手可能因无利可图而纷纷退出市场。这样,则会使成本领先者处于市场垄断地位。此时,买方将彻底丧失讨价还价的能力。

3. 成本领先和供应商的威胁

成本领先者能比其竞争对手赚取到更高的经济利润,从而能游刃有余地应对供应商的涨价威胁。当行业内原材料成本大幅上涨时,成本领先者可以有更大的利润空间来消化供应商的提价行为。或者,强有力的成本领先者也可以迫使供应商维持原价,以此方式来共同应对行业市场的变动。此外,成本领先者还可能通过其大批量购买从供应商那里获得价格折扣。

4. 成本领先和潜在进入者威胁

成本领先者通过高效的生产效率和长期累积利润,为潜在进入者设置进入壁垒,来减少新进入者的威胁。新进入者在获得经验来达到与成本领先者同样的效率前,不大可能赚到高于行业平均水平的超额利润。对新进入者而言,即使要赚取平均利润,它们也必须具备能把成本降到其他竞争对手水平的能力。

5. 成本领先与替代品的威胁

成本领先者能有效化解替代品的威胁。当替代品的成本和性能与成本领先者现有的产品或服务类似,并对消费者越来越有吸引力时,替代品就成为成本领先者的威胁。

(四)实施成本领先战略的主要风险

1. 技术改变

技术上的变化可能会将公司过去的投资与学到的经验一笔勾销。技术上的突破可能为竞争对手打开降低成本的空间,使得一个低成本领导者过去的投资和效率方面的优势顷刻崩塌。公司为未来降低成本而投入的大量资本可能会使公司陷入目前的技术之中,从而易于受到新技术的伤害。

2. 竞争者的模仿

成本优势的价值取决于它的持久性。持久性又取决于公司取得这种成本优势的方式和途径是否易于被竞争对手所模仿。公司的战略可能是由哪些容易模仿的价值创造活动组成的,这使得成本优势缺乏专有性和持久性。

3. 缺乏差异化基础

实行成本领先战略的企业必须获得与竞争对手相同或相近的差异基础。相同的差异化基础可以使成本领先者将成本优势直接转化为高于竞争对手的利润。实行成本领先战略的企业必须关注一些至关重要的市场变化,如果购买者转向高质量、创造性的性能特色和更快的服务,那么低成本将缺乏吸引力。

二、差异化战略

差异化战略(differentiation strategy),又称别具一格战略、差别化战略,是将公司提供的产品或服务差异化,形成一些在全产业范围中具有独特性的东西。实现差异化战略可以有许多方式:设计或品牌形象、技术特点、外观特点、客户服务、经销网络及其他方面的独特性。由于差异化的产品和服务能够满足某些消费群体的特定需要,而这种差异化是其他竞争对手所不能提供的,因而顾客将对这些差异化产品产生品牌忠诚,并降低对价格的敏感性,他们不大可能转而购买其他的产品或服务。差异化可以使企业缓冲竞争抗衡,并且差异化本身可以给企业产品带来较高的溢价,这种溢价不仅足以补偿因差异化所增加的成本,而且可以给企业带来较高的利润,从而使企业不必去追求成本领先地位。

(一)适用范围

采取差异化战略的企业必须寻求与众不同的途径。某些行业中这种潜在的途径较多,如产品生命周期较短的时尚商品行业等;而在另一些行业如生产食品、味精等,这种差异化的途径相对较少,因此企业往往采取成本领先战略或者集中化经营战略。差异化战略也具有一定的适用范围,主要表现在以下几个方面:

第一,顾客对产品的需求和使用要求是多种多样的,即顾客需求是有差异的。

第二,可以有很多途径创造企业与竞争对手产品之间的差异,并且顾客认为这种差异是有价值的。

第三,采取类似差异化途径的竞争对手很少,即真的能够保证企业是"差异化"的。

第四,技术变革很快,市场上的竞争主要集中在不断推出有特色的新产品上。

此外,实行差异化战略还要求企业在资源和技术方面具有强有力的市场能力,有助于企业突出特色;企业要拥有创造性的眼光,识别真的别具一格的、拥有基础研究方面强大能力的产品,以保证与众不同的生命力。另外,产品还应具有质量信誉和技术方面的领导能力,以利于其打开市场,同时需要得到销售渠道的高度合作。在组织方面,要求企业在技术开展、产品开发和市场营销方面进行有力的协调,能够用主观测评和激励方式代替数量方法,企业还要具备能吸引高级研究人员、创造性人才和高技能职工的物质设施。

(二) 差异化战略的选择

差异化战略可以通过不同的方式来实现,可以是产品本身的差异化,也可以是附加在产品上的服务的差异化,以及所选渠道上的差异化,这些最终会形成差异化的品牌形象。差异化的战略往往能很好地满足细分市场的需要,从而建立起顾客忠诚度。

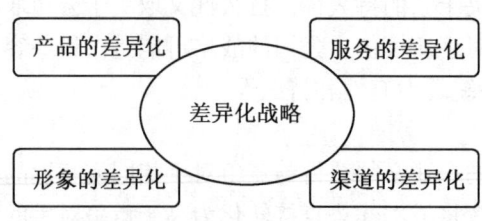

图 6-2 差异化战略的实现方式

1. 产品差异化战略

通过质量、创新、顾客的回应,以及顾客心理需求来实现高程度的产品差别化。无论时装、电子产品、家电产品还是轿车在这方面都有所体现。现代社会的电子产品如手机、PAD等都已成为市场产品,顾客的个性化诉求非常突出,生产商都非常明确地宣传自己产品具有独特性,专为某类顾客设计制造。产品差异化的主要因素有:特征、工作性能、一致性、耐用性、可靠性、易修理性和设计等。

2. 服务差异化战略

在企业的服务领域建立起顾客能明显感知并有需要且愿意购买的差异化,将形成自己的独特优势。服务差异化可能表现在订货和交货方面,也可能体现在安装、维修、售后服务等各个方面。

3. 渠道差异化战略

同样的产品,在不同的渠道销售会产生不同的销售效果。哪一种渠道最适合自己的产品?是实体还是虚拟的?能否开发新的销售渠道接触到不同的顾客群?

例如,在新产品 eeepc 上市前,华硕决策层意识到这款强调"够用、好用"的产品,目标顾客群以 8~35 岁的小孩、学生和家庭主妇为主,和已有的客户群不太相同。为了获得这群消费者的认同,华硕集训了一批 PC 精英,在各大通路亲自示范,详细说明,以顾客群可以听懂的语言进行沟通,果然,上市后受到广大好评。

4. 形象差异化战略

形象差异化是指，企业通过商标设计、广告名言、举办活动和媒体包装所呈现出来的形象，在民众心中形成既定的印象，与其产品或服务产生联想。如 ThinkPad 笔记本电脑，就在消费者心中树立了高品质、高可靠性的形象，有很多的忠实用户，拥有一台高性 ThinkPad 笔记本电脑成为很多商务人士的首选。

对于任何企业来说，差异化的机遇广泛存在，因此，决定采取哪种形式的差异化最能使企业与竞争对手区别开来，决定哪种差异化最为顾客看重，就成为制定差异化战略的基本问题。通常来讲，企业制定差异化战略需要经过以下几个步骤：

(1) 确定谁是真的买方。
(2) 确定买方价值链。
(3) 确定买方购买标准的顺序。
(4) 为企业确定最有前途的差异化变量。
(5) 选择为买方创造价值的独特活动及其结构。
(6) 识别差异化的成本。
(7) 检验差异化战略的持久性。

(三) 差异化战略的主要风险

1. 差异化基础的丧失

虽然企业认为自己的产品和服务具有差异化，但顾客可能把他们视为一般商品。由于技术的成熟，当今市场中，很多产品和服务都已被归入一般商品的范畴。在这种情况下，差异化不再能笼络住顾客，顾客会舍弃差异化公司提供的某些特性、服务或形象的诱惑而转向低成本厂商。

2. 过度差异化

如果一个企业不懂得买方的购买标准和买方价值的作用机制，那么就可能会高出太过分的差异化，使差异化属性超过了购买者的需求。产品质量或服务水平超出买方需要，就会导致价格偏高，从而使企业与竞争者相比处于弱势，因为对方可以以较低价格提供质量适宜的产品。

3. 定价太高

顾客可能需要差异化的产品，但与竞争者相比过高的价格会使他们望而却步。如果企业不能以一种合理的价格与买方共同分享差异化的价值，那么买方可能会转向其他竞争者。适当的溢价不仅取决于企业差异化的价值，而且取决于企业的相对成本地位。如果一个企业不能把其成本保持在与竞争对手大体相近的水平，那么，即使企业能够维持其差异化，不利的成本地位也可能会使价格偏离顾客可以接受的水平。

4. 竞争者的模仿

任何一种差异化战略都有可能被竞争者模仿。竞争者可能迅速找到模仿差异化特色的有效途径。实际上，资源丰富的公司都能够及时地仿制几乎任何一种产品或服务的特色和属性。因此，公司必须找到产品特色的持久性源泉，确保该特色不会被竞争对手迅速或廉价地模仿。差异化通常同企业的独特能力或核心能力相关联。如果一家公司拥有竞争对手不易模仿的独特能力或核心能力，并能运用这种能力来形成差异化的基础，那么，竞争对手就不易模仿。

三、集中化战略

集中化战略(focus strategy)，是指对市场进行细分，然后明确地针对某个特殊顾客群、某一产品系列的一个细分市场，在这个重点领域内选择差异化战略或低成本战略，占据这一市场，获得竞争利益。集中化战略不仅是在细分市场上做了一个很细的划分，对于产品也做出了一个很明确的划分，因为这样的划分可以有利于企业对其进行深入开发，创建一个属于自己的品牌。集中化战略分为四种类型：产品线集中化战略、顾客集中化战略、地区集中化战略、低占有率集中化战略。

(一) 适用范围

集中化战略主要对以下几种情形适用：

一是市场上存在明显不同的顾客群，他们或对产品有不同的要求，或习惯以不同的方式使用产品；

二是在同一目标细分市场上，没有其他竞争对手专注于此；

三是企业资源不允许追求交款的市场；

四是行业中各细分部门在规模、成长率、获利能力方面存在很大的差异，致使某些细分部门比其他部门更具有吸引力。

(二) 集中化战略的优势

采取集中化战略的企业在某一特定的目标市场上实施成本优先战略或差异化战略，因而可以防御行业中的五种基本竞争力量，同时也可避开在大范围内与竞争对手的竞争，所以对一些力量还不足以与大企业相抗衡的中小企业来说，采取这一战略可以增强其竞争力量，企业采取集中化战略可以获得以下优势：

第一，集中化战略便于企业的资源更好地为某一目标市场服务，抵御外部竞争者的进入，同时将目标集中于特定的部分市场，企业可更好地进行调查研究，以了解竞争对手与产品有关的技术、市场、顾客等各方面的情况，做到"知己知彼"。

第二，集中化战略可以使战略目标集中明确，经济结果易于评价，战略管理过程易于控制，从而带来管理上的简便。集中化战略的特性及中小企业在规模、资源等方面的一些特性，使集中化战略成为最适合中小企业的战略。

第三，实施集中化战略的企业由于具有特殊的能力，就形成了替代产品难以克服的进入障碍。

第四，集中化战略可削弱客户的议价能力。因为那些最具有议价能力的客户不愿将自己的业务转向那些经营能力较差的企业。

(三) 集中化战略的竞争风险

1. 细分市场之间的差异减弱

细分市场会随着时间的推移而变化，小市场上购买者的偏好和需求可能会转向大众购买者所喜好的属性。如果战略目标市场与整体市场之间对所期待的产品或服务的差距缩小，那么集中化战略将面临风险。

2. 成本优势被侵蚀

一般而言,为狭窄的市场提供产品的单位成本比为较宽的市场提供产品的成本高。因此,集中化战略即使能利用暂时的机会建立有利的成本结构,但这种优势往往比较脆弱。如果大范围提供产品或服务的竞争对手与目标集中公司间的成本差距变大,就会使针对狭窄目标市场的产品或服务丧失成本优势,或使集中战略产生的差异化优势被抵消。

3. 新进入者和模仿者的竞争

如果集中化战略获得成功,那么众多的竞争者会蜂拥而入,仿效这一战略,瓜分细分市场的利润。由于多数实施集中化战略的企业并不具备独特的资源和能力,模仿往往非常容易。随着更多竞争者进入这一利基市场,原有企业的优势可能昙花一现,收入将会下降,利润就会被挤干。

第二节 行业结构与企业竞争战略

行业是企业生存发展的空间,又是对企业生产经营活动产生最直接、最深刻影响的因素。行业内竞争结构的不同,对企业采取何种竞争原则以及何种竞争战略,具有深刻的影响。一个行业内存在着五种基本力量,即潜在的行业新进入者、替代品、供应方、消费者以及行业内现有竞争者。

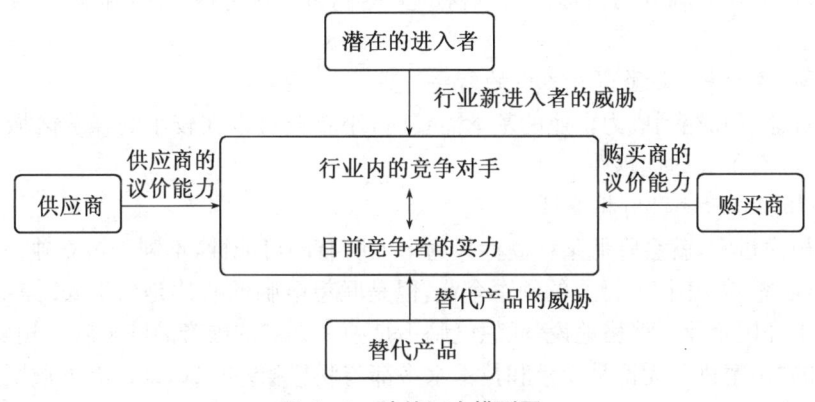

图 6-3 波特五力模型图

这五种基本竞争力量的状况及其综合强度,决定着行业竞争的激烈程度,决定着企业可能获得利润的潜力;这五种竞争力量抗衡的结果,决定着行业的发展方向。一个正待制定战略的企业,必须时刻关注竞争结构的现状和行业竞争结构的变化,并据此制定出从事的行业领域和企业发展战略,同时企业还必须根据行业竞争结构的变化,适时适度地做出相应的战略调整。

一、分散行业中企业竞争战略

当为数众多的企业在某一产业环境中展开竞争,而又不存在哪一个企业在市场份额上具有明显的优势,即没有任何一家企业可以对整体市场产生重大影响,这就形成了分散型行业。我国各经济领域中广泛存在着分散型行业,大量的中小型企业构成了分散型行业的主体。当前,加工制造业、服务业、批发业、零售业、风险型企业等,都表现出了高度的分散性。

我国企业以中小企业居多,产业分散对我国企业造成了广泛的影响。中小型企业规模较小,不存在尾大不掉的弊端。因而,在应对市场竞争中,发挥自身灵活机动性强的优势,制定合理有效的竞争战略,是中小企业在竞争中取胜的根本保证。

(一) 造成分散型行业的经济动因[①]

1. 较低的进入门槛

较低的进入门槛体现为规模经济的缺失;高昂的物流成本,不利于高效企业实现规模经济;库存成本高或销售波动较大,使规模大、专业化程度高的企业在转产上面临诸多困难。相反,规模小、专业化程度低的企业可以根据市场变动及时采取应对措施。这些因素限制了大企业的进入,却降低了小企业的进入门槛。

2. 多样化的市场需求

在某些产业中,顾客没有统一的偏好,需要企业生产出种类繁多的产品,以满足不同顾客的需求。由于顾客需求的分散,大企业无法在多样化、利润空间小的市场内通过大批量生产获胜。

3. 服务成为经营的关键

顾客对服务质量有不同的评价尺度,当企业规模发展到足够大时,由于顾客数量太多,难免会出现众口难调的情形。当经营的关键侧重于服务时,小企业则表现出更高的效率。

4. 产业运行中就近监督和控制的需要

当就近监督和控制成为企业的基本需要时,小企业可以在较小的经营区域里进行监督和控制,具有很大的优越性。

5. 市场要求产品具有排他性

企业规模过大,就会降低某种商标只为个人所有的可能性,不利于树立独一无二的形象。例如,联想是中国 IT 行业的领军企业,但是联想电脑的芯片是由 Intel 提供的,核心技术依赖于外国企业。严格地说,联想电脑不是独一无二的国产品牌电脑。相反,市场上一些所谓的"山寨机",无论是规模和技术水平都与联想相差甚远,却没有人质疑这些电脑属于国产电脑。从某种意义上讲,"山寨机"确立了自己独一无二的形象,这种廉价的国产形象具有排他性。其与顾客建立了一定的感情基础,这是促使顾客保持忠诚度的一个有利条件。

6. 形成价格优势

行业分散必定会加剧竞争的激烈程度,从而使利润率降低。为此,企业应严格控制成本,在保证产品质量的前提下提供廉价商品。该战略能使企业在价格竞争中确立优势地位,并获得高于平均水平的利润。

[①] 寇郑巍. 分散型产业中的企业竞争战略[J]. 中外企业家,2013(29).

(二) 分散行业的竞争战略

处于分散行业中的企业战略，面对众多的竞争对手，首先要在总成本领先、别具一格和集中一点这三种基本竞争战略中选择适合企业具体情况的战略。除此之外，还有以下几种战略方案可供选择：

1. 建立有集中控制的分权组织体制战略

处于分散行业中的企业，应使下属的每个经营单位规模较小而又有经营自主权。例如在食品零售业中，企业可以在不同地区建立许多连锁食品店，赋予其较大的经营自主权，同时通过报酬制度和利润分配制度保持集中控制能力，并由企业加强相互间的协调。这对在分散行业中开展有效竞争来说是一个重要的战略模式。

2. 分散布点

为分公司配置高效率低成本的设备。通过将高效率低成本的装备提供给各个下属企业，可以减少投资、降低成本，并能更容易地接近用户，提供更好、更有针对性的服务，大大提高运作效率，由此可以提高竞争优势。

3. 增加产品或服务的附加价值

某些分散行业提供的往往是一般性的、缺少特色的产品或服务，或标准化很强的产品，如金属钉的制造或其他构造简单产品的制造等。这时可以采用增加附加值的办法，如在产品卖给顾客前，针对顾客的需要对零部件进行分装或装配好等，以此增加产品的针对性及实用性，提升产品的附加值。

4. 产品专业化

如果行业的分散是由于特色品种多造成的，则应集中力量生产其少数有特色的产品，这是一种可取又比较有效的竞争战略。如果用户极为分散，也可采取针对特定用户群，或者为特定区域用户服务的专业化策略。

5. 简朴实惠

在行业分散、竞争激烈、利润率不高的市场环境中，企业制定简单高效的战略就是提供廉价简装商品、大包装商品及散装商品等。以此尽量降低成本，或减少雇员，提高自动化能力，尽量降低管理费用，严格控制开支，努力使企业在价格竞争中处于有利地位，并形成高于行业平均水平的利润。

二、规模经济行业中企业竞争战略

规模经济行业是指行业的集中度高、市场占有率起到关键性作用、企业间竞争激烈，对竞争位次十分敏感的行业。

在规模经济显著的行业中，企业有必要明确本企业在行业中的地位，根据本公司在行业中的不同位次，确立相应的竞争战略。如果在实际竞争中忽视了自己在行业中的地位，采取了与自己的位次不相称的对策，这不仅给行业造成混乱，而且最后也达不到经营战略目标。大多数集中行业都有一个或少数几个企业处于市场领导地位，它们的产品在市场上有最大的市场占有率，而且常在价格变化、新产品的市场投放、销售区域、促销强度等方面在该行业中起领导作用。其次就是处于优胜者地位的企业，它们的市场占有率比领导型企业小，在市场中的地位次于领导型企业。

在规模经济行业,企业大致可以分成以下四种:市场领导者、市场挑战者、市场跟随者、市场利基者。

(一) 市场领导者

在规模经济行业,有一个或几个企业处于市场领导地位,即市场领导者(market leader),其产品或服务在市场上具有最高的市场占有率(40%左右的市场份额),并且在产品/服务、市场、价格和促销等方面起领导作用。其战略有以下几种方式:

1. 有效防御和保护现有市场份额

作为市场上其他企业纷纷想要抢其份额、夺其地位、取而代之的众矢之的,面对众多的竞争对手,保护好自己现有的市场份额不受侵占,做好防御工作成为市场领导者的一项日常任务。领导者企业可以通过多种手段对其现有市场份额进行保护。

最常见的就是通过不断创新来提高企业的防御能力,通过创新,给消费者带去更新、更好的产品,为消费者提供更多的产品价值,可以有效地提高消费者的忠诚度,从而稳定企业的市场份额。市场领导者还应特别注意其侧翼的薄弱环节,进行侧翼防御,防止竞争者针对企业的弱点发起进攻,乘虚而入。

先发制人的防御策略也是领导者企业保护市场份额的有效手段。领导者企业还可以通过抢先竞争者发布同类型新产品,或者一些虚张声势的市场动作适时地给竞争者一些下马威,让其不敢轻举妄动。利用经营范围的不断拓展、投资领域的不断变宽进行运动防御也是领导者企业经常采取的一种防御策略。此种策略让竞争者很难轻易将领导者企业一举击溃,既有效地规避了风险,又有助于企业总体上的综合发展,极大地提高企业的防御能力。许多领导者企业选择不断延伸产品线或者采用多品类、多品牌策略来进行业务拓展,扩大了经营范围,为领导者企业未来战略的实施提供了更多的回旋余地。

对于市场上的领导者企业来说,适时地收缩防御也不失为明智之举,这是一种战略上的撤退防御策略,《孙子兵法》三十六计之中也有走为上计一说。领导者企业在所有市场阵地上全面防御有时会得不偿失,当领导者企业在某些细分市场竞争力减弱,竞争者已经在该细分市场逐步吞食领导者企业的市场份额,领导者企业与其勉强支撑,不如放弃那些丧失竞争力的市场,这样更有利于企业集中资源和优势在企业的优势竞争市场继续大力开疆辟土。

2. 以攻代守,拓展市场

成功的防御战略可以使领导者企业得以维持其市场份额,但要想在竞争中占据主动地位,还需要领导者企业继续利用其在市场的优势和已经获得的地位,继续扩大对整个市场的影响,以攻代守,先发制人,抢占其他竞争对手的市场份额,从而延缓和杜绝竞争对手的攻势。领导者企业可以通过扩大市场需求,拓展市场,进一步稳固自身的强势地位。

通过使消费者增加对产品的使用量,为消费者提供一些理由去更多地使用产品,提高产品的使用频率,以此增加产品的购买频率,无形中也会帮助领导者企业扩大市场需求,不断做大。

同时,除了扩大市场需求、拓展市场外,市场领导者企业还可以通过其市场占有率的再度扩张而继续成长,延续强势地位。但提高市场占有率并不应该单纯地将扩大市场份额作为唯一的目标,它应成为市场领导者企业拓展整个市场、保护现有"领土"和盈利的情况下,提高市场占有率的一门艺术,必须在产品的创新、服务水平的提高、分销渠道的畅通和降低成本等基础方面做好功课,才能进一步提高市场占有率。

(二) 市场挑战者

市场挑战者(market challenger)是指那些相当于市场领先者来说,处于行业第二、第三及以后位次的企业,其产品份额在整个市场的占有率大约为30%。可采用的战略有以下几种:

1. 休战战略

当市场挑战者与市场领导者经过长时间的相持竞争后,仍然不能获胜,此时要及时休战,以保存实力,寻找合适的机会再战。

2. 创新战略

市场挑战者应避免与市场领导者进行常规业务上的竞争,密切关注市场变化,积极进行产品创新,争取在新领域中处于领先地位,从而对市场领导者构成威胁。

3. 进攻战略

市场挑战者要选择合适的时机向市场领导者发起挑战和进攻。最佳时机是当市场领导者出现失误时,市场挑战者应抓住这一最佳时机,快速出击。其有如下常用的进攻策略:

(1) 正面进攻。市场挑战者集中优势兵力向竞争对手的主要市场阵地正面发动进攻,即进攻竞争对手的强项而不是它的弱项。采用此战略需要进攻者必须在提供的产品(或劳务)、广告、价格等主要方面大大超过竞争对手,才有可能成功,否则采取这种进攻战略必定失败。为了确保正面进攻的成功,进攻者需要有超过竞争对手的实力优势。如价格战、广告战等。

(2) 侧翼进攻。市场挑战者集中优势力量攻击竞争对手的弱点。此战略进攻者可采取"声东击西"的做法,佯装攻击正面,实际攻击侧面或背面,使竞争对手措手不及。

(3) 围堵进攻。市场挑战者开展全方位、大规模的进攻策略。市场挑战者必须拥有优于竞争对手的资源,能向市场提供比竞争对手更多的质量更优、价格更廉的产品,并确信围堵计划的完成足以成功时,可采用围堵进攻策略。例如,日本精工公司对美国手表市场的进攻就是采用围堵进攻战略成功的范例。

(4) 迂回进攻。市场挑战者完全避开竞争对手现有的市场阵地而迂回进攻。

(5) 游击进攻。以小型的、间断性的进攻干扰对方,使竞争对手的士气衰落,不断削弱其力量。向较大竞争对手市场的某些角落发动游击式的促销或价格攻势,逐渐削弱对手的实力。游击进攻战略的特点是不能倚仗个别战役的结果决出战局的最终胜负。

(三) 市场跟随者

市场跟随者(market followers)是指安于次要地位,不热衷于挑战的企业,其产品份额在整个市场的占有率大约为20%。

可供市场追随者的战略有:

1. 紧密追随

紧密追随者在尽可能多的细分市场和营销组合领域中模仿领导者,但是它不会发动任何进攻而只是期望能够分享市场领导者的投资,直接冲突不会发生。有些追随者甚至可能被说成是寄生者,他们在刺激市场方面很少有主动的动作,而是靠紧密追随领导者而获利。

2. 有距离追随

有距离的追随者会从领导者那里模仿一些事物,但是这种模仿往往是带有差异性的模仿,如在包装、广告、定价等处有所不同。只要有距离的追随者没有积极地进攻领导者,领导者十分欢迎这种追随者,乐意让给他们一些市场份额,以便自己免遭市场的指责。

3. 有选择追随

有选择的追随者除了生产领导者相似的产品外,通常也会进一步加以改良。这类企业也会选择不同的市场规划,以避免直接与领导者发生冲突,这类企业常常会成为未来的挑战者。

(四) 市场利基者

市场利基者(marker nicher),也称为市场补缺者,是指选择某一特定较小之区隔市场为目标,提供专业化的服务,并以此为经营战略的企业,其产品市场占有率大概为10%。

1. 寻找利基市场

寻找利基市场是应用利基营销的关键环节,找到特殊客户群,发现利基市场可以有三种思路:(1) 填补市场空白。"有能力发现和填补尚未受到充分服务的市场",这是2004年沃顿商学院评选全美当代25大企业领袖时最重要的标准之一。(2) 开辟全新市场。开辟全新市场可以是识别出萌芽中的潜在需求,也可以是以崭新的方式向现有市场提供产品和服务,而更大胆也更有回报的一种方式是创造市场。(3) 攻击弱点,取而代之。寻找竞争对手弱点,就是利用竞争者在满足该领域消费者需求时所采取的手段和方法与消费者最高满意度之间存在的差异,就是消费者期望与现实的差距,这正是可取而代之的市场机会。

2. 占领利基市场

(1) 战略设计。企业在设计实现利基营销战略时,渗透战略是被普遍采用的一种方法。渗透战略的理论逻辑是通过缓慢但不断增长的销售来逐渐扩大市场份额,依靠相对应的营销努力构筑有利的市场地位。一旦构筑了利基市场的领导地位,利基营销者的市场表现就会出现良好的发展态势。

(2) 利基战略的营销组合。独一无二的产品策略、市场撇脂价格战略、占领利基渠道、非常规的利基式的推广策略。

3. 扩大利基份额

对于利基企业来说,扩展利基市场可以从产品或业务范围的广度和深度来思考。从广度上看,就是要生产不同的产品或向不同的市场提供产品,开发新的类似利基市场,也就是执行复合利基战略。从深度上来看,就是要向利基市场提供不同规格的品种或定位于狭小市场的一揽子产品,从满足狭窄市场进一步需求中获得高边际收益,这是扩展利基市场的重点。[①]

---

① 马建军,李新春.市场利基营销战略的研究与思考[J].商业研究,2007(5):157-160.

第三节 行业生命周期与企业竞争战略

随着经济全球化和信息技术的发展,企业之间的竞争日趋激烈。很多企业因不能适应内外部环境的种种变化而在激烈的市场竞争中举步维艰。面对信息经济、网络经济和知识经济时代激烈的竞争局面,企业如何根据内外环境特征选择适合自己的竞争战略,越来越受到业界的重视。企业竞争战略选择受到企业生命周期和企业所处产业生命周期的影响。

一、行业的生命周期分析

行业是生产满足同一类买主需求产品的企业的总和。一个企业是否有长期发展的前景,同它所处的行业性质关系很大。处于快速发展期的行业,对任何企业都有吸引力;反之,处于衰退期的行业,企业发展就会举步维艰。例如现在的火柴行业,恐怕是很少有人愿意投资并进行火柴生产的。

各行业的发展都有其固有的特点和特定的制约因素。但无论哪个行业都有一些较为明显的约束条件制约并影响其行业的发展。首先是市场需求,没有顾客,一切都是空谈。市场具有多样性、变迁性、层次性等特点。随着经济发展和人民生活水平的提高,需求可能从无到有、从少到多,也可能下降乃至消失,因而对企业产生约束力和推动力。其次是资源状况,一个行业无论其市场需求如何强烈,它的产量总是会依靠和受制于一定的资源供给能力。不同的行业对资源的依赖程度不同,劳动密集型行业会从劳动力缺乏的国家和地区转移出去,资本密集型企业在资金缺乏的国家就很难发展。

对行业性质进行分析的常用方法是行业生命周期分析法,该方法的目的是让人们认识这个行业正处于生命周期的哪个阶段,主要标志是需求情况。同产品生命周期相类似,行业生命周期分为四个阶段,即投入期、成长期、成熟期及衰退期。

如图 6-4 为行业的生命周期曲线图及其特点。

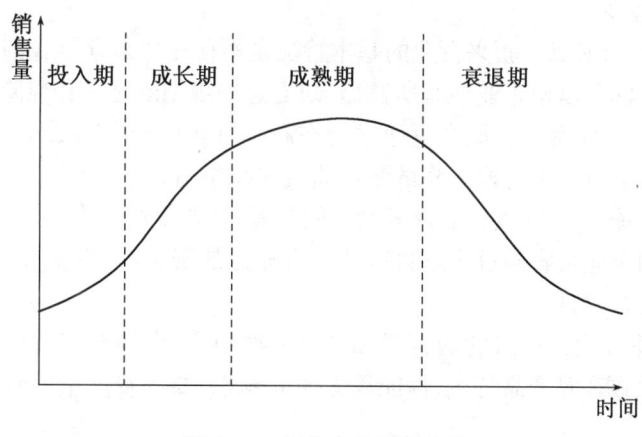

图 6-4 行业生命周期曲线

1. 投入期

销售增长缓慢,产品设计尚未定型,生产能力过剩,竞争较少,风险较大,企业利润很低,甚至处于失衡状态。

2. 成长期

顾客认知迅速提高,购买踊跃,销售大增。产品形成差别化趋势,满足顾客的差异性要求。生产能力出现不足,竞争形成,但企业应付风险的能力增强,利润呈加速度增加。

3. 成熟期

重复购买成为重要特征,销售趋向饱和,产品设计缺乏变化,生产能力开始过剩,对于现有的企业风险较小,利润不再增长,甚至开始回落。

4. 衰退期

销售明显下降,生产能力严重过剩,竞争激烈程度由于某些企业的退出而趋缓,企业可能面临一些难以预测的风险,利润大幅度下降。

只有了解行业目前处于哪个阶段,才能决定企业在该行业是进入、维持还是撤退,这对于企业战略的制定特别是多元化竞争战略的制定,具有重要意义。

二、新兴行业的竞争战略

新兴行业是指新出现的全新行业,或者是由技术创新、需求变化、新显现的市场需求等因素对已有行业进行过重要调整的行业。在过去的 10 年间,世界经济被电子行业、IT行业、网络通信行业以及生物新技术所淹没。新兴行业中企业面对一系列独特的机会和挑战,借助这些机会,它们就有可能在短时间内获得丰厚的经济效益。

1. 新兴行业的特点

(1) 未来发展的不确定性。由于市场是新兴的、尚未成形的,行业的运作方式、行业的成长速度以及行业未来的容量和规模等问题具有不确定性,因而未来的发展方向一般以预测为主。

(2) 技术上的不确定性。在一个新兴行业内,存在着大量的技术上的不确定性。

(3) 市场的不确定性。企业往往在有关竞争对手、客户特点,以及处在新兴阶段的行业条件等方面缺乏足够的信息。例如,无法知道全部竞争对手是谁,无法获取有关行业销售额及市场占有率等。

(4) 行业规则未形成。新兴行业的基本特征是不存在什么竞争规则的。新兴行业内的竞争必须确立规则,以便企业能有所遵循,缺乏这些规则既是一种风险,也是一种机会。

(5) 经验曲线效应明显。低产量通常会在新兴行业内产生高成本,即使学习曲线将趋于平稳,也通常会有一条急剧升降的学习曲线在起作用。

(6) 进入壁垒较低。新兴行业形成的时间较短,企业生产规模、技术以及管理经验等存在不足,初创的企业很容易进入新兴行业。有充足的资金,享有盛誉、追求新机会的大企业可能会进入这一行业。

(7) 营销成本较大。所有的购买者都是第一次用户,市场营销的任务就是说服顾客购买其产品,消除顾客对产品特色、性能等方面的顾虑,要花费大量的营销成本才能打开市场。

(8) 供给保障存在问题。由于行业的新兴,原材料和零部件的供应商还未形成规模。一旦行业发展,需求扩大,供应商可能跟不上需求的变化而难以保证原材料和零部件的供应。

(9) 研发费用较高。由于技术的不确定性,企业需要花费大量的资金进行研发来完善技术和产品设计,这会使一些缺乏资金的企业出现困难。

2. 新兴行业的战略选择

新兴行业的战略制定必须与这个时期内行业发展的不确定性及风险相适应。大部分竞争规则还没有明确,行业结构也动荡不定,而且还可能发生变化,竞争者的状态也很难判别。但是,一个行业发展的新兴阶段可能是选择战略自由度最大的时期,并且,在确定行业业绩方面,通过选择良好的战略,最大限度地发挥杠杆作用,从而也是获利最高的时期。

(1) 选择进入时机。

选择恰当的进入时机,对在新兴行业内进行的竞争是一种至关重要的战略选择。早期进入会有较大的风险,但可能意味着较低的进入障碍,并能获得巨大的收益。

在下列情况存在时,有利于早期进入:

①企业的形象及声誉对买主来说是重要的,而且该企业能够以先驱者的身份把已经提高的声誉进一步发展。

②早期进入能够在一个经营单位内建立学习效应(经验曲线),在该经营单位内学习是重要的,经验是难以模仿的,连续几代的技术会使这种学习过程更加有效。

③客户忠诚度很高,因此率先向客户出售产品的企业可以自然地得到先入为主的优势。

④通过对原材料供应、销售渠道等方面早期建立的良好关系,能够获得绝对的成本优势。

(2) 与竞争对手竞争。

在某一新兴行业内,与竞争对手的竞争是一个重要问题,特别是对已成为先驱者的企业和已享受到主要市场占有率的企业来说尤其重要。新的进入者以及脱离母公司企业的激增,会引起原有企业的不满,从而使各个企业面临诸多复杂的外部环境因素。这些因素使得先期进入的企业为了行业的发展,而在某些方面依赖于竞争对手。

三、成熟行业的竞争战略

1. 成熟行业的特点

行业成熟过渡时期常常能发出有关某个行业竞争环境中的一系列变化趋势的信号,其中一些可能的变化趋势如下:

(1) 加剧对市场占有率的竞争。市场增长出现缓慢,各企业只能保持市场占有率,而无法维持历史上的增长率,竞争的注意力开始转向去攻击其他企业的市场占有率。

(2) 注重品牌竞争。顾客已购买过该产品,有时重复地购买过多次,所以顾客们越来越有见识和经验,目标集中点从决定是否要购买该产品转向在品牌之间做出选择。

(3) 注重成本和眼见竞争。由于较缓慢地增长、更有见识的顾客、更高的技术成熟度,竞争会趋向于变得越来越具有成本导向和服务导向。

(4)行业生产能力增长缓慢。当行业适应于较缓慢地增长时,行业内生产能力增长的速度必须慢下来,否则将会出现生产能力过剩。

(5)出现国际性竞争。技术的成熟往往伴随着产品标准化和日益注重成本,国际性竞争开始出现。

(6)行业利润率下降。缓慢地增长、更老练的买主、越来越突出的市场占有率竞争,意味着行业的利润将从增长阶段的水平开始下降。

(7)经销商讨价还价能力增长。经销商利润会受到压缩,以致许多经销商会退出营业,加紧了行业参加者之间对经销商的竞争,经销商的讨价还价能力会显著地增强。

2. 成熟行业的战略选择

(1)产品组合。虽然在成长期中存在广泛的产品种类、频繁推出新品种和进行产品的挑选是有可能的,且对行业发展常常是必须和可取的,但这种情况在成熟的行业中可能不再存在,因为成本竞争和市场占有的争夺是极其激烈的。因此,在产品种类中削减那些无利可图的项目以及把注意力集中在具有独特优势的产品项目上是有必要的。

(2)正确定价。行业的成熟常常需要按已增长的生产能力来衡量个别产品项目的成本并相应地做出定价。平均成本定价法产生的在产品种类内部隐含的相互补贴,会引起竞争对手通过价格削减或新产品推出,来反对人为地提高价格。

(3)产品设计和工艺创新。产品设计、工艺创新的相对重要性在成熟过渡期有所增加。日本的行业极其重视这一因素,诸如电视接收机之类的许多行业内的成功都归于该因素。

(4)扩大采购范围。扩大现有客户的采购范围要比寻求新的客户更合乎需要。

(5)购买廉价资产。行业成熟会出现部分企业亏本,资产就会非常廉价,那么兼并亏本企业或购买清算资产就能提高利润并产生低价成本。

(6)对买主的选择。随着买主们越来越有见识,行业竞争压力日益增强,对买主的选择有时成为获得持续获利能力的一个关键。

(7)低的成本曲线。在一个行业内常常存在着不止一条成本曲线,低的成本曲线可以使企业成为某些类型买主、产品种类或订购规模的较低成本的生产商。

(8)国际上的竞争。通过国际上的竞争,企业可以逃避行业成熟阶段的压力,如国内市场上过时的设备却能够在国际市场上加以使用,这样可以降低进入成本。

四、衰退行业的竞争战略

衰退行业(Declining Industry),是指在持续的一段时间里,产品的销售量绝对下降的行业。大多数的产品市场最终都会走向衰退。这种衰退不是由于经营周期或者一些短期例外事件所造成,而主要是由于技术革新创造了替代品或者通过显著的成本与质量的变化而产生了替代品等,导致顾客需求量的下降。

(一)衰退行业的特点

行业衰退的原因直接影响着这一时期的技术选择方式。这一时期的市场增长率下降,需求量下降,产品品种及竞争者数目减少,从衰退的原因来看,可能有四种类型的衰退,它们分别是:①资源型衰退,即由于生产所依赖的资源枯竭而导致的衰退。②效率型衰退，即由于效率低下的比较劣势而引起的行业衰退。③收入低弹性衰退，即因需求——收入弹性较低而衰退的行业。④聚集过渡型衰退，即因经济过度聚集的弊端所引起的行业衰退。行业衰退的技术选择处于转型阶段，在此阶段可以知晓成熟期的二次选择的成败结果，可能获取二次峰值的机会。

（二）衰退行业的战略选择

1. 战略方法

虽然针对行业衰退过程的企业战略通常围绕着收回投资或尽量获利这些问题，但仍存在着一些战略方法，但这些方法未必在任何特定行业内都是可行的。在衰退过程中进行竞争的战略可以用以下基本方法表示。

表 6-1 可供选择的战略

领导地位战略	合适地位战略	收获战略	迅速放弃战略
在市场占有率方面寻求领导地位	在某一特定的市场内造成和保护某种强有力的地位	利用实力来安排一种可控的抽回投资	在衰退过程中尽早清理投资

2. 战略选择

选择某种衰退时期战略的过程，是一种使留存在行业内的合适性与有关企业的相对地位相匹配的过程。企业在确定其相对地位方面的主要优势与劣势，不一定是在行业发展较早时期所拥有的优势与劣势。相反，这些优缺点却与剩余的市场或需求利益相关，并且在竞争性质方面又与衰退阶段的特定条件相关联。对于领导地位战略或合适地位战略同样重要的是具有足以促使竞争对手退出的可信性。处境不同的企业具有不同的最佳衰退战略。

第四节　蓝海战略

除成本领先战略、差异化战略和集中化战略这几种基本战略外，近几年在管理学界出现一种备受关注的创新理论——由欧洲管理学院管理学者 W. 钱·金和勒妮·莫博涅提出的"蓝海战略"理论。针对该理论而出版的《蓝海战略》一书，颠覆了传统战略思维的统治，为企业超越乃至甩脱竞争提供了一套系统性方法：企业要赢得明天，不能靠与对手竞争，而是要开创"蓝海"，即蕴含庞大需求的新市场空间，以走上利润增长之路，也称"价值创新"。这种战略能够为供需双方同时实现价值双赢，使企业彻底走出竞争，并将新的需求释放出来。[1]

"蓝海战略"和"红海战略"同为企业目前使用的战略，"红海"代表已知的饱和市场，利润前景黯淡，恶性竞争此起彼伏，有同质化、低利润的特点；"蓝海"代表未知的新兴市场，

---

[1] 王建军，吴海民."蓝海战略"的经济学解释[J]. 中国工业经济，2007(5).

蕴含巨大的利润和高速增长的机会,具有差异化、低成本的特点。"蓝海战略"的理论基石是价值创新,即在战略上同时追求差异化和低成本。从传统竞争理论看来,企业要么以高成本向客户提供高价值,要么以低成本提供相应价值,即在差异化和低成本之间进行取舍,而蓝海战略却同时追求差异化和低成本。在降低成本的同时为客户创造价值,从而获得企业价值和客户价值的同步提升。蓝海战略和红海战略的具体比较如表6-2所示。

表6-2 红海战略与蓝海战略比较

红海战略	蓝海战略
在已经存在的市场内竞争	拓展非竞争性市场空间
参与竞争	规避竞争
争夺现有需求	创造并获取新需求
遵循价值与成本互替定律	打破价值与成本互替定律

资料来源:W. 钱·金,勒妮·莫博涅.蓝海战略[J].中国高新技术企业,2014.

"蓝海战略"致力于开创新的市场需求,扩大市场空间,转变市场竞争结构,使得消费者可以有更多的选择,而企业则实现了价值和利润的回升。它主要有以下特点:一是其突破了以企业为中心的竞争思维,着重从顾客价值和需求入手,将企业的战略动机从自身转移到顾客和企业的共赢;二是其将企业的竞争战略研究单位放在战略行动上,突破了长期或短期的划分、时代的划分、企业规模的划分、资源与能力的划分,仅以战略行动为划分标准;三是该理论以11个案例为主演进,即它有明显的事件研究和事后结构特点。

苹果公司(Apple Inc),是美国的一家电子科技公司,其发展大致经历了三个阶段:

(1)创业阶段。乔布斯等人创立苹果电脑公司,开发了最早的个人电脑。其产品有Apple Ⅰ、Apple Ⅱ、操作系统Lisa等,为企业发展带来巨大商机和利益。

(2)波动阶段。随后苹果强力对手微软公司发布了Microsoft Windows,给苹果公司带来巨大的竞争压力,同年创始人乔布斯也离开了苹果公司。之后几年,苹果和IBM、摩托罗拉等合作推出power mac系列。该时期苹果公司销售收入和市场占有率都有所下降。

(3)转型阶段。该阶段,乔布斯回到苹果,并进行一系列的转型工作。先后推出iPod数码音乐播放器、iTunes下载系统、开设苹果零售店等,抑制了苹果的市场占有率下滑趋势,也改善了代销商欠佳的行销策略。随后,Mac产品、iPhone手机、iPad等产品的面世,为苹果公司改革,挽救了公司并获得巨大成功,使其迅速控制多媒体播放器市场、智能触摸手机市场、平板电脑市场。

纵观苹果公司的发展过程,其改革后减少了产品的种类,转变定位为个人电子消费品。其发展过程的第一阶段和第三阶段的区别在于创新方式的不同,初期其注重技术创新,推出一系列领先于时代的产品,这为早期的发展、原始资本的积累发挥了重要作用,但技术创新易被模仿,具有约束性,不能持久。苹果在第二阶段就有证明。相反,在公司发展的第三阶段,推出的产品并没有太大的技术突破,但其推出的新产品却给了公司很大的现金流。苹果公司便是蓝海视角的战略管理下实现企业价值的成功案例。

在目前产业数量急剧膨胀、产能严重过剩、供给远远超过需求、全球竞争日趋激烈、产品变得更加雷同、价格战愈演愈烈、利润空间不断收窄的市场环境下,要寻找利润的"蓝海",应该做到以下几点:①突破思维定式;②超越现有需求;③重新界定买方群体;④创造差异化效用;⑤实现低成本创新;⑥关注外界市场的潜在需求。

想要建立强有力的蓝海战略,就要建立一定的战略布局图,从而获取当前市场的竞争状况、了解竞争对手的动向等竞争因素。W.钱·金和勒妮·莫博涅在《蓝海战略》中提到运用四步动作框架和"剔除—减少—增加—创造"坐标格是开创蓝海的关键工具。

1. 四步动作框架

四步动作框架是企业为了重新构建买方价值因素,塑造新的价值曲线,从而打破差异化和低成本之间的替代关系,创造新的价值曲线,主要是从四个核心问题出发来挑战现有的战略逻辑和商业模式(如图6-5所示)。

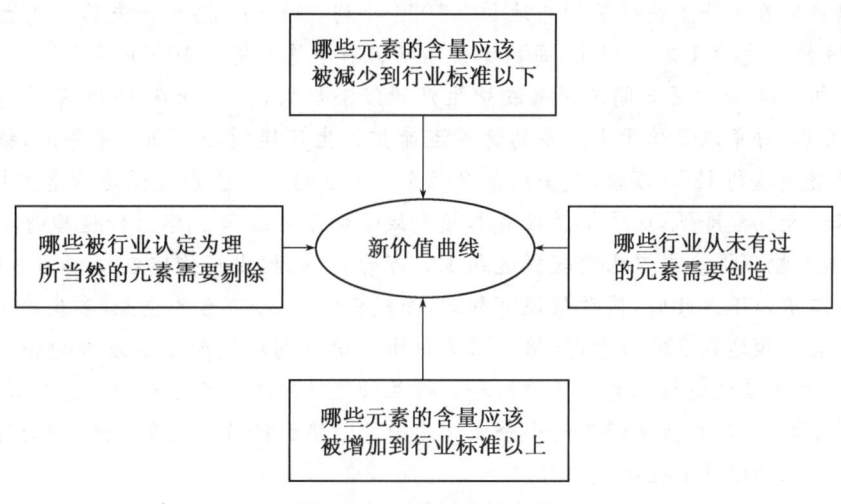

图6-5 四步动作框架图

资料来源:W.钱·金,勒妮·莫博涅.蓝海战略[J].中国高新技术企业,2014.

2. "剔除—减少—增加—创造"坐标格

"剔除—减少—增加—创造"坐标格(如图6-5)是四部动作框架的辅助分析工具。这种表格要求公司不仅回答四步动作框架中的四个问题,同时要求在四个方面都采取行动,创造新的价值曲线。通过让企业在坐标格中填入在这四方面所要采取的行动,企业马上可以获得以下四个方面的益处:①促使企业同时追求差异化和低成本,以打破价值—成本之间的替代取舍关系;②及时提醒企业,不要只专注于增加和创造两个方面,而抬高了成本结构,把产品和服务设计得过了头。许多公司通常会陷入如此境地;③这一工具很容易被各层次的管理者所理解,从而在战略实施中获得企业上下高度的参与和支持;④由于完成表格是项有挑战性的工作,这使得企业能严格考察每一项竞争因素,从而发现那些竞争中所蕴含的假设,竞争中的企业往往无意中把这些假设当作是理所当然的。

剔除的各项行动	增加的各项行动
减少的各项行动	创造的各项行动

图6-6 "剔除—减少—增加—创造"坐标格

资料来源：W. 钱·金，勒妮·莫博涅.蓝海战略[J].中国高新技术企业,2014.

章末案例

1993年，格兰仕试产微波炉1万台，开始从纺织业为主转向家电制造业为主。自1995年至今，格兰仕微波炉国内市场占有率一直居第1位，且大大超过国际产业、学术界确定的垄断线（30%），达到60%以上，1998年5月市场占有率达到73.5%。格兰仕频频使用价格策略在市场上获得了领导地位。1996年到2000年，格兰仕先后5次大幅度降价，每次降价幅度均在20%以上，每次都使市场占有率总体提高10%以上。

据分析，100万台是车间工厂微波炉生产的经济规模，格兰仕在1996年就达到了这个规模，其后，每年以2倍于上一年的速度迅速扩大生产规模，到2000年年底，格兰仕微波炉生产规模达到1200万台，是全球第2位企业的2倍多。生产规模的迅速扩大带来了生产成本的大幅度降低，成为格兰仕成本领先战略的重要环节。格兰仕规模每上一个台阶，价格就大幅下调。当自己的规模达到125万台时，就把出厂价定在规模为80万台的企业的成本价以下。此时，格兰仕还有利润，而规模低于80万台的企业，多生产一台就多亏一台。当规模达到300万台时，格兰仕又把出厂价调到规模为200万台的企业的成本线以下，使对手缺乏追赶上其规模的机会。格兰仕这样做的目的是要构成行业壁垒，要摧毁竞争对手的信心，将散兵游勇的小企业淘汰出局。格兰仕虽然利润极薄，但是凭借着价格构筑了自己的经营安全防线。

资料来源：王一帆，李光明，张霞，强国民.企业战略管理综合实训教程[M].清华大学出版社.2018.

思考题：
（1）逐一简述竞争战略的基本类型及其内涵并指出格兰仕集团在微波炉市场上采取的是哪种竞争战略？
（2）简述格兰仕集团在微波炉市场上采取的竞争战略类型适用的条件。

本章小结

企业想要建立良好的竞争优势，就必须进行战略定位。建立良好的竞争优势的主要战略类型有：成本领先战略、差异化战略和集中化战略。成本领先战略的目标是要成为产业中的低成本生产厂商，所以必须发现和开发所有成本优势的资源。差异化战略的核心是要取得某种独特性，为顾客带来独特的价值，从而获取竞争优势。集中化战略要专注于细分市场的竞争优势。

不同的行业结构所采取的竞争战略也有所不同。分散行业主要是中小企业，采取的战略有建立具有集中控制的分权组织体制战略、增加产品本身价值等战略；而规模经济行业的企业需要根据本公司在行业中的不同位次,确立相应的竞争战略。如果在实际竞争中忽视了自己在行业中的地位,采取了与自己的位次不相称的对策,将不仅给行业造成混乱,而且最后也达不到经营战略目标。

世界上任何事物不论有无生命都存在着生命周期。比如人、植物和动物,都会生老病死,企业也不例外。企业也存在着生命周期,不同时期的企业也需要根据自己的企业产品、服务情况制定适宜的战略。

关键概念

1. 成本领先战略(overall cost leadership strategy),也称为低成本战略,是指企业通过有效途径降低成本,使企业的全部成本低于竞争对手的成本,甚至是在同行业中最低的成本,从而获取竞争优势的一种战略。

2. 差异化战略(differentiation strategy),又称别具一格战略、差别化战略,是将公司提供的产品或服务差异化,形成一些在全产业范围中具有独特性的东西。

3. 集中化战略(focus strategy),是指对市场进行细分,然后明确地针对某个特殊顾客群、某一产品系列的一个细分市场,在这个重点领域内选择差异化战略或低成本战略,占据这一市场,获得竞争利益。

4. 规模经济行业,是指行业的集中度高,市场占有率起到关键性作用,企业间竞争激烈,对竞争位次十分敏感的行业。

复习思考题

1. 如何理解三大基本竞争战略?尝试举例解释。
2. 三大基本竞争战略都存在哪些风险?
3. 规模经济行业中企业如何进行战略选择?
4. 举例分析处于不同生命周期的企业如何进行战略选择。
5. 处于"蓝海"中的企业进行的战略选择,有何启示作用?

第七章　国际化战略

名人警句

那种认为自己什么都行,过去的经验和能力已经足以应付国际化或全球化企业的需求的领导人,他一定不会取得成功。

——杨元庆

学习目的

学习本章之后,你应该做到:
1. 解释国际化战略的含义
2. 理解企业实施国际化战略的动因
3. 掌握企业国际化的几种进入模式,并解释每种进入方式的意义
4. 熟悉企业国际化过程中遇到的风险和挑战

导入案例

深圳华为技术有限公司(以下简称华为)总部设在深圳,是一家专门从事通信设备研究、开发、制造和销售的高科技民营企业,同时华为公司也是我国通信市场主要设备供应商,并且稳步进军全球电信市场,名列全球前50强企业。

华为进入国际化市场的方式分为三种,分别1993年—1996年以出口为主的贸易式;1996年—2013年以合同为主的契约式;以及1997年以后以投资为主的投资式。

进入年份	进军市场	主要做法	采取方式
1993—1996	国外	参加国际博览	出口
1996	中国香港	签订合同,提供技术服务	技术转让
1996	俄罗斯	签订合同,提供技术服务	合同安排
1997	巴西	建立合资企业	合资企业
1997—2003	拉美、美洲	建立代表处	合同安排、合资
1999	印度、美国	分别设立研发中心	联盟
2000	瑞典	在首都设立研发中心	联盟
2001	欧美等国	加入ITU,与欧洲代理商合作	独资

(续表)

进入年份	进军市场	主要做法	采取方式
2002	美国	成立全资子公司	合资
1997—2004	欧洲市场	与西门子合作成为合资公司、开发 TD-SCDMA 方案	合资
2005	全球市场	正式成为某大型通信公司首选网络供应商	多种方式并存
2006	全球市场	出售 H3C49%股份,与摩托罗拉合作成立研发中心	多种方式并存
2007	全球市场	成为欧洲运营商顶级合作伙伴	合资
2008	全球市场	首次在北美建设大规模商用 UMTS/HSPA 网络	多种方式并存
2009	全球市场	获得的 LTE 商用合同数据全球首位	多种方式并存
2010	全球市场	加入联合国世界宽带委员会,在 UK 成立安全认证中心	
2011	全球市场	建设了 20 个云计算数据中心,收购赛门铁克	
2012	全球市场	大力开展云计算合作,在芬兰新建研发中心	多种方式并存
2013	全球市场	构建 5G 全球生态圈,400G 路由器投入商用,智能手机业务历史性突破,进入全球前三	

华为的国际化路径在初期时,从地理位置上相邻国家和地区入手,向中国香港、俄罗斯、拉美、非洲等地发展,寻求经济发展水平、市场需求相似的地区。华为由于企业内部和外部环境的双重制约,只能走上跨越式发展的道路。但是由于华为产品的特殊性,不仅是科技产品,还有相关的技术问题,所以我们不能将华为的初期国际化市场一概而论,而可以用一种近似于组合式的发展方式去概括它。

到了中期,由主渐进式向主跨越式发展(在中国香港等地进入是契约式,在美国、印度等地建立研发机构和独资公司,向世界顶级运营商发展),此时的华为已经开始通过合作和构建技术网络来走入国际市场,并灵活地为市场量身定做符合当地发展需求的产品,以更高的品质和更优势的价格在国际市场上取得了竞争优势。

国际化后期,此时的华为实力更加雄厚,随着自身的进步,去充分利用互联网所带来的潜在的巨大价值,积极争取各大通讯商业巨头的开发供应指标并加入各大通讯联盟。不难看出,华为的今天巨大成就与它的联盟式国际化和独立式国际化有机结合的战略方式是分不开的。

资料来源:李尚儒.华为国际化战略探究[J].现代商业.2019(17):32-34.

第一节 国际化战略的概念及动因

一、国际化战略的概念

企业国际化战略是企业产品和服务在本土之外的发展战略。随着企业的实力日渐壮大,国内市场逐渐饱和,一些有远见的企业家开始把目光投向了国土以外的全球海外市场。企业的国际化战略是公司在国际化经营过程中的发展规划,是跨国公司为了把公司的成长纳入有序轨道,不断增强企业的竞争实力和环境适应性而制定的一系列决策的总称。企业的国际化战略将在很大程度上影响企业国际化进程,决定企业国际化的未来发展态势。

二、企业国际化的动因[①]

企业国际化的动因主要有以下几点:

(1)从根本上讲,企业发展的首要目标就是谋取利益。在企业国际化过程中,可以达到谋取绝对利益或赚取比较利益的目的。国际贸易的基础是各国生产者所掌握的生产技术的绝对差别。当企业在生产某项产品上拥有明显优势时,便会考虑走入国际市场,使得企业国际化发展。但是,国际贸易产生的基础不只是局限于生产技术方面存在的差异,各个国家的企业之间生产技术方面的差别,也会导致生产成本及价格的差异,然后带来他们在不同产品上的比较优势,为了更有效地利用世界范围内的资源,国际分工就产生了,国际贸易也就随之出现。生产技术的差异是比较优势产生的基础,可以用产品的相对劳动生产率和机会成本的大小来衡量。当某国生产某种产品具有比较优势时,便会考虑出口该项产品,使得企业向国际化发展。

(2)企业国际化的动因之一就是资源配置状况良好。国际贸易的基础是生产资源配置或要素储备比例的差别。当某个企业在生产某种商品方面的各项生产资源充足且配比良好,便说明企业在生产这项产品上具有比较优势,企业便会考虑将产品推向国际市场。

(3)企业国际化有利于产品生命周期的进行。新产品技术发展一般会经过三个发展阶段:新产品阶段、成熟阶段、标准化阶段。在这三个阶段中,产品具有不同的竞争条件与比较优势,以至于不同的发展阶段内产品的生产、出口以及企业对外直接投资的动机和流向是不一样的。在技术垄断这个阶段,企业在国内生产能够获得较大的垄断利益;但是随着时间的推移,技术垄断会发展到技术扩散,使得技术因素的地位逐渐降低,生产成本及规模效益等因素对比较优势的作用逐渐上升。从竞争的条件来看,国内竞争者数量不断增多,动摇了企业的垄断或寡头地位,同时,价格竞争也开始逐步成为竞争的主要方式。在这种情况下,企业在国内逐渐失去竞争优势,便会考虑寻求在其他国家的发展空间。

(4)为了发挥综合优势。包括所有权特定优势、区位优势和企业内部化优势。三者缺一不可,被英国里丁大学邓宁教授命名为"三优势模式"。所有权特定优势是指企业到国外去进行直接投资,其原因主要是它拥有特定优势,即垄断优势,并力图借此优势去谋取更大利润。这种优势主要是由市场的不完善、要素市场不完善以及规模效益等原因导致的,例如产品的差异、营销的技巧、专有技术、管理经验等等。企业内部化优势主要是企业在中间产品,如技术、诀窍和管理技能等知识产品方面拥有优势。至于区位优势,并不是指企业本身所拥有的优势,而是东道国所有的优势。主要包括两个方面:东道国的要素优势,如地理位置、资源条件等;东道国对国外投资者的优惠政策优势。"三优势模式"实

---

① 王小军.中国企业国际化的战略风险管理理论与实证研究[D],对外经济贸易大学,2014.

际上说明了企业如何从事国际化经营的原则问题。

（5）企业发展寻找更大的成长空间。一个企业的生命周期可以划分为孕育期——求生存期——高速成长期——成熟期——衰退期——蜕变期几个阶段。企业国际化通常发生在企业的高速发展期和成熟期。企业在高速发展的时期，发展速度快，波动小，创造力强，发明创造投入使用快，形成了自己的主导产品，企业从单厂企业向多厂企业发展，专业化水平提高，企业之间的协作加强，管理逐步规范化，实力增强。在这一阶段，由于企业在国内站稳了脚跟，并容易在国内寻找到发展的机会，还没有通过国际化经营向国外发展、到国外寻找成长机会的强烈愿望。企业仍主要在国内经营，但也可能有一些企业在进行一些进出口贸易，开展一些浅层次的国际经营活动。经过高速发展之后，企业就进入成熟阶段。处于这一阶段的企业，发展速度减慢，但企业规模庞大，效益提高；产品向多样化发展，并形成了自己有特色的产品，甚至名牌产品。企业树立起了良好的形象，知名度较高；企业的管理逐步由集权式向分权式发展，管理经验和知识的累积达到很高的程度，企业积累起了较强的所有权优势。由于企业规模很大，在国内很难寻找到继续发展的良好机会，又由于企业实力强，具有向海外扩张的能力，可以抵御国际化经营的巨大风险，如果可以在国外寻找到适当的机会，那么企业会倾向于采用走出去的战略，成为一个跨国公司，在世界市场这个更加广泛的市场中谋求发展。

第二节　国际化战略的种类

企业的国际化战略一般可以分为三种，分别是本国中心战略、多国中心战略和全球中心战略。

1. 本国中心战略

所谓本国中心战略，就是在母公司的利益和价值判断下做出的经营战略，其目的在于以高度一体化的形象和实力在国际竞争中占据主动，获得竞争优势。这一战略的特点是母公司集中进行产品的设计、开发、生产和销售协调，管理模式高度集中，经营决策权由母公司控制。

这种战略的优点是集中管理可以节约大量的成本支出，缺点则是产品对东道国当地市场的需求适应能力差。

2. 多国中心战略

所谓多国中心战略，指在统一的经营原则和目标的指导下，按照各东道国当地的实际情况组织生产和经营。母公司主要承担总体战略的制定和经营目标分解，对海外子公司实施目标控制和财务监督，海外的子公司拥有较大的经营决策权，可以根据当地的市场变化迅速做出反应。

这种战略的优点是对东道国当地市场的需求适应能力好，市场反应速度快，缺点就是增加了子公司和子公司之间的协调难度。

3. 全球中心战略

全球中心战略是将全球视为一个统一的大市场,在全世界的范围内获取最佳的资源并在全世界销售产品。采用全球中心战略的企业通过全球决策系统把各子公司连接起来,通过全球商务网络实现资源获取和产品销售。这种战略既考虑到东道国的具体需求差异,又可以顾及跨国公司的整体利益,已经成为企业国际化战略的主要发展趋势。但是这种战略也有缺陷,对企业管理水平要求较高,管理资金投入较大。

第三节 企业国际化市场进入模式

一、贸易进入[①]

贸易进入指的是企业在国内生产、加工产品,然后将产成品运往国外市场销售的一种经营方式。贸易进入一般是企业刚开始进入国际市场发展国际化的一种方式,这种方式比较传统和保守,按照企业和国外市场的联系程度可以分为直接出口和间接出口两种。

(一) 直接出口[②]

直接出口是指企业不通过国内中间商(机构)而将产品直接销往国外。直接出口中企业对产品的经营管理保留部分或全部的控制权,企业要参与国际活动,如市场调查、寻找客户、出口手续等。直接出口要求企业有自己的国际营销渠道,有专人负责出口营销的管理工作。相较于间接出口,直接出口投资较大、风险也较大,但其潜在的报酬也较高。直接出口主要有四种形式:设立国内出口部、国外经销商和代理商、设立驻外办事处和建立国外营销子公司。

直接出口的优势主要表现在:首先,能够比较迅速地掌握国外市场的发展动向,有利于企业产品的改进,提高产品对国际市场的适应性和竞争力;其次,直接出口有利于积累跨国营销经验和树立企业在国际市场上的声誉,从而有利于国际市场的开拓;最后,直接出口增加了企业对产品流向和价格的控制能力。但直接出口在某些方面也存在不足之处,企业直接出口需要增设专门的外销机构和人员,企业需要承担直接渠道费用,加重资金周转的负担,也增加了企业的经营风险。另外,如何寻找国外客户,如何建立本企业的国外渠道是一个初进行直接出口的企业难免会碰到的难题,如果这个问题解决不当,企业则无法顺利进入国际市场。

(二) 间接出口

间接出口是指企业将产品卖给国内出口商或委托出口代理商代理出口。间接出口的特点是经营国际化与企业国际化分离,也就是说,企业的产品走出了国界,但是企业的营销活动却几乎都在国内进行,不直接参与自己出口产品的国际营销活动。间接出口的形

[①] 王小军.中国企业国际化的战略风险管理理论与实证研究[D].北京:对外经济贸易大学,2014.
[②] 徐君.企业战略管理(第二版)[M].北京:清华大学出版社,2013.

式主要有专业外贸公司、国际贸易公司、出口管理公司、合作出口和外国企业驻本国采购处。

间接出口是所有市场进入模式中风险最低的一种,既不要求新增投资,也不牵涉跨国经营的种种商务、外汇和政治风险。间接出口的企业可获得以下几点好处:利用出口商或出口代理商的国外渠道和外销经验,迅速打开国际市场;间接出口不必增设外销机构和人员从而节省了直接渠道费用;企业资金负担减轻且风险也比直接出口低。另一方面,间接出口也存在相对劣势:间接出口对产品流向和价格控制程度较低,无法获得跨国经营营销的直接经验,难以建立企业自身在国际市场上的声誉,不能迅速掌握国际市场信息,不利于提高产品对国际市场的适应性和竞争力等。

二、技术进入[①]

技术国际化的方式又称为非股权安排,是投资企业进入东道国市场,并非占有东道国企业股权,而是控制与东道国企业的股权投资直接相关的包括技术、销售渠道等资源,签订的是技术支持这一类的服务合同,从技术的进入之中得到利润的一种非常灵活的投资方式。技术国际化的对象主要是技术知识,也就是知识产权,比如专利、专有技术和商标等。技术国际化的方式主要包括技术授权、国际特许经营、交钥匙工程等。

(一) 技术授权

所谓技术授权,也称技术转让,就是指技术许可企业通过签订合同的方式,向技术受许可企业提供所必需的专利、商标或专有技术的使用权以及产品的制造权和销售权,受许可企业向技术许可企业支付使用费,并承担保守秘密等义务。技术授权一般适用于中小型企业。

根据使用技术的地域范围和使用权的大小,技术授权可以分为:独占许可、排他许可、普通许可、分许可和交叉许可。

1. 独占许可

许可方允许手续可放在合同的有效期内、在规定的地区内,对所许可的技术享有独占的使用权。许可方不得在该地区使用该项转让技术制造与销售产品,更不得将该技术转让给第三者。

2. 排他许可

许可方允许受许可方在规定的地区、在一定的条件下享有使用该技术制造和销售产品的权利。但是,许可方仍保留在该地区内使用该项技术的制造和销售产品的权利。

3. 普通许可

受许可方可以在合同有效期内,在规定的地区享有使用该技术制造和销售产品的权利。但是许可方保留在该地区合作该技术以及将该技术转移给第三者的权利。

4. 分许可

受许可方有权在规定的地区内将其所获得的技术合作权转售给第三者。

---

① 徐君.企业战略管理(第二版)[M].北京:清华大学出版社,2013.

5. 交叉许可

交易双方以各自拥有的技术进行互惠的交换。双方的权利可以是独占的,也可以是非独占的。

技术授权的企业无法在国外严格地控制受许可方的生产经营活动,难以形成规模经济和地区效益,并且企业在授权上有丢失技术诀窍的风险。

(二) 国际特许经营

所谓国际特许经营,是指跨国授予特许经营权的一种国际参与战略,它是包括商标、技术、企业组织形式、专有技术、培训以及工作程序和标准的综合性许可协定。许多国际公司利用转让经营权进入国外市场,它通常用于直接投资不能保证效果的较小市场。

特许经营对特许人和受特许人都有好处,国际特许经营有以下优点:

(1) 用较少的资本甚至不用资本便可迅速开拓目标国外市场。开展国外特许经营,特许人可不需自己投资就能扩张自己的规模、实力和影响力,方便地进入以其他方式难以进入的目标市场,避免关税、配额等不利因素的影响。

(2) 扩大特许人商号、商标的影响力。

(3) 建立国际战略联盟。开展特许经营,通过与国外竞争者建立特许经营关系,可把大批竞争者拉到国际战略联盟体系内,化激烈的竞争关系为利益共享、风险共担的战略伙伴关系。

(4) 与国外生产和出口销售方式相比,风险相对较小。采用特许经营的方式,由于向目标国市场提供先进技术和先进的管理体系,因而容易得到东道国政府的批准。即使受许人经营亏损,特许人也没有什么损失,因为特许人没有任何直接投资。可以这样说,特许人几乎是没有任何风险地获得来自国外市场的经济利益。

如果说国外特许经营存在不足的话,则主要是相对国外生产销售和出口销售而言,特许人的获利水平较低,不容易控制受许人的经营管理过程。在商标、商号、品牌的市场知名度相对较低的目标国市场,特许人必须做一定的广告宣传,提高其知名度,才能提高其工业产权的商业价值。

三、交钥匙工程

交钥匙工程是指跨国公司为东道国建造工厂或其他工程项目,一旦设计与建造工程完成,包括设备安装、试车及初步操作顺利运转后,即将该工厂或项目所有权和管理权的"钥匙"依合同完整地交给对方,由对方开始经营。因而,交钥匙工程也可以看成是一种特殊形式的管理合同。交钥匙工程是在发达国家的跨国公司向不够开放的发展中国家投资受阻后发展起来的一种非股权投资方式。

实际上,交钥匙工程是一种高度专业化的出口,也是一种技术贸易方式。参加交钥匙工程活动的企业一般有:工程设备的生产厂家、建筑公司及咨询公司,而技术输入方一般为政府的有关机构。

交钥匙工程的优点在于他们可以使企业从这笔资产中获得高额的经济回报,尤其是当东道国限制外国直接投资时,这种战略尤其有效。例如,许多富藏石油的国家政府开始建设他们自己的炼油工业,为了实现这一目标,这些国家的政府限制在石油和炼油领域里的外国直接投资。然而,由于很多国家缺少炼油的技术,他们不得不通过与拥有该技术的外国企业实施交钥匙工程来获得这项技术。对于卖方企业而言,这样的交易通常非常有吸引力,因为如果没有这些交易,他们将无法在该国从自己有价值的技术诀窍中获得回报。同时,还可以降低在东道国投资的风险,而且与传统的外国直接投资不同,该交易由于是短期投资,可以避免一些长期投资存在的风险。

当然,交钥匙工程也会存在一些缺点。首先,从事交钥匙工程的企业在客户国家没有长期利益。在这种情况下,当客户国家后来成为交钥匙工程生产的主要市场时,企业将无法从中获得丰厚的长期利益,解决这一问题的方法是,企业应当在它所建造的交钥匙工程中拥有少数股权。

其次,由于交钥匙工程涉及先进技术的转让,这样国外接受交钥匙工程的公司未来有可能成为自己的竞争对手。为了避免出现这种情况,企业一方面要选择技术转让的对象,最好是潜力不大、将来对自己构不成威胁的外国企业。另一方面,企业在交钥匙工程中应避免最核心技术的流失。

再次,如果企业的工艺技术是其竞争优势的来源,那么企业应避免从事转让工艺技术的交钥匙工程。因为通过交钥匙工程出售这种技术无异于向潜在的或者实际的竞争者转让它的竞争优势。

最后,由于交钥匙工程的工期一般较长,因而支付工程的费用也必须分阶段进行。但支付时间的拖长会导致财务风险的增加,为避免风险,合同双方应在合同条款中对支付问题进行明确的规定。

四、投资进入

投资进入的方式,实际上就是货币资本与生产资本的国际化过程。在这里主要介绍直接投资的形式,直接投资是国际经营活动的高级形式,也是企业国际化成熟的标志,但是直接投资风险更大,而且灵活性差,一旦受挫,可逆转性差;由于全面介入,管理难度更大。

直接投资从投资方式来看主要有以下几种常见的方式:

1. 全资子公司

跨国母公司至少持有90%以上的股权。它是直接投资中母公司介入程度最大、控制性最强的方式。全资子公司的效率一般比合营企业高,能保护技术秘密,保证产品质量,有利于贯彻母公司的企业文化。

2. 分公司

分公司是母公司在海外的分支机构,无独立法人地位,一般授权东道国的某公司或个人担任法律上的代理人。

3. 合营子公司

合营子公司指母公司拥有非全部股权的子公司。母公司可能占多数股权,也可能占少数股权。一种形式是合资经营,合营双方确定股权比例,双方按股权比例共同承担风险,共负盈亏;另一种形式是契约式合营企业,双方不按股权比例,而是通过契约来规定双方的权利和义务。合营可以使双方优势互补,分散经营风险。据统计,国际合营企业与独资企业大约已达 4:1,合营内容从合作生产原材料、零配件到合作科研,甚至合作营销。但是,合营企业也存在着很多困难和问题,比如双方的经营目标存在分歧、管理方式的不同、不同文化之间的冲突等等,这些问题都有可能使合营战略失败。

合营企业有两种建立方式:收购和新建。

收购,就是指通过购买另一个现有企业获得该企业所有权从而接管该企业的行为。收购方式的好处在于能够迅速获得生产经营所需的如人才、技术和设备等资源。而且,如果收购的是一家生产完备的且具有良好营销网络的企业,那么就可以为收购方带来很强的"协同效应"。然而,实际情况是很多企业难以获得候选对象的信息导致收购过程比较困难。而新建则是企业自己重新建立生产经营设施、安排人事,进入市场速度缓慢,工作比较复杂。但从另一个角度来看,新建使国际企业在工厂设计、供应商选择、人员雇佣等方面有了更多的自由。

第四节 企业国际化战略风险与挑战

一、企业国际化战略风险的概念

1. 企业国际化战略风险的界定

企业国际化战略风险是指在中国企业实施国际化经营战略时,由战略行为所带来的、影响国际化战略目标实现的不确定性的国际化风险,即从战略的高度出发,分析出中国企业国际化经营过程的不同层面上面临的国际化风险中的各种战略风险因素。

2. 企业国际化战略风险的特征

企业国际化战略风险作为国际化企业实施国际化战略过程中面临的一种风险,具有风险的一般特征,而且国际化战略风险站在战略的角度上分析国际化风险,又具有企业战略的基本性质。结合风险特征和企业战略的一般性质,得出企业国际化战略风险具有以下特征:

(1)全局性。在中国企业国际化经营战略实施过程中,国际化战略的长远性要求企业时刻关注外部国际环境和企业内部条件的变化,对有关国际化企业生存和发展的长期性战略做出规划以及变革。同时中国企业国际化战略风险是由国际化企业战略行为所引起的,也具有全局性的特征。即中国企业国际化战略风险因素构成一方面要考虑外部国际环境因素,另一方面又要考虑国际化企业内部的国际化战略资源、企业领导者能力和企业竞争力等因素。

(2)长期性。由于中国企业国际化经营战略的制定是企业在考察国际市场的背景下所制定的长远规划,它的制定是着眼于国际化企业未来的发展和方向,面向的是国际化企业三年或五年以上较长期的未来,这一战略制定的原则决定了中国企业国际化战略风险的长期性特征。因此,中国企业国际化战略实施过程中战略风险是始终存在的。

(3)动态性。中国企业国际化战略的运行过程为一个较长时期的过程,这一长期性的战略增加了整个战略管理的难度和复杂度,致使国际化战略风险不是一成不变的,具有动态性特征。因此国际化企业需要根据内外部环境的变化及时修正原来的战略规划,从而保证其能够持续发展、创造国际化新优势;同时伴随在国际化战略运行的整个过程中,国际化战略风险也随着战略的变化而发生动态性变化,表现为增强或减弱,发生量的增减或有质的变化,还有可能出现旧风险的消亡、新风险的产生等变化。

(4) 不可消除性。中国企业国际化战略的一个本质特点在于它的创新性,其本身与风险是紧密联系在一起的,这使国际化战略风险具有不可消除性的特征。即中国企业国际化战略风险管理的目标一般是尽量采取有效措施控制战略风险,保证国际化战略有效实施,而不是消除战略风险。

(5) 损失的不确定性和严重性。风险的一般定义是损失的不确定性,战略风险又是由战略行为引起的、影响战略目标实施的所有不确定性,国际化战略风险是从战略高度上考虑复杂多变的国际市场环境下的所有风险因素,使得中国企业国际化战略风险具有损失的不确定性和严重性特征。

(6) 主观性。中国企业国际化战略风险除了受到国际环境的强烈影响外,决策者的个人因素也是一个不可忽视的变量。具体来说,决策者的知识、经历经验、学习能力、风险偏好等因素对其本身的国际化战略风险敏感度和可感知度都起到一定的作用,尤其是他们对未来国际环境中可能产生的变化等的判断更具有主观性。

二、企业国际化存在的战略风险

在这里,本书主要从宏观、中观(行业)、微观(企业)三个角度来分析企业在国际化发展过程中存在的风险。如下图 7-1 所示。

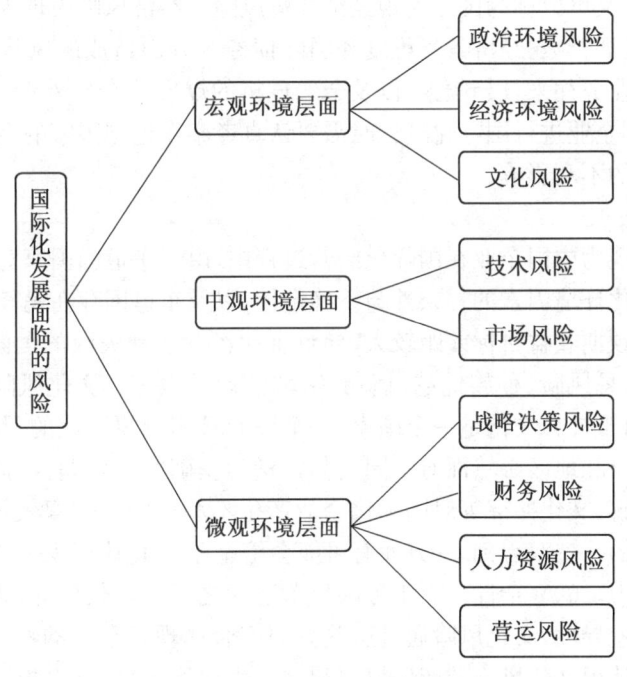

图 7-1 国际化发展的风险

(一)宏观环境层面

从宏观环境层面来看,企业在国际化发展过程中主要会遭到政治环境风险、经济风险和文化风险。

1. 政治环境风险

政治环境风险是指由于投资国和本国的政治环境不同产生变化、投资国的政局动荡、贸易政策和法律法规等与本国差异给投资者的资产带来不确定性的风险。政治环境风险主要包括国内内乱,国际战争,土地征收、征用和没收,资本国际化和汇兑等未知和不确定风险。由于政治环境风险多样性、复杂性和突发性的特点,因此一旦企业遭遇政治环境风险会给企业带来沉重的打击,造成巨大的经济损失。可以说,政治环境风险是我国跨国公司在海外投资中不确定性最大、未知性最强的风险,也是不可控性最强的风险。

政治环境风险类型又主要包括政局动荡不稳和政策法律变动等风险。我国企业在国际经济市场上面临的政局动荡风险多发于亚非拉等地的发展中国家,风险主要由国内外战争、国内政权变更和内乱等因素导致。政策法律风险主要指投资方的企业由于投资国家的政策法律约束和变化而在投资过程中受到的影响。政策法律风险,顾名思义,即包括政策风险和法律风险,二者紧密联系。其中,政策风险主要指国家的宏观调控手段包括货币政策、财政政策和产业调控手段等,对企业的资本投资阶段带来的关税、市场准入、股权比例等方面造成的不确定性。法律风险是指投资企业对东道国的法律环境生疏,从而不按照该国法律法规进行操作,或者在适应过程中面临本国与东道国之间的法律变动而造成的不确定性因素。法律风险主要表现为合同纠纷和知识产权保护等。

2. 经济环境风险

经济环境风险是指在国际宏观环境下,经济运行的风险性对公司的战略发展整体目标产生影响,因为又可以称为国际宏观经济环境风险。经济风险表现为东道国通货膨胀、利率变动、经济发展指数、经济景气程度和国际债务等方面造成的风险,尤其是随着中国上市公司的外币业务往来日趋频繁,以及金融危机的爆发给全球外汇市场带来了更多的不确定性,则中国企业进行国际化进程时需要认真考察东道国国家的金融稳定性,尽量减少外汇风险带来的不利影响。

3. 文化风险

文化风险呈现为中国企业在国际化经营过程中,由于东道国国家对外心理、民族意识和风俗习惯等文化环境因素的复杂性与不确定性,以及东道国存在民族主义倾向等,而使企业实际收益与预期收益目标差距较大,导致企业经营活动失败的可能性,包括:沟通风险、商务惯例与禁忌风险、种族优越风险和宗教信仰风险等。文化风险具有四个基本特征:①客观性。由于社会文化是一个国家、一个民族日积月累形成的习俗和传统,则国际化企业在不同国家和地区必然面对不同文化背景为基础的文化差异,而这些文化差异可能会导致文化误解、文化冲突等对国际化企业产生不利影响。②双效性。文化风险是国际化经营过程中的一把双刃剑,一方面有可能会给企业带来损失,另一方面又具有可能激发企业活力的动力。③复杂性。由于母国与东道国之间在宗教信仰、语言、价值观、人口因素等方面存在差异性,文化风险通过这些方面综合体现复杂性的特点。④可控性。当企业管理者全面认识文化风险的产生根源和具体表现形式后,可以根据自己的管理经验采取有效的规避措施来寻求与当地文化的统一性,实现在东道国国家企业管理的本土化。

(二) 行业环境层面

行业环境层面的风险主要来自技术风险和市场风险。

1. 技术风险

技术风险是指进行海外投资的企业所在行业的技术水平与投资国(东道国)技术水平之间的差异,而这种差异性导致了包括企业的技术保密性和研发在内的一系列影响。技术风险主要包括三方面的风险:行业技术风险、新产品研发风险和技术扩散风险。行业技术风险是指企业在国际化发展过程中,由投资国行业领域的劳动率、技术转让速度和技术发展水平等方面的变化所带来的风险,这种风险长期存在于企业的发展过程中,并且最终会影响到企业的国际化经营决策活动;新产品研发的风险是指企业在新产品的海外出口和境外开发新产品所面临的风险,由于新产品的研发需要高投入并具有高风险的特征,企业国际化发展面临的最大难题就是如何在满足企业科技知识创新需求的基础上最大化地降低风险;技术扩散方面的风险是指企业在国际化发展过程中为了防止企业自身所拥有的核心技术外泄、专有技术被竞争对手非法占有以及合作方扩大原本双方协议的技术使用范围以致技术扩散等带来的风险,防止核心技术扩散已经被视为当代国际化企业的国际化风险管理中的重点。

2. 市场风险

所谓市场风险,就是指企业在国际化发展中,目标国市场由于消费者偏好、替代品和互补品等的需求波动影响或国际范围内同行业激烈的竞争,对企业开拓国际市场产生的不利影响。市场风险又可以进一步细分为产品市场风险和竞争风险两方面。其中,产品市场风险是指由于目标国消费者的偏好变化、可替代品对原有产品的冲击、互补品的数量稀缺或者产品价格过高等方面的影响给产品市场带来的不确定性的风险;当产品需求一定的情况下,竞争风险是指国际市场上潜在或已有竞争对手的不可预知的行为对企业国际化进程带来的风险,市场变化的未知性越来越高,竞争对手数量不断增加,企业国际化进程中面临的风险也逐渐变大。

(三) 企业环境层面

企业环境层面的风险一般包括企业管理过程中的经营战略决策风险、财务风险、人力资源风险和营运风险。

1. 战略决策风险

战略决策风险包括战略定位风险和投资决策风险两种。所谓战略定位风险,就是指企业自身在其发展过程中没有一个明确的战略定位,选择不适合本企业发展的方向,对企业实现整体发展目标产生阻力的风险。而投资决策风险则是指企业在其国际化过程中,由于目标定位和时机选取的错误对本企业在海外投资方面造成的影响。我国国际化企业在进行海外投资的过程中,公司战略目标和项目目标的实现和完成都取决于企业投资决策的正确性。我国企业的海外投资决策主要风险包括:盲目决策产生的风险、决策过程失控造成的风险,以及一些企业在海外投资决策过程中对项目缺乏科学谨慎的论证分析又缺少对风险的判断能力导致投资的失败。

2. 财务风险

财务风险是指在内外部环境各因素的共同影响下,企业在财务管理、融资、税务等财务方面所产生的风险,而这类风险会对企业境外投资活动产生巨大的影响。我国企业进行境外投资时面临的财务风险主要包括融资风险、现金流风险、汇兑风险和信用风险。

3. 人力资源风险

所谓人力资源风险,就是指由于企业内人员流动、员工素质、工作状态、价值观和生产率变化等方面引起的企业国际化经营损失的可能性,一般包括人才管理风险、人才流动风险和多元人员结构管理风险。人才管理风险是指管理人员面临的可能与员工沟通失败的风险;人才流动风险是指由于国际市场对人才的争夺,企业面临对技术人才或优秀管理人才的聘用和管理的风险;多元人员结构管理风险是指人力资源多元化的组合(不同文化背景、不同价值取向和行为方式的人员结构)可能存在文化冲突而带来管理失效的风险。

4. 营运风险

营运风险是指企业在现金管理、应收账款管理、存货管理以及合同履行方面所面临的风险。国际化企业在资金营运方面与国内标准不一致,如透明度加大、中国企业缺乏信用等级评价经验等,这使得国际化企业的现金管理更加复杂化;一般东道国的客户和代理商过多时,应收账款的回收也存在较大的风险;存货管理是指在相关货币贬值之前,提前购买和存储所需要商品的活动,在这过程中由于目标国往往对资金汇出或剩余资金的转换存在许多限制,会使国际化企业时刻面临来自存货管理的风险。当国际化企业在前述三方面管理过程中,在综合各方面因素的变化基础上履行相关合同时,面临的风险呈现复杂化、多变化。

章末案例

海尔集团的前身是一个员工不到 800 人、亏损 147 万元的集体小厂,而现在的海尔集团拥有员工 3 万人,销售收入 600 亿人民币,产品远销世界上 160 个国家和地区,成为大规模的跨国企业集团。

海尔先通过简单易行、投资要求最少的出口方式参与国际市场的竞争,然后逐渐从事资金要求更高、风险更大的跨国经营活动,包括直接投资,即建立自己的工厂。1996 年 8 月,由海尔控股的海尔·莎保罗有限公司在印度尼西亚雅加达成立。这是海尔在海外的第一家工厂,生产电冰箱、冷柜等家电产品。1997 年 6 月,与菲律宾当地企业 LKG 公司合资经营的菲律宾海尔 LKG 电器有限公司成立,利用海尔在品牌、科技和质量上的优势以及 LKG 公司在当地市场和网络上的优势,生产冰箱、冷柜、空调、洗衣机等家电产品。1997 年 8 月,海尔与马来西亚机兴工业有限公司合资组建海尔工业(亚细安)有限公司,生产以海尔洗衣机为主的家电产品。1999 年 4 月,海尔集团在美国南卡罗来纳州的生产基地(美国海尔工业园)奠基,园区占地 700 亩,计划分六期建设。首期项目是建筑面积为 2.7 万平方米的电冰箱厂,设计年产能力为 50 万台,已于 2000 年 2 月建成投产,并凭借高质量个性化设计逐渐打开市场。

在建立美国海尔工业园之前,海尔集团选择在地理位置邻近从而心理距离较小的印尼、菲律宾和马来西亚等国家建立生产工厂；在最大限度地降低投资风险的同时，还能为此后战略性地进入美国市场积累国际化相关知识，尤其在菲律宾(英语系国家且深受美国文化影响)积累的许多经验可以用于美国市场。根据张瑞敏的说法，以上投资都是海尔集团为进入美国市场的"练兵"，所有被派去美国的海尔员工都要先去菲律宾"实习"：一方面积累国际经验，另一方面通过语言关。"练兵"实际上是海尔集团在海外市场上进行直接投资的尝试和学习，其本质是积累一般性国际化知识。具体就美国市场而言，海尔集团采用先出口再直接投资的方式进入，具体发展路径是：出口→联合设计→建立贸易公司→当地生产，这既是一般性的国际化知识积累的结果，又是美国特定市场知识积累的需要，体现出了海尔的国际化战略的实施。

海尔在美国的工业园的建立实现了第一个"三位一体本土化"的海外海尔的成立，其设计中心在洛杉矶、营销中心在纽约、生产中心在南卡州，从而在美国形成了设计、生产、销售三位一体的经营格局。这样做的目的主要是为了更好地了解美国市场，更快地针对美国市场变化做出反应。海尔在国外市场销售的许多产品是专门针对当地市场设计和生产的。此外，海尔美国贸易公司和生产中心的人力资源管理实施的也是当地化战略。海尔美国贸易公司是海尔同美国家电公司(ACA)组成的合资企业，海尔持多数股权，ACA持少数股权。该合资企业的管理完全交给当地雇佣的具有产业经验和开拓能力的人来管理。美国管理人员得到了很大的自主权，由他们来推销品牌，并争取新的客户。在这一过程中，海尔积累了宝贵的海外市场独有的知识，为接下来的发展储备了宝贵的资源。

资料来源：孔媛媛.我国企业的国际化学习行为研究——基于海尔公司的案例研究[J].市场论坛，2012(4)：42-44.

思考题：
海尔在国际化道路上采取了什么策略？对其他公司国际化有何启示？

本章小结

本章主要介绍了企业国际化战略的概念、特征以及企业进行国际化战略的动因，详细列举了企业进行国际化战略的各种进入模式，并且分别从宏观社会、行业环境和企业本身分析了企业国际化经营所面临的各方面的风险因素。最后以海尔集团的国际化发展为例对本章内容予以总结。

关键概念

国际化战略　本国中心战略　多国中心战略　全球中心战略　直接出口　间接出口　技术授权　国际特许经营　交钥匙工程　投资进入　国际化风险

复习思考题

1. 如何理解企业国际化的内涵？

2. 企业国际化战略有什么特点？
3. 如何理解企业国际化的动因？
4. 国际化战略的种类有哪些？
5. 企业实现国际化的方式有哪几种？分别有怎样的优缺点？
6. 企业在国际化战略进程中会遇到哪些风险？
7. 经济全球化条件下，中国企业应该如何建立国际优势？

第八章 公司战略选择

名言警句

一切均须化为工作。任何计划若不能化为实实在在的工作,都只是空的计划;都只不过代表一种意愿。计划之所以能产生成果,主要在于是否能有人去分别推进。

——彼得·德鲁克

目标不是命令,而是一种责任或承诺。目标并不决定未来,只是一种调动企业的资源和能量以创造未来的手段。

——彼得·德鲁克

学习目的

通过本章学习,你应该掌握以下内容:
- 熟悉战略选择的原则
- 理解战略制定的框架
- 掌握并能够运用战略制定的各种方法
- 明确战略选择的影响因素
- 了解战略选择的误区

引导案例

腾讯在互联网发展过程中的战略决策

腾讯成立初期,马化腾想做的是一个把互联网与寻呼机连接起来的"无线网络寻呼系统"。这在当时算是一个即时通信的工具了,前提是人们将继续使用寻呼机。但它违背了当时行业发展的趋势,寻呼机在1998年随着移动手机的日渐普及,已经开始在走下坡路。在一个缺乏成长性的产业里,任何创新和与之匹配的战略都很难获得等值的回报,因而是没有意义的。

1999年腾讯模仿ICQ推出QQ后,随着中国接入互联网基础设施建设的完善,越来越多的用户成了网民。他们有迫切即时沟通交流的愿望,这成了QQ用户自发增长的基础。腾讯开始快速发展,成了社交领域的王者。从公司成立到2004年6月腾讯上市,这段时间腾讯完成了产品模型仿制、应用创新和盈利模式探索的全过程。这也是这段时期中国大部分互联网企业发展的一个缩影。2000年全球互联网泡沫破灭之后,中国的互联网企业在盈利模式和用户价值挖掘上走出了一条与美国不同的路径。

2004年腾讯上市后,当时公司收入的主要来源"移动梦网"业务被中国移动要求清理整顿,逼迫腾讯必须做出战略调整。但好在腾讯有庞大的用户群体,流量上的优势,使得它很快找到了新的业务收入增长点。从QQ秀虚拟物品的销售,到游戏运营收入,到广告流量收入。尽管在是否进入游戏领域腾讯的管理层有过分歧,但在作为领头人的马化腾的坚持下,如今的中国游戏市场,腾讯的份额占据了半壁江山。在2005年马化腾提出"在线生活"的新战略主张后,腾讯同时在组织和人才结构上做了重大调整。确保了新战略的顺利执行。

2010年是腾讯发展史上的又一个分水岭。此时的中国互联网已经形成百度、阿里、腾讯三足鼎立的BAT三巨头。腾讯微博在与新浪微博的竞争中一直处于弱势,QQ的用户在QQ上的使用时长被新浪微博所蚕食。2010年又爆发了腾讯和360的3Q大战。这使得腾讯在3Q大战结束后到2011年的上半年一直在寻找新的战略出发点,最后形成了2个核心词"资本"和"流量"。此后的腾讯开始进行战略聚焦与瘦身,将自己的非核心能力业务进行缩减剥离,以不控股的投资形式来参与,进行大规模的生态圈式的并购。如今的中国互联网圈,腾讯和阿里的并购形成了两大阵营,对于自己的核心能力业务进行重点发展。"流量"能力围绕的是社交,2011年社交软件微信的推出,使得腾讯真正融入了中国主流消费群体的生活与工作,它的流量能力进一步加强,在中国互联网的社交领域一枝独秀。现在每一个试图在中国市场上获得成功的人都不得不问自己一个问题:我与微信有什么关系?

腾讯的每一次转型,可以说都不是来自既定的战略,而是源于产品的持续创新,而创新不是来自内部的突破,而是市场不断变换的需求所推动。

资料来源:何松林.互联网企业发展战略与行业发展趋势的关系研究——以美图/腾讯公司为例[J].企业改革与管理.2018(17):50-51.

从环境分析到最终的战略决策,既是智慧的结果,更是一个科学的过程。在这一过程中,战略家对战略方案与环境之间的复杂关系的判断是最为重要的,但仅有判断能力是远远不够的。在直觉判断的基础上,借助科学的分析工具进行战略决策,是提高决策质量、决策效率的重要途径。

第一节 战略选择的原则

战略选择的基本出发点是发现问题、揭示缺陷、找出差距,而不是证明优秀、论证最佳、追求完美。

一、一致性

1. 企业总体战略与公司使命、目标相一致

企业的战略选择是企业对外部环境和内部资源配置与构造创造价值的方式的评价。

如果企业的主要目的是增加价值,那么为了企业目标而定义的战略就应当依据其使命和目标进行制定。无论企业的目标是什么,对可选方案的评价主要是看它与它存在理由的一致性。在具体商业环境中,这要看企业使命和实现既定战略目标的能力是否一致。如果一个方案不满足这些原则,就有充分理由改变使命和目标(如果它没太困难或不恰当)或者放弃这个方案。如果认真考虑过使命和目标,发现不存在一致性,那么放弃就可能是最好的选择。

2. 组织内各部门战略目标相一致

一个战略方案中不应出现不一致的目标和政策。组织内部的冲突和部门间的争执往往是管理失序的表现,但它也可能是各战略不一致的征兆。在这一问题上,建议可采用以下判断准则:

- 尽管换了人员,但管理问题仍然持续不断,以及如果这一问题是因事发生而不是因人发生的,那么便可能存在战略的不一致。
- 如果一个组织部门的成功意味着或被理解为另一个部门的失败,那么战略间可能存在不一致。
- 如果政策问题不断被上交到最高层领导来解决,那么便可能存在战略上的不一致。

二、合理性

1. 企业发展长远性

判断并保证企业战略的合理性,首先要求所研究的战略具有实现企业既定财务和其他目标的良好前景。企业经营战略考虑的不是企业经营管理中一时一事的得失,而是企业在未来相当长一段时期内的总体发展问题。经验表明,企业经营战略通常着眼于企业未来 3 至 5 年范围乃至更长远的目标。

2. 外部适应性,与外部环境相适应

战略要与组织面临的外部环境相适应,在组织外部,有四个主要限制会使一个战略选择缺乏合理性:顾客接受度、竞争性反应、供应商接受度以及来自政府和规范机构的批准。企业在评价战略的时候,主要考虑的问题如下:

我们的顾客对我们采取的战略如何反应?

我们的竞争者如何反应?我们有做出回应的必要资源吗?

我们有来自供应商的必要支持吗?

我们需要政府或规范机构批准吗?被批准的可能性有多大?

3. 内部可行性,与内部环境相适应

可行性原则可以定义为组织根据内部情况和现有能力,实现战略的可能性和现实性。

战略方案很精致,能高度适应外部环境条件。但是,如果组织现有的人力、物力、财力、技术、信息等要素,无法满足完成战略的需要,那么,这样的战略就没有可行性。

可行性评价,能够提醒组织在制定和实施战略中尽可能做到量力而行——既不会过度使用资源,也不会出现无法解决的资源短缺问题。有多少钱,办多少事。没有金刚钻,不揽瓷器活。

可行性评价通常会贯穿整个战略管理过程。确定战略目标要分析可行性,制定战略方案,以及计划每一项活动,都要考虑可行性。

是否具有可行性,是主要的和极其重要的战略选择原则。战略没有可行性,也就没有存在的意义和价值。

可行性是指一旦选定了战略,就必须认真考虑能否成功地实施。企业是否有足够的财力、人力或者其他资源、技能、技术、诀窍和组织优势,即是否有有效实施战略的核心能力。合理的战略应处于企业希望经营的领域,必须具有与企业价值观相协调的文化,还必须建立在企业优势的基础上,或在有可能的情况下以可信的方式弥补企业现有的劣势。如果在可行性上存在疑问,就需扩大战略研究的范围,将能够提供所缺乏的资源或能力的企业或者金融机构包括在内,通过联合发展达到可行的目的。为了实现可行性,企业必须确定实施战略要采取的初始步骤。

4. 适度弹性,适应环境的变化,包括外部与内部环境的变化

战略具有不确定性。引起战略不确定的原因之一就是环境的不确定性。为了应对环境的不确定性,同时保持企业战略行为上的灵活性,企业总体战略往往只指出了企业发展的方向。虽然这一方向,以及与此相应的战略是明确的、有权威的,但在实施过程中必须根据环境的变化而适时调整、修正,必须因时因地地提出具体控制措施。不确定性的存在要求战略制定要有弹性。

战略必须适应环境,同时应该具有一定的弹性,允许在环境发生一定程度的变化下,及时调整计划、纠正偏差。可以肯定地说,适应组织环境的战略不一定能够成功,但是,不适应组织环境的战略一定不能成功。

5. 相关者可接受性,适应相关利益者

可接受性强调的是与公司有利益关系的人员是否满意并支持战略方案。一般来说,公司的规模越大,业务类型越多,与公司有利益关系的组织和人员就越多。虽然要保证得到所有利益关系群体的支持几乎是不可能的,但是,准备实施的战略必须得到最主要的利益关系群体的同意,这就需要在战略制定时就充分考虑到利益关系群体的观点和可能出现的反对意见。

可接受性评价,是一项困难而复杂的工作。主要原因是利益相关者不仅主体众多,而且利益各异。满足这一部分主体的利益,不一定能够满足另一部分主体的利益。一项战略被利益相关者全体一致接受,不可能成为普遍发生的事。

追求"一致同意"不现实,也没有必要。因为在满足利益相关者利益的过程中,组织的利益不一定同时得到增长。基本的原则是:组织战略要尽可能争取得到重要的、主要的和多数利益相关者的支持,至少要保证不受到来自重要的和主要的利益相关者的反对。

三、竞争性

竞争性是评价战略利用组织比较优势、保持并增强业务或组织竞争力程度的指标。好的战略、成功的战略,能够充分利用组织的比较优势,使实施战略的业务单位或者整个组织的竞争力得到强化,市场地位得到提升。反之,就是差的战略、失败的战略。

经营战略必须能够在特定的业务领域使企业创造和保持竞争优势。竞争优势通常来

自以下三方面的优越性：资源、技能、位置。对资源的合理配置可以提高整体效能，这一道理已为军事理论家、棋手和外交家所熟知。位置也可以在企业战略中发挥关键作用。好的位置是可防御的，即攻占这一位置需要付出巨大的代价，这会阻止竞争者向本公司发动全面的进攻。只要基础性的关键内外部因素保持不变，位置优势便趋向于自我延续。因此，地位牢固的公司很难被搞垮，尽管他们的技能可能只是平平。虽然并不是所有的位置优势都与企业规模相关，但大企业的确可以将其规模转化为竞争优势，而小企业则不得不寻求能够带来其他方面优势的产品或市场位置。良好位置的主要特征是，它使企业从某种经营策略中获得优势，而不处于该位置的企业则不能类似地受益于同样的策略。因此，在评价某种战略时，企业应当考察与之相联系的位置优势特征。

四、风险性

风险性意味着不确定性。评价组织战略的风险性，是指对组织所制定和实施的战略的不确定性做出判断。

一般而言，战略在制定过程中，都是考虑成与败的可能性，要分析发生危机或出现不确定性结果的概率。但是，古语说得好，"天有不测风云""人算不如天算"。无论多么精致的计划，无论多么周密的安排，都可能遭遇不测、面临风险，甚至深陷危机之中。

战略实施前和实施中，一定要全方位收集不确定性因素的信息，充分评估可能出现风险的危害性，做好应变计划和解决方案，尽可能做到在可控制的范围内，凭借组织的力量及时化解风险。

大多数有价值的战略都可能有某种程度的风险，这就要求对风险进行明确的评估，寻找如果出现情况能减少困难的偶然因素，决定风险对组织来说是否可以接受。评估组织风险没有一个单一的方法，下面主要讨论两种技术——财务风险分析和敏感性分析。

1. 财务风险分析

对企业来说，对战略选择中的财务风险进行某种形式的分析是非常重要的。可以采用的分析方法有下面几种：

现金流分析。这种分析是基本的分析方法。一个组织可以在由于缺少现金而趋于破产的同时报告体面的盈利率水平。每一个可选方案都需要对组织现金流的影响进行评估。

收支平衡分析。这通常是一个有用的方法，它计算了收回最初投资所需要的销售量。这个结果的重要一点是讨论这个销售量是否合理。

公司借款要求。一些战略会严重影响需要从金融机构和股东那里得到的资金，这方面代表了战略的一项重要的风险。

资金比率分析。对公司的流动性、资产管理、股权状况及类似的检查是很有用的。有人认为因为公司应该对这些方面详细了解，所以是不需要的。但是关键的供应商怎么办？关键顾客怎么办？当公司本身面临财务困难时，这其中之一的破产所带来的影响都值得考虑。

对国际性活动来说，还有一方面也是很重要的：货币分析。货币的一个重大变化会在一夜之间消除一项海外战略的营利性（或者，更乐观地说，提高营利性）。

2. 敏感性分析

这是一个非常有用的分析方式并应该在许多组织中作为基本战略建议的一部分。从根本上说,它讨论了"如果……怎样?"的问题对所研究战略的影响。每一个可选方案的影响因素是很多的,如经济增长、定价、货币波动、原材料价格等等。背后的基本假设是多样的,并且其影响是根据对所使用资金、现金和其他公司目标的回报来衡量的。可以运用成功的关键因素来确定需要考虑的主要方向。

随着这些因素由于主观变化而上升或下降,每一因素的敏感性都被评估,以便决定哪一个是关键的。特别敏感的是哪些变化,然后能够在战略被接受之前仔细地进行重新检查。也可以在战略实施后对他们进行检查。所有的敏感性分析都能为那些选择战略的人提供对风险的有用评估。

五、有效性

1. 检验未来假设的有效性

大部分可选方案都包含对未来某种形式的假设,这些假设需要被检验以保证他们是有效的和合理的,即它们逻辑上完美并符合可获得的研究证据。

2. 检验现有收集信息的有效性

许多可选方案会使用背景资料中很有依据或相反的、本质上值得怀疑的商业信息。

对于上述两点,有必要检验每个可选方案中假设和信息的有效性。

第二节 战略选择的工具

战略制定框架可以帮助企业战略决策者在若干个可供选择的战略方案中进行确定、评价和选择。

战略制定框架第一阶段被称作"信息输入阶段",概括了制定战略所需要输入的信息,这其中的方法包括 EFE 矩阵、IFE 矩阵等;第二阶段被称为"匹配阶段",通过将关键内部和外部因素排序而制定可行的战略方案,第二阶段采用的方法包括:SWOT 矩阵、SPACE 矩阵、BCG 矩阵、IE 矩阵和 GSM 矩阵;第三阶段为"决策阶段",所用的方法为定量战略计划矩阵。QSPM 矩阵利用第一阶段输入的信息和第二阶段得出的若干个备选战略进行评价,通过评价各种备选战略相对吸引力的大小从而为最终战略的选择提供客观的基础。如图 8-1 所示:

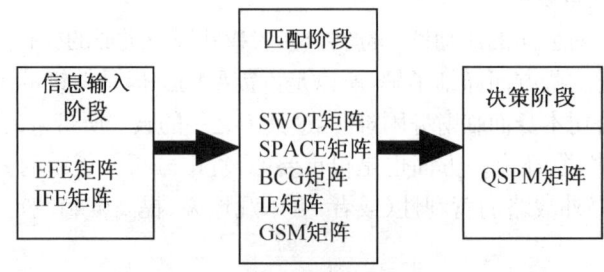

图 8-1 战略制定的框架

由于第一阶段的内容在前面的章节中已有详细的介绍,所以本章在此仅介绍第二阶段和第三阶段的方法。

一、SWOT 矩阵

威胁—机会—劣势—优势(threats-opportunities-weaknesses-strengths matrix)矩阵,简称 SWOT 矩阵。SWOT 矩阵把企业所面对的外部因素(包括机会与威胁)和内部因素(企业的优势和劣势)综合起来进行考虑,使得分析更为全面和有针对性。SWOT 分析不仅仅在战略中得到广泛应用,而且还可以运用到其他任何问题的决策。

SWOT 分析的核心在于"匹配",即根据企业的机会、威胁、优势、劣势设计出 SO、WO、ST、WT 战略。

优势—机会(SO)战略是发挥企业的优势去把握机会的一类战略;劣势—机会(WO)战略是通过外部机会来弥补企业的不足或通过补短,提高自己的竞争力来把握机会;优势—威胁(ST)战略是利用企业的优势来应对外部的威胁;劣势—威胁(WT)战略是通过补短来应对威胁或通过弃短来回避风险。

SWOT 分析可以通过 SWOT 矩阵图来反映企业的战略全景。建立 SWOT 矩阵图包括以下八个步骤:

(1) 列出公司的关键外部机会;
(2) 列出公司的关键外部威胁;
(3) 列出公司的关键内部优势;
(4) 列出公司的关键内部劣势;
(5) 将内部优势与外部机会相匹配,得出 SO 战略并填入 SO 的格子中;
(6) 将内部劣势与外部机会相匹配,得出 WO 战略并填入 WO 的格子中;
(7) 将内部优势与外部威胁相匹配,得出 ST 战略并填入 ST 的格子中;
(8) 将内部劣势与外部威胁相匹配,得出 WT 战略并填入 WT 的格子中。

上述八个步骤的前四步工作是信息输入工作,即将环境分析环节中的结果输入到相应的分析框架内。SWOT 分析的核心是将内部因素与外部因素进行综合考虑,匹配出合适的战略方案。从前面的环境分析来看,关键内部因素与关键外部因素的数量众多,在如此复杂的因素之间,凭直觉判断进行匹配往往难以保证分析的质量,一些重要的因素会在直觉分析中被遗漏。尤其是对 SWOT 工具的使用不够熟练或对行业关键因素把握不足的使用者,需要一个工具上的引导。

常见的外部环境和内部环境见表 8-1:

表8-1 常见外部环境和内部环境

	潜在外部威胁(T)	潜在外部机会(O)
外部环境	市场增长较慢 竞争压力增大 政府政策不利 新的竞争者进入 替代品销售额上升 用户讨价还价能力增强 用户偏好逐渐转变 通货膨胀 其他	纵向一体化 市场增长迅速 可以增加互补产品 有新的用户群 有进入新的市场的可能性 有能力进入更好的企业集团 在同业中竞争业绩优良 扩展产品线满足用户需要 其他
	潜在内部优势(S)	潜在内部劣势(W)
内部环境	产权技术 成本优势 竞争优势 特殊能力 产品创新 具有规模经济 良好的财务资源 高素质的管理人员 公认的行业领先者 买主的良好印象 适应性强的经营战略 其他	竞争劣势 设备老化 战略方向不同 竞争地位恶化 产品线范围太窄 技术开发滞后 营销水平低 管理不善 战略实施的历史纪录不佳 不明原因导致的利润率下降 资金拮据 成本相对于竞争对手较高

资料来源:王一,贾云广.战略管理工具箱[M].上海:上海远东出版社,2006.

案例

某跨国企业的SWOT分析

A公司是一家大型的电脑设备与软件的跨国生产企业,在过去的30年中,该公司在个人电脑市场上取得了很大的成功,但是随着组织的日渐庞大和市场风向的转变,它的问题也越来越多,进行SWOT分析之后,结果如下:

表8-2 A公司SWOT矩阵分析

外部环境分析(OT) 内部条件分析(SW)	机会(O)	威胁(T)
	(1) PC普遍进入家庭 (2) 互联网兴起并主导市场需求 (3) 客户需要整体解决方案	(1) 各种网络相关产品公司兴起 (2) 硬件价格下降

(续表)

		优势机会策略(SO)	优势威胁策略(ST)
优势(S)	(1) 优秀的专业人才 (2) 广大的客户群 (3) 强大的研发能力	(1) 成立专门的服务事业部,着手提供整体解决方案 (2) 创新并持续推出符合网络需求的新产品	(1) 增加策略联盟并收购有潜力的公司 (2) 投入研发数据库系统
劣势(W)	(1) 组织庞大,不易指挥 (2) 对低阶或PC相关产品的营销策略较不内行 (3) 思想上,仍有人难摆脱中大型软件才是最重要营收来源的思路	劣势机会策略(WO) (1) 将人员往有潜力的市场区域调配 (2) 人员按整合模型、混合编组与区隔编组来开拓市场 (3) 逐渐转变为以网络为基础的提供整体解决方案的公司	劣势威胁策略(WT) (1) 裁掉不胜任的员工,并将组织改为矩阵式 (2) 强调绩效管理 (3) 积极与低阶产品的大型渠道建立关系

资料来源:王一,贾云广.战略管理工具箱[M].上海:上海远东出版社,2006.

通过SWOT矩阵分析,匹配出该公司可供选择的多种方案,如着手提供整体解决方案,推出符合网络需求的新产品等。

二、SPACE矩阵

战略地位与行动评价矩阵(Strategic Position and Action Evaluation matrix),简称SPACE矩阵,是一种较为复杂的匹配工具。这一矩阵采用两个内部纬度——财务优势(FS)与竞争优势(CA)和两个外部纬度——环境稳定性(ES)与产业优势(IS)来进行战略匹配分析。其中财务优势(FS)与环境稳定性(ES)构成纵坐标,竞争优势(CA)与产业优势(IS)构成横坐标,将企业的战略地位分为进取、保守、防御和竞争四个象限,如图8-2所示。

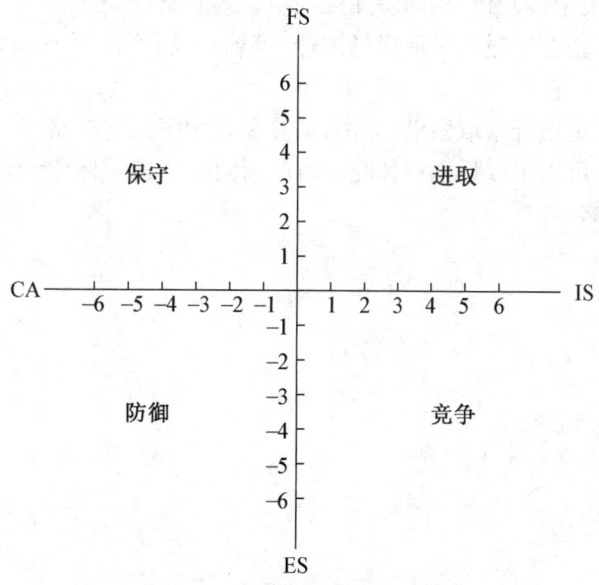

图8-2 战略地位与行动评价矩阵

资料来源:[美]费雷德·R.戴维.战略管理(第10版)[M].李克宁,译.北京:经济科学出版社,2006.

对 SPACE 矩阵的四个因素可以采用以下指标来进行综合评价：

财务优势(FS)：通常财务优势可采用投资收益、杠杆比率、偿债能力、流动资金、现金流动、退出市场的便利性、业务风险等指标来衡量。

环境稳定性(ES)：可采用技术变化、通货膨胀率、需求变化、竞争产品的价格范围、市场进入壁垒、竞争压力、价格需求弹性等指标来评价。

竞争优势(CA)：可采用市场份额、产品质量、产品生命周期、用户忠诚度、竞争能力利用率、专有技术知识、对供应商和经销商的控制等指标来评价。

产业优势(IS)：可采用产业的增长潜力、盈利潜力、业绩稳定性、专有技术知识、资源利用、资本密集型、进入市场的便利性、生产效率和生产能力利用率等指标来进行评价。

建立 SPACE 矩阵通常包括以下几个步骤：

(1) 分别选定构成财务优势(FS)、竞争优势(CA)、环境稳定性(ES)和产业优势(IS)的影响因素，即构成变量。

(2) 对构成 FS 和 IS 轴的各个变量给予从+1(最差)到+6(最好)的评分；对构成 ES 和 CA 轴的各个变量给予从-1(最好)到-6(最差)的评分。

(3) 分别将各个数轴的变量评分相加，再分别除以变量总数，从而得出 FS、CA、IS 和 ES 各自的平均分数。

(4) 将 CA 和 IS 的平均分数相加，并在 X 轴上标示出来；将 FS 和 ES 的平均分数相加，并在 Y 轴上标示出来。

(5) 在 SPACE 矩阵中自原点至 X、Y 轴数值的交点画一条向量。这一向量所在的象限表明了企业可采取的战略类型：进取型、竞争型、防御型或保守型。

在进取象限里，企业可以利用自身内部优势和外部机会，来克服自身的劣势，同时回避外部的威胁，可以采取市场渗透、市场开发、产品开发、后向一体化、前向一体化、横向一体化、混合多元化、集中多元化、横向多元化或组合式战略。

在保守象限中，企业更适宜采取市场渗透、市场开发、产品开发和集中多元化经营的战略。

在防御象限里，更适合采取紧缩、剥离、清算和集中多元化战略。

在竞争象限中，可以采取后向一体化、前向一体化、横向一体化、市场渗透、市场开发、产品开发及合资战略。

案例

某银行的 SPACE 矩阵分析

表 8-3 某银行的 SPACE 矩阵分析

项目	评分
财务优势(FS)	
资本充足率为 7.13%,比行业标准 6%高出 1.13%	1.0
资产报酬率为-0.77%,行业平均为 0.70%	1.0
净收入为 1.83 亿美元,比去年下降 9%	3.0
营业额达到 34 亿美元,比去年增加 7%	4.0
总计	9.0
产业优势(IS)	
行业管制放松,在开分行和产品开发方面更加自由	4.0
管制放松也带来更多的竞争	2.0
当地政府允许该行收购其他地区的银行	4.0
总计	10.0
环境稳定性(ES)	
一些分行所在的国家通货膨胀并面临不稳定的政治局面	-4.0
在贷款上过于依赖的一些行业在衰退	-5.0
银行管制的放松导致一些不稳定的因素	-4.0
总计	-13.0
竞争优势(CA)	
营业网点分布广泛	-2.0
其他跨地区银行和非银行金融机构竞争在增强	-5.0
拥有庞大的用户基础	-2.0
总计	-9.0

FS 的平均值为 $9.0/4=2.25$

IS 的平均值为 $10.0/3=3.33$

ES 的平均值为 $(-13.0)/3=(-4.33)$

CA 的平均值为 $(-9.0)/3=(-3.00)$

向量坐标数值为:

X 轴:$(-3.00)+3.33=0.33$

Y 轴:$(-4.33)+2.25=(-2.08)$

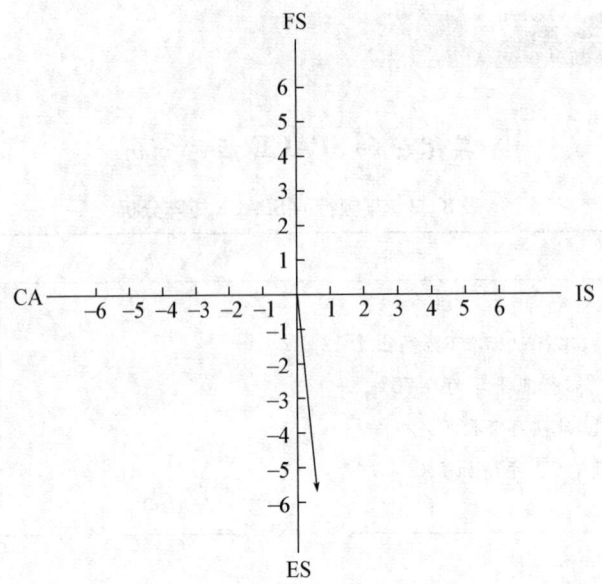

图 8-3　某银行的 SPACE 矩阵图

资料来源：王一，贾云广. 战略管理工具箱[M]. 上海：上海远东出版社，2006.

从上图可以看出，该银行应当选择竞争型战略。

三、BCG 矩阵

波士顿咨询集团公司（Boston Consulting Group，BCG）是一家顶级的管理咨询公司，它首创和推广了波士顿咨询集团矩阵（BCG Matrix），也被称之为业务增长/市场份额矩阵。BCG 矩阵分析法关注企业多元化业务组合的问题，通过考察各个经营单位对其他竞争者的经营单位的相对市场份额地位和产业增长速度而管理其业务组合。

1. 两个分析变量

在 BCG 矩阵图中，有市场增长率和相对市场占有率两个因素作为公司内每个经营单位的战略选择的依据。

BCG 矩阵的横坐标表示相对市场占有率（relative market share position）。这里采用相对市场占有率而不是绝对市场占有率，是为了使各种经营单位的业务更容易进行比较，也能够比较准确地反映企业在市场上的竞争地位和实力。计算公式为：

$$相对市场占有率 = \frac{企业在本行业中的绝对市场占有率}{该产业最大竞争者的绝对市场占有率} \times 100\%$$

矩阵的纵坐标表示该产业的市场增长率。计算公式为：

$$产业增长率 = \frac{当年本产业销售额 - 上年本产业销售额}{上年本产业销售额} \times 100\%$$

2. 四个分析类型

将两个因素分为高低两档次，就可以画出四个象限的矩阵。横坐标表示相对市场占有率,通常以 0.5 为界线,表示公司的市场份额为本产业领先公司的一半,纵坐标表示产业增长率,通常以 10% 作为高低产业增长率的分界点。需要注意的是,这些数字的范围可能在方法使用的过程中根据实际情况的不同进行修改。

波士顿矩阵法将一个公司的业务分成四种类型:问题、明星、现金牛和瘦狗。一个企业的所有经营单位都可列入任意象限中,并依据它所处的地位采取不同的战略。

问题类(question marks)——这类业务是产业增长率较高、市场前景比较好,但是相对市场占有率却比较低的业务,表明实力不强,不具有优势。这往往是一个公司的新业务,通常对资金的需求量大而资金创造能力小。只有那些符合企业长远发展目标、企业具备资源优势、能够增强企业核心竞争能力的业务才可以采用扩张性的战略(包括市场渗透、市场开发和产品开发),追加投资,使之转变成明星业务;而对于剩下的问题类单位应采取收缩和放弃的战略。

明星类(stars)——这类业务指产业增长率高,有进一步的发展机会,同时相对市场占有率也比较高,企业在该行业中具有较强的竞争力。这是由问题业务继续投资发展起来的,可以视为高速成长市场中的领导者,它将成为公司未来的现金牛。明星业务应该得到大量投资以保持或加强其主导地位,公司可以采取市场渗透、市场开发、产品开发等扩张型战略,也可以采取前向一体化、后向一体化或横向一体化等战略,将这一优势扩展到整个产业链,还可以采取合资经营的战略,加强对这一业务的控制。如果企业没有明星业务,未来发展前景将十分黯淡,但是,群星闪烁也可能会使决策者做出错误的决策。企业应该将有限的资源投入在能够发展成为现金牛的业务上。

现金牛类(cash cows)——产业增长缓慢,占有较高的相对市场占有率的业务,企业在该业务中具有较强的竞争优势,也是企业现金的主要来源。此时,应尽可能地使现金牛业务长时期地保持其优势地位,对于强势现金牛业务,应采取产品开发、集中多元化业务来寻找新的增长点;对于弱势现金牛业务,更加适合采取收缩、剥离战略。值得注意的是,企业的现金牛业务享有规模经济和高边际利润的优势,往往被用来支付账款并支持其他三种需要大量现金的业务,尤其是明星类业务,因而无须继续加大对这些业务的投入。

瘦狗类(dogs)——这类业务产业增长缓慢,而且企业又无竞争优势。瘦狗业务既不能成为企业的资金来源,又无发展前途,是业务组合中最无价值的业务,应该采取收缩战

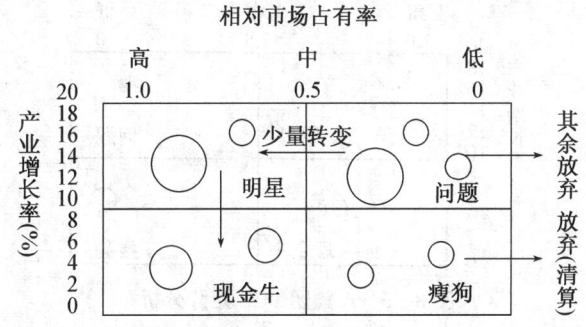

图 8-4 波士顿咨询集团(BCG)矩阵

资料来源:王德中. 企业战略管理[M]. 成都:西南财经大学,2002.

略或剥离与清算战略。当业务刚刚沦为"瘦狗"时,首先应该采取收缩战略,通过大规模的资产和成本削减,可能会使瘦狗类成为有盈利能力的现金牛类。然而在现实中,人们往往出于感情上的因素,虽然瘦狗类业务占用了公司大量的资源,但还是不忍放弃,这往往成为公司的沉重负担。

3. 建立波士顿矩阵通常包括以下四个步骤:

(1) 将公司分成不同的经营单位,并用圆圈在矩阵中表示出来。

(2) 圆圈的位置表示这个经营单位的市场增长率和相对市场占有率的高低;面积的大小可以用经营单位的收入占公司总业务收入的比例或经营单位的资产在公司总资产中所占的占有率来表示。

(3) 确定每一个经营单位的产业增长率和相对市场占有率。

(4) 依据每一个经营单位在整个经营组合中的位置而选择适宜的战略。

案例

A集团BCG矩阵分析

表8-4　A集团相关业务数据表

分部	业务收入（百万元）	收入百分比%	盈利（百万元）	盈利百分比%	市场份额百分比%	增长百分比%
1	60	18.75	5	11.90	80	18
2	80	25.00	10	23.81	20	15
3	60	18.75	10	23.81	40	10
4	100	31.25	15	35.71	70	4
5	20	6.25	2	4.76	5	5
总计	320	100	42	100	—	—

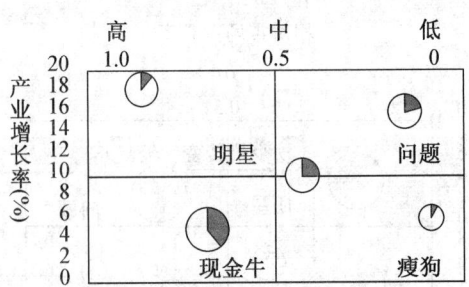

图8-5　A集团BCG矩阵分析

由图8-5可以看出分部1的业务为明星类业务,应加大投入,加强其主导地位。

四、IE 矩阵

内部—外部(IE)矩阵(internal-external matrix),是由通用电气公司的业务检查矩阵发展而来的。同 BCG 矩阵一样,IE 矩阵也是用矩阵图标识企业的各个经营单位的工具,以此来检查企业的业务组合状态,因此也被称作组合矩阵。

IE 矩阵以 IFE 的评分(或加权评分)作为横坐标,以 EFE 的评分(或加权评分)作为纵坐标,按照强、中、弱和高、中、低的水平把整个矩阵分为 9 个区域。其中 1.0~1.99 代表弱势地位,2.0~2.99 代表中等地位,3.0~4.0 代表强势地位。

如果经营单位落入到了Ⅰ、Ⅱ、Ⅳ象限中,表明该经营单位的内外环境评价分数较高,其处于增长和建立的区域,适宜采取的战略有加强战略(市场渗透、市场开发和产品开发)和一体化战略(后向一体化、前向一体化和横向一体化)。

如果经营单位落入到Ⅲ、Ⅴ、Ⅶ象限中,表明该经营单位的内外环境评价分数在中等水平,其处于坚持和保持的区域,适宜采取的战略有市场渗透和产品开发。

如果经营单位落入到Ⅵ、Ⅷ、Ⅸ象限中,表明该经营单位的内外环境非常不利,其处于收缩或剥离的区域,在这一区域的经营单位最好采取收缩型战略或剥离型战略。如图 8-6 所示。

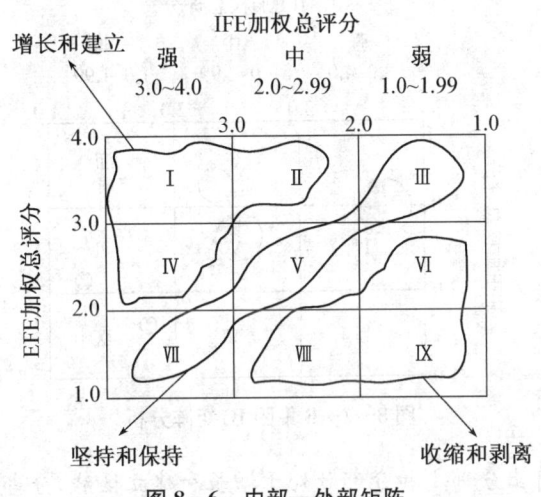

图 8-6　内部—外部矩阵

资料来源:黄旭. 战略管理思维与要径[M]. 北京:机械工业出版社,2007.

案例

B 集团 IE 矩阵分析

表 8-5 B 集团相关业务数据表

分部	业务收入（百万元）	收入百分比%	盈利（百万元）	盈利百分比%	IFE	EFE
1	60	38.71	12	48.00	3.6	3.1
2	50	32.26	5	20.00	2.5	2.6
3	30	19.35	5	20.00	2.2	3.3
4	10	6.45	2	8.00	1.2	2.1
5	5	3.23	1	4.00	1.8	1.5
总计	155	100	25	100	—	—

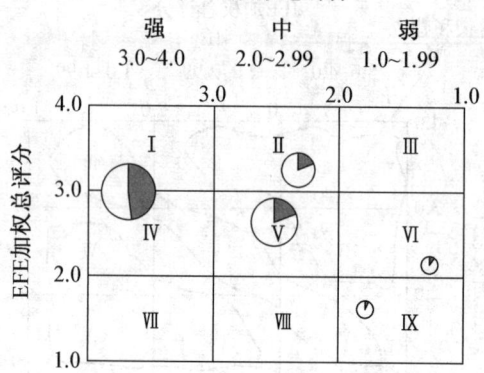

图 8-7 B 集团 IE 矩阵分析

由图 8-7 可以看出分部 1 和分部 3 处于增长和建立区域，分部 2 处于坚持和保持区域，分部 4 和分部 5 处于收缩和剥离区域。

五、GSM 矩阵

大战略矩阵(Grand Strategy Matrix，GSM)也是一种被经常使用的战略匹配工具。这一工具采用行业的增长率(纵坐标)和市场竞争力(横坐标)来标示企业的战略地位，如图 8-8 所示。

大战略矩阵也可以适用于多元化企业。在该矩阵中，竞争地位是以主业在行业中的竞争优势来定义的，市场增长率也是主业的行业增长率。

在第 Ⅰ 象限中，内部环境和外部环境都对企业非常有利。在这种情况下，企业应集中

```
                          市场增长迅速
              象限 Ⅱ                  象限 Ⅰ
              1. 市场开发              1. 市场开发
              2. 市场渗透              2. 市场渗透
              3. 产品开发              3. 产品开发
              4. 横向一体化            4. 前向一体化
              5. 剥离                  5. 后向一体化
              6. 结业清算              6. 横向一体化
                                      7. 集中多元化经营
  弱竞争地位 ─────────────────────────────────────── 强竞争地位
              象限 Ⅲ                  象限 Ⅳ
              1. 收缩                  1. 集中多元化
              2. 集中多元化            2. 横向多元化
              3. 横向多元化            3. 混合多元化
              4. 混合多元化            4. 合资经营
              5. 剥离
              6. 结业清算
                          市场增长缓慢
```

图 8-8　大战略矩阵

资料来源:黄丹,余颖.战略管理(研究注记·案例)[M].北京:清华大学出版社,2005.

在原有的产业链范围内展开经营。在此象限的企业适用加强型战略(包括市场渗透、市场开发和产品开发战略);如果企业的资源充裕,可以考虑采用前向一体化、后向一体化和横向一体化战略,以渗透到相关的产业链业务中;如果公司的产品线过于单一,需要分摊一些业务风险时,可考虑采用集中多元化战略。

处于第Ⅱ象限需要对自身的竞争能力做深入的分析。公司主营业务的行业增长率虽然很高,但企业在此领域的竞争效果不佳,企业需要做出继续加强此业务的经营还是放弃这一业务的抉择。因此,可供选择的战略为市场开发战略、市场渗透战略、产品开发战略、横向一体化战略、剥离和清算战略。

如果企业处于第Ⅲ象限,战略选择的大方向是开拓新的业务领域,以摆脱行业发展缓慢和回避企业的劣势。可考虑的战略类型有:集中多元化战略、横向多元化战略、混合多元化战略、收缩战略、剥离和清算战略。

处于第Ⅳ象限的企业具有较强的竞争优势,但主业所处的行业已经呈现萎缩的趋势,公司应该加强在新的多元业务上的发展。可以选择的战略包括:集中多元化战略、横向多元化战略、混合多元化战略、合资经营战略等。

六、QSPM 矩阵

有些情况下,也可以对战略方案进行定量化的评价,从而选择出最有效的战略。美国一位学者就提出了定量战略矩阵法。

定量战略计划矩阵(Quantitative Strategic Planning Matrix,QSPM)是对备选方案战略行动的相对吸引力做出评价,从定量的角度来评判其战略备选方案的优劣程度。经过由第二阶段的 SWOT 矩阵、SPACE 矩阵、BCG 矩阵、IE 矩阵和 GSM 矩阵的战略匹配阶段后,得到了一系列战略方案的结合,他们之间的重要程度如何? 企业应如何根据自身条件的限制来选择最适合企业发展的战略(或战略组合)？处于决策阶段的 QSPM 矩阵便是解决这一问题的工具,也是一种使战略制定者根据先前分析过的关键外部、内部因素(EFE、IFE)来客观评价备选方案的工具。

QSPM 矩阵的左栏包括了从 EFE 矩阵和 IFE 矩阵得到的信息,而 QSPM 矩阵顶部包括了从第二阶段战略匹配分析中得出的备选方案,此外还包括了关键因素分析的权重、吸引力评分、吸引力总分等要素。见表 8-6。

表 8-6 定量战略计划矩阵——QSPM 矩阵

关键因素		权重	备选战略1		备选战略2		备选战略3		备选战略4	
			AS	TAS	AS	TAS	AS	TAS	AS	TAS
机会	1.									
	2.									
	3.									
	4.									
	……									
威胁	1.									
	2.									
	3.									
	4.									
	……									
优势	1.									
	2.									
	3.									
	4.									
	……									
劣势	1.									
	2.									
	3.									
	4.									
	……									
总计				—		—		—		—

建立 QSPM 矩阵通常包括以下几个步骤:

(1) 在 QSPM 矩阵的左栏上根据先前分析过的 EFE、IFE 矩阵中得到关键外部机会与威胁和内部优势与劣势,并给出相应的权重。

(2) 将得出的匹配的战略备选方案填到矩阵顶部的横行中。

(3) 确定每一备选方案的吸引力分数(attractiveness scores，AS)。根据所考察的关键因素与备选战略的关系给出评分。评分值在 1~5 分之间，根据机会、威胁、优势和劣势来分别确定。具体定义见表 8-7。

表 8-7 吸引力分数说明

	机会	威胁	优势	劣势
5 分	充分抓住机会	很好应对威胁	充分利用优势	很好地弥补劣势
4 分	较好把握机会	较好应对威胁	较好利用优势	较好地弥补劣势
3 分	把握机会程度一般	应对威胁能力一般	利用优势程度一般	弥补劣势程度一般
2 分	不能较好把握机会	不能较好应对威胁	不能较好利用优势	不能较好弥补劣势
1 分	完全没有抓住机会	完全不能应对威胁	完全不能利用优势	完全不能弥补劣势

资料来源：黄旭. 战略管理思维与要径[M]. 北京：机械工业出版社，2007.

(4) 计算吸引力总分(TAS)。吸引力总分(total attractiveness scores，TAS)表示各备选战略的相对吸引力。吸引力总分越高，战略的吸引力就越大。

吸引力总分是关键因素的权重与吸引力评分的乘积，即：

$$TAS = 权重 \times AS$$

(5) 计算吸引力总分和。它是通过将 QSPM 矩阵中各个备选战略的 TAS 总分相加而得。分数越高，表明战略越具有吸引力。

案例

S 公司的 QSPM 矩阵

表 8-8 S 公司 QSPM 矩阵分析

	关键因素	权重	国内合作研发战略		外资支持研发战略	
			AS	TAS	AS	TAS
机会	1. 轿车市场继续快速增长	0.10	4	0.40	3	0.30
	2. 环保政策利于公司技术能力的发展	0.15	3	0.45	4	0.60
	3. 国内代用燃料汽车技术研发取得进展	0.10	4	0.40	2	0.20
	4. 大多数经销商最关心产品质量	0.10	2	0.20	1	0.10
威胁	1. 我国新动力汽车研发和应用都相对落后	0.10	1	0.10	4	0.40
	2. "入世"后竞争将更加激烈	0.10	3	0.30	4	0.40
	3. 同行业竞争对手竞争力正在得到加强	0.15	3	0.45	4	0.60
	4. 国内银行在汽车消费信贷方面还未起步	0.05	—	—	—	—
	5. 未来较长时期内，国内轿车可能供过于求	0.15	3	0.45	2	0.30

(续表)

	关键因素	权重	国内合作研发战略		外资支持研发战略	
			AS	TAS	AS	TAS
优势	1. 员工有较高的专业素质	0.10	3	0.30	4	0.40
	2. 工艺先进、技术含量高	0.15	3	0.45	1	0.15
	3. 产品质量业内领先	0.20	3	0.60	2	0.40
	4. 产品在细分市场上有一定竞争力	0.05	—	—	—	—
	5. 企业将得到×公司全方位的支持	0.10	1	0.10	4	0.40
劣势	1. 长期债务负担沉重	0.20	2	0.40	4	0.80
	2. 市场占有率低,品牌价值不高	0.05	3	0.15	4	0.20
	3. 一些零部件成本较高	0.05				
	4. 营销和服务体系尚不完善	0.10	2	0.20	1	0.10
	总计	2.0	—	4.95		5.35

资料来源:贾旭东. 现代企业战略管理思想、方法与实务[M]. 兰州:兰州大学出版社,2006.
注:"—"表示没有影响

根据 QSPM 矩阵的分析,两种备选战略的吸引力总分和分别是:国内合作研发战略 4.95 分;外资支持研发战略 5.35 分。显然后者的吸引力大于前者,因此企业应优先选择外资支持研发战略予以实施。当企业从每一组战略中都选出了吸引力较高的备选战略,就可以进行最终的战略决策了。

七、对战略选择工具的综合评价

1. SWOT 矩阵的评价

优点:

(1) SWOT 矩阵分析法应用灵活,可以根据分析者的经验,在各种复杂的环境中匹配出细致多变的应对方案。分析直观,并且使用简单。

(2) 与其他分析工具相比,SWOT 矩阵具有机构化和系统性的特点,通过矩阵这种形式对企业内外环境和条件进行全盘考虑,有利于拓展思路,使战略制定更加科学全面。

(3) 优劣势分析主要是着眼于企业自身的实力及其与竞争对手的比较,而机会和威胁分析将注意力放在外部环境的变化及其对企业的可能影响上。SWOT 矩阵分析的主要思想是:抓住机遇,强化优势,避免威胁,克服劣势。

局限:

(1) 采用定性的方法来形成模糊的判断,其中不可避免有一定程度的主观臆断。因此,在罗列作为判断依据的事实时,要尽量客观精确,并提供一定的数据以弥补定性分析的不足。

(2) SWOT 矩阵进行战略匹配的目的在于产生可行的备选战略,而不是选择或确定最佳战略。并不是所有在 SWOT 矩阵中得出的战略都要被实施。

（3）在建立 SWOT 矩阵时，采用具体而不是笼统的词令非常重要。

2. SPACE 矩阵的评价

（1）SPACE 矩阵分析与其他分析工具不同的是它对风险问题予以特别的关注，SPACE 矩阵将财务优势与环境稳定性这一对指标独立出来作为一个纵轴，并把风险因素作为单独的分析与考虑。这一工具适合于风险较大的行业或对风险非常敏感的企业使用。

（2）SPACE 矩阵的设计作用在于确定企业整体的战略地位和其每一项业务的战略地位，以帮助企业确定其所处行业的吸引力和企业在市场上的竞争能力。

（3）SPACE 矩阵与 SWOT 矩阵相比，增加了定量分析的因素。

3. BCG 矩阵的评价

优点：

（1）BCG 矩阵关注多元化企业的业务组合问题，BCG 矩阵的特殊结构使多个业务的战略置于一个平面上进行分析成为可能。

（2）BCG 矩阵使人们很容易注意到企业各分部门的现金流动、投资特性和需求。BCG 矩阵是多元化公司战略制定的有效工具，它通过把企业生产经营的全部产品或业务组合作为一个整体进行分析，解决企业相关经营业务之间现金流量的平衡问题。

（3）BCG 矩阵具有简明、易用、明了等多方面的优点。

局限：

（1）把独立经营的单位归入四种类型，有过于简单化之嫌。组织类型迥然不同、产业状况千差万别、经营模式复杂多变，对业务单位简单分类，并不是一件轻而易举的事。有时，业务单位处于矩阵的中间地带，难以归类。

（2）BCG 矩阵没有历时性，无法纵向比较业务单位和产业的增长情况。BCG 矩阵是拍照而不是摄像，只能记录时点状态，不能演绎历史过程。

（3）指标比较单一，反映的信息不够充分。BCG 矩阵通过"相对市场份额"和"产业增长份额"反映运行情况。这两项指标是制定战略和做出决策的必要条件，但不是充分条件。还有许多因素，比如市场竞争优势、赢利潜力和核心竞争力等，没有包含在内。

（4）准确决定各项业务的市场占有率和市场发展率相当困难。特别是对中线的确定更为困难，因为不同类业务的发展速度是不同的。

（5）BCG 矩阵的最大问题是对获利量与市场份额成正比关系的假设。根据此假设，企业的市场份额越大，获利量就越多。这一假设诱使许多企业追求扩大规模和提高市场份额。

（6）BCG 矩阵对于进入或维持最高发展率市场的提示也是有问题的。因为有最高发展率的市场，其进入障碍可能很大，使企业进入后获得的收益不足以弥补进入成本。当经济处于低发展或萧条时期，选择业务更为重要。这时，更不能完全由发展率来决定战略。特别是对瘦狗类业务，应该尽量让其做出贡献。

4. IE 矩阵的评价

（1）IE 矩阵与 BCG 矩阵属于同一类型的分析工具——对企业的业务进行标识，从而检查企业的业务组合状态。因此,它们也被称为组合矩阵。这两种矩阵都用圆圈表示业务单位,圆圈越大,表示对组织业务的贡献(销售额)越大;用阴影部分占所在圆圈的比例表示该业务单位对总公司盈利的贡献率。

(2) IE 矩阵与 BCG 矩阵的不同是:IE 矩阵采用复合指标来反映企业在各个产业的内、外部关系因素,而 BCG 矩阵则采用单一指标来衡量业务的内、外部因素。从而,IE 矩阵比 BCG 矩阵要求有更多的关于企业各业务单位的信息。

(3) IE 矩阵采用 EFE 评分作为外部环境因素的评价指标,忽略了不同经营单位不同的关键外部因素,使得 EFE 评分不具有可比性。

5. GSM 矩阵的评价

(1) 大战略集合矩阵,即多元化经营企业的业务组合分析方法,是建立在波士顿矩阵方法的基础上,经汤姆森(A. Thompson)和斯特克兰(A. T. Steckland)两人加以完善后提出的。

(2) 通常而言,当企业拥有了一组多元化经营的业务,企业总体战略决策者将会面临三个问题:第一,必须确定目前这组业务的吸引力;第二,假如目前这组业务是有吸引力的,必须对每一个业务单位估计未来潜力;第三,如果这些答案都不令人满意,高级管理者必须决定哪些业务需要剥离出去,哪些业务需要继续和发展。对这三个问题的分析和决策,已经发展出许多可以参考的方法,比较典型的是大战略集合矩阵。

(3) 企业在选择总体战略时,除了要考虑市场增长率及竞争地位外,还要考虑其他因素,如企业现有的生产经营结构及运行状况、财务实力、资本投资需求、独立竞争力及对市场机会所做出的反应等。

6. QSPM 矩阵的评价

(1) QSPM 矩阵的最大优点是可以用量化的方式对一组战略进行相对可行性和合理性的比较与评价,为最终的战略决策提供客观、科学的依据。同时,它使得战略制定者在战略决策过程中能够综合考虑相关的内外部重要因素,避免关键因素不适当地被忽视或偏重。

(2) QSPM 矩阵把战略决策者们的主观判断定量化,使各方观点、判断都在一个平台上完好地呈现出来,更有助于帮助决策团队达成共识。

(3) QSPM 矩阵只能在战略组合内进行战略评价。QSPM 矩阵中所包括的备选战略的数量和战略组合的数量均不限,但只有在一组内的各种战略才可进行相互比较和评价,即进行比较评价的备选战略应当具有可比性。例如,第一组战略可能会包括集中化和多元化,而另一组战略可能包括发行股票和售出分部以筹集资金等内容。

(4) QSPM 矩阵总是要求做出直觉性判断和经验性假设,因为权重的设定和吸引力的分数往往要靠经验来判断。同时,由于 QSPM 是建立在第一阶段、第二阶段的基础上的,所以 QSPM 的准确度往往要依据前两个阶段的准确度,这也限制了 QSPM 的精确性。

(5) 实践证明,为了保证战略选择的准确性,不断提高战略管理水平,需要加强战略决策者、中层和基层管理者以及关键雇员之间的沟通,就战略问题开展经常性、制度化和建设性的对话,对于提高战略管理效率具有重要意义。

7. 正确认识和运用战略方法

综合以上,从信息输入、信息匹配到战略决策,我们介绍了一个完整的三阶段战略制定框架,其中主要的矩阵方法就是 EFE 矩阵、IFE 矩阵、SWOT 矩阵和 QSPM 矩阵,这四个主要工具前后连贯、联系紧密,形成了一个量化环境要素并在此基础上进行战略决策的方法模式,其他的战略分析工具都可以纳入这个方法框架之中。这种方法的突出特点就是选择关键环境要素并对其进行定量评分和量化的比较研究,最终做出科学的战略决策。其优点在于用科学理性的方法梳理了战略决策者的思维,使其全面、理性、冷静地进行战略思考,避免了战略决策的盲目、疏忽与漏洞。

我们必须注意的是,虽然这种方法本身并不复杂,甚至很好掌握,但如何科学有效地运用这些方法却并非易事。运用这些方法最大的难度在于:

首先,如何保证环境要素选择的准确性和全面性。如果漏掉了重要的环境因素或将不重要的因素作为关键要素来分析,结论一定大相径庭。

其次,如何保证对各关键要素赋权和评分的科学性和客观性。权重和评分从绝对数上看毫无意义,但它们的相对比较却是战略决策的依据,具有重要的战略价值。"差之毫厘,谬以千里",细微的偏差有可能在被系统放大后成为巨大的错误。

最后,如何在运用上述方法时充分发挥战略决策者的创造力。战略是富有创造性的艺术,但往往在进行量化评分的过程中,战略决策者的创造性也消失殆尽,这样制定出来的企业战略死板僵硬,很难成功。

因此,我们应当认识到,方法本身只是一种工具,而真正重要的是运用这些工具的人以及运用这些方法的指导思想。成功有效地运用战略制定方法建立在战略制定者对企业内外部环境的深入分析、全面把握、准确认知和深刻理解的基础之上。数字的比较虽然是客观的,但数字的产生却取决于主观的判断,体现了战略决策者的战略思维,这也正是我们始终强调战略思想在战略管理中的核心地位的根本原因。

第三节 战略选择的影响因素

一、企业过去战略的影响

在开始进行战略选择时,首先要回顾企业过去所执行的战略,因为过去战略的效果对未来战略选择有极大的影响。现在的战略由过去某一有影响的领导者所制定的战略演化而来。这个独特的、紧密一体化的战略对以后的战略选择是主要的影响因素。官僚化的管理组织使战略得以贯彻和实施,即原决策者推出这个战略并向下属说明,而后低层管理人员将这个战略加以实施。当这个战略由于条件变化而开始失效时,企业总是将新的战略嫁接到这个老战略上来。在此之后才探索出一种全新的战略。这种选择与过去战略相似和沿袭的倾向已渗透到企业组织之中。当外部环境变化更大时,企业才开始认真地考虑采取防御战略、组合战略或发展战略。

研究表明,在计划过程中低层管理人员认为,战略的选择应与现行战略相一致,因为这种战略更易被人接受,推行起来阻力较小。在改变过去的战略时,往往需要更换高层管理人员,因为新的管理者较少受到过去战略的约束。

二、企业对外界环境的依赖程度

在战略选择中,企业必然要面对供应商、顾客、政府、竞争者及其联盟等外部环境因素。这些环境因素从外部制约着企业的战略选择。

企业对外部环境依赖程度越高,企业选择战略的灵活性就越小,除非发生危机的情况。

(1) 企业依赖于少数几个股东的程度越高,则战略选择的灵活性就越小;

(2) 企业依赖于其竞争对手的程度越高,则越不可能选择进攻性的战略;

(3) 企业的成功和生存越依赖于少数几个顾客,则企业对他们的期望越应做出较快的反应;

(4) 企业越是依赖于政府和社区,则它对市场状况和股东的要求越不具有灵敏的反应。

企业经营面对的市场的易变程度,影响着战略选择。市场中的情况变化越大,企业的战略需要的灵活性就越大。企业对外界的依赖程度越大,其战略选择的范围和灵活性就越小。

如果企业高度依赖于其中一个或多个因素,其最终选择的战略方案就不能不迁就这些因素。因此,企业战略决策者在进行最终战略方案选择时,必须考虑源自企业各利益集团的压力,考虑企业的用户与股东、潜在职工、地方社团、一般社会公众、供应商、政府机构等对企业的期望与要求。

三、企业对风险的态度

企业对风险的态度也能影响战略选择的范围。任何一个战略方案通常都是带有风险的,而且一般来说,战略方案吸引力的大小部分地与这些方案的风险性大小存在着正相关的关系。这就是说,盈利潜力大的方案往往所包含的风险也大。这里的"风险"不仅是指战略方案实现的可能性,而且还包括战略方案所需的资源多少、回收投入资源所需的时间长短等方面的风险性。战略方案所涉及的资源量越大,回收所需的时间越长,则企业战略决策者对战略成功可能性的要求就越高。由于对战略成功可能性的估计严重依赖于个人的主观价值判断,所以企业战略方案的最终选择将在很大程度上取决于企业管理阶层对风险的态度。企业管理层如果对风险持欢迎态度,战略选择的范围和多样性便会得到拓展,风险大的战略也能被人接受;反之,企业管理者对风险持畏惧、反对态度,选择的范围就会受到限制,风险型战略方案就会受到排斥。冒险型管理人员喜欢进攻型的战略,保守型管理人员则喜欢防守型的战略。

四、时间因素

时间因素主要从以下几个方面影响战略选择:

第一,外部时间制约对管理部门的战略决策影响很大。如外部时间制约紧迫,管理部门就来不及进行充分的分析评价,往往不得已而选择防御型的战略。

第二,做出战略决策必须掌握时机。实践表明,好的战略如果出台时机不当,可能带来灾难性后果。

第三,战略选择所需的超前时间同管理部门考虑中的前景时间是相关联的。若企业着眼于长远的前景,则战略选择的超前时间就长。

五、竞争者的反应

在进行战略选择时,高层管理人员往往要全面考虑竞争者对不同选择可能做出的反应。例如,若企业采用增长型战略,主要竞争者会做出什么反击行为,从而对本企业打算采用的战略有什么影响;如果选择的是直接向某一主要竞争对手挑战的进攻性战略,该对手很可能用进攻性战略进行反击。企业高层管理人员在选择战略时,必须考虑到竞争者的这类反应,其反应的能量及他们对战略成功可能产生的影响。

在寡头垄断性的市场结构中,或者市场上存在一个极为强大的竞争者时,竞争者的反应对战略选择的影响更为重要。例如,IBM公司的竞争行为会强烈地影响计算机行业所有公司的战略选择。而美国各汽车巨头也都必须紧盯其他巨头竞争者的反应以确定自己的战略。

六、企业文化与权力关系

企业所选定的战略方案与企业文化是否能够很好地相容匹配,对该战略方案的成功实施关系重大。在QSPM矩阵中权重的确定,就渗透了大量的组织文化的因素,同时也反映了企业对待战略问题的价值观。

战略方案的选择如果与企业文化完全匹配,虽然会对战略的成功实施产生极大的支撑作用,但同时必然会阻碍那些具有创意和盈利潜力的方案的选择。越成功的企业,对其成功经验越迷恋,对环境变化的适应性也就越差。

如果战略方案的选择与企业文化不相适应,虽然可以应对环境的变化,但是共同的信念、强大的组织文化会大大增加成功实施该项战略的风险。不注意方案与企业文化的关系,脱离企业文化的要求进行战略管理,特别是当企业选定的战略与企业文化可能发生强烈冲突的情况下,对战略方案的选定一定要慎而行之。

企业中的权力关系对战略决策有很大的影响,在大多数企业中,如果一个拥有稳固的绝对权力的高层管理者支持某一战略方案,则该方案一般都会成为企业最终选择的战略,并得到一致拥护。因此,企业的战略决策往往都是由企业中拥有最高权力的领导者做出的。如果企业权力并不集中,而是存在几个权力集团,那么最终的战略就往往是权力集团博弈的结果。

七、中层管理者和职能人员的影响

中层管理人员和职能人员,尤其是公司战略部门管理与规划人员对战略选择有重大影响。鲍威尔(J. Bower)和舒沃兹(J. Schwartz)的研究指出,如果中层管理人员和企业规划人员参加战略选择过程,由于受到个人视野及其所在单位目标和使命的影响,他们选择的战略通常与总经理选择的不同,他们倾向于向高层推荐那些低风险、渐进式的战略,而不是高风险和突破性的战略。

卡特(E. Carter)研究了一些中小型公司做出的收购决策,发现中低层管理人员倾向于上报那些可能被上司接受的方案,而扣下不易通过的方案。各部门都会从自身利益出发来评价战略方案,在可能的情况下,他们的选择总是适合于自身的目标。

因此,中层管理人员和职能人员能够通过草拟战略方案以及对方案进行评价来影响企业战略的选择。一般说来,他们对战略方案的建议和评价,总是倾向于少冒风险,在不同程度上延续过去的战略。

第四节 战略选择的误区

在制定企业战略时,不可避免地会在决策者心中产生一些急功近利的思想。实现快速成长,尽快赶上领先对手是许多企业管理者孜孜以求的目标。然而,企业与领先对手在竞争地位上的差距,绝不是一朝一夕可以消除的。如果一味追求成长速度,企业管理者的思想和行为就可能步入战略误区。

利润误区、规模误区、并购误区和多样化经营误区是企业战略决策者在实践中经常遇到的战略误区。

一、利润误区

亨利·福特早在1916年就曾经说过:"我认为,我们不应该靠生产汽车来谋取太多的利润。获得适当的利润是应该的,但是不应太多。我认为,以较低的利润出售大量的汽车,这种做法更好……因为这可以使更多的人买得起和使用汽车,可以使更多的人有报酬较好的工作。这是我一生的两个目标。"许多目光远大的企业管理者的确没有把谋取最大利润作为最主要的目标,他们把社会责任、员工利益和投资者的利益等都纳入企业的使命,为企业成长奠定了长期的思想基础。如今,绝大多数企业管理者都已经接受了这样的观念,利润只是企业的几个根本性的目标之一。

企业高层领导如果放弃了长期发展目标,只是一味追求最大利润,就会形成以短期利润为轴心的经营模式,落入企业成长中的利润误区。这是一种常见的决策失误,其原因既有企业领导的主观认识问题,也有一些其他客观因素的影响。比如一个创办不久的企业为了实现更大的发展,迫切需要更多的资金,企业领导自然希望在短期内赢得大量的利润;还有一些企业领导之所以热衷于短期利润目标,是因为他们希望能够较快地给员工增加收入,获得员工的认可和拥戴;另外,来自投资方的压力也可能影响到企业的战略决策,使高层领导被迫在企业的长期利益和短期利益之间做出妥协。

利润误区的最大特点是企业的战略决策缺乏长远观念,它对企业的危害主要表现在以下几个方面:

第一，忽视竞争优势的培养过程；
第二，使企业迷失战略方向；
第三，不能对外界环境的变化及时做出反应；
第四，利润误区可能导致企业伦理的丧失。

所以，一个把标尺设定在更高、更远的目标上，试图实现快速成长的企业，必须在企业利益和社会公众利益之间，在企业短期利益和长期利益之间求得平衡，这就要求企业领导者正确地看待利润。

二、规模误区

在许多企业领导者的心目中，企业的规模等同于规模经济，等同于企业竞争优势，也等同于自己的经营业绩。在这种观念的指导下，他们大肆以企业并购、资产重组等手段将一大批劣质资产纳入自己的企业，使企业的规模在短时间内迅速膨胀。这种观念及其指导下的行为都是极端错误的，因为它没有结合企业和市场的实际需要。

"规模经济"是用于描述企业经营投入—产出关系的概念，其基本含义是指，在其他条件不变（如技术、价格、利率、税收等）的场合，随着投入的增加（即资产规模扩大），产出（即收益）以高于投入的比例增加。规模经济形成的主要原因在于成本降低，即在经营规模扩大中，采购成本、生产成本、管理成本、财务成本（主要是利息）、销售成本等并不与经营规模同比例上升，从而，产品（或销售）成本降低、利润增加。显然，规模经济符合资本运动的本质要求，属于资本经营的范畴。

但是，资产规模的扩大并不会自然地形成规模经济，企业并购、资产重组也并非都有利于构造规模经济格局。这是因为：

（1）规模经济是针对单个工厂（甚至单套设备装置）而言的；
（2）规模经济反映的是企业生产某种特定产品中的成本和收益关系；
（3）理论上讨论规模经济时，舍去了一系列重要的影响因素。

由上不难看出，规模经济有其内在的规定。在不符合这些规定的场合，资产规模的扩大，不可能导致规模经济的形成。可见，只有那些符合规模经济要求的企业并购、资产重组活动，才具有这些积极意义。

三、并购误区

在企业并购和资产重组中，一些企业提出"低成本扩张"的思路，试图以尽可能低的投资来最大限度地增加资产数量，实现资产的快速扩张；一些学者也认为，这是一种值得提倡的资本经营战略，而加以论证和宣传。但是，"低成本扩张"应该结合并购双方的具体情况兼顾国家、企业和员工的总体利益进行，万万不可作为企业发展壮大的捷径。以往的一些并购案例证明两点：

1. 对国有资产来说，"低成本扩张"的成本并不低

一些企业通过评低目标企业的国有净资产数量，然后进行并购来实现"低成本扩张"。在这个过程中，国有净资产应有的价值与低成本之间的差额，构成了国有资产为"低成本扩张"所付出的成本。在这种情形下提倡"低成本扩张"，不仅严重影响国有资产的保值增

值,严重影响资产评估的正常秩序,而且严重影响国有资产的正常交易秩序、存量盘活的正常进行,同时,还将企业的并购活动引向误区。

2. 对企业来说,"低成本扩张"的成本并不低

在实践中,实施"低成本扩张"的企业往往简单地以企业在资产交易环节中付出的代价来计算成本。但对并购企业来说,真实的成本并不以此为限,它还包括并购企业在并购目标企业后所进行的技术开发、项目投资、设备更新、经营管理、产品调整、市场开拓、人员培训及处理各种复杂事务方面所付出的代价。如果企业只重视在并购中以较低的价格收购价值较高的资产而忽视并购后的各种代价和费用,那么这样做的结果往往是,并购企业非但未能救活目标企业,而且自己也陷入了经营困境,甚至成为其他企业并购的目标。

事实上,对并购企业来说,能否以较低的价格获得目标企业的资产,在于其是否拥有技术、管理、产品、市场等方面的优势。如果拥有这些优势,即便按等价交换规则收购目标企业的资产,并购后的营运也能获得成功;如果缺乏这些优势,即便无偿获得了目标企业的资产,并购后的营运也可能失败。因此,"低成本"不是实现企业并购、资产重组的关键,不应该提倡;应提倡和鼓励的是,并购企业利用技术、管理、产品、市场等方面的优势来展开并购、重组,以促使企业营运方式的市场化和市场竞争力的增强。

四、多样化经营误区

多样化经营也称为多角化经营或多元化经营,它是指一个企业同时生产和提供两种以上不同的产品或劳务。近年来,国内许多企业追随国际潮流,不分大小纷纷开展多样化经营,"多样化"也迅速成为一个经营上的热点。但1998年年初巨人集团的倒闭,给那些经营触角伸得过长的企业敲响了警钟。人们开始意识到以往对多样化的认识还太肤浅,在这一领域还存在着很多误区,具体如下:

(1) 以盲目追求市场机会为多样化的指导思想;
(2) 多样化即是进入利润高的行业,而不论业务是否与主业相关;
(3) 多样化一定能降低风险;
(4) 多样化是企业成功的必由之路。

总之,多样化是一种很好的企业发展战略,但实行多样化是需要一定条件的,并非任何企业都可能或者都要实行,也并不是任何形式的多样化对企业都适用。企业应该结合所在企业和行业的特点来决定是否多样化,应以是否能够充分发挥竞争优势来作为多样化目标行业的选择依据。

在企业的决策中,还有许许多多的误区,这就需要战略制定者时刻保持敏锐的洞察力和清醒的头脑,在发现机会的同时能发现其中隐含的风险,防止战略的效果偏离决策者的初衷。

本章案例

2000年，永辉超市正式成立，其针对的主要销售类目是生鲜领域。相对于外资零售企业，特别是在生鲜领域方面，永辉超市依托其东道主的位置，具有较强的竞争优势。在成立之后的10年内，永辉超市积累经验与口碑，终于在2010年上市。上市后，永辉有了充足的资金，便开始了大规模的门店扩张，截止至2019年9月29日，永辉超市在全国291个城市中拥有924家门店。

然而在这十几年的门店扩张进程中，永辉超市现有的快速扩张型财务战略已经不再适合企业现在的发展情况。其快速扩张导致企业在财务能力指标等财务方面都有影响，这些影响主要体现在大规模股权融资、激进的投资以及高额的股利分配上。

永辉超市现有财务战略存在的问题：

资金使用率低。从永辉超市2015年—2018年的财报中可以看出，永辉超市首年出现了负增长的现象，2018年的年净利润同比减少8.52%。深追其原因，主要是由于永辉超市大规模地扩张门店，导致其资金的使用效率较低。永辉超市在扩张其门店以及业务的时候，在新进入地区时会通过投资控股地方企业进入该地区的市场。然而，永辉超市在这个投资活动中，多是去投资亏损企业，在短时间内无法产生盈利。另外，永辉超市上市后，股权融资解决了很大一部分的资金问题，但是永辉超市没有很好地利用起这笔资金，没有去进一步花钱升华自己，没有多元化地去发展。因此，永辉超市现有的这种快速型扩张财务战略已不再适合永辉进一步发展，探求新的财务战略迫在眉睫。

盲目扩张门店。永辉超市自2000年开始成立，随后开始了其迅猛的扩张之路。截止至2018年，永辉超市共有1275家门店，其销售金额7676773万元，销售增长率17.4%。然而其年净利润却从2017年的18.2%降至4.8%。这主要是财务费用的变化，以及高额的股利分配。从整体店铺的扩张和布局上，由于盲目的扩张导致财务费用的大幅增长、新店出现亏损及净利润的下滑。从单个店铺的经营来看，由于永辉大规模快速扩张，在店铺的选址、当地零售市场的行情等方面都没有做具体的市场调研与分析，导致单个店铺在正式经营活动中容易发生一系列的问题，另外，人才也是永辉超市没有考虑好的问题。永辉超市快速扩张必然需要更多的人才帮助企业进行运营，而永辉超市人才引进的速度远远慢于其扩张的速度。

缺乏创新特色。永辉超市自2000年成立以来，主要依赖于生鲜领域占领零售行业市场。然而，在近些年的发展中，永辉超市的生鲜特色遭到了许多竞争者的模仿。尽管永辉超市具有先天的东道主优势，但是外资企业发展历史久，品牌已经深入消费者的心中，自外资企业开始与永辉超市抢夺生鲜领域的市场份额后，永辉超市没有其他更为特色的创新之处。并且随着电商、物流行业的发展，顺丰到家、京东到家、天猫超市等线上下单一日内到家的服务越来越丰富与便捷，线上销售的模式已逐渐摆脱由于物流而无法销售生鲜的劣势。因此永辉超市在如此竞争激烈的条件下，选择适合自己的财务战略，从而获得竞争优势，就显得更加重要。

资料来源：吴佳玉，零售企业的财务战略选择——以永辉超市为例[J]．广西质量监督导报．2019(12)：

125-126.

思考题:
在未来永辉超市应该选择怎样的战略?

关键概念

SWOT 矩阵　SPACE 矩阵　BCG 矩阵　IE 矩阵和 GSM 矩阵　QSPM 矩阵

本章小结

1. 战略选择的原则包括一致性原则、合理性原则、竞争性原则、风险性原则和有效性原则。

2. 战略制定的三个阶段为信息输入阶段、匹配阶段和决策阶段。

3. SWOT 矩阵把企业所面对的外部因素和内部因素综合起来进行考虑,核心在于"匹配",即根据企业的机会、威胁、优势、劣势设计出 SO、WO、ST、WT 战略。

4. SPACE 矩阵采用财务优势(FS)、竞争优势(CA)、环境稳定性(ES)和产业优势(IS)四个纬度来进行战略匹配分析,匹配出进取型战略、保守型战略、防御型战略和竞争型战略中的一种。

5. BCG 矩阵分析法关注企业多元化业务组合的问题,通过考察各个经营单位对其他竞争者的经营单位的相对市场份额地位和产业增长速度而管理其业务组合。将企业的所有业务划分为问题类、明星类、现金牛类和瘦狗类四种类型。

6. IE 矩阵以 IFE 的评分(或加权评分)作为横坐标,以 EFE 的评分(或加权评分)作为纵坐标,按照强、中、弱和高、中、低的水平把整个矩阵分为 9 个区域。划分为增长和建立、坚持和保持、收缩和剥离三大区域。

7. GSM 矩阵采用行业的增长率(纵坐标)和市场竞争力(横坐标)来标示企业的战略地位。

8. QSPM 矩阵是对备选方案的战略行动的相对吸引力做出评价,从定量的角度来评判其战略备选方案的优劣程度。

9. 影响战略选择的因素有企业过去的战略、企业对外界环境的依赖程度、企业对风险的态度、时间因素、竞争者的反应、企业文化与权力关系以及中层管理者和职能人员的影响。

10. 战略选择的误区通常有利润误区、规模误区、并购误区和多样化经营误区。

复习思考题

1. 战略选择的原则有哪些?
2. 战略制定包括哪几个阶段,各阶段主要有哪些方法?
3. 战略选择的工具有哪些?

4. 试述各种战略选择工具的建立步骤。
5. 请简要评价各种战略选择工具。
6. 战略选择的影响因素有哪些?
7. 战略选择的误区有哪些?

第四篇

战略实施
——攻略战略管理之城

第九章　战略目标与资源配置

名言警句

在风险投资与投机中,战略与战术的完美结合是一门投资的艺术。战略解决方向与时间跨度的问题,战术解决量化的目标与进出时点的问题。

——方世平

在任何场合,企业的资源都不足以利用它所面对的所有机会或回避它所受到的所有威胁。因此,战略基本上就是一个资源配置的问题。成功的战略必须将主要的资源用于利用最有决定性的机会。

——威廉·科恩

学习目的

- 企业战略目标的设立
- 从时间和空间上如何对战略目标进行分解
- 企业战略资源及其更好的配置

引导案例

小米的战略目标

小米科技,全称北京小米科技有限责任公司,由在Coogle、微软、金山等公司工作过的顶尖高手组建,成立于2010年3月3日,是一家专注于智能硬件和电子产品研发的移动互联网公司,同时也是一家专注于高端智能手机、互联网电视以及智能家居生态链建设的创新型科技企业。米聊、MIUI、小米手机是小米科技的三大核心产品。"为发烧而生"是小米的产品理念。小米公司首创了用互联网模式开发手机操作系统、60万名发烧友参与开发改进的模式。2018年2月,Google联合WPP和凯度华通明略发布的《2018年中国出海品牌50强报告》显示,小米在中国出海品牌中排名第四,仅次于联想、华为和阿里巴巴。

一、公司的愿景、使命

1. 愿景

"让每个人都能享受科技的乐趣"是小米公司的愿景。小米公司致力打造其特有的公司文化——创新、快速的互联网文化,平等、轻松的伙伴式工作氛围,让你充分享受与技术、产品、设计等各领域顶尖人才共同创业成长的快意。

2. 使命

（1）经营主线。小米公司主要专注于手机产品开发研究与生产，是目前国产手机的领跑者。

（2）经营目的。客户忠诚度：小米致力于向客户提供最高质量的产品、服务和解决方案以及更多价值，以赢得客户信任。

利润：小米手机基本上是零利润售机，不过也必须要保障后期获得足够的利润来支持公司的发展壮大，为公司的其他项目提供资金支持。

市场领袖：小米公司致力于不断开发和改进更出色的产品，同其他品牌竞争，成为国产手机领头羊，成为发烧友的最爱，带领国产手机走向世界。

对员工的承诺：小米没有严格的等级制度，每个人都是小米的主人公，都要从工作中获得满足感和成就感。

核心价值观。不与已存在的智能机抢客户，而是通过服务与销售软件的形式盈利，避免在市场占有率的直接碰撞。利用自身较低的价格，获取客户，而后从已有的客户身上赚取利润。

二、公司的战略目标

小米 CEO 雷军说过，我们的目标是成为全球最代表未来、最酷的科技公司。至于如何界定这个"酷"，雷军认为，用户认同的便是最酷的。小米希望做让国人骄傲的国际品牌。应用互联网开发模式开发产品的模式，用极客精神做产品，用互联网模式干掉中间环节，致力于让全球每个人都能享用来自中国的优质科技产品。在研发环节强调"极致的产品态度"，制造环节强调"真材实料"，服务环节强调"和用户交朋友"，定价环节追求"硬件成本价"。

短期目标：不以硬件盈利，而以硬件提升品牌知名度，与国内运营商合作为运营商定制产品，推动 MIUI 用户规模的增长。

中期目标：自主研发，开发新的软件，和国内外巨头互联网公司合作，整合互联网用户和互联网产品，抢占市场份额。

长远目标：开发多元化的智能手机产品，抢占高中低端智能手机市场，做国产智能手机大王。

三、小米手机的差异化战略

1. 在产品质量方面，小米手机搭载的基于 Android 系统深入优化开发的 MIUI 系统更符合国人的使用习惯。

2. 营销差异化战略。在市场营销方面，相对于一般手机厂家采用的诸如电视宣传、户外广告等常见营销方式，小米手机主要针对手机发烧友，综合采用了多种营销手段。①口碑营销。小米一直将"为发烧而生"作为口号，催生了一大批"米粉"，众多"米粉"口口相传，取得了不错的效果，并为公司节省了大笔的广告费用。②事件营销。小米手机的宣传非常成功，会在每次新品推向市场前召开发布会，利用小米手机的高配低价吸引媒体关注。并且，关于小米手机的信息一经发布，就窜至各大网站手机板块的头条。③微博营销。由于小米团队是先做系统后做手机，在做手机之前已经拥有百万客户，这些客户是小米手机的潜在客户。小米科技通过微博、论坛等新型互联网信息传播渠道宣传小米手机，并让这些客户参与小米手机的开发环节，为小米手机的开发提出了大量中肯的意见。④饥饿营销。尽管董事长雷军否认小米采用类似于苹果的饥饿营销，解释其定期开放购买的原因是产能不足。但实际上，小米通过这种销售方式赢得了国内市场。小米手机进行了工程机先发布的营销策略，这在手机市场来说尚属首例。

3. 服务差异化战略。在客户服务上，小米力争离客户近一点，服务更细一点，体现了其"为用户省一点心"的服务理念。小米现在采用的是互联网销售模式，其绝大部分商品使用凡客诚品如风达的配送体系进行配送，小米的网络直销模式使消费者体验了自主购物，也适应了现在网购的潮流。并且，各大论坛及微博为网友提供了很好的交流平台，客户可以及时反馈意见，让小米的服务尽量做到完美。

4. 人员差异化战略。人员差异化战略上最明显的一点就是小米科技是由微软、Coogle、摩托罗拉等国内外知名IT企业的优秀软件工程师组建的，在技术上具有明显的优势。并且，小米的员工中大多为具有十年经验的工程师，同时也吸纳了少数刚毕业的研究生，因此小米是一个既有经验又有活力的团队，怀揣创业的梦想是这个团队所有成员的共同特点。

5. 利润获取方式差异化策略。小米获得超高利润，而且是源自硬件销售的暴利，这是不争的事实。小米获得的超高利润，其实源自备受争议的期货模式（预订模式）。手机产业链的物料价格，会随着时间推移不断大幅下降。

6. 供应链差异化策略，小米凭借电商预订模式，做到了以销定产。小米早早拿到终端消费者巨额的预付款，同时"挟巨额订单以令上游供应链"，获取最优原料、加工价格，又没有传统手机渠道商压货占款之虑，小米现金流优势明显。

资料来源：孟鹰，余来文，等.战略管理：理论、应用和中国案例（第二版）[M].北京：经济管理出版社，2019.

第一节 战略目标分解

战略实施绝对不是一个轻而易举的事情，绝不仅仅因为制定好了战略，简单地施行就可以了。它会设计大量的工作安排和繁杂的资源配置过程。与战略制定和战略选择中所参与人员只是高层管理者不同的是，在战略实施过程中，企业中的每一个人，从最高层管理者到作业人员，都参与其中。因此，战略实施相对于战略分析和战略制定来说，所涉及的问题更多、更复杂。如图9-1描绘了企业战略实施工作内容。

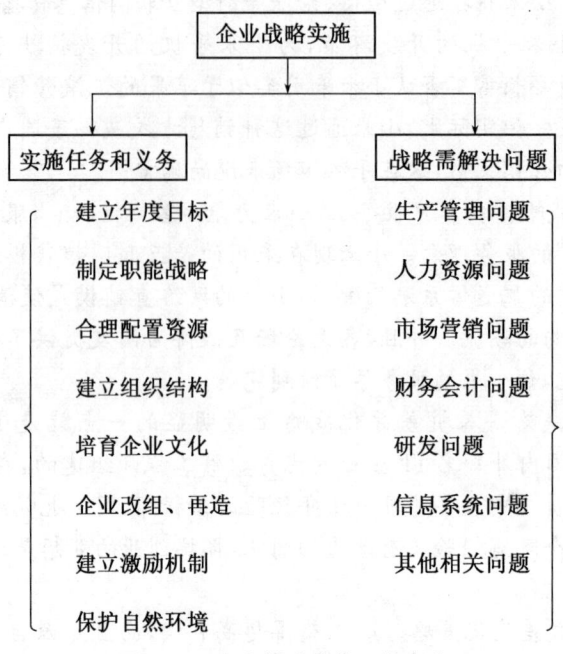

图 9-1 企业战略实施工作内容

一、企业战略目标的分解

企业战略目标分解,就是为便于战略实施而借助于系统图这一工具,将企业目标进行细分。它具体包括纵向展开和横向展开两个体系,共同构成企业目标网络。纵向展开的目标体系基本上是按企业的组织系统展开,即把公司战略逐渐落实到各个层次、各个部门及各类人员。所以这一目标体系呈塔型结构,基本同企业的组织结构相对应,所以,它是一种从空间维度来层级分解企业战略目标的。横向展开的目标体系显示着企业是按照时间维度来分阶段地达成企业战略目标的,也就是把公司战略从总体的年度甚至是几年度的目标(也可以是季度)分解开,一步一个脚印地完成企业目标。

1. 空间维度

空间维度分析企业战略实施情况也就是从纵向展开分解企业战略。因为无论中大型企业还是小微企业,企业在发展或成长过程中首先要有自己的企业目标、企业使命、企业愿景,而企业的总体战略就是依据这些前提条件而制定的。

企业先要有自己的总体战略,也就是企业的总目标,然后给各经营单位下放分目标,具体分配各经营单位任务;各经营单位都有自己的职能部门,各职能部门再成立暂时的业务组,每个业务组通过各种方式组成自己的成员,然后把任务再细化,直接落实到每个成员。这样,一个完整的为实施企业战略的纵向组织结构就形成了,如图 9-2:

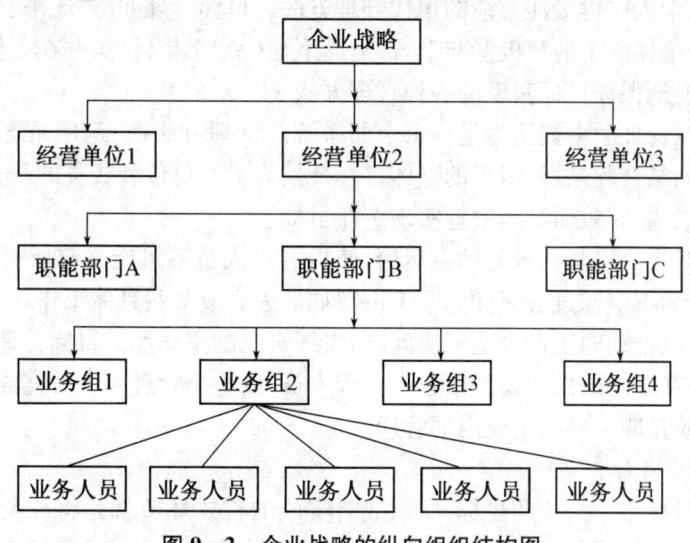

图 9-2 企业战略的纵向组织结构图

2. 时间维度

时间维度是对企业战略进行分时期的划分,分阶段地完成企业目标。一般而言,无论什么类型、什么性质的企业,企业的战略不是一蹴而就的,有的时候是把大任务小细分,有时候是把目标分阶段划分。一方面,有利于战略的层层落实,也有利于及时检测战略的完成情况;另外,还可以及时地验证企业总体战略设计是否得当并同时反馈现有问题,也可以根据环境的多变性及时嵌入新的适合时代主题的新的战略方案。

第二节 企业目标管理

美国管理大师彼得·德鲁克(Peter Drucker)于1954年在其名著《管理实践》中最先提出了"目标管理(MBO)"的概念,其后他又提出"目标管理和自我控制"的主张。德鲁克认为,并不是有了工作才有目标,而是相反,有了目标才能确定每个人的工作。所以"企业的使命和任务,必须转化为目标",如果一个领域没有目标,这个领域的工作必然被忽视。因此管理者应该通过目标对下级进行管理,当组织最高层管理者确定了组织目标后,必须对其进行有效分解,转变成各个部门以及各个人的分目标,管理者根据分目标的完成情况对下级进行考核、评价和奖惩。

目标管理提出以后,便在美国迅速流传。时值第二次世界大战后西方经济由恢复转向迅速发展的时期,企业急需采用新的方法调动员工积极性以提高竞争能力,目标管理的出现可谓应运而生,遂被广泛应用,并很快为日本、西欧国家的企业所仿效,在世界管理界大行其道。

那么目标管理又是怎样定义的呢?

企业管理中把目标管理定义为:目标管理是以目标为导向,以人为中心,以成果为标准,而使组织和个人取得最佳业绩的现代管理方法。目标管理亦称"成果管理",俗称责任制,是指在企业个体职工的积极参与下,自上而下地确定工作目标,并在工作中实行"自我控制",自下而上地保证目标实现的一种管理办法。

目标管理在管理学中被认为是一个全面系统的管理方法,它运用系统的方法将许多的关键管理活动结合起来,将组织的整体目标转换为组织单位和成员的目标,通过层层落实和采取保证措施,有效而又高效地实现企业目标。

现代企业对当代科学技术的综合运用,使得管理人员不可能具有所有下属人员的具体专业知识,因为不应像过去那样向职工讲解如何去完成某些具体工作,而是要说明他们应达到的目标,以推动职工自主地解决问题,发挥自己的主动性。目标管理就是把企业的目标全面、彻底和逐个层次地委派给各个管理人员,使每个管理人员对完成上一级的目标负责。它的实质是职工参与企业内部管理。

1. 建立年度目标

由于战略目标是一个长期目标,所以战略实施的首要环节就是将长期目标分解成短期目标,这个短期目标要按企业制定战略的长短划分,因为像一些小微企业往往会把战略目标设定为一年的,但是一般企业都会设定一个较长的年限作为实现战略的期限。

建立年度目标是由企业中所有管理者直接参与的一项分散化的活动,积极参与年度目标的制定可以加强管理者的认同感和责任感。年度目标对于战略实施非常重要,因为它是资源配置的基础;也可以用来考核、评价管理者;它还可以起到监测作用,作为实现战略目标的支撑力;最后明确了各经营单位、职能部门和企业人员的工作重点,集中精力办大事。所以,企业应该投入较大的时间和精力,以保证年度目标恰当合理及与长期目标的一致性。

2. 目标管理的步骤[①]

下面我们介绍 MBO 计划的典型步骤:

(1) 制定组织的整体目标和战略。
(2) 对下属单位和部门分配主要的目标。
(3) 下级部门管理人员与上级一起拟订本部门的具体目标。
(4) 部门的所有成员设定自己的目标。
(5) 上级与下级共同协商实现目标的行动方案。
(6) 组织实施行动方案。
(7) 定期检查实现目标的进展情况,并向有关部门和个人反馈。
(8) 基于绩效的奖励将促进目标的成功实现。

可见,成功的目标管理是把企业目标有效地置于各级管理职能与制度之中。这一管理方法的运用,既有利于加强各职能领域之间的协调合作,也可切实保证企业战略的顺利实施。

在分解和管理目标的过程中,一定要树立系统的管理思想。现实中经常出现对每个具体目标的责任规定不清,或无人对综合目标负责的现象,这样就可能出现目标之间协调

---

① 吴照云,等. 管理学[M]. 6 版. 北京:中国社会科学出版社,2011:180.

的困难。另外,系统地考虑目标之间的网络关系还有助于合理地分配组织资源。各层次管理人员都需要组织资源的支持以完成他们的目标,把资源同目标联系起来还有助于上级领导看到资源分配最有效、最经济的方法。

第三节 企业战略资源的配置

资源配置是战略管理中的一项中心活动,战略管理使资源能够按照年度目标确定的优先顺序进行配置。对于战略管理来说,再也没有比不按年度目标确定的轻重缓急顺序来配置资源更为有害的了。

资源配置对战略的实施有着极为重要的作用。战略实施中不仅整体战略对资源有需求,各具体职能战略对资源也有需求。因此,在有限的资源分配中既要保持总体平衡,又要满足各个层面的需要。企业要想保证战略的成功,就必须在战略实施过程中优化配置企业资源。从根本上说,企业的竞争实力和竞争优势源于对各种战略资源的合理应用和有效整合。

一、战略与资源的关系

1. 资源对战略的保障作用

战略与资源相适应的最基本关系,是指企业在实施战略目标过程中,资源对战略的实施具有保证作用。企业只有拥有较充分的资源才是有可能确保战略得到贯彻、执行的前提条件,反过来说,当企业的战略得到良好的履行,并得到了较大的回报之后,企业也有可能扩充自己的资源基础,不管是人、财、物还是其他资源的扩充,都有一定的反馈作用。

2. 战略促使资源的有效利用

即使企业具有充足的资源,也不是说企业就可以为所欲为。过度滥用企业资源,会使企业丧失既得利益,也会使企业丧失应得更多利益的机会。因此,企业采用正确的战略之后,就可以使资源得到有效利用,发挥其最大效用。更有甚者,战略可促使企业充分挖掘并发挥各种资源的潜力,特别是在人、财、物上体现出来的看不见的资源。

3. 战略可促使资源有效储备

由于资源是变化的,因此在企业实施战略过程中,通过现有资源的良好组合,可以在变化中创造出新资源,从而为企业储备资源。所谓有效储备,是使必要的资源以低成本快速度地在适宜时机进行储备。

二、企业战略资源的内涵

企业战略资源是指企业用于战略行动及其计划推行的人力、财力、物力、时间及信息等资源的总和。尤其是时间与信息,虽然是无形的,但在某种条件下可能会成为影响企业战略实施的关键性战略资源。这些资源是企业战略有效实施的前提条件和物资保证。应从以下几方面深刻理解企业战略资源的内涵:

(1) 企业采购能力。包括企业与供应厂家的关系;在供应关系中的地位;企业采购渠道的保障;企业采购价格等。

(2) 企业生产能力。包括企业的生产规模(是否合理);生产设备、生产工艺、工人;企业产品的结构、质量、性能、竞争力等。

(3) 企业市场营销能力。包括销售队伍的质量;企业市场开拓能力;企业市场策略等。

(4) 财务实力。主要包括企业的获利能力与经济效益是否处于同行前列,企业利润的来源、分布及趋势是否合理,各项财务指标及成本状况是否正常,融资能力是否强大等。

(5) 人力资源实力。主要包括企业的领导者、管理人员、技术人员等素质是否一流,其知识水准、经验技能是否有利于企业发展,其意识是否先进,企业内在的凝聚力如何等。

(6) 技术开发实力。主要包括企业的产品开发和技术改造的力量是否具备,企业与科研单位、高校的合作是否广泛,企业的技术储备是否能在同行业中处于领先地位。

(7) 管理经营的实力。主要包括企业是否拥有一个运行有效、适应广泛的管理体系;企业对新鲜事物的灵敏度如何,反应是否及时、正确;企业内是否有良好的文化氛围;在企业内是否形成良好的分工与合作。

(8) 时间、信息等无形资源的把握能力。主要包括企业是否能充分去获取、储备和应用各种信息,时间管理是否合理等。

企业的这些资源通过有效整合就形成了企业的竞争实力,所有资源的有效整合是保证企业战略目标完美实现的重要因素和前提基础。

三、企业战略资源的分配

1. 企业战略资源分配原则

鉴于战略资源的稀缺性,在分配中必须把握几个基本原则。一是根据各业务单位或项目对整个战略的重要性来设置资源分配的优先权,以实现资源的高效利用。二是把握轻重缓急,实现资源配置的整体平衡。三是开发资金在各经营单位或业务间的潜在协同功能,实现最佳配置。

2. 企业战略资源分配方式

企业战略资源的分配主要从两个层面考虑,一是公司层面,二是经营层面。在实践中,这两个层面的资源配置是同时进行的。

公司层的资源配置是为实现公司战略目标而将资源分配给不同业务部门和职能部门。有以下三种情况:

一是资源总数没有变化。在这种情况下,应避免比较极端的两种分配方式:一种是公式化分配,这样分配会出现适用性问题。二是自由讨价还价分配,这样分配会出现合适度的控制问题。因此,必须以战略导向为原则进行分配,既要适应短期战略需要,又要有利于长期战略发展。

二是资源总数在增长。在这种情况下,可以将新资源有选择地在企业内部进行分配,也可以通过公开竞价的形式来分配,但竞价必须在公司制定的标准和约束的范围内进行。

三是资源总数在下降。在这种情况下,企业可能正面临着很多问题,需要减少某些领域的投资,以维持其他领域的资源供给或支持新的发展。如关闭某些生产线、工厂,或将某些领域单位合并,以减少资源的耗用量。

经营层的资源配置则需要把握两个问题:一是关注战略成功实施最为重要的价值活动,把有限的资源用在最需要的地方。二是满足价值链的资源需求,如价值链之间的联系、销售渠道或顾客的价值链等,保证资源配置的整体合理。

3. 企业战略资源分配内容

在企业战略资源的分配中,人力资源和资金的分配是最为重要的。人力资源的分配主要是按战略需要设置岗位,为岗位选配合适人才。同时还要注意战略实施进度,根据需要对人力资源配置进行调整。资源的分配则要求与战略调整同步。一般采取预算方法来分配资金,其方法有零基预算、规划预算、灵活预算、产品生命周期预算等。

四、战略与资源的动态组合

在企业发展过程中,其战略在不同阶段将不断推陈出新,战略资源也在不断积蓄。企业在制定现在战略时,应充分预测将来环境、资源的变化,并对资源进行必要、合理的配置。这个过程中应当注意,资源的配置不是单纯的资源配置,而应与战略联成一体,形成密不可分的关系。因此,我们说战略资源的配置、动态组合实际上也就是战略与资源的动态组合。

伴随着战略的展开,资源被不断储备,新的储备与现有资源的储备交织在一起,形成了将来资源的储备。企业以这些新的储备为基石,再进一步展开将来的战略。因此,处于现在战略和将来战略中间的新的资源储备,也就成为联结这两个战略的媒介。当现在战略为将来的战略展开有效地积累资源时,将来的战略也能够有效地利用这些积累的资源,这就形成了企业中战略与资源的动态组合过程。

因此,企业战略资源的配置实质上是战略与资源相辅相成的动态组合。

1. 资金的动态组合

资金是企业生命的血液,是维持企业日常运营的重要因素。尤其是企业的流动资金,对企业来说至关重要。资金的动态组合要求企业具有多种类型资金流动的产品和市场领域,以保证资金投入与回收的平衡。

相对于采取单一化战略的企业而言,实行多元化发展战略的企业在投资的每个领域都需要相应的流动资金,这无形当中就会给企业带来资金压力。解决这一难题就需要解决资金积蓄问题,因此,企业需要有一定的现金储备,之后再进行投资,以应对未来战略的资金需求。资金在不同时间点也存在不同的状态,有时需要大量资金,有时资金又可顺利回流企业,这就需要企业同时具备多种类型资金流动的产品和市场,以维护资金的动态平衡。

2. 实物的动态组合[①]

随着内外部环境的不断变化,企业原有的物资储备也需要随之有所调整。现有战略中的物资储备在未来的战略实施中可能会起到一定的作用,因此,在规划产品和市场的时

---

① 谭白英,熊莎莎,等. 企业战略管理[M]. 武汉:武汉大学出版社,2014:221.

候,企业应考虑现有资源的未来应用,关注与未来战略联系较多的实物产品。例如,在创立一个新的产品线时,应考虑这一产品线在未来能否用于其他的生产,若不可用,就需要做好相应的准备。在激烈的市场竞争中,目前的产品线在未来可能不适应市场的发展,在不久的将来,还需要花费一定的成本,对原有的这一产品线所涉及的人力、设备等方面进行更新改造,使之最终跟上市场发展的步伐。

章末案例

联想新农村市场的战略目标

"作为联想圆梦计划第二阶段的发展目标,我们希望在未来三年内,能够把联想的信息科技产品带进中国10万个行政村、影响和带动30万个行政村。同时,要让300万以上的农户能够用得起和用得好信息科技产品。"2007年8月2日,联想集团高级副总裁兼大中华区总裁陈绍鹏在"联想圆梦计划三周年暨新农村战略发布会"上向外界正式公布了联想未来三年针对新农村市场的战略目标。信息产业部信息化推进司陈伟司长、国信办推广应用组董宝青副组长和农业部等政府领导出席了会议。

在本次发布会上,联想对从2004年开始实施的针对乡镇市场的圆梦计划进行了阶段性总结,并全面发布了联想面向未来的新农村战略。联想还推出了价格覆盖1499~2999元的系列农村电脑新品,并向信息产业部捐赠了2008台电脑,以助力信息产业部综合信息服务试点工程,推广农村信息化普及工作。

2004年8月2日,联想正式启动针对乡镇市场的圆梦计划,凭借极具价格震撼力的2999元圆梦电脑吹响了撬动冻土层、进军乡镇市场的号角。圆梦计划实施三年来,联想不仅推出了已成为经典的家悦系列电脑,还开展了包括"圆梦快车千校行""同在蓝天下""奥运联想千县行"在内的一系列大规模的市场推广活动,迄今已有400万县镇用户用上了联想电脑。联想也借此获得了接近两倍于市场平均增速的高速增长,取得了在4~6级市场的绝对领先地位。

对此,陈绍鹏表示,中国农村市场用户信息化需求非常复杂,这个市场更需要厂商长期深入的关注。早在2004年联想就开始为广大乡镇地区用户不断开发创新性的产品和方案,以解决农村与城市间信息化发展不平衡的问题。联想圆梦计划分为撬动冻土层、穿透冻土层、冻土变沃土三个发展阶段,整个计划将跨越十年的时间。目前,圆梦计划第一阶段已经圆满完成成功撬动冻土层的阶段性战略目标。

下一阶段,为了实现穿透冻土层的战略目标,联想提出了三大战略举措。在产品方面,联想专门为广大农户度身定做更加简便易用的系列农村电脑,包括1499元、1999元、2499元和2999元等不同价位段的产品。同时,联想此次发布的电脑上还配有专门针对农户订制开发的特色应用软件——联想致富通。据介绍,致富通是整合权威农业信息、专业务农知识、优质教育资源,专门针对农户定制开发的特色应用软件,包括农业百科全书、农业行情查询和农业要闻联播等特色内容。

在销售及服务网点的构建上,联想将强力打造村镇销售网络,重点建设5000家左右的代销点,以方便农户购买产品。为了让农户享受到及时到位的售后服务,联想的售后服务将覆盖10万~30万个行政村。同时,联想还将建立2000家县镇信息服务站,开展长期深入的培训服务,为农户提供便利的电脑学习机会。

在市场推广上,联想将开展1500站以上的大型"县镇行"普及推广活动,还针对农村市场特点展开刷墙、赶集等一系列富有"乡土气息"、更加贴近农村用户的推广活动。

对于联想新农村战略的未来发展前景,陈绍鹏进一步表示:"国家新农村战略决策为农业信息化提供了千载难逢的契机。在未来5~10年的时间,广大农村地区将会孕育出一个千万级的市场,面对这样一个庞大的市场,联想将充分发挥自身的品牌优势和市场号召力,整合多方资源,带动整个PC产业的发展。"

资料来源:新浪网(https://www.sina.com.cn/).

思考题:
联想是如何一步步实现其战略目标的?

本章小结

本章主要学习战略目标在企业实施过程中是如何分解的,以及阐述了企业战略与目标、战略与资源相互之间的关系。

另外一个重要内容无论是在管理学中还是战略管理中都非常重要,那就是目标管理(MBO),这个不仅仅适用于企业中,而且对于我们平时自己的生活、学习,以及工作都有一定的帮助,有助于我们更好地实现既定的目标和计划。

本章还介绍了另外一个知识点——企业资源配置,分别介绍了资源配置与战略关系,资源配置内涵和方式,以及它们之间的一些原则问题。

关键概念

战略目标　目标管理　战略资源配置　企业战略实施

复习思考题

1. 企业战略实施工作内容包括哪几方面?
2. 企业战略实施的纵向组织结构是如何划分的?
3. 什么是企业的目标管理?目标管理的步骤又是什么?
4. 企业战略资源的分配原则和内涵是?
5. 你是如何了解战略与资源的动态组合关系的?

第十章 战略与组织结构

名言警句

到目前为止,取得这样的成果,我总结了一条经验:就是预先要把事情想清楚,把战略目的、步骤,尤其是出了问题如何应对,一步步一层层都想清楚;要有系统地想,这不是一个人或者董事长来想,而是有一个组织来考虑。当然,尽管不可能都想得和实际中完全一样,那么意外发生时要很快知道问题所在,情况就很好处理了。

——柳传志

有什么样的战略,就应该有什么样的组织结构。然而这一真理往往被人们忽视,有太多的企业试图以旧的组织结构实现新的战略。

——戴尔·麦康基

学习目的

- 战略与组织结构的关系
- 组织结构的主要类型及其发展模式
- 了解与不同的战略相匹配的组织结构类型及其特征
- 战略与组织结构是怎样进行调整的

引导案例

阿里巴巴的组织架构变革升级之路

2018年11月26日,阿里巴巴集团CEO张勇发出全员公开信,宣布新一轮组织升级,为未来5年到10年的发展奠定组织基础、充实领导力量,这也是马云宣布退休后阿里的第一次重要战略组织架构调整。实际上,马云和张勇都是热衷于架构调整的互联网领导人,阿里巴巴几乎每隔一段时间就会调整组织架构。

2011年6月16日,马云发出内部邮件,调整淘宝架构,原淘宝一分为三:一淘网、淘宝网和淘宝商城。三家公司独立运营,分别由彭蕾、陆兆禧、曾鸣负责,共用技术和公共服务平台。2012年7月23日,从子公司制调整为事业群制,成立淘宝、一淘、天猫、聚划算、阿里国际业务、阿里小企业业务和阿里云七个事业群。2013年1月10日,拆分出25个事业部,以此给更多的年轻领导者创新发展的机会,具体事业部的业务发展将由各事业部总裁(总经理)负责。新体系由战略决策委员会(由董事局负责)和战略管理执行委员会

(由CE负责)构成。2013年9月,成立网络通信事业部,OS事业部升级为OS事业群,原B2C事业群总裁张勇出任阿里巴巴集团COO,阿里巴巴CEO陆兆禧亲自挂帅移动业务。

2015年张勇接管阿里,2015年12月7日,张勇发布公开信,宣布阿里巴巴将调整组织架构,成立中台事业群,组成由"小前台,大中台"互为协同的创新管理模式。2016年12月2日,天猫团队和聚划算团队全面一体化,天猫成立三大事业组、营销平台事业部和运营中心,变阵为以"三纵两横"的网状协同体系加若干独立事业部的全新架构。2017年12月27日,张勇宣布,淘宝、天猫将作为阿里新零售的基座,聚合阿里物流、金融、技术、云计算等基础能力帮助全社会商业升级。任命集团副总裁蒋凡出任淘宝总裁,集团副总裁靖捷出任天猫总裁。

2018年双十一过后,阿里又迎来新一轮重大战略调整。本次调整的内容包括阿里云事业群升级为阿里云智能事业群,天猫升级为大天猫,成立天猫事业群、天猫超市事业群、天猫进出口事业部三大板块,成立新零售技术事业群,调整菜鸟网络阵型等。从此次调整中可以看出,阿里云将在阿里巴巴内部占据更重要地位,新零售依旧是阿里的战略重点,天猫事业群则是阿里新零售的重要平台。

在调整组织架构方面,国内互联网巨头没有一家能比阿里巴巴来得更频繁。回顾近几年阿里巴巴的组织架构变革,从2015年的"大中台、小前台"战略,到2016年的"三纵两横"架构,再到2017年全面拥抱"新零售、新金融、新制造、新技术和新能源"的战略和2018年继续大力布局阿里云和新零售,阿里巴巴一直都在不断升级自我,时刻拥抱变化。阿里巴巴的最终目标是从世界卖向世界,诞生一个真正全球化的平台,其也通过新的组织架构调整,进一步整合不同部门间的技术资源,从而为商家赋能,以实现"在数字经济时代,让天下没有难做的生意"的使命,向着最终目标迈进。

资料来源:微信公众号《达仁学院》.

第一节 企业组织结构的类型

一、组织结构

组织结构指明了公司正式的报告关系、程序、控制、授权以及决策制定过程。形成一个能有效支持公司战略的组织结构并不是一件容易的事情,尤其是在快速变化和动荡不安的竞争环境带来大量不确定性(或者无法预测的变化)的情况下。当结构要素能够与其他要素相一致时,它就能够促进战略的有效实施。因此,组织结构是战略有效实施过程中非常重要的一部分。[1]

---

[1] 迈克尔·A.希特,等. 战略管理(概念与案例)[M]. 10版. 刘刚,等,译. 北京:中国人民大学出版社,2013:273.

组织结构指明了公司战略下管理者应该做什么工作以及如何去做。因此,组织结构会影响管理者的工作及决策。为了支持战略的实施,组织结构应该关注组织任务的完成过程。拥有适合的结构和过程是非常重要的。

二、组织结构常见类型

1. 直线制组织结构

直线制组织结构是最早出现也是最简单的一种组织结构形式。它就是一种所有职位实行从上到下垂直领导,下级部门只接受上一级的指示,各级负责人对其下属部门的一切问题负责的组织结构。组织并不设立专门的职能部门,所有的管理职能基本上都由各部门主管自己执行。其结构如图10-1所示。

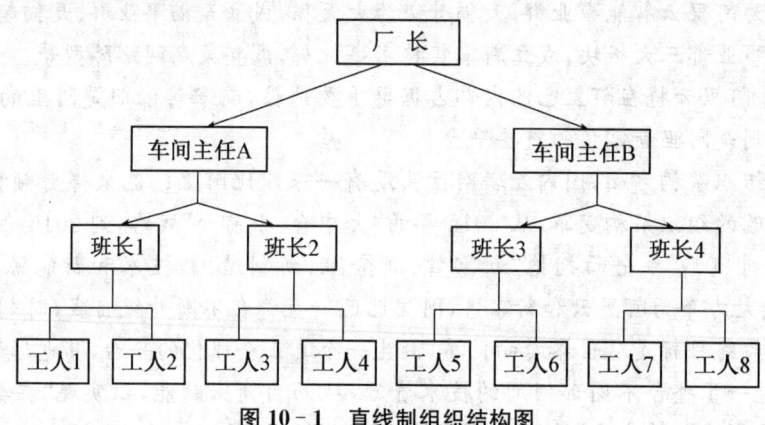

图10-1 直线制组织结构图

直线制组织结构的主要优点是:管理结构简单,管理成本较低;统一指挥,统一领导,决策迅速,战略容易贯彻;权责分明,关系明确。

直线制组织结构的缺点包括:由于没有专业化分工,各级主管实行的是综合管理,管理者任务繁杂,不易提高管理水平和效率;它对主管的知识和技能等水平要求较高、较广,致使一般人很难胜任;组织缺乏横向的沟通。

综合以上信息,我们可知:直线制组织结构适用于规模较小、员工数量较少、生产技术较单一的企业,特别是初创期的企业。但是,随着企业的扩大和发展,这种形式的组织结构就会慢慢消失在企业中。从这点我们可以看出,企业的组织结构并不是一成不变的,它会随着企业的变化而变化,有时候还会根据市场环境的要求而有所改变。

2. 职能制组织结构

职能制组织结构是按业务活动或技能要求分设专门的管理部门而形成的组织结构。这种组织结构中,各级主管把相应的管理职责和权力交给相关的职能部门,各职能部门拥有相应的职责和权限,可以按各自的任务向下级发号施令。所以,下级部门除了接受上级直线主管指挥外,还同时接受上级各职能机构的领导,如图10-2所示。

职能制组织结构的优点是:便于发挥专家的作用,对下级工作指导具体,从而弥补了直线领导管理能力和知识水平的不足,提高管理整体实力和工作效率。

职能制组织结构的缺点是:因为专业化分工,容易造成部门内部的本位主义,缺乏全

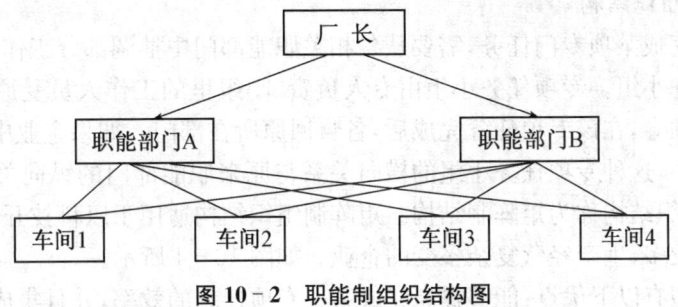

图 10-2 职能制组织结构图

局观念,不利于培养综合性的管理人才;每一级部门要同时接受直线部门和职能部门的指挥,容易出现多头领导,多头指挥。

一般而言,这种组织结构适合于那些生产技术比较复杂、管理工作比较精细的企业。

3. 事业部制组织结构

事业部制又称"M型"组织结构,最早是由美国通用汽车公司总裁斯隆于1924年提出的,因此,又有"斯隆模型"之称,它是一种高度集权下的分权管理体制。一般而言,大型企业会把生产经营活动按照产品或地区进行划分,建立不同的事业部,形成企业集中决策,事业部独立经营的管理模式,如图10-3所示。

事业部制组织结构的主要优点是:管理层能摆脱日常琐事,将精力集中于组织的战略决策和长期规划;适当分权,有利于调动各事业部及工作人员的工作积极性;事业部独立进行经营活动并承担责任,利于培养经理人员树立全局意识和锻炼高级管理人才;另外,有利于企业中各事业部之间的相互竞争,促进企业整体发展。

事业部制组织结构的缺点在于:出现职能机构重叠设置,造成管理人才浪费,管理成本上升,管理效率下降;由于各事业部是同一级别,只对自己和上级负责,容易造成本位主义;相互之间的协作被弱化了,不利于企业总体战略目标的实现。

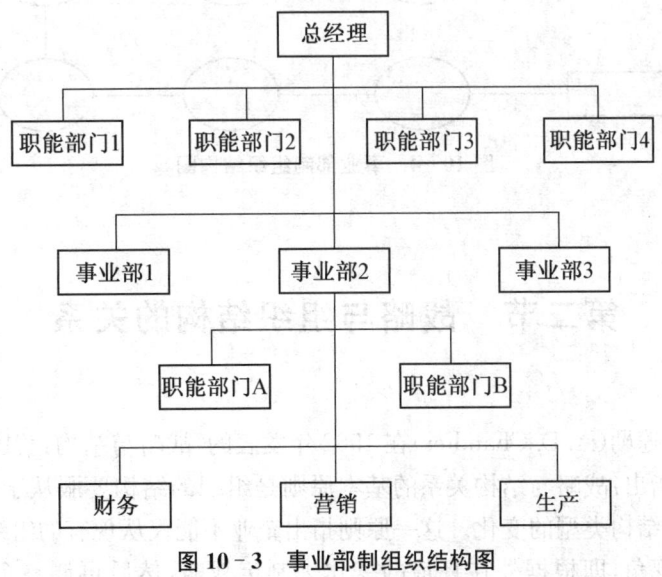

图 10-3 事业部制组织结构图

4. 矩阵制组织结构

企业为了完成某项专门任务,需要从各相关职能部门中抽调部分工作人员,由他们联合组成专门任务小组。专项任务小组由专人负责,小组里的工作人员受原职能部门和任务小组的双重领导,在该专项任务完成后,各自回原所在部门。如果企业中这样的专项任务小组有若干个,这种专项任务小组的横向关系与原来职能部门的纵向关系就组成了一个矩阵,这种组织结构称为矩阵制结构。矩阵制组织结构适用于以科技开发为主的企业,或者创新任务较多、生产经营复杂多变的企业。如图10-4所示。

该组织类型有以下优点:能够提高完成某一专项任务的效率,并且集成了各个专业人员一起,集思广益,提升任务的速度和质量;有利于培养管理人才,一才多能;有助于加强各专业人员的沟通、交流,相互学习、相互促进,共同提高企业战略目标的实现度。

矩阵制组织结构的缺点是:因为成员是临时抽调过来的,所以在原有隶属关系下,又接受新的上级领导的指挥,容易出现多头指挥、工作错杂等现象;易出现责任不清,权责不明现象;专项小组的临时性,会造成成员的不安全感,从而有可能影响工作进度。

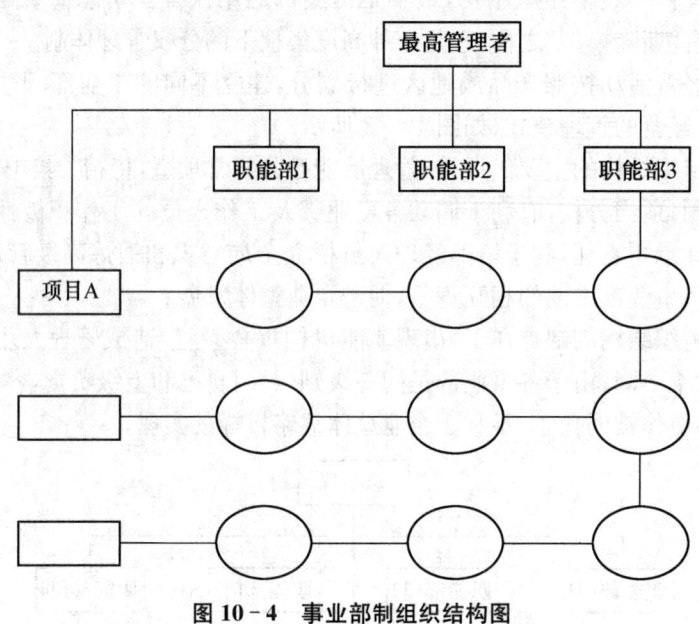

图 10-4 事业部制组织结构图

第二节 战略与组织结构的关系

美国学者钱德勒(A. D. Chandler)在1962年发表的《战略与结构:美国工业企业历史的篇章》一书中指出:战略与结构关系的基本原则是组织的结构要服从于组织的战略,即企业战略决定着结构类型的变化。这一原则指出企业不能仅从现有的组织结构去考虑战略,还应从另一视角,即根据外在环境的变化去制定战略,然后再调整企业原有的组织结构。

只有使组织结构与战略相匹配,才能有效地推进战略,成功地实现战略目标;与战略不相适应的组织结构,将会成为限制战略发挥其应有作用的巨大阻力。一个企业如果在组织结构上没有重大的改变,则很少能在实质上改变当前的战略。

一、组织结构与战略的相互关系

1. 组织结构追随战略

钱德勒在《战略与结构》一书中认为,企业的发展呈现明显的阶段性特征。不同的发展阶段具有不同的战略,这就好比企业的生命周期一样,企业处在不同的生命周期会有不同的成长战略,同时,不同的经营规模也会呈现不同的组织结构。如图10-5显示的是公司的成长战略与结构特征[1]的变化。

阶段1
战略:低收入
结构:简单

阶段2
战略:收入增加;实行垂直一体化(后向一体化或前向一体化)
结构:职能制

阶段3
战略:扩张到新的相关产品——市场/地理区域
结构:事业部制

阶段4
战略:扩张到国际化市场
结构:国际事业部、全球矩阵制、全球职能制、全球产品事业部

图 10-5 公司的成长战略与结构特征

阶段1:企业处在初创期,一般是单一的生产厂家或销售者,执行某个单一的职能。企业的战略活动相对简单、单一,因此,它的组织结构也必然受到限制,通常是直线型的简单结构。但是,它有利于企业根据环境的变化随时改变经营策略,结构的变动也较简单。

阶段2:随着企业规模的扩大,各经营单位间的协调就越高,并且对专业化的要求也很高,此时,只有职能制组织结构符合企业的发展要求。

阶段3:此时,企业为了发展可能追求采取多元化战略,并且因为企业已具有一定的规模和多种经营体,组织结构呈半自治状态。在这种结构下,为了保持各经营体相对独立的自主权,企业通常采用事业部制结构。

阶段4:企业经历了多元化的洗礼后,可能进军非相关多元化。此时企业往往采取独立经营体和职能部门共存的结构或集团型组织结构,它们只受控于总部,并完全独立

---

[1] 格里高利·G.戴斯,等.战略管理——创建竞争优势[M].北京:中国财政经济出版社,2004:270.

运作。

从以上钱德勒的研究表明,战略与组织结构存在相互影响,但是战略对组织的影响更大。因此,可以得出一个结论:战略具有先导性,组织结构具有滞后性。

2. 组织结构对战略的制约作用

组织结构在一定程度上对战略的制定和执行起着制约作用。这种制约性表现在三方面:第一,战略的制定不可能脱离组织结构。战略制定需要在组织中进行,如果完全忽视现有的组织结构,将会导致企业组织混乱、资源分散,甚至运营停顿等不良后果。第二,信息传递离不开组织结构。企业战略的制定和执行都离不开信息的搜集、传递等工作,而组织结构提供了信息传递的方式,决定着低层决策者以什么方式和程序把信息进行汇集并传递给上级管理者。第三,战略的实施依赖于组织结构。适应战略的组织结构能提供战略顺利、成功的保障,不适应战略的组织结构则会成为战略实施的障碍和破坏战略的工具。

二、组织结构与战略的匹配[①]

(一) 业务层战略与职能制结构的匹配

根据不同结构维度的因素,即专门化、集权化和规范化的不同组合,可将职能制组织划分为不同的形式。

1. 与成本领先战略匹配的职能制结构

它的基本特征是简单的报告关系、较少的决策层和较简单的权力结构、集中化的公司员工和强调生产过程优化而不是新产品研发,这种职能结构有利于低成本的文化。

成本领先职能制结构具备高度的专业分工,通过专业分工提高员工的工作效率,从而降低企业的成本。在成本领先者职能制结构中,通过集中化的员工来制定高度规范化的作业程序和规则,再由此引导各项工作的完成,这种可预知的规范化程序和规则能有效降低成本。

2. 与差异化战略匹配的职能制结构

实施差异化战略的企业希望把非标准产品卖给有需求的客户。它的基本特征是相对复杂而灵活的报告关系、经常性使用交叉职能的产品研发团队、更加关注产品的研发能力,这种类型的职能结构有利于研发导向文化的产生。

为了支持创新和不断追求新产品和差异化的新来源,这种组织结构一般不需要高度的专业分工,仅需要规范化的程序与规则。在这种组织结构中,员工之间可以经常就如何实现进一步差异化交换意见,产生新产品的构思,创造新的客户价值。

(二) 公司层战略与多部门结构的匹配

因为企业的不断发展和要求,企业的多元化也相应会扩大。最终会产生职能制结构不能解决的问题,如信息处理、合作和控制。为了使结构与战略能有效匹配,企业需从职能制结构向多部门结构转变。

---

① 肖海林. 企业战略管理理论、要径和工具[M]. 北京:中国人民大学出版社,2013:351-355.

1. 与限制型相关多元化战略匹配的合作式多部门结构

合作式是一种运用水平整合促使公司多个部门之间进行合作的结构。实施限制型相关战略的企业部门一般围绕产品、市场或两者兼有来形成。如图10-6所示。

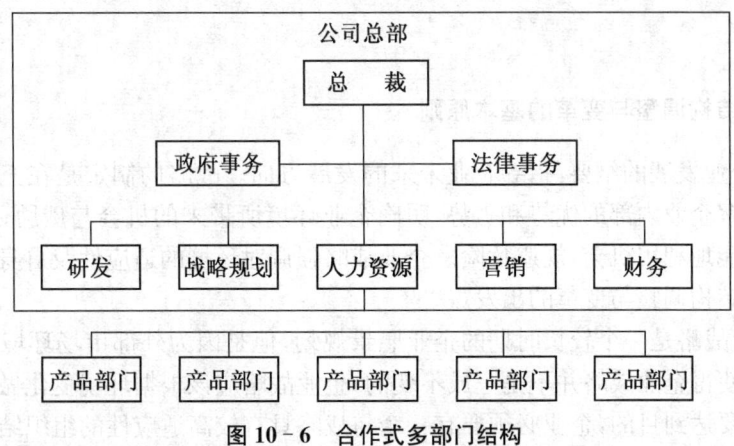

图10-6 合作式多部门结构

实施限制型相关战略的企业在不同部门间共享某种或某些企业优势,如产品能力、营销能力或渠道优势。部门间能力的共享产生了范围经济,而能力的共享有赖于合作。合作式采用各种整合机制推动部门间的合作,如集权化就是整合机制之一,通过把一些组织职能,如人力资源管理、研发和营销,集中于公司总部,促进部门间共享资源。

2. 与联系型相关多元化战略匹配的事业部式多部门结构

当公司各部门间存在较少联系或较低程度限制时,就产生了联系型相关多元化战略,多部门结构中的事业部式能支持这种战略。事业部式组织结构至少由三个层次组成:公司总部、事业部、事业部内部的部门群。

因此,在事业部式多部门结构中,同一事业部内的部门间是相互联系的,而不同事业部下的部门间没有联系。同一事业部内的部门间共享产品或市场能力,产生范围经济和可能的规模经济,所以,也需要运用部门间的整合机制。

3. 与不相关多元化战略匹配的竞争式多部门结构

竞争式是强调对公司内不同部门基于企业资本的竞争而实行控制的一种组织结构。与合作式结构不同,竞争式结构的不同部门间不再共享企业优势,因而竞争式结构的部门不再采用整合策略。

但是,不相关多元化战略的基础是高效的内部资本市场,它使得组织在安排上强调部门间的竞争而不是合作。竞争式多部门结构可以通过内部竞争获得三大好处:首先,可识别出最具潜力的技术,便于公司将资源分配给技术上最有前途的部门;其次,可促使各部门挑战现状和惯性,促进企业的改革;最后,能激发动力,和内部同行竞争与外部市场竞争者竞争的挑战性可以一样大。

第三节 战略与组织结构的调整

一、组织结构调整与变革的基本原则

战略是企业发展的纲要,指导企业未来的发展方向。战略的制定是在充分的环境分析基础上,了解企业内部的优势和劣势,明确企业环境所带来的机会与威胁,综合企业现有资源,尽可能地利用机会,规避危险。企业战略强调对环境的适应性及自身资源的匹配性,这是组织结构调整与变革的出发点。

尽管企业战略是一个较长时期的企业愿景规划,但是因为外部市场环境不断地变化和复杂性,又使得企业战略并不是一成不变的,企业战略应该根据环境变化做出适当的调整;而战略想要达到目的,企业必须要有一个与战略具有较高适应性的组织结构及先进的内部管理。前面我们也了解了战略与组织结构的关系,战略的调整必然会带来组织结构的变化,这种适应性是相对的。

因此,面对竞争激烈的市场环境,无论企业处在哪个生命周期,都应注重创新的问题。创新也是企业发展的不竭动力。为了实现创新,企业就要调整组织结构,建立新的信息链,提供新的沟通方式与渠道,并在控制方法上有所改进,以促进技术正常发挥作用。所以,一方面要审视原有组织结构,尽可能保证组织结构的效率;另一方面,要积极推进组织创新,建立适当的组织结构与过程,合理调整战略,促进企业未来的良性发展。

二、组织结构调整变革方式

1. 激进式变革

激进式变革是对组织进行超速的、大幅度的、全面的调整,其过程比较快,通过快速改变原有组织结构来达到目的。正因为如此,激进式变革会导致组织的平稳性差,严重的时候甚至会导致组织的崩溃。在实践中把握不当,反而会加速企业的灭亡。

2. 渐进式变革

渐进式变革是对原有组织结构做局部的修补和调整。渐进式变革对组织产生的影响比激进式变革要小,所以企业可以经常性地使用渐进式变革来修正现有组织结构,直至达到目的。修修补补也给渐进式变革带来了一定的弊端,使企业容易产生路径依赖,有可能导致企业组织长期不能摆脱旧机制的束缚。

企业究竟采用哪种方式应视企业战略需要和自身条件而定,将两种变革模式综合考虑,在企业外部环境、内部条件发生较为重大的变化时,可以采取激进式组织变革以快速适应完全不同的新环境。但由于激进式变革会导致组织的平稳性差,因此不宜频繁运用。

三、企业组织结构变化发展趋势

随着市场经济的不断发展,互联网时代的日益更新以及经济全球化的进一步深入,企

业经营的外部环境不断出现新的变化。而企业组织结构只有去适应市场环境的变化,才能实现企业的经营目标。现代企业组织结构的变化大致表现为以下趋势。

1. 虚拟组织

虚拟组织是区别于传统组织的一种以信息技术为支撑的人机一体化组织。其特征以现代通信技术、信息存储技术、机器智能产品为依托,实现传统组织结构、职能及目标。在形式上,没有固定的地理空间,也没有时间限制。组织成员通过高度自律和高度的价值取向共同实现团队的共同目标。

组织结构的虚拟化是指通过网络技术把组织所需要的知识、信息、人才等要素联系在一起,组成一个动态的资源利用综合体,以实现一定的组织目标的过程。这种组织形式是伴随着网络技术的发展而活跃起来的。另外,自20世纪90年代以来,企业发展出现的一个重要趋势是:一些公司决定只限于从事自身擅长的活动,而将其他事务交给外部专业机构或专家来处理,这种做法称为"资源外取",其实质就是通过组织的虚拟化来完成。

虚拟化的企业组织不具有常规企业所具有的各种部门或组织结构,虚拟组织的典型应用是创造虚拟化的办公空间和虚拟化的研究机构。随着科技水平的日益提高,网络技术也迅速发展并普及,这使得同一企业的员工可以置身于不同的地点,但通过信息和网络技术连接起来,也就如同在同一办公场所,信息仍可以共享,知识可以互相交流,这就是跨越时空的合作联盟,从而实现企业的战略目标。

2. 扁平化组织

扁平化组织是现代企业组织结构形式之一,这种组织结构形式改变了原来层级组织结构中的企业上下级组织和领导者之间的纵向联系方式,而形成平级各单位之间的横向联系方式以及组织体与外部各方面的联系方式等。扁平化组织变化前后对比如图10-7所示。

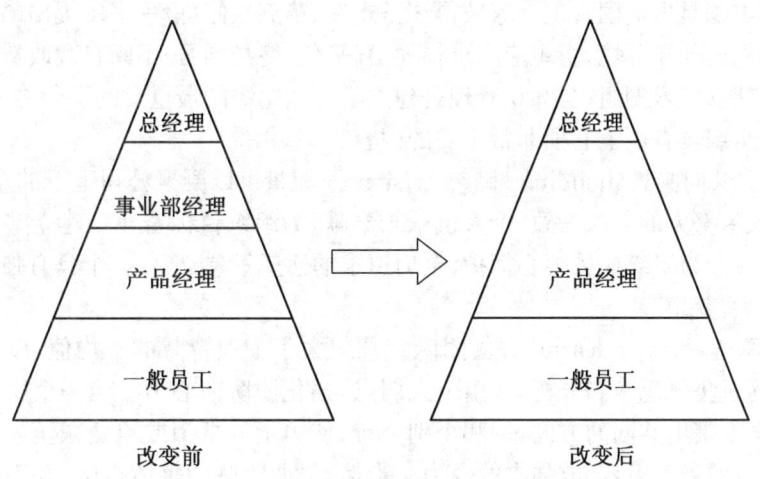

图10-7 扁平化组织前后对比图

经济全球化进程的加快和市场经济竞争的加剧,迫使企业及其经营者在管理上进行持续的革新才能适应形势的需要。特别是对信息技术的发展和员工的素质要求越来越高,致使管理者的管理幅度大大提高。因此,在管理组织设计上,企业正在努力扩大管理幅度,同时对下属要求也不断提高。伴随着管理幅度的增加,中间层次的减少,企业组织结构呈现出更加扁平的特点。并且,在现代管理中,这种形式的组织结构已成为一种比较普遍的趋势。

扁平化组织结构的优点主要体现在:①信息流通便捷,沟通通畅,决策周期缩短,上下级直接联系方便,使决策行使时更有效率;②创造性、灵活性加强,生产效率提高,增加员工士气;③可以降低企业管理成本,管理层次减少和职工人数减少,工作效率又提高,企业管理成本自然就下降了;④增加企业的竞争力,提高组织的反应能力和协调能力,减少了市场的时间滞留,从而使组织能力变得更具有柔性、更灵敏。

3. 网络化组织

随着信息技术的飞速发展,信息的传递不必再遵循自上而下或自下而上的等级层次,因而可实现部门与部门、人与人之间直接的信息交流。企业内部的这种无差别、无层次的复杂的信息交流方式,极大地刺激了企业中信息的载体——组织的网络化发展。

与官僚制组织不同的是,网络组织最本质的特征在于强调通过全方位的交流与合作实现创新和双赢。全方位的交流与合作既包括了企业之间超越市场交易关系的密切合作,也包括了企业内部各部门之间、员工之间广泛的交流与合作,而且这些交流与合作是以信息技术为支撑的,并随着信息技术的发展而得到不断强化。当然,毋庸置疑,网络组织不能完全取代传统组织的存在,否则组织将会出现混乱,所以网络组织中的层级结构始终是需要保持的,只不过在网络化结构中,采取的是层级更少的扁平化结构。

组织的网络化使传统的层次性组织和灵活机动的计划小组并存,使各种资源的流向更趋向合理,通过网络凝缩时间和空间,加速企业全方位运转,提高企业组织的效率和绩效。

4. 学习型组织

学习型组织是由美国管理学家彼得·圣吉在《第五项修炼》一书中提出的。其含义为面临变化剧烈的外在环境,组织应力求精简、扁平化、终身学习、不断自我改造以维持竞争力。企业应建立学习型组织,知识管理是建立学习型组织的最重要的手段之一。

学习型组织具有以下五项非常重要的内容:

(1) 建立共同愿景(building shared vision)。愿景可以凝聚公司上下的意志力,通过组织共识,大家努力的方向一致,个人也乐于奉献,为组织目标奋斗。建立共同愿景的修炼就是建立一个为组织成员衷心拥护、全力追求的愿望景象,产生一个具有强大凝聚力和驱动力的伟大"梦想"。

(2) 团队学习(team learning)。团队智慧应大于个人智慧的平均值,以做出正确的组织决策,通过集体思考和分析,找出个人弱点,强化团队向心力。当一个团队能够整体搭配时,就会汇聚出共同的方向,调和个别力量,使力量的抵消或浪费减至最小。整个团队就像凝聚成的激光束,形成强大的合力。当然,强调团队的整体搭配,并不是指个人要为团队愿景牺牲自己的利益,而是将共同愿景变成个人愿景的延伸。事实上,要不断激发个人的能量,促进团队成员的学习和个人发展,首先必须做到整体搭配。在团队中,如果个人能量不断增强,而整体搭配情形不良,就会造成混乱并使团队缺乏共同目标和实现目标的力量。

（3）改变心智模式(improve mental models)。心智模式是指存在于个人和群体中的描述、分析和处理问题的观点、方法和进行决策的依据和准则。它不仅决定着人们如何认知周遭世界，而且影响人们如何采取行动。不良的心智模式会妨碍组织学习，而健全的心智模式则会帮助组织学习。

（4）自我超越(personal mastery)。自我超越是指能突破极限的自我实现或技巧的精熟。自我超越以磨炼个人才能为基础，却又超乎此项目标；以精神的成长为发展方向，却又超乎精神层面。自我超越的意义在于以创造的现实来面对自己的生活与生命，并在此创造的基础上，将自己融入整个世界。个人学习是组织学习的基础，员工的创造力是组织生命力的不竭之源，自我超越的精要在于学习如何在生命中产生和延续创造力。通过建立个人"愿景"(vision)、保持创造力、诚实地面对真相和运用潜意识，便可实现自我超越。自我超越是五项修炼的基础。

（5）系统思考(system thinking)。系统思考是一种综合分析系统内外反馈信息、非线性特征和时滞影响的整体动态思考方法。它可以帮助组织以整体的、动态的而不是局部的、静止的观点看问题，避免见树不见林，培养纵观全局的思考能力，透过现象看本质。因而为建立学习型组织提供了指导思想、原则和技巧。系统思考将前四项修炼融合为一个理论与实践的统一体。

学习是心灵的正向转换，企业如果能够顺利导入学习型组织，不只能够取得更高的组织绩效，更能够带动组织的生命力。

章末案例

TCL集团的战略实施

TCL集团股份有限公司创立于1981年，是全球化的智能产品制造及互联网应用服务企业集团。集团现有7万名员工，26个研发中心，十余家联合实验室，22个制造加工基地，在80多个国家和地区设有销售机构，业务遍及全球160多个国家和地区。2017年全集团实现营业收入1115.8亿元，净利润同比增长65.8%，在2017年中国500强排行榜（公司名单）中排名第64位。

改革开放40年来，TCL在一穷二白的情况下在仓库里起步创业，在前10年（1981—1991年）中实现最初始状态的规模积累；摸着石头过河，TCL用自己勇于实践的历程诠释了什么是改革。在1992—1998年，TCL靠自己按照市场规律摸索向前，高速发展伴随着曲折的改革，完成中国制造具有代表性的改制，率先成为现代企业制度规范下的具有竞争力的中国制造企业，实现企业的高速成长，创全球领先企业。TCL在1999年之后的时期里，抓住机遇"走出去"，大胆突破，通过国际并购、遭遇挫折、绝地重生，为TCL布局全球架构和竞争力开了先河，为中国企业"走出去"积累了宝贵经验。随着全球经济格局的调整和产业的全球化竞争，企业既要立足当下，也要规划未来，才能在竞争中不断发展。TCL接下来将继续把握好产业、技术、市场发展的趋势，持续推进变革创新，扎实做好每一项工作，不断提高企业核心竞争力，超越对手，成为中国企业全球化的成功者。

一、深入推进变革转型工作，持续提高经营效益

进一步提高 TCL 电子的竞争力，巩固和提升全球市场地位，提高效益；积极开拓新的业务，建立持续增长能力。重点改善 TCL 通信的竞争力，2018 年实现销售止跌回升，大幅减少亏损，提高竞争力；在严峻的竞争环境中，实现生存、健康经营到发展的经营战略目标。努力提高家电业务的规模和竞争力，增强盈利能力。大力推动面向用户的产品、营销、研发和供应链等核心业务流程的重构；加快将创新的人工智能技术导入各类终端产品，建立以多种智能家电产品为平台的应用服务能力，增加服务性收益。华星要实现从效率领先到产品技术领先的转型，加强产品技术创新能力；在产业市场景气低谷时期保持相对竞争优势，通过优化产品结构，继续保持较高的盈利能力。

二、聚焦三大核心技术，以技术创新引领产业发展

3063 战略期间，集团将聚焦人工智能及大数据、新型半导体显示技术和材料、智能制造和工业互联网三大技术，同步推进基础性技术研究和应用技术发展。人工智能技术是集团"双+"转型战略落地的重要驱动力，我们不仅要开发嵌入各类产品应用上的人工智能技术，还要通过互联网和大数据平台提升人工智能产品技术体验；同时要加强人工智能基础技术的研究，通过更有效的产业技术合作提升人工智能技术能力。半导体显示产业是我们在基础技术领域赶超全球领先水平的机会，我们将以华星产业平台为基础，不断迭代新的显示技术和工艺；利用广东聚华"印刷及柔性显示技术平台"开发下一代新型显示技术和材料；支持华星实现产品技术领先，保持效率、效益领先优势，建立全球产业竞争优势。集团将组建智能制造和工业互联网技术服务公司，大力推进主要产业的智能制造和工业互联网能力；根据"中国制造 2025"的规划，开发自有核心 IP 和自有知识产权的智能制造和工业互联网系统，建设数字化工厂；将对华星工厂和智能电视工厂进行智能化改造升级，强化工业制造竞争力。进一步优化产业资本架构，聚焦主导产业。按照既定的资本架构调整规划，集团逐步将通信和家电业务分拆至香港"TCL 电子"上市公司平台，增加其业务规模和盈利能力；并借助 TCL 电子平台发展新的品牌产品业务，打造国际化的 TCL 品牌电子产业集团。将 TCL 集团作为华星半导体显示产业发展的主要融资平台，以及经营管理其他业务。2018 年，将基本完成资本和产业结构调整的第一阶段工作，将集团直接管理的二级企业及实体减少到 30 家以内，简化公司结构，聚焦主导产业；进一步提升效率和效益，更好地体现企业的市场价值。

三、以 3063 战略引领，积累核心能力，积极开拓新业务

3063 战略规划，是集团和各产业面向未来制定的长远的业务发展计划，是保持企业可持续发展能力的重要举措。集团将根据 3063 战略对技术和市场发展的洞察，延展企业的产品技术优势和能力，通过投资、兼并、重组的方式，开拓新的业务领域。2018 年，集团将力争在以智能和互联网、大数据技术为支撑的商用系统业务和智能家居业务领域打开新局面，构建增长新动能。

四、继续实施集团全球化发展战略，强化全球化业务发展能力

TCL 是中国企业国际化的先行者，海外业务已成为集团发展最重要的驱动力。目前全球贸易保护主义猖獗，各种关税和非关税壁垒扰乱国际贸易秩序，TCL 要进一步完善全球化业务战略布局。首先大力提升自身核心能力，特别是产品创新、技术专利能力，合法合规经营,增强国际市场竞争力;其次逐步建立和完善全球化的经营体系,包括建立全球供应链、渠道和品牌力,有决心参与发达国家市场竞争并取得突破,并将业务覆盖发展中国家市场;同时在销售产品的基础上,将产品制造、设计、销售和服务能力扎根当地,为当地的社会经济发展做贡献,建立和平健康稳定发展的贸易关系。通过提升产品力来提升品牌力,积极扩大 TCL 品牌的全球影响力,推动 TCL 从中国品牌向有竞争力的全球品牌转型。

战略资源是战略实施的基础,离开战略资源谈战略实施是没有意义的。企业的战略实施,必须充分了解这些战略资源的内在特质,培植企业对自身拥有的战略资源独特的运用能力,即核心能力。针对企业的竞争动态性特点对企业的战略资源进行有效的配置,保证企业战略的平稳运行。

资料来源:孟鹰,余来文,等.战略管理:理论、应用和中国案例(第二版)[M].北京:经济管理出版社.2019.

思考题:

假如你是某企业的高层管理者,请结合本章的内容,系统地为你的企业设计一套组织结构方案以更好的执行和实施企业战略。

本章小结

首先,本章主要介绍了四种组织结构形式,并且分别详细地分析了其优缺点。然后,阐述了战略与组织结构的相互关系,它们是互相依赖、互相作用的紧密关系。

接着,我们还了解了组织结构与公司战略的匹配,分别介绍了几种类型的匹配关系而形成的不同的组织结构。

最后,我们学习了战略与组织结构的调整,分别介绍了组织根据战略的要求需要遵循的调整原则、组织变革的两种不同形式和组织结构变化的四种趋势,这四种组织结构形式是需要强化吸收的内容。

关键概念

组织结构 战略匹配 组织结构调整

复习思考题

1. 企业战略组织结构常见类型有哪些?
2. 组织结构与企业战略相互之间存在什么关系?
3. 组织结构与战略是否存在其他方面的匹配,除了本章已列的匹配关系?
4. 组织结构调整变革有哪两种方式?
5. 企业组织结构变化的四种趋势分别是?
6. 你是如何理解学习型组织的,它对你现实学习中有哪些启示?

第十一章 战略与战略领导力

名言警句

善于发现人才,团结人才,使用人才,是领导者成熟的主要标志之一。

——邓小平

权威是你把权给别人的时候,你才能有真正的权利,你懂得倾听、懂得尊重,承担责任的时候,别人一定会听你,你才会有权威。

——马云

学习目的

- 了解企业家领导力的相关概念
- 熟悉在战略制定和执行中,如何发挥企业家的领导能力,还有高层管理者在战略中扮演的角色
- 从战略角度讨论战略领导力对公司战略的价值和重要意义
- 介绍企业家领导能力与战略的匹配关系

引导案例

严于律己的董明珠

董明珠上任前,格力公司迟到早退、喝茶看报、吃零食聊天等情况屡见不鲜。而董明珠一上任,就狠抓内勤,把一些老员工都训得直掉眼泪。经营部女性多,公司对她们的服装、头发和走路姿势都做了明确的要求,要求大家最好剪短发,留长发的上班要盘起来,更不准带着一大堆饰品来上班。董明珠始终认为,没有严格的制度,就无法产生强大的战斗力,果然,不久之后的经营部焕发出全新的工作作风。

一天,一个不是格力的经销商想托董明珠的哥哥从格力拿货,承诺如果事情办成,会给2%的提成,这是一个不小的数目,他哥哥答应了。董明珠接到哥哥的电话后犹豫了,对于身为部长的她,帮哥哥这个忙很容易,只是一句话的问题,而且没有违背公司的制度。

但是董明珠转念一想,如果为亲人谋利益就会伤害到其他经销商的利益,公平性就会出现偏差,如果这股风气蔓延的话,格力这个品牌就会受到玷污。最后她拒绝了哥哥的请求。

董明珠的拒绝伤了哥哥的心,他不再和妹妹来往,但是董明珠认为这样做是值得的:"我把哥哥拒之门外,虽然得罪了他,但我没有得罪经销商。"

正是董明珠进行了一系列毫不妥协的"斗争",对格力电器进行了一场"刮骨疗毒"式的治疗,使格力摆脱了停滞不前的状态,管理逐渐走向了规范。以至于后来,格力电器成为空调行业的世界冠军。

资料来源:李里德.领导素质与领导艺术[M].中国华侨出版社.2015.

第一节 战略领导力及风格

正如我们引导案例中提到的,战略领导者的工作是富有挑战性的,同时又需要在短期目标和长期目标间进行很好的平衡。不管任期长短,战略领导者都可以使公司的业绩发生翻天覆地的变化。如果战略领导者能用超前的眼光为公司制定战略愿景,他就有可能激发公司人力资本的潜能,获得积极的成果。但是,战略领导者面临的挑战也是非常艰巨的。

那么对于领导我们又是怎样定义的呢?我们再简单地描述下。

根据《管理学基础》的解释,领导是在一定的社会组织和群体内,为实现组织预定目标,领导者运用其法定权力和自身影响力影响被领导者的行为,并将其导向组织目标的过程。

一般领导需要具备三种要素特征:①领导者必须有下属或者追随者;②领导者必须拥有影响追随者的能力;③领导行为具有明确的目的,并可以通过影响下属来实现组织目标。

我们回到本章需要学习的知识点,读者通过对本章的学习,主要需要掌握的信息是:有效的战略领导者是成功运用战略管理过程的基础。战略领导者是通过形成愿景和使命来领导公司的。在这一过程中,领导者会将目标分解到组织中的每一个员工,以提高业绩。另外,战略领导者不仅要促进战略行动向前发展,而且要决定如何实施这些战略。如图11-1所示。

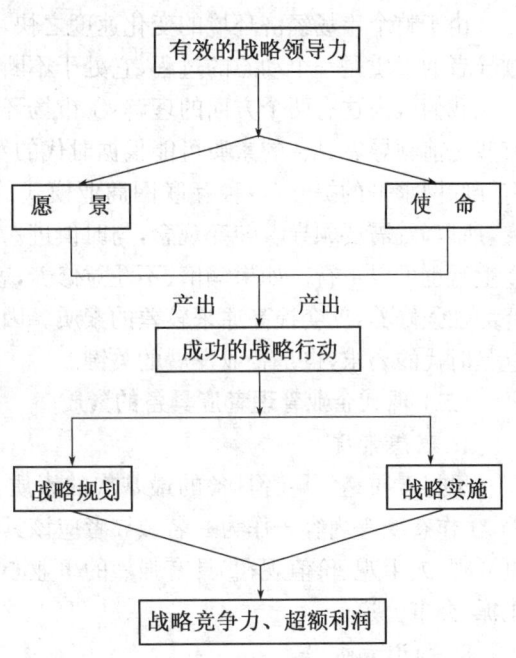

图11-1 战略领导力和战略管理过程

一、战略领导者

战略领导者需要具备什么样的素质特征呢?

(一) 战略领导者的素质特征

1. 综合性

战略管理者的素质是由众多因素组成的一个有机的结构体系。我国古代有"德、才、学、识"的说法;近代也有人提出"德(政治思想素质)、才(才能、才智)、学(学问)、识(见多识广)、质(气质、心理个性)、体(体质)"。因此,把古代和近代的观点归纳起来就是:德、识、才、学、体五大内在因素。它就好比马斯洛的需求层次理论一样。如图11-2所示。

身体素质是塔基的那部分,这是毫无疑问的,无论是领导者还是对于我们任何人,没有好的身体素质,一切都是空谈。另外,才能处于一个承上启下的

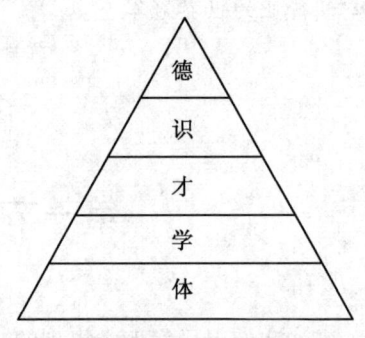

图11-2 领导者素质塔形结构分布

位置,既是下层需要努力争取的素质,又是爬上顶端必须具备的素质。企业能成功的最高境界就是以德治企业,以德对社会,这就需要我们所谓的商业伦理;而且,反过来,这些商业伦理往往能够给企业带来好的声誉和利润,提高品牌知名度,最典型的例子莫过于2008年汶川大地震时,王老吉捐款一个亿的成功事例。

2. 动态性

由于整个市场经济环境的变化速度之快,对领导者的素质要求也要与时俱进。企业领导者的素质是一个动态的过程,它处于不断变化之中。

我们认为这有两个方面的理解:①市场环境对领导者的要求:由于市场环境的变化,有些之前领导者具备的素质可能根据时代的发展,已经不适应现有发展的水平。例如,现有互联网水平的提升,各种互联网商业模式的出现,与之前领导者注重实体经济就有冲突,所以,就需要领导者转变观念,与时俱进。②领导者自身素质的变化,其变化方向既可以上行也可以下行。如果懒惰、不注意修养,就会丢失原来较好的素质;如果勤奋、上进,努力加强修养,就会提高原来较差的素质。因此,每个领导者都要注重提高自己的素质,这是时代的要求,也是企业发展的关键。

(二) 现代企业管理者应具备的素质

1. 思想素质

思想素质是领导者具备的最基本的素质,包括企业战略领导者的思想品德、道德修养、工作态度等内容。作为一名领导者应该具有以下几个方面的思想素质:①具有良好的世界观、人生观、价值观;②具有强烈的事业心;③能密切联系群众,发扬民主作风;④作风正派、办事公道。

2. 知识素养

企业战略领导者的知识素养是企业能成功的条件。特别是在现有市场体系下,领导者必须具有现代人的知识框架结构。企业战略领导者的知识素养很大程度上决定了他们企业发展的高度,同时也影响着他们的思想素质。因此,企业战略领导者的知识素养应该与时代接轨,紧紧结合现有科学技术发展的要求,提高经济管理水平。

许多企业家都很关注时政,所以他们才是《新闻联播》的"忠实"粉丝。他们必须熟悉

现有市场经济发展理论、国家政策、法令法规等,精通管理知识理论,并具备一定的创新等先进理念。

3. 技能素质

技能素质是一种综合性质的能力,是多种能力的集合体。技能是人的才智在实际操作中的具体表现,是企业战略领导者发现和提出问题、制定目标、实现任务、获得成功的本领。所以,对于企业战略领导者来说,不仅要知道,还要会做。从企业战略领导者应具备素质的特点来看,应包括能够使企业不断前进的创新能力、运筹帷幄的决策能力、维持关系的协调能力和知人善任的用人能力。企业战略管理的能力素质源于长期的锻炼,来自理论与实践的结合,因此,具有良好的思想素质和知识素质的企业战略领导者应当勇于实践,不怕挫折失败,并勤于思索,善于总结经验,从而培养多方面的思维能力和工作能力。

4. 心理素质

企业战略领导者的心理素质是指企业战略领导者在个人身上所表现出来的本质的、经常的、稳定的个性心理特征。企业战略领导者良好的心理素质是实现企业战略目标、提高企业绩效的重要条件之一。对于领导者来说,应该包括以下几方面的心理素质内容:①行为上的主导型:思维能力强,具有较强的开拓创新意识,善于思考,敢于出点子。②性格上的外向型:性格开朗、活泼,善于交际,敢于冒险、挑战。③品质上的果敢型:这里所说的果敢,是指经过深思熟虑后的选择,能迅速、明确地表达出来,并为了实现既定的目标,会鼓足勇气,动员其全身的力量去追求目标。企业战略领导者的心理品质应以果敢为主导特征。这是因为在市场经济竞争十分激烈的条件下,既要求企业战略领导者要随机应变,又要求其在风险决策时做到谋于众,断于独,决之则行,舍之则藏。

5. 身体素质

没有一个好的身体素质,什么事情都无从谈起。前苹果公司CEO史蒂夫·乔布斯就因为胰腺癌而离开了我们,一代天才就这样陨落了。关于他的死因,也有很多猜测,有人说是过劳致死,不过有一组数据可以体现企业领导者的一天是多么辛苦,据统计,美国、德国、日本等国家的企业经理,每天的工作时间基本上都在11~14个小时。对于企业领导者来说,这不仅是脑力劳动,还加上体力上的消耗,所以,领导者必须拥有一个健康的身体以支撑过量的身体和精神消耗。

二、领导力与领导风格

1. 战略领导力的概念

关于战略领导力的内涵,学者们没有达成共识。不过,可以归纳出战略领导力概念的一些特点:①更加强调企业的长远目标;②更加注重企业组织的整体平衡水平;③更加强调领导者的榜样力量;④更加注重结果而非过程;⑤更加注重战略情境的控制而非影响。如图11-3归纳了关于战略领导力的代表性概念。

学者	概念界定
希特(M. A. Hitt) 爱尔兰(R. D. Ireland) 霍斯基森(R. E. Hoskisson)	战略领导力是一种可以进行预期、想象、保持灵活性并且促使他人创造所需要的战略改变的能力
索西克(J. J. Sosik)	战略领导力是一个连续的过程,领导者有效地整合人员、技术、工作流程和商业机会,为股东、社会和员工创造经济、社会和治理价值。战略领导者就是"聚焦战略的领导者"
海因特哈勃(H. Hinterhuber)	战略领导力是领导者确立愿景、塑造榜样并为公司创造价值的能力,是把愿景转化为结构的艺术和科学
弗雷德里奇(S. A. Friendich) 克罗思安(M. Crossan) 维拉(D. Vera)	在不确定性不断增加的动态环境中,战略领导力等同于卓越领导力,一个卓越领导者就是能够实现自我领导、领导他人和领导组织的战略领导者
南加德(L. Nanjad) 雷曼(B. C. Reimann)	战略领导力就是驱动变化和获得结果
萨默(H. Summer)	战略领导力作为一个多层次的概念,涉及将社会伦理融入组织伦理,领导角色理念、社会角色理念和组织角色理念的形成和校准,组织随公共权力和社会影响调整的三种功能
霍斯莫(L. T. Hosmer)	战略领导力涉及一个对引导组织综合性战略的形成、实施的战略方向及目的的整体性感知;战略领导者负责随环境、组织资源和管理态度的变化而持续调整的,从形成、实施到绩效,然后再返回到形成阶段的综合性战略过程
中国科学院领导力课题组	对战略领导力领域研究进行回顾后,将战略领导力定义为领导者在系统分析利益相关者、自我和战略情境的基础上提出,并全力推动愿景实现的能力

图 11-3 战略领导力的代表性概念[①]

2. 战略领导力的内容

在理解战略领导力的内涵后,我们还需要掌握战略领导力的一些主要内容,下面我们介绍几个具有代表性的关于战略领导力的内容。

豪斯(R. J. House)与阿迪亚(R. N. Aditya)认为:战略领导力包括进行战略决策、选择关键经理、配置关键资源、确定目标和战略、指明组织发展方向、规划和安排组织结构、协调关键的利益相关者并与他们保持沟通。

阿贝尔(D. F. Abell)认为:战略领导力主要任务包括平衡战略的短期目标和长期目标,在制定战略前首先明确使命和愿景,放弃流行的"资源基础战略"而寻求资源、未来机会、领导意图和领导责任的匹配,在分析内外部环境的基础上重新定义战略核心,从供应链的角度重新认识竞争,战略制定要深入到单一产品和细分市场层面等六个方面。

皮诺(D. F. Pinnow)认为:战略领导力应强调整体观察和思考,强调理智与情感的统

[①] 邓新明,等. 企业战略管理[M]. 北京:清华大学出版社,2014:341-342.

一,强调领导者的自我管理和关系管理,强调整合领导者自身需求和组织的目标,强调领导力就是关心人,强调领导力是一个持久的学习过程,强调领导力是管理与领导的结合。

弗里德曼(M. Freedman)与特里戈(K. Tregoe)认为:战略领导力的核心任务就是构想令众人充满信心的战略愿景,通过充分的沟通使战略愿景得到全体成员的认同,矢志不渝地坚持实现战略愿景,绝不违背战略承诺。具体而言,战略领导者的主要任务就是选择、实施、不断监控并修正组织的战略。

我们通过对上述学者的研究,可以归纳出战略领导者就是"领导力"和"战略"的结合。一般等同于以下几种能力:构想组织愿景、指明组织发展路径、构建组织结构、平衡利益关系、谋求可持续发展。

3. 战略领导风格

这里我们所说的领导风格不是管理学中的三种类型的领导风格(专制型、民主型、放任型),战略领导风格更多的是强调领导者的个人素养和魅力。

首先,我们知道,公司获取有效战略领导力的主要责任由高层管理者特别是CEO承担。其他公认的战略领导者还包括董事会成员、高层管理团队以及部门总经理。战略领导者承担着大量的决策制定责任,并且这些责任是不能推卸给他人的。战略领导力是一种复杂而且非常关键的领导力形式。那战略领导风格又对战略有哪些作用呢?

领导风格会影响被领导者的工作产出。变革领导力是最有效的战略领导风格。这种风格激励员工不断超越别人对他们的期望,不断增强自己的能力,并将公司利益置于个人利益之上。变革领导者为组织勾画愿景并将其传达给员工,而且会形成一套战略来实现这一愿景。他们使员工意识到自己对组织产出的贡献,并鼓励员工不断实现更高的目标。一位CEO曾经这样说过:"领导者是以品格来塑造和定义的。领导者能鼓舞和帮助他人出色地完成工作,并充分挖掘他人的潜力。因此,他们能够建立并保持组织的成功。"此外,领导者还具有较高的情商。高情商的领导者往往对自己有充分的了解,具有强烈的动机,善解人意,并拥有良好的沟通能力。

第二节 战略与领导能力

一、对战略决策起作用的领导能力[①]

《孙子兵法》被国内外广泛流传,对于企业管理者而言,同样具有非常重要的借鉴意义。孙子认为将帅应具备"智、信、仁、勇、严"五德,才能胜任。

《孙子兵法》有这么一段话:"将军之事,静以幽,正以治,能愚士卒之耳目,使之无知;易其事,革其谋,使人无识;易其居,迂其途,使民不得虑。帅与之期,如登高而去其梯;帅与之深入诸侯之地,而发其机。若驱群羊,驱而往,驱而来,莫知所之。聚三军之众,投之

---

① 肖海林. 企业战略管理理论、要径和工具[M]. 北京:中国人民大学出版社,2013:373-380.

于险,此谓将军之事也。"

领导力在战争年代已经就那么重要了,那么对于我们企业来说,何为领导能力呢？它又有哪些方面的内容呢？本节就为读者详细介绍。

所谓企业家的领导能力,就是企业家通过一定的组织形式,率领和协调追随者,为实现预定企业目标,共同作用于领导环境的一种行为过程,是企业家稳定的素质及自觉能动的修炼过程。我们在这里把企业家能力划分为两种：对战略决策起作用的和对战略实施(执行)起作用的。

1. 富有远见的能力

我们前面介绍了企业在制定战略前,会进行战略分析,企业要先对其生存的外部环境、内部环境做一个详细的、全局性的重大谋划,独具慧眼,认准方向,始终把握企业的主动权。而这一切取决于企业家处事不惊的胆识、冷静的观察力和准确的判断力、富有远见的能力和对事物客观、辩证、发展的思维能力。

从上述阐说中可以看出,所谓远见,是指企业对未来几年市场形势与发展变化的深刻洞察和准确判断,从而把握市场发展的内在规律,不仅需要预测外部环境的趋势,还需要客观地预测自己的战略走向等种种变化趋势。总之就是：预测风险,化解风险；识别机会,把握机会；制定愿景,实现愿景。

一个富有远见的领导者往往对事物有丰富的想象力、旺盛的创造力、大胆的决策能力,在别人没有看到的情况下他能看到,在别人没有想到的地方他能想到,并且,果断、果敢的精神也是他们需要的。

一个富有远见的领导者能够为组织成员指明方向,能够展望未来,预见变化,考虑变化的冲击,并制定相应的对策。这既可以减少重叠性又可以减少企业成本。此外,远见还有助于管理者设立目标和实施控制。领导者只有拥有远见的能力,才能进行有效的组织管理,保证领导和管理目标的实现。

2. 统筹全局的能力

唯物辩证法告诉我们,需要全面地、辩证地、发展地看待事物。

在企业的经营发展中,一旦确立了自己的经营方向和经营目标,要想在激烈的市场竞争中保持企业的优势,提高自己的市场地位,就需要增强企业的竞争力。增强企业的竞争力,最根本的还是从寻找内因开始,因为内因才是促进事物发展的关键和决定因素。

所以,就如何提高企业内部竞争力,对于企业来说也是关键。在企业内部需要做好分工、合作,各经营单位如何才能让效率最大化,各职能部门之间如何协调,各层级的领导者如何配置好企业的资源,所有这些,都是为了服务于企业的战略目标,都是为了企业这个整体而思考的,所以,领导者需要从全局角度思考和处理这些问题。只有这样,才能统筹全局,驾驭全局,否则一个点出了问题,会出现牵一发而动全身的后果。

通常,我们企业会分成生产、销售、人力资源、研发、财务等五大部门,而且它们往往都是独立发展,少有联系与互动。并且,各部门的总经理也是只看到了树木,不见整个森林。这种传统的管理思维与模式不但影响现有的组织框架,还可能阻碍企业的整体进步和全面发展。

因此,领导者正确看待市场环境的同时,还需要从整体而不是以偏概全的角度来思考和处理问题。虽然,拥有统筹全局的能力,对于领导者来说并不是一件容易的事,但是,这又是领导者必须要具备的非常重要的一项能力,特别是对于企业的组织框架更是重中之重。

3. 创新的能力

创新能力是企业家在组织和自己所从事的领域中善于敏锐地观察现有事物的缺陷,准确地捕捉新事物的萌芽,在此基础上通过分析、判断和推理,做出大胆新颖的推测和设想,然后进行周密论证,并且拿出可行方案来付诸实施的能力。

创新能力包括制度创新能力、管理创新能力、商业模式创新能力、技术创新能力、产品创新能力和观念创新能力等,这些创新能力能够给企业带来有效的战略,创造新的价值,是领导者带领企业走向成功的关键。

最近两年,每逢各地高校开学之际,"饿了么"和"美团外卖"宣传单也是漫天飞,两家为了占领市场,极力地推出各种优惠政策,让外卖成为学生的新宠,甚至在高校有这么一句话——土豪才去食堂吃饭,而且成了学生互相开玩笑的新语。这就是典型的O2O电子商业模式,O2O是Online线上网店Offline线下消费的简称,它主要是在平台上帮助商家开店,商家将线下的商店信息和商品信息直接推送给互联网用户,消费者对这些信息进行筛选,最后选择自己想要的服务。在O2O模式下,消费者可线上交流询问和反馈,线下自己体验比较,有选择性地消费。

现阶段运用最广的电商模式主要有两种,一种是B2C模式(business to customer),即一切商品和信息都直接从企业到消费者;另一种是C2C(customer to customer),即商品和信息直接是从消费者到消费者。我们不难发现B2C和C2C主要是侧重于购买一些电器服饰等,库存的主要是货物;而O2O瞄准的是服务业,类似于餐饮、电影、租房等,库存的主要是服务。相比较于B2C和C2C的足不出户等货上门,O2O模式下的消费者则需到现场获得服务,自然O2O模式下的服务一定是本地化的。

拥有创新能力的企业家,能想出不寻常的经营方案,善于发现各种现象间互相关联的蛛丝马迹;能够敏锐地观察到市场的需要及部属的潜力,总是饶有兴趣地改进现有的产品;勇于接受超越一般的思维方式。毫无疑问,在现阶段的互联网时代,特别是一直强调的互联网+时代,领导者需要开拓互联网的创新,才能让企业适应时代发展的要求,真正做到与时俱进的基础上再开拓创新。

二、对战略实施起作用的领导能力

战略的制定对企业来说就像是选择一个努力的方向,怎样在这个方向上走得更好、更稳,就需要很好地实施、执行战略了。这就是为什么有的企业能够越做越好、越做越大,而有的企业面临破产,最大的区别不是他们是否制定了战略,很大程度上是因为是否执行好了战略、是否很好实施了企业战略。本节我们主要介绍对战略实施起作用的领导能力,我们归纳为以下四种主要领导能力:

(一) 有效沟通的能力

管理学中是这样定义有效的沟通的:沟通就是信息的传递和保持信息的畅通。组织沟通中,形成完善的沟通渠道,建立规范的信息传递标准,掌握良好的沟通行为,采用正确的沟通方式,是沟通工作的一些重点。管理方面的沟通,以管理政策、管理程序、管理规则为主,目的是提高组织效率,达到更好的效果,实现组织的目标。

在企业战略执行过程中,领导者需要与不同的人进行交流,必须娴熟掌握和运用沟通的方法和技巧,才有利于战略的顺利执行。一般而言,沟通包含三个要素,即有效表达、善于倾听、及时反馈。

1. 有效的表达

表达是沟通的第一步,没有表达就没有沟通,因此有效的表达对领导沟通来讲至关重要。那么怎样的表达才是有效的呢?

(1) 恰当的时间和地点。在沟通过程中,最基本的条件就是时间和地点,进行表达时选择不合适的时间或者地点都会让倾听者感到厌烦。因此,领导者在表达时,要选择一个恰当的时间和地点。而且这个时间或地点都是要提前安排和通知给被表达者的,这样他们会尽可能地准备好,安排自己的规划。而且,一般情况下,在正式的交谈中,需要一个不受干扰的空间。因为有干扰的环境不仅会打断领导者的思路而且会分散听者的注意力,不利于有效的表达。另外,对于惩罚性的表达,应该找个独立的空间说明,否则会对听者产生不好的影响。

(2) 准确、简明、扼要。表达的时候不要拖泥带水、含混不清,或者一直重复,这样会让听者丧失继续听下去的耐心。因此,企业家在表达之前尽量准备好需要表达的目的、主要内容和其他内容等。

(3) 语言和肢体语言表达一致。因为在表达时,我们经常会运用形体表达,这样有利于倾听者更好地接受,并且不至于在表达过程中太生硬、太严肃,使表达更有力、更活泼。但也不要过于频繁地使用形体语言,否则反而会有反作用。另外,就是尽量使用对方熟悉的语言进行表达,这样更容易让对方接受,而且还增加了亲切度。

(4) 及时检查对方是否明白表达的内容。在表达过程中,有必要进行一些停顿,然后问问听众是否明白领导者所表达的内容。尤其是对于重点内容的表达,这样便于及时发现问题,尽量达成有效的沟通。

2. 倾听的技巧

因为沟通是两个甚至多个人一起进行的活动,所以,有效的表达并不能保证沟通就能达到很好的效果,就能算一次成功的沟通。显然,这种想法忽略了倾听者。一个只会表达不会倾听的领导者,是无法听取别人的意见的,一向专断独行,根本无法理解别人的真实想法,这不仅不利于领导者发现问题、解决问题,而且不利于员工对公司的信任。美国著名化妆品公司创始人玫琳·凯说:"一位优秀的企业家应该多听少讲,也许这就是上天为何赐予我们两只耳朵、一张嘴巴的缘故吧。"

实际上,倾听能给企业家的沟通带来很多好处,企业家要重视沟通中的倾听。松下电器的创始人松下幸之助把自己的全部经营秘诀归结为一句话:要细心倾听他人的意见。英国一家公司的总裁洛伊·西逊把自己的经营法则概括为三点,其中第一点就是在公司各部门设立职工议会,部门经理每年召开三至四次会议,以增进上下交流,倾听意见和建议。

从这些经验中,我们可以看出善于倾听有助于企业家经营的成功。下面就为大家介绍倾听的主要技巧。

(1) 积极地倾听。既然是倾听,就应该集中精力,排除干扰,倾听时应保持与谈话者的眼神交流。另外,要向谈话者传递接纳、信任和尊重的信号,最后要用带有鼓励性的语言让对方把自己真实想法说出来,以便了解更多的信息,采取更好的、相应的策略。

(2) 排除"有色眼镜"的干扰。在沟通时,不要因人而异,否则容易出现沟通偏差和信息不完整、不对称现象。

(3) 积极回应和了解真实意图。与表达反过来的是,如果我们在倾听过程中,没有听清楚、没有理解清楚,或是想得到更多的信息,或是想要对方重复时,就应该适当地告诉对方,抱着谦虚、谨慎的态度。这样会让对方觉得你真的在听他的谈话,还有助于有效地倾听,提高沟通的效率。

(4) 学会发问。在沟通中,作为倾听者要时刻保持谦虚、认真的态度,这既是对对方的尊重,也是进行有效沟通的重要前提。适当的发问是很有必要的,一般包括:开放式发问、假设式发问、重复式发问、激励式发问、清单式发问。但切记不要用逼迫式的语气发问,也不要含糊不清地发问。

3. 沟通中的反馈

反馈,是指在沟通过程中,信息的接收者向信息的发送者做出回应的行为。在管理学中,我们知道沟通的九大要素中就包括了反馈,这样有利于及时地回应对方,向对方告知自己的理解和信息的接受程度,以澄清"表达"和"倾听"过程中可能的误解和失真,准确地把握沟通。

当企业家处于表达者的角色时,需要接收反馈信息。接收反馈的要点有以下几个方面:首先是倾听,不打断对方的表达;其次是避免产生自卫,应该有意识地接受建设性的批评;再次,及时澄清问题,询问具体事例;最后,总结接收到的信息,并向对方表明你的态度,尽量采取行动满足对方的需求。

当企业家处于倾听者的角色时,也需要给予反馈。给予反馈主要体现在:首先,针对对方的需求及时地给予反馈;其次,反馈时应当明确、具体,有必要时提供实例佐证;再次,尽量传递一些正面的、积极的、有建设性的反馈;最后,要集中为改变对方行为进行沟通,并考虑对方的接受程度,确保对方能够理解。

(二) 协调能力

"兄弟齐心,其利断金",企业家的一项重要工作就是保证企业内的各个部门处于一个良好的配合状态,以获得整体合力。组织协调能力是任何企业家都不可缺少的重要能力素质。只有把组织的协调整合好,才能够在领导和管理过程中合理地配置和运作各种资源,并能增强员工之间的亲和力,形成一种企业团队精神和整体合力。

企业家必须自觉地同下级和广大员工平等相处,把自己领导下的人统一起来,形成和谐的集体。要通过正式和非正式沟通渠道去了解他们的长处和短处,因人施用,知人善任,扬长避短,充分发挥他们的才能,挖掘他们的潜力。

协调是提高领导工作效率的重要保证。协调与领导工作效率的关系极为密切,加强协调是提高效率的行之有效、事半功倍的好办法。因为,首先,可以通过协调理顺部门间的关系,减少决策失误;其次,通过协调可以理顺人际关系,创造良好的工作环境;再次,还可以很好地处理工作中的矛盾,减少摩擦,减少领导的工作量,提高领导的工作效率。

那么如何提高战略执行中的领导协调能力呢?

1. 以诚相待

以诚待人,平等待人,一定要做到开诚布公,这样让别人感到是可信的,另外就是要多替别人着想,与人为善。

2. 虚怀若谷

作为领导者,一是不可擅权:把权力当作个人的私权;二是不可高傲:一味地自以为是,自认为能力最强,不听别人意见和建议。因此,企业家要有群体意识,要把协调共进作为企业家必须具备的一项基本素质。

3. 朴实无华

协调要注重形式,但又不能形式主义。它更应该注重内容,要实实在在,同时还要兼顾效率。

4. 刚柔并济

刚柔并济就是要做到原则性和灵活性的统一。以刚为基础,员工们还是要按照企业的规章制度办事,日常的工作纪律还是要认真遵守的;另外,以柔为辅助,有助于加强与员工的沟通,更好地协调企业的工作。

5. 循循善诱

企业家要搞好协调,既要善于改变对方的意见,又要保全对方的面子,要实事求是地做好转化工作。也就是说,在改变对方意见的同时,还应采取相应方法表示对对方的肯定与尊重,使之乐于接受协调,不会心存不满。

6. 因势利导

因势利导就是要求企业家巧妙地运用智慧,诱发事情内部矛盾及矛盾各个方面的积极因素,使其作用得到充分发挥;同时,巧妙地抑制、削弱或转换事物内部矛盾及矛盾各个方面的消极因素,使其转化为有利因素,促使事物向好的方面发展。

(三) 应变能力

应变能力是企业家依据变化了的情况审时度势、灵活机动、从容不迫地处置问题的能力,是企业家快速调整人力、物力、财力,以适应市场变化的能力。

我们知道,由于整个市场经济环境的多变性和复杂性,企业活动本身就是一个不断应变和解决复杂矛盾和问题的过程。应变和解决复杂矛盾的能力是企业家能力素质中一个特别重要的部分。特别是应变能力能够检验企业家的具体综合素质。因为外部环境是复杂的、多变的,企业家的认识能力再强和预见能力再高,也不可能完完全全地预见事物发展变化的所有可能性。偶然事件在所难免,突发事件不可改变,这就要求企业家必须具备处变不惊、临危不惧、随机应变的能力。可以这样说,衡量一个企业家是否成熟和高明,首要的就是看他是否能够在尖锐复杂的矛盾中审时度势,随机应变;是否能够视变化为机遇,在变化中寻找能够处理策略的同时获取对企业发展有利的机遇,不仅做到化险为夷,还能从中获利。

企业经营活动要求企业家具有当机立断、果断决策的能力。优柔寡断的企业家决不能行使好领导职能。在决策和处理问题时,善于选择时机;在时机成熟时,能果断采取行动;在情况发生变化或发现决策失误时,能及时采取应对措施或者立即停止行动。

特别是我们现处在21世纪的知识经济和全球化的趋势下,企业的内外经营环境与之前都不一样,由过去较为稳定的状态变为不定型状态。简而言之,如今的时代是一个充满风险和快速变化的时代,企业经营管理者是否具有应变能力决定着企业的命运。

(四) 个人魅力

在《领导艺术学》这本巨著中,作者威廉·柯汉提出:"除非激发了一个人的工作动机,否则你很难令人愿意追随你。"

现实生活中,一些成功的企业家无论在什么情况下,本身所固有的才能总是散发出不可抗拒的感召力和影响力,让人们愿意接受他的领导;同时,也有一些企业家,靠行使手中的职权实施管理活动,下属们慑于权势,被动地接受领导。两者之间之所以出现如此大的差距,一个根本原因就在于企业家的个人魅力。

企业家的魅力是无形的,主要表现为对周围环境及下属的影响力和感召力。企业家的魅力通过与他人的交流、相处对他人产生积极的影响。企业家的魅力不是与生俱来的,要想做一个合格的企业家,就必须在培养魅力上下功夫。

华为总裁任正非于2010年1月14日在2009年华为全球市场工作会议上提出三点内容:一是坚定不移的正确方向来自灰度、妥协与宽容;二是宽容是领导者的成功之道;三是没有妥协就没有灰度。只有妥协,才能实现"双赢"和"多赢",否则必然两败俱伤。因为妥协能够消除冲突,拒绝妥协,必然是对抗的前奏。我们的各级干部只要真正领会了妥协的艺术,学会了宽容,保持开放的心态,就会真正达到灰度的境界,就能够在正确的道路上走得更远,走得更扎实。

第三节 有效的战略领导力

图11-4中列举了一些特定的行动代表有效的战略领导力,并且许多行动之间是互相作用的。最有效的战略领导者在制定决策时,会针对每一个关键的战略行动制定可行的备选方案。下面我们就挑选几个认为比较重要的进行阐述。

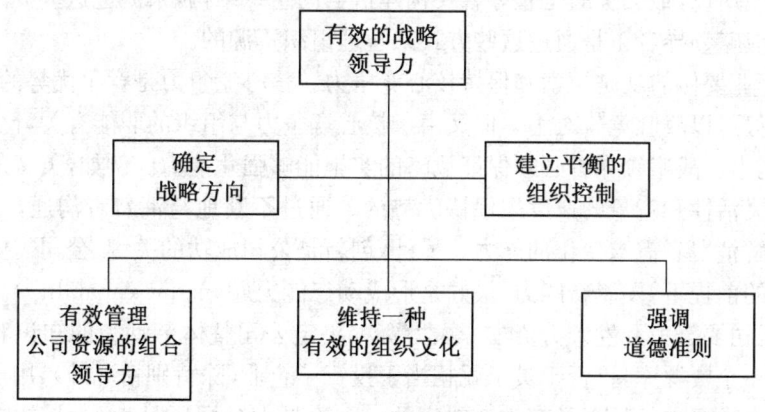

图11-4 有效的战略领导力的运用

一、确定战略方向

确定战略方向(determining strategic direction)包括详细地规划愿景,以及随着时间的推移为实现愿景而采取相应的战略。战略方向需要在一定条件(机会和威胁)下确定,并且这些条件是战略领导者预计公司在未来3到5年内将要面对的状况。

我们认为,理想的长期战略方向由两部分组成:核心意识形态和愿景。核心意识形态通过公司的日常规范体现并激励员工,愿景却是鼓励员工不断超越自我,它可以从激励、领导、授权以及组织设计等方面来指导公司的战略实施。

一般而言,涉及战略方向的多数变革都难以设计和实施。例如,通用电气公司的CEO杰弗里·伊梅尔特面临的挑战更为严峻。因为之前该公司在杰克·韦尔奇的领导下业绩非常出色。由于竞争格局的重大变化,因而变革势在必行,但是那些已经习惯了韦尔奇的领导和高绩效的利益相关者,在接受伊梅尔特的变革时必然会出现一些问题。但是,有些战略领导者没有根据竞争环境为公司选择最好的战略。反而,他们会安于现状,特别是那些曾经有着辉煌业绩的公司里,对于任期较长的CEO来说,风险是他们很少去触碰的东西。也有些CEO选择战略时飘忽不定,甚至自相矛盾,尤其是面对环境动荡多变时,很难去选择最好的战略。

事实上,一个具有魅力的CEO可以促使利益相关者支持新的愿景和战略方向。但是,在变革过程中,领导者必须充分重视组织的优势和劣势。充分利用资源优势,设计出最有效的战略。满足公司短期需求的目标需要适应新的愿景和战略方向,同时还要通过资源组合的有效管理来保持公司的长期生存能力。

二、有效管理公司的资源组合

有效管理公司的资源组织是战略领导任务的重中之重。公司的资源可以划分为:财务资本、人力资本、社会资本以及组织资本。资源是企业的血肉,是补充整个躯干的最核心的东西,是企业能够保持、增强核心竞争力的关键。

在这些资源中,财务资本是组织能够流通的根本,它就像生命体的血液,贯穿于整个组织的发展与成长。但是,有效的管理者还需要意识到,对其他资源以及资源整合的管理也同等重要。所以,最关键的是领导者要构建恰当的组织结构,来促进这些资源的合理利用。有效的战略领导者正是通过这些方式来管理组织资源的。

首先,企业要做的就是探索和保持核心竞争力。核心竞争力是竞争优势的来源,公司凭借这种优势可以战胜竞争对手。但又由于核心竞争力与组织的职能有关,比如财务、营销、研发等能力。战略领导者必须保证战略的实施能够强化能力。例如,英特尔公司就是通过竞争的灵活性和竞争的速度来保持优势的。通过不断地与消费者沟通,一些公司形成了全面了解消费者需求变化的能力。另外,创新是公司成功的关键,公司需要在不断巩固当前能力的前提下,发展新能力,最好是形成动态能力(dynamic capability)。

其次,公司要努力开发人力资本。人力资本决定公司整体劳动力的知识和技能。员工本身就是一个资源库,投资于员工就相当于投资了企业(除特别情况外),用于获取和开发高水平的人力资本的投资是有生产效率的。无论是大公司还是小公司,新成立的还是原有公司,随着竞争不断变化,或许只有人力才是竞争优势的真正可持续来源。人力资本管理实践有利于公司成功地选择战略,尤其有利于战略的实施。这其中,最有效的方式就是通过有效的培训和发展项目可以增强人力资本,从而提高企业的核心竞争力。因为,它不仅提高了员工的知识和技能、灌输了一套核心价值理念,而且还有利于塑造企业文化、从而促进公司愿景和凝聚力的形成,另外,还有助于培养领导者。

再次,要充分地挖掘社会资本。社会资本有助于公司完成任务、为股东和顾客创造有价值的内外部关系。特别是对于跨国组织而言,员工还需要通过跨国合作来开展研发等活动,以实现绩效目标。外部社会资本对公司的扩展非常重要,因为极少有公司能拥有战胜竞争对手所需的全部资源,只有合作才有出路,特别是在我们公司所面临的这个社会的大环境下。拥有强大社会资本的公司往往运作能更灵活,因为它们可以发展或获取多种能力,进而更灵活地利用机会和应对重大挑战。

三、有效的组织文化

我们将组织文化定义为整个公司共有的复杂体系,由信念、标志和核心价值构成,并影响公司开展业务的方式。由于组织文化影响着公司开展业务的方式,并有助于约束和控制员工的行为,因此可以成为竞争优势的来源。所以,充满活力的组织文化也许是组织中最有价值的竞争优势。

在大公司里,组织文化经常鼓励(或抑制)战略领导者追求(不追求)创业机会。创业机会是公司发展和创新的重要源泉,因此,战略领导者的一种重要作用就是通过追求创业机会来鼓励和推动公司的创新。

我们把围绕公司创业导向的行动描述为五个维度来界定:自主权、创新性、风险承受性、探索性和竞争进取性。这些维度影响着公司为了创新和进行新的探索所采取的行动。

另外一种有效的方式是通过改变组织文化或进行企业重组。改变正如变革,要改变一个组织文化比保持组织文化更难,但是对于优秀的战略领导者应该有何时需要变革的意识。塑造和强化一种新的文化需要进行有效的沟通并解决各种困难和问题,选择合适的人员,进行有效的绩效评价(确立目标、衡量绩效)以及利用合适的薪酬体系(奖励能反映新的核心价值观的行为)。另外,管理者必须敏锐地意识到其他重要的战略变革对组织文化产生的影响,尤其是在战略的实施与占主导地位的组织价值观不一致时。

四、建立平衡的组织控制

组织控制是资本系统的基础,并且一直以来被视为战略实施过程中的一个重要组成部分。控制是帮助公司实现期望的结果所不可或缺的。组织控制可以被管理者用来维持或改变组织的活动方式。还可以帮助战略领导者树立信誉,向公司的利益相关者证明战略的价值,促进并支持战略变革。最为重要的是,控制可以为战略的实施以及实施过程中的调整和纠正活动提供必要的参数。

在战略管理中,我们主要关注的还是两种组织控制:战略控制和财务控制。它们之所以如此重要,是因为战略领导者对这两种控制的发展及有效运用负有责任。

战略领导者面临的挑战是实现财务控制和战略控制的适度平衡,以提高公司业绩。

因为这些战略控制的概念和类型在后面的章节中会有详细地阐述,所以在此节中我们就不加赘述。

章末案例

美国通用之传奇——韦尔奇[①]

美国 GE(通用电气)公司是由著名的发明家爱迪生(T. A. Edison)于1890年创办的企业,其使命是致力于解决世界上最棘手的一些科技研发问题。历经100余年的发展,GE的产品和服务范围已经扩展到飞机发动机、发电设备、水处理和安防技术、医疗成像、消费者金融和媒体等广阔的领域,其客户遍及全球100多个国家。

1981年,45岁的韦尔奇(J. Welch)成为GE历史上最年轻的董事长和CEO,而此时的美国正处于严重的经济危机中。韦尔奇系统思考环境发展和GE历史文化及发展基础,大胆地提出了以追求卓越为目的的"数一数二"愿景,即GE的所有业务都必须成为本行业中的第一或第二。愿景确定后,他首先对所有业务进行评估,把无论如何努力也不可能成为行业第一或第二的业务坚决卖掉或关掉,再把可能达到目标的业务和尚未开展但未来可能做到第一或第二的业务整合为核心业务、高技术业务和服务业务三个业务群,明确了业务发展方向并围绕业务发展方向进行了大规模的结构重组,同时还大力精简组织结构和整顿官僚作风,为实现愿景进行了组织、业务和人员的结构优化。其次,他通过推行"群策群力"活动和实施"最佳实践",一方面,最大限度地调动GE人员的潜力和参与度;另一方面,系统借鉴全球最佳组织的最佳经验,为实现愿景提供了清晰的战略路径。再次,他非常注重当前业务与未来业务、本土业务与未来业务、经济危机时期发展与经济高涨时期发展的平衡,果断地把金融服务作为GE的未来核心业务,在本土业务巩固足够的20世纪80年代末才大规模发展全球业务,这是他无论在20世纪80年代的美国经济萧条时期还是90年代的经济快速发展时期,都能够带领GE实现快速发展的关键。最后,他非常关注GE的可持续发展,从上任伊始就把培养领导者作为首要任务,坚持用"认同愿景"和"能力"的双重标准选聘员工,创造性地用4E(精力充沛、思维敏锐、擅长激励和执行能力)、1P(激情)来培养和考核领导者,为了GE的利益大力裁员并不惜被社会冠以"中子杰克"等损毁个人声誉的称号。

到20世纪80年代末,GE基本上实现了韦尔奇提出的"数一数二"愿景,成为美国乃至全球最出色的公司之一。这时,韦尔奇又不失时机地提出了建设"完美GE"的愿景,并通过导入"六西格玛"、鼓励各级领导者提出"不可能实现的目标"、实行末位淘汰的"活力曲线"等战略创新,20世纪末,在韦尔奇卸任之前把GE建成了全球最卓越的公司,他自己也被评为20世纪全球最杰出的CEO之一。这些丰功伟绩也彰显了韦尔奇无与伦比的企业战略领导力。

---

① 中国科学院领导力课题组.战略领导力模式研究[J].领导科学,2009,5(2):4-7.

思考题：
1. 结合案例分析战略领导力对企业持续发展的作用？
2. GE 公司是如何培养和提升其战略领导力的？

本章小结

本章我们主要介绍了战略领导力的概念及其风格类型，以及如何有效的培养战略领导能力，如何把领导能力灌输于企业战略中，从而实现企业战略目标。

本章最重要的内容是有效的战略领导力的概念和作用，有效的战略领导力是成功运用战略管理过程的先决条件，有效的战略领导力的运用的几种主要方面，分别介绍了它们对企业战略的重要作用。

关键概念

战略领导力　战略领导风格　领导能力　有效的战略领导力

复习思考题

1. 什么是战略领导力？
2. 战略领导力对公司战略的确定有何影响？
3. 战略领导者是如何管理公司的资源组合来开发核心竞争力，并利用各项资本来获取竞争优势的？
4. 战略领导能力包括哪些内容？领导者如何培养这些能力？
5. 有效的战略领导力包括哪些运用内容？
6. 请结合本书的阅读列举出几种战略控制方法。

第十二章 战略与企业文化

名言警句

企业根本是战略,战略本质是文化。健康向上的企业文化是一个企业战无不胜的动力之源。

——前 GE 公司 CEO 杰克·韦尔奇

相信人、尊重人;追求最高的成就,追求最好;做事情一定要非常正直,不可以欺骗用户,也不可以欺骗员工,不能做不道德的事;公司的成功靠大家的力量完成,并不是靠一个人的力量来完成;不断地创新、要有灵活性。

——惠普企业文化五个核心价值观

学习目的

- 了解企业文化的内涵,企业文化的结构和层次,企业文化对于企业的重要性
- 重点掌握企业文化与企业战略的关系
- 掌握基于战略执行、导向过程中与企业文化建设的关系
- 熟悉企业文化如何与战略相匹配

引导案例

字节跳动更新企业文化,新增"多元兼容"吸纳全球人才

成立八周年之际,字节跳动公司近期更新了企业文化(其内部称为"字节范"),新增"多元兼容",旨在打造多元化的全球团队。

"字节范"被认为是字节跳动员工的工作方式和行为共识。最早由字节跳动创始人兼CEO张一鸣提出于公司成立六周年年会上,共包括五条内容:"追求极致、务实敢为、开放谦逊、坦诚清晰、始终创业"。

据字节跳动文化官方账号"字节范儿",此次更新,加入第六条核心原则"多元兼容",是因为字节跳动全球产品和业务的高速成长,要求团队和人才建设更加丰富、包容,"随着字节跳动的快速发展,产品和平台覆盖的国家、地区和文化不断增多。用户群体展现出丰富多元的特征——比如不同性别、年龄、族裔、语言、文化背景等方方面面。同时,产品的一大核心和重点,就是建立丰富包容的社区文化,为多元不同而喝彩"。

企业文化是组织建设的重要一环,与使命、愿景共同构成企业成长发展的根基。互联

网公司因市场体量大、员工数量多,其企业文化尤其受到关注。与字节跳动"字节范"相似的案例,还有阿里巴巴的"新六脉神剑",腾讯的"瑞雪文化",以及百度的"简单可依赖"。

"字节范儿"早前公布过的一份数据表明,2018年至2019年,字节跳动全球员工增长超过55%,总数超过5万人。截至2019年底,字节跳动在全球共有240个办公室和15个研发中心。

2019年3月,在字节跳动公司成立七周年年会上,张一鸣曾透露,2012年在创业起步的公寓里,内部已经开始讨论全球化,讨论组织由来自全球各地的团队组成,当时公司先有英文名"Byte Dance",之后才有中文名"字节跳动",是因为觉得"移动互联网带来的机会在全球都存在"。

字节跳动全球化的正式布局始于2015年8月。数年间,字节跳动在海外陆续推出了多款有影响力的产品,包括TikTok、Lark、Helo等。2018年,在与清华经管学院院长钱颖一对话时,张一鸣曾定下"小目标",表示希望三年内实现全球化,即超过一半的用户来自海外。

根据知名移动应用数据分析公司Sensor Tower估算,截至2019年12月,TikTok在App Store和Google Play上的累计下载量超过了15亿,已经连续两年位于全球热门移动应用(非游戏)全年下载量榜单前五名,是目前全球最受欢迎的应用之一。

公开资料显示,截至2019年底,字节跳动旗下产品全球月活跃用户数超过15亿,业务覆盖150个国家和地区、75个语种,曾在40多个国家和地区排在应用商店总榜前列。

来源:中国新闻网(https://www.chinanews.com/)2020年03月13日.

第一节 企业文化的内涵

"小企业靠人管人,大企业靠制度管人,大集团靠文化管人","三流企业做产品,二流企业做品牌,一流企业做文化","只有那些审时度势、独具慧眼的企业和集团才能发挥整体效能增强核心竞争力,成为真正的凤凰"。就目前来说,企业文化对于企业的发展与成长愈来愈重要,甚至企业文化已经上升到了核心竞争力层面。所以,企业在其成长过程中要树立起自己的企业文化,并将企业文化作为体现其竞争力的重要因素。

自从20世纪80年代初,美国人泰伦斯·迪尔和艾伦·肯尼迪在其著作《企业文化》中首次明确提出"企业文化"一词以来,关于企业文化的研究已经成为管理领域一个经久不衰的主题。

企业文化也是在20世纪80年代被引进中国的。当时中国处在改革开放的大背景下,还带有深刻的计划经济的烙印,对于市场经济和企业的认识还不够深入。当时只是怀着崇拜的心情,如饥似渴地学习国外各种"先进"的管理文化和管理经验。我们于1986年正式出现了"企业文化"的概念。虽然说企业文化从很早开始就在国内自发形成,但企业界对于企业文化的认识和实践,还是走了一条由外而内、由表象到本质的道路,企业文化在我们国家也是逐渐发酵，各种先进的企业文化不断涌现。

一、企业文化的定义

企业文化虽然历经如此长时间的发展，但是，企业文化的概念在不同学者之间出现了不同的定义。对于其概念，没有一个统一的定论。下面就列举一些知名学者和企业家对企业文化概念的理解。

Deal 和 Kennedy(1982)认为企业文化就是企业所信奉的主要价值观；Pondy 认为企业文化是一种社会的黏合剂，将组织凝聚成为一个整体，其所涵盖的价值观与社会理念为企业成员所共有，其具体的表现为仪式、故事、传说、迷信以及特有的语言；Wallach(1983)认为企业文化是企业内员工的一种共同认知，使员工了解在企业内应该如何做事的一套规则；Martin 于 1985 年指出企业文化是企业成员共同拥有的态度、价值观和信念的组合，引导着组织成员的行为；Schein(1992)指出企业文化是企业在面对外部环境调适及内部环境整合的过程中，所建立的基本假设模式。

马云认为，企业文化的精神内核是一种油然而生的使命感。一群人因为有了共同的目标或者说使命感而组织起来，从而产生了比离散的个人更为强大的力量。因此，使命感对于一个组织来说是必不可缺的。尤其是当一个公司成为行业的先驱和领军者时，因为没有可以模仿的对象，"企业如何往前走，这个业务做与不做，全赖使命感来驱动和抉择。"

柳传志表示，企业文化主要包括两部分内容，一个是企业核心价值观，一个是企业利益。

企业文化有广义和狭义两种理解。广义的企业文化是指企业所创造的具有自身特点的物质文化和精神文化；狭义的企业文化是企业所形成的具有自身个性的经营宗旨、价值观念和道德行为准则的综合。

企业文化是经济意义和文化意义的混合，是指在企业界形成的价值观念、行为准则在人群中和社会上发生了文化的影响。它不是指知识修养，而是指人们对知识的态度；不是利润，而是对待利润的心理；不是人际关系，而是人际关系所体现的处世为人的哲学。企业文化是一种渗透在企业的一切活动之中的东西，它是企业的美德所在。

但是，值得一提的是：无论对于企业文化定义如何，就像政府政策一样，如果没能落地执行，企业文化就会成为空话。我们企业要做真正的企业文化，而不是企业文学。

二、企业文化的结构

企业文化结构是指企业文化系统内各个要素之间的主次地位和结合方式。它是企业文化的构成、形式、层次、类型等的比例关系和位置关系，表明企业文化的各个要素如何链接，形成企业文化的整体模式。

荷兰组织人类学和国际管理学教授 G. 霍夫斯塔德在其著作《跨越合作的障碍——多元化与管理》中开篇论述道：尽管不同时代、不同民族的文化各具特色，但其结构形式大体是一致的，即由各不相同的物质生活文化、制度管理文化、行为习俗文化、精神意识文化四个层级构成。根据该理论，我们把企业文化剖析成形象、行为、制度和价值观四个层次，如图 12-1 所示：

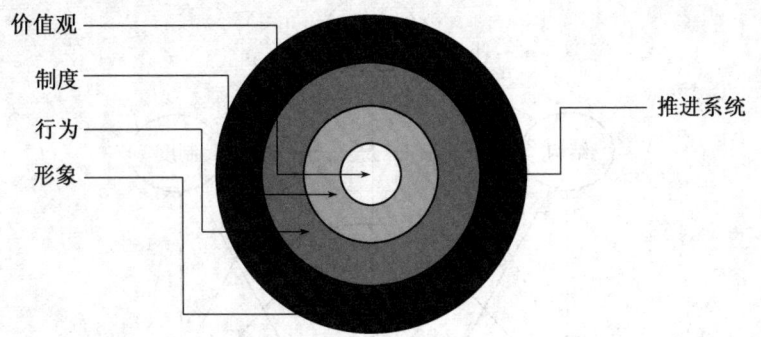

图 12-1　企业文化结构图

企业文化结构可以分为四层:第一层是表层的物质文化或形象文化;第二层是幔层的(或称浅层的)行为文化;第三层是中层的制度文化;第四层是核心层的精神文化。

1. 企业文化的物质层

通常,我们认识一个企业总是从它的外在形象开始的。这类型的形象包括企业的名称、商标、产品、广告、办公环境等表面上的东西,种种这些所表现出来的文化,我们称之为企业文化的形象层,也称为物质层。它们位于企业文化的最表层,距离核心和本质也是最远的。

2. 企业文化的行为层

企业文化的行为层又称为企业的行为文化,它是企业的浅层文化。行为层文化是指企业员工在生产经营、学习娱乐中产生的活动文化。具体包括企业经营、教育宣传、人际关系活动、文体娱乐活动中产生的文化现象。它是企业经营作风、精神面貌、人际关系的动态体现,也是企业精神、企业价值观的折射,企业行为文化主要分为企业家行为、企业模范人物行为、企业员工行为。

3. 企业文化的制度层

企业文化的制度层又叫制度文化,主要包括企业领导体制、企业组织机构和企业管理制度三大方面。毋庸置疑,企业的运转是要求在制度的支撑和保证下进行的,员工日常的行为规范都必须服从于企业制度,工人也是按照规范操作进行生产的,无规矩不成方圆。

4. 企业文化的价值观

通过层层抽丝剥茧之后,我们来到了企业文化中最核心和最本质的内容——价值观层。所谓价值观是指组织在长期生产和发展过程中所形成和遵循的基本信念和行为准则,对企业的存在和发展具有重要的核心作用。

企业文化是企业的灵魂,价值观是企业文化的核心。托马斯·J.彼得斯和罗伯特·H.沃特曼在《追求卓越——美国企业成功的秘诀》一书中认为:卓越的公司成功的要素在于7个方面,如图 12-2 所示。

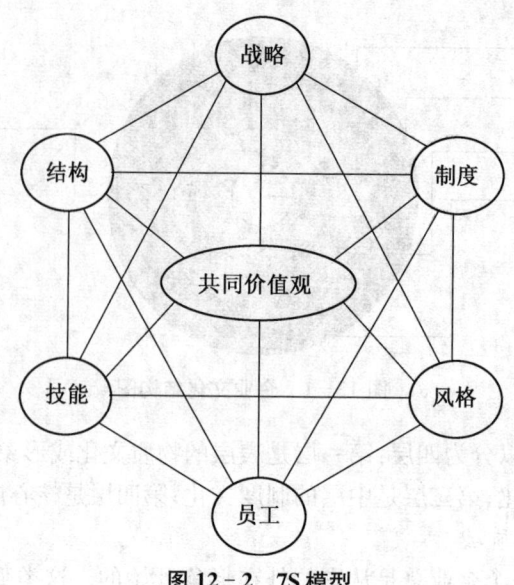

图 12-2 7S 模型

这就是著名的 7S 模型。从中可以看到,共同的价值观(Shared Values)处于核心的位置,也就是说它是一个公司成功的核心。

三、企业文化的层次

沙因(Schein)从层次角度探讨企业文化,把企业文化分为基本假设、价值观与人为饰物三个层次。

(1) 人为饰物(Artifacts And Creations):企业中所看见、所听见与感受到的一切现象。包括建筑物、技术与产品、企业的神话与故事等;相同的人为饰物在不同的团体中,可能有不同的意义,需在企业中待上一段时间才能了解。

(2) 价值观:指企业的战略、目标与哲学观。随着组织运作的时间越久,应对内外部压力的经验累积,组织成员的价值观亦会渐趋一致。

(3) 基本假设:一套能有效处理企业内外部问题的方法,背后有某种价值观或信念所支持,这套方法经过一段时间的试验,被企业成员视为有效,进而形成强大的约束力量。

沙因认为,只有第三层的基本假设,才是他所谓的"文化",其余的只是文化的衍生物,三个层次的关系如图 12-3 所示。

根据美国哈佛大学教授泰伦斯·迪尔及麦肯锡管理咨询公司顾问艾伦·肯尼迪在他们的著作《企业文化——现代企业的精神支柱》一书中提出的理论,他们将组织文化分成四种类型。[①]

(1) 硬汉式组织文化。

硬汉式组织文化形成于高风险、快反馈的组织,比如,建筑、整容、广告、影视、出版、体育运动等方面的组织。这种组织文化恪守的信条是:要么一举成功,要么一无所获。因

---

① 吴照云,等.管理学[M].6 版.北京:中国社会科学出版社,2010:137.

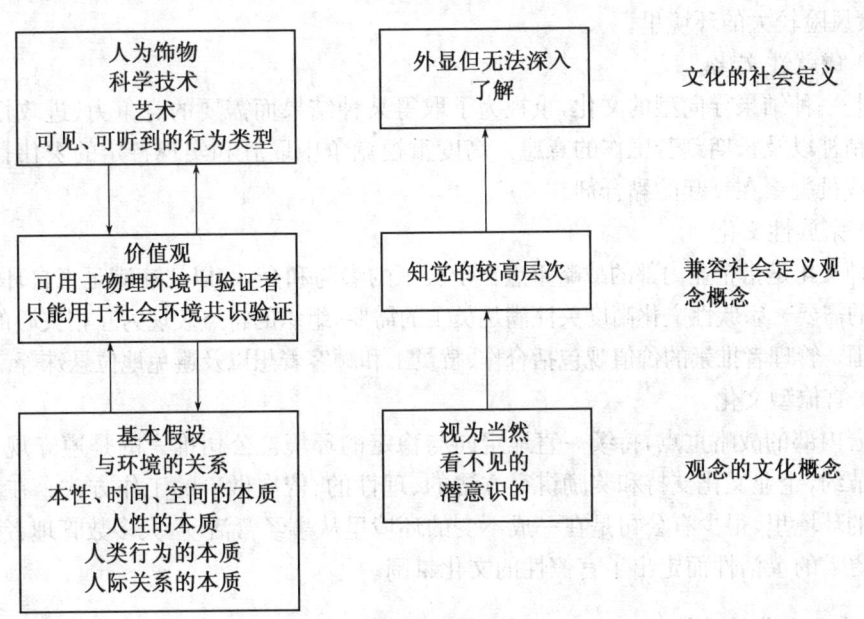

图 12-3 组织文化层级特质文化定义

此,员工具有冒险精神,都想干一番大事业。这种组织失之于缺乏恒心、短视,人事变动大,内部不够团结。

(2) "拼命干、尽情玩"文化。

这种文化形成于风险极小、反馈极快的组织,比如,计算机公司、汽车批发商、房地产经纪公司等。这种文化对人的要求是:干的时候拼命干,玩的时候尽情玩;对人亲切,善于交际,但是缺乏思考,不周密,不持久。

(3) 攻坚文化。

攻坚文化也称为赌注文化,决策自上而下,赌博的成分较高,影响层面广,要经过一段较长的时间才能得知结果。要求深思熟虑、自我导向、坚忍不拔。这种文化形成于风险大、反馈慢的组织,比如,石油开采、飞机制造、技术开发等。

(4) 过程文化。

过程文化形成于风险小、反馈慢的组织,比如,银行、保险公司、金融服务组织、公共事业公司、政府机关等。过程文化崇尚过程、细节,按程序办事,小事重要。因此,它要求遵纪守时,谨慎周到。但是,它过于保守。

基于外部环境要求和企业战略重点两维度来划分。达芙特(R. L. Daft)与马西克(D. Marcic)根据外部环境要求组织具有灵活性或者稳定性的程度,以及企业战略重点表现为内向性或者外向性的程度,将企业文化分为四种类型。[1]

---

[1] R. L. Daft and D. Marcic, Understanding Management[M], South, Mason, Ohio, 2004.

(1) 适应性文化。

员工享有自主决策权和行动的自由,对顾客的反应能力受到高度重视;管理者通过对创造力、实验和冒险的鼓励与奖励来积极地创造变革。通常出现在需对环境做出快速反应、决策风险较大的环境里。

(2) 成就性文化。

这是一种结果导向型的文化,重视为了取得某种结果而需要的竞争力、进攻性、个人的首创精神以及长期刻苦工作的意愿。高度重视竞争中取胜和实现特定的宏伟目标,是把组织成员凝聚在一起的黏合剂。

(3) 宗族性文化。

这种文化是指企业内部的战略重点在于员工的参与和介入,以快速满足来自环境的不断变化的需要。宗族性文化高度关注满足员工的需要,组织的特点表现为互相关心的、家庭式的氛围。管理者推崇的价值观包括合作、替员工和顾客着想以及避免地位悬殊等。

(4) 官僚型文化。

有着内部的战略重点,持续一直地定向与稳定的环境。公司推崇的是遵守规章制度和勤俭节约,企业文化支持和奖励讲究方法的、理性的、依次做事的工作方式。在当今快速变化的环境里,很少有公司是在一成不变的环境里从事经营活动,大多数管理者都因为需要有更大的灵活性而走出了官僚性的文化氛围。

四、企业文化的功能

1. 导向功能

企业文化的导向功能是指企业文化能对企业整体和企业每个成员的价值取向及行为起导向作用,使之符合企业的目标。主要表现在两个方面:一方面对企业成员个体的心理、性格、行为起导向作用,即对个体的价值取向和行为取向起导向作用;另一方面对企业整体的价值取向和行为取向起导向作用。

企业文化的导向方法,与传统管理中单纯强调硬性的纪律或制度有所不同,它强调通过企业文化的塑造来引导企业成员的行为,使人们在一种文化的潜移默化中接受共同的价值观念,自觉地把企业目标与个人目标有机地结合起来。

不同的企业文化有不同的价值取向,企业整体对周围的环境和文化信息也会做出不同的反应。一旦周围环境和文化信息发生变化,将要影响和危害企业的生存发展时,它就通过调整自己的价值取向,引导全体职工的思想和行为朝着新的正确方向发展。

2. 凝聚功能

当一个企业的文化价值观被企业成员认同之后,它就会成为一种黏合剂,从各方面把企业成员团结起来,在共同认识的基础上,使企业具有一种巨大的向心力和凝聚力。

企业文化所体现的强烈的集体意识,是增强企业凝聚力的内在动力,会使企业职工产生很强的归属感。企业文化是以人为主体,强调尊重人、爱护人、关心人。这样,就自然会使企业职工对自己企业的生存、发展具有强烈的责任感和使命感。职工把自己当作企业的主人翁,把个人价值的实现同企业命运连在一起,为企业尽责效力。

企业文化还具有很强的排他性。事实上,这种排他性是与内聚性紧密联系在一起的,它们互为表里。对外的排他性在某种意义上是增强对内的凝聚力。外部排斥和压力的存在,会使个体产生对群体内部的依赖,同时也使个体对外部异质体增强敏感性和竞争性,促使个体凝聚于群体之中,形成一个相互依存的"命运共同体",从而大大增强群体内部的团结和统一,使企业在竞争中形成一股强大的力量。

3. 激励功能

所谓激励,就是通过外部刺激,使企业职工产生一种情绪高昂、奋发进取的力量。企业文化通过一种文化效应,在企业内部创造一个重视人、尊重人、理解人、关心人的良好环境,企业领导者利用文化意识进行管理,激发职工的工作热情,启发、诱导、刺激人们的潜在能力和智慧,会使企业活力的源泉永不枯竭。企业文化激励功能的形式主要有:①目标激励;②尊重激励;③感情激励;④奖励激励;⑤领导行为激励;⑥员工参与激励。

4. 约束功能

企业文化是企业的群体行为规范,它对该企业全体成员的行为有一种无形的群体压力,对企业每个成员的思想和行为具有约束和规范作用。企业文化的约束功能主要通过道德规范、伦理道德、社会公德、规章制度等起作用。这里既有"硬性"约束,也有"软性"约束。作为一种文化建设,我们更应注意对"软性"约束机制的塑造。用企业共同的价值观来同化个人的价值观,要在企业内部造成这样一种氛围:一旦某人违反了组织的规范,他就会感到内疚、不安、自责,进而自动去修正自己的行为。把企业的要求转化为个人的自觉行为,实现个人目标与企业目标的高度一致。

5. 辐射功能

从国内外成功企业的例子来看,一个企业的文化一旦形成较为固定的模式,而且各方面都较为成熟,便不仅在企业内发挥作用,对本企业产生影响,而且也会通过各种渠道,传播到企业外部,对社会产生一定的影响。企业文化辐射的主要途径有四种:一是软件辐射,即企业精神、企业价值观、企业伦理道德规范和企业职工行为等发散和辐射;二是产品辐射,即企业以产品为载体对外辐射;三是人员辐射,即通过企业人员自觉或不自觉的言行举止所体现的该企业的价值观和企业精神,向社会传播文化;四是宣传辐射,即通过具体的宣传工作使企业文化得到传播。

企业文化的这些功能并不是独立存在、互不影响的,而是同时、综合地对企业的发展发挥着功效的。通过功能的整合与完善,企业上下之间形成一种上下和谐,内外一致的合力,对企业的管理和发展起着重要的推动作用。

第二节 战略与企业文化的关系[1][2]

如图 12-4 所示,那些做得好的企业,往往在企业文化建设方面都是很有自己的一套

---

[1] 梅雪莲. 战略视角下石化企业文化建设研究[D]. 天津:天津大学,2010.
[2] 刘明明. 企业战略变革的企业文化要素影响研究[D]. 大连:大连理工大学,2012.

管理方案。而且,他们的企业文化内涵中都会涵盖他们在战略方面的诉求,做好自己企业文化建设的同时,还能实现企业战略发展目标。

序号	企业名称	企业文化
1	苹果	为大众提供强大的计算能力,建立用户对互联网的信任和信心
2	谷歌	我们公司的创造力就是我们的员工
3	亚马逊	世界上最以客户为中心的企业
4	BM	无论是一小步,还是一大步,都要带动人类的进步
5	微软	人是微软真正的最大的财产
6	华为	成就客户、艰苦奋斗、自我批判、开放进取、至诚守信、团队合作是华为的核心价值观
7	惠普	公司的成功是靠大家的力量来完成而非个人
8	思科	为顾客、员工和商业伙伴创造前所未有的价值和机会,构建网络的未来世界
9	英特尔	客户服务、强调纪律、尝试风险、人人平等、质量至上、结果导向
10	Face book	让世界更加开放,更加紧密相连

图12-4 知名企业的企业文化[①]

实际上,有关企业文化与公司战略之间的主题并不是一个新的主题,但是毫无疑问,它仍然是一个较热的主题。很多管理著作指出,文化与战略都是企业获得成功所要考虑的关键因素,并且他们之间互相影响,互有交集。一个企业要想获得成功,就必须有特别的文化来对应特别的企业战略。如果企业只有文化,而没有战略,企业就像一只无头苍蝇一样,飞到哪算哪,没有目标可言,而且还很盲目;同样的,一个企业只有战略却缺少优秀的企业文化来支撑,即便是目标清晰,也会因为企业整个文化力的弱势,导致战略出现执行不力的情况,企业家也只能是心有余而力不足。另一方面,不同的企业具有不同的使命和愿景,企业处于不同发展阶段制定不同的发展战略,显然都需要不同氛围的文化与之相匹配。

因此,当企业制定出战略以后,企业的文化也应该随着战略的变化而有所改变,但是,企业的核心文化是需要始终坚持的。因为,一个企业的文化形成是经过很长一段时间的,要对企业文化的核心内容进行变革可谓是很难实现,它只有不断根据企业的发展、强大而有所强化。

从上述可知,从战略角度来说,企业文化一方面为战略实施提供服务,另一方面又会制约企业战略的实施。当企业制定新的战略时,要求新的企业文化与之相配合。

一、企业文化是企业战略制定的重要条件

优秀的文化能够突出本企业的特色,形成企业成员之间共同的价值观念。例如,华为

[①] 陈婷婷. 有信仰——互联网经济与商业模式才有灵魂[J]. 互联网周刊,2015(5).

的企业文化——成就客户、艰苦奋斗、自我批判、开放进取、至诚守信、团队合作是华为的核心价值观。它突出了华为的艰苦奋斗精神、团结精神等等,这就容易让员工形成一种凝聚力。另外,企业文化具有鲜明的个性,这就决定了企业在制定战略时会出现具有与众不同、差异化竞争力的战略。从这点可以看出,企业所选择和制定的战略在很大程度上取决于现存的企业文化。斯科尔茨(C. Scholz)认为这种企业文化与战略之间具有程度很深的关联性,这种关联性在文化和战略之间会创造某种契合度,这种契合度被认为是企业成功的主要原因。斯科锐瓦斯特娃(P. Schrivastava)与格兰特(J. H. Grant)认为虽然文化在概念上是难以琢磨的,但它在公司战略上有重要的影响。任何在战略上的变化都应该有相应的企业文化的变化相随,否则这个战略有可能会失败,因为企业文化将会影响到公司工作的方式。

可见,对于尚未进行发展战略规划的企业来说,企业文化建设是其首要任务之一。所以,只有当企业文化与企业的战略相适应时,所制定的战略最容易获得成功。

二、企业文化是企业战略实施的重要手段

企业战略制定出来以后,需要全体成员积极有效地贯彻实施。而企业文化对员工行为及其实现组织目标等方面具有重要的影响,企业文化具有导向、激励、约束、凝聚及辐射等作用,这能够激发员工的热情,统一成员的意志,形成强大的凝聚力,为实现企业战略目标提供重要准备。

企业领导者或者管理者在实施企业战略目标时,往往会考虑到诸多因素的影响,其中最为重要的因素之一就是企业文化。因为企业文化的影响力,因为企业文化的作用力,因为企业文化的向心力。如果企业管理者没有充分考虑到与目前的企业文化和未来预期的企业文化,那么他们就会遇到障碍并失败。因此,为了企业战略目标的成功实施,企业管理者不仅必须充分尊重和重视企业文化,而且还要适当、适时地发展企业文化。

三、企业文化与企业战略必须相互适应和相互协调

企业战略制定以后需要与之相配合的企业文化的支持,如果企业原有的文化与新的战略存在很大的一致性,那么新战略实施就很顺利。如果原有的企业文化与新制定的战略有冲突,则新战略的实施就会遇到困难。这时需要变革企业文化以适应新战略的需要。但是,一个企业的文化一旦形成以后,要对企业文化进行变革难度很大,也就是说企业文化具有较大的刚性,并且它还具有一定的持续性,在企业发展过程中会逐渐得到强化。因此,从战略实施的角度来看,企业文化要为实施企业战略服务,又会制约企业战略的实施。当企业制定了新的战略要求企业文化与之相配合时,企业的原有文化变革速度非常慢,很难马上对新战略做出反应,这时企业原有的文化就有可能成为实施新战略的阻力。因此,在战略管理的过程中,企业内部新旧文化的更替和协调是保证战略顺利实施的重要条件。

第三节　战略与企业文化的匹配

为了建立与战略相匹配的企业文化,首先需要明确现有的企业文化是否与战略相匹配,企业文化中哪些方面能够支持战略的实施,哪些不能支持战略的实施,并且要对那些需要改变的文化进行公开说明,并采取行动进行改变。对不符合战略需要的企业文化进行改变并不是一蹴而就的事情,需要采取一系列的行动。

从上述企业文化与战略的关系可以看出,要想成功实施企业战略,一定要有与之相匹配的企业文化。企业在进行战略实施时,企业的各种组织要素(如结构、技能、生产运作等)会发生变化,这些变化与目前企业文化之间的一致性或低或高。以纵轴表示各种组织要素的变化程度,横轴表示组织要素发生的变化与目的企业文化相一致的程度,这样组成4个象限的矩阵,处于不同象限的企业文化与战略匹配呈现出4种不同的模式,如图12-5所示。

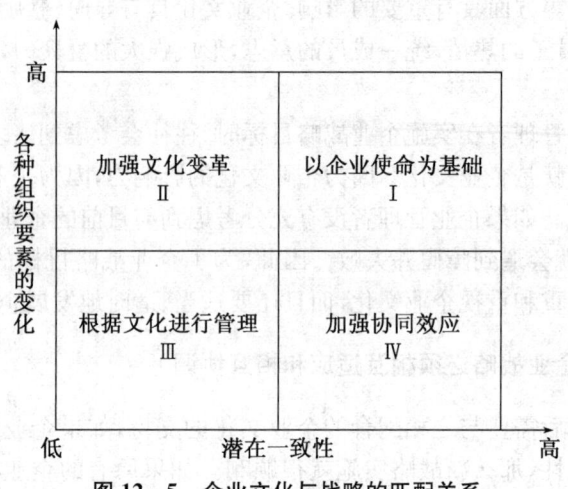

图 12-5　企业文化与战略的匹配关系

1. 以企业使命为基础

在第1象限里,企业在实施战略时,重要的组织要素会发生很大的变化,但这些变化与企业目前的文化有高度的潜在一致性。这时,企业一般处于非常有利的地位,可以在目前的企业文化的大力支持下实施新战略。这些企业通常经营状况良好,可以根据自己的实力去寻找重大机会,或者可以改变主要产品和市场。

在这种情况下,企业处理战略与文化关系的重点是:

(1) 在企业进行重大变革时,必须考虑与企业使命的关系。在企业中,使命是企业文化的正式基础。因此,企业管理者在处理这一关系、促进两者匹配的过程中,一定要注意组织变革与企业保持越来越不可分割的内在联系。

(2) 企业可以发挥现有人员的作用,因为这些人员保持着企业原有的价值观念和行为准则,这样可以保证企业在与原有文化一致的条件下实施变革。

(3) 在必须调整企业的奖励制度时,应注意与企业目前的奖励措施保持一致,要注意与目前企业的奖励措施相连接。

(4) 企业高层管理者要着重考虑与企业原有文化相适应的变革,不要破坏企业已经形成的行为准则。

2. 加强文化变革

在第 2 象限里,企业要加强文化变革,表示企业实施一个新的战略时,组织要素发生了很大的变化,而且这些变化与企业现有文化很不一致。在这种情况下,企业的高层管理者要下定决心进行变革,并向全体员工讲明变革企业文化的意义。为了形成新的企业文化,企业在招聘一批具有新的企业文化意识的人员或在企业内部提拔一批与新企业文化相符的人员;企业要奖励具有新企业文化意识的分部或个人,以促进企业文化的转变;企业要让全体员工明确新企业文化所需要的行为,要求企业职工按照变革的要求进行工作。

3. 根据文化进行管理

在第 3 象限里,企业实施新战略时,主要的组织要素变化不大,但这些变化与目前的企业文化不一致。这时,企业最好根据企业文化的要求进行管理。其管理要点是,要实现企业所期望的某些战略变化,但不与现存的企业文化直接冲突。即在不影响企业总体文化一致性的前提下,根据具体需要对某种经营业务实行不同的文化管理。通常,每当企业文化所带来的阻力逐渐消失后,新战略所带来的某些变化也就会渗透于企业的活动之中。

4. 加强协同效应

第 4 象限是加强协同效应,表示企业实施一个新战略时,组织要素变化不大,而且这种变化与企业原有文化一致。在这种情况下,高层管理者可以利用目前的有利条件,巩固和加强自身的企业文化,并且利用企业文化相对稳定及持续性的特点,充分发挥企业文化对战略实施的促进作用,加强二者之间的协同效应。

在这种情况下,企业主要需要注意两个问题:第一是要充分利用目前的有利条件和已具备的优势,巩固和加强企业的文化;第二是利用文化相对稳定的状态,根据文化发展的要求,充分解决企业生产经验中所面临的问题,或者利用战略的稳固性,排除组织发展中的障碍,进而转向提升企业文化。

企业高层管理者应该认识到改变企业文化的难度是相当大的。原有企业文化持续时间越久,则企业文化变革就越困难;企业规模越大、越复杂,则企业文化的变革就越困难;原有企业文化越深入人心,则企业文化变革就越困难。但不管改变企业文化的难度如何,如果实施的战略与原有的文化不相匹配,就必须考虑对策。有学者提出,企业最简便的方法就是更换人员,甚至是更换管理层管理人员。但是企业确实需要实行新的战略,而之前的渐进式的企业文化又不符合企业发展的要求时,可以适当地更换企业人员来达到企业文化的变革,然后成立一个新的领导小组,用新的员工,新的企业文化与企业战略相匹配,从而实现企业文化变革的同时,更利于达成企业的战略发展目标。

章末案例

阿里启示录：做好价值观建设是企业常青秘诀

9月10日，教师节，是全民感恩老师的日子。20年前的这天，在商界，一位姓"马"的年轻老师带领着一群年轻人创立了阿里巴巴。20年后，同样是在教师节，马云正式卸任阿里巴巴集团董事局主席。

20年风雨一朝过，阿里早已成长为国内互联网巨头，超过4600亿美元的市值，与几乎覆盖所有消费领域的商业网络，让这家公司成了商界一个重要"风向标"。而那个马老师，却选择在阿里20周年之际开启自己新的征程。

有数据显示，目前中小企业的平均寿命仅2.5年，集团企业的平均寿命仅7～8年。在这种普遍情况下，阿里巴巴顺利走过了20年，并向往活过102年。企业如何度过生命周期，且依然保持锐气，我们或许可以从阿里身上得到一些启示。

在外界眼中，阿里是一家以营销与科技驱动的公司。但抛开业务层面，阿里更像是一家以价值观驱动的企业。

回望阿里的过往，价值观时刻影响着阿里这20年所做出的每一个决定。

正是因为要"让天下没有难做的生意"，阿里巴巴一直坚持平台思维，而不是自营业务。从最早的B2B，到淘宝网、天猫商城、蚂蚁金服、菜鸟物流，再到阿里云、阿里健康、阿里文化娱乐，阿里巴巴一直坚持着这样的战略逻辑。也正是这样的平台思维，成就了阿里超过4600亿美元的市值。

正是因为要"成为一家102年的企业"，阿里巴巴的业务布局一直是未雨绸缪，面向更远的未来。B2B时代，马云做了淘宝；在淘宝与天猫势如破竹的同时，马云又落子阿里云、蚂蚁金服与菜鸟物流；后来基于Happy与Health的双H战略，又布局了阿里健康与阿里文化娱乐。

正是因为要维护公司"客户第一"与"诚信"的核心价值观，2011年2月21日，阿里巴巴主动公开中国供应商欺诈事件的处理办法，时任公司CEO、COO因此引咎辞职。

显然，这20年间，价值观对于阿里的影响至关重要。可以说，如果没有价值观的支撑，阿里很难走到现在。

如今，虽已走过20年，但阿里的愿景却放得更远——活过102年。

要达成这个愿景，我们认为依然要靠价值观。因为在我们看来，一家企业在初创时期可能会因为创始团队的能力而快速成长，可成长到一定阶段的时候，推动这家企业走下去的最大动力一定是文化，而企业文化是价值观的直接映射。

之所以这么说，是因为我们都知道，决定一家企业是否具备竞争力的最重要要素之一是人才。只有给年轻人机会，企业才会更加有活力。只有具备优秀的价值观，才能吸引到更多优秀人才，并促进人才才能的发挥。

或许正如马云所说："阿里历史上所有重大的决定，都跟钱无关，都跟价值观有关。"

在我们看来，世界很大，企业也可以无边界，但选择做什么与不做什么，或者什么阶段需要注意什么,价值观无疑是做出这些选择的最佳判断标准。而将价值观变成DNA,做好价值观建设,才能使企业拥有持续的生命力。这一点,无论是成长期还是成熟期的公司,都可以从阿里巴巴的做法中获得启示。

资料来源:王星平.每日经济新闻(http://www.nbd.com.cn/),2019-09-11.

思考题:

为什么说企业文化在企业的发展过程中起着至关重要的作用?请结合实例论述。

本章小结

本章我们主要了解了企业文化的相关概念、结构、类型、功能等相关内容。三流企业做产品,二流企业做品牌,一流企业做文化,企业文化的重要性需要我们重点掌握,而且还需要通过课外学习扩展这方面的知识。另外,我们主要阐述了企业文化与企业战略的关系及其相匹配的矩阵图,文化与战略是相协调的,文化与战略是相互影响的,需要我们掌握文化与战略的关系。

关键概念

企业文化　战略与企业文化

复习思考题

1. 什么是企业文化?企业文化的主要结构包括?
2. 企业文化具有哪些功能?
3. 企业文化与战略存在哪些关系?
4. 简述为什么战略必须与企业文化相适应?
5. 简述你对战略与企业文化矩阵图的理解。

第五篇

战略创新
——把握战略管理之要

第十三章　基于互联网的企业战略创新

名言警句

换一种角度,从结果的角度来解读,互联网思维与传统产业的对接,会改变传统的商业模式。从结果看,大致会产生这么几个效应:长尾效应、免费效应、迭代效应和社交效应。互联网思维开放、互动的特性,将改变制造业的整个产业链。因此,用好互联网思维,制造业链条上的研发、生产、物流、市场、销售、售后服务等环节,都要顺势而变。

——联想集团执行委员会主席　柳传志

互联网思维分为三个层级。
层级一:数字化。互联网是工具,提高效率,降低成本。
层级二:互联网化。利用互联网改变运营流程,电子商务,网络营销。
层级三:互联网思维。用互联网改造传统行业,商业模式和价值观创新。

——前微软亚太研发集团主席、百度总裁　张亚勤

学习目的

通过本章学习,你应该掌握以下内容:
- 了解互联网+、互联网思维的概念及特征
- 了解互联网+、互联网思维的影响
- 掌握互联网+、互联网思维下的企业战略创新
- 掌握成功运用互联网发展的相关案例("互联网商业模式"的运用)

开篇案例

再造一个腾讯:打造开放平台的八个选择[①]

在以自由分享、开放共赢为核心的新生态系统中,开放成为推动互联网向前发展的最大动力。腾讯一直的梦想是希望建立一个一站式的在线生活平台,马化腾希望这个梦想能够往前推进一步,就是打造一个没有疆界、开放共享的互联网新生态。在此基础之上,腾讯就要以开放的心态和共享的精神打破自己的围墙式花园,重新建立起中国互联网最大、最成功、最具分享精神的开放平台。在腾讯合作伙伴大会上,马化腾提出了"关于开放

---

① 赵黎.马化腾自述:我的互联网思维[M].北京:石油工业出版社,2014:40-47.

的八个选择",从用户、合作伙伴、产业等角度阐述了腾讯对开放的坚定态度和基本原则,并宣布腾讯要打造最优平台,扶持所有的合作伙伴"再造一个腾讯"。

今天站在这里,我的心情非常激动,为什么呢?因为半年前,我向业界发出了一个邀约,那是在去年冬季的时候,我说我们和今年这个初夏有一个约会。今天很欣慰能够邀请在座所有的合作伙伴和媒体朋友,和我们在这里相聚。我希望能够利用这个宝贵的机会,把我们最近这半年时间的思考和大家分享。

在去年的12月5日,我们向业界发布了腾讯将进入为期半年的战略转型筹备期的消息,我们转型的原则是开放和分享。事实上,在发出这个邀请的时候,我心里也没有什么底,我们也听到腾讯人和业界很多合作伙伴、媒体、业界领袖,甚至整个舆论所发出的质疑之声,大家都觉得一个发展了12年,在固有模式下成长起来的企业,怎么可能在短短半年的时间内完成转身呢?

今天我非常荣幸能够在这个场合把我们在这半年时间里和合作伙伴共同努力的成果展示给大家,希望能够给大家一份满意的答卷。

下面我想和大家分享几个数字。

第一个数字是40亿。大家知道,过去腾讯不开放,不管什么业务、什么收入都是自己做、自己赚。但是在去年,我们算了一下,在我们将近200亿的收入里面,大约有40亿的收入是分给合作伙伴的,而且还不包括渠道的费用,这是真正分到合作伙伴手里的一个数字。

去年我们实际上处于一个半开放的状态,因为我们已经清醒地意识到,这个数字其实大部分是分给少数的大型合作伙伴,甚至相当大的比例是分给海外的合作伙伴和开发者。所以,我们也在反思,在腾讯整体开放之后,我们希望越来越多的中国开发者和合作伙伴能够分享到这个数字。

我们注意到,中国的很多开发商开始在国内其他的开放平台里去尝试,但他们最终发现,可能还是海外平台的效果更好。所以过去一两年,我们看到很多开发商、合作伙伴把目光和资源投放在海外的平台上,比如Facebook、苹果的iPhone等。我们希望未来随着腾讯开放平台的推出,在座的合作伙伴能把目光和更多的资源重新投回国内,更多地关注腾讯的开放平台。

刚才其实已经谈到很多的数字,我们在这半年的时间,实际上也就是短短的两三个月的时间内,开始做开放平台的内测,我们看到有超过3万的注册开发者已经上线或者是正在排队等待上线的有超过2万个应用,我们正在密切地审核,并且积累了很多的经验。

我希望未来,我们整个平台有超过10万非常活跃的开发者,有超过10万个非常优秀的应用在腾讯的开发平台上,给所有的用户提供产品和服务。

还有一个数字是200亿。这是腾讯的收入吗?不是,我希望通过腾讯的开放平台和所有的合作伙伴一起,再造一个腾讯。200亿是希望所有合作伙伴,尤其是中国的合作伙伴来共同分享和打造出来的一个数字。

选择一:大门只要打开,就不会关闭

腾讯的梦想是能够成为一个最大、最成功的开放平台。想要实现这个目标,我们有几方面的思考,尤其是有八个方面我们认为是特别重要的。因为去年我们提出了"八条论纲",所以,我们把对开放平台的这些选择、总结也归纳成八条,姑且叫作"八个选择"。

第一个选择,如果我们在开放的探索中出现挫折,我们一定会选择积极地寻求解决问题的方法,而不是退缩。许多人在我们提出开放口号这个邀约之后感到很兴奋,但是也有人提出质疑,说腾讯是真开放,还是假开放,会不会开放了一半,发现不对劲,又回头了?

在这里我很肯定地跟所有的合作伙伴承诺,腾讯的开放是不可逆的,这扇大门只要一打开,就不会关闭。但是,我们也一定要清醒地意识到,开放之路一定会出现很多挫折和各种问题。

但是,我们只要抱着"发现问题就去解决问题"这样的一种态度和决心,而不是走回头路,我相信,我们的开放之路必将能够走到底,而且必将给所有人带来实惠。

选择二:全平台开放,而不是有所保留

第二个选择,在开放程度上,我们希望选择全平台开放,而不是有所保留。刚才几位同事的演讲大家已经听到了,我们通过社区这个最为成熟的平台实际上已经给很多合作伙伴带来了收入,我们还推出了微博的平台,未来我们还将推出腾讯最核心的Q+平台。

我相信,一波又一波的开放浪潮是持续不断的。除此之外,腾讯还有很多垂直领域,包括电子商务、搜索、支付和团购,所有的这些开放平台都会陆续地展开。

但是,我们也听到很多合作伙伴向我们抱怨,你的平台太多了,我们没法谈,一谈就是对着七八个部门,而且好像口径也不太一致。是的,我们现在正在紧锣密鼓地进行各个品牌之间接口的统一,我们希望未来能够实现全网接通。

我们在内部的组织架构方面也在做调整,希望形成一个相对统一的组织架构。过去我们可能是一个虚拟的委员会,未来会成为一个实体,为了满足合作伙伴不同的接入、结算等方面的要求,我们希望整个平台能够运行得更加顺畅。

选择三:用户利益受到侵害,选择零容忍

第三个选择,在用户的利益受到侵害的时候,我们的选择是零容忍。很多人不理解,腾讯在开放上为什么今年才有大动作。实际上,腾讯开放的准备在3年前就已经开始了,但为什么直到今年才有比较大的动作呢?其实,我们也没有闲着,一直在做。

我想跟大家解释一下,用户在我们整个平台的利益是至关重要的,这个坚持不管是在我们开放前还是开放后,都是一致的。大家知道,12年积累的QQ账户体系是一种私人关系链式的架构,由这个架构去推演一个开放的平台,会产生庞大的用户数据关系链。此外,QQ账号里面,还承载着大量的虚拟财产安全和数据保密这样的责任。

如果在没有充分准备好之前,比如说QQ的账号允许其他的网站登录,必然会产生很多账号泄密的问题。刚才也提到,过去其实发生过很多的盗号现象,我们一直在跟这样的现象做斗争。

如果说我们开放了整个QQ互联,账号可以在其他网站登录,那么如何避免一些不法分子制造一些钓鱼网站,去骗取用户的账号,以及整个关系链开放之后,如何规避一些不法分子利用关系链的私人关系,对用户进行其他形式的欺诈呢?

这需要我们在后台建立一个非常复杂的账号信用机制,以及用户使用习惯的模型分析系统,需要大量的研发,对用户的行为进行分析。只有这样,在发现异常情况的时候才能及时地对不法行为进行有效地阻止。我们还必须考虑到合作伙伴放在我们平台上的应用,如果出现了一些安全问题,我们如何快速地响应等,这些都会产生很多基础性的问题。

在这些没有完全准备好之前,我们是绝对不能拿用户的利益去冒险做赌注的。任何一个开放平台都必然有大量的利益,我们知道,只要有利益的平台,必然会出现少数的服务提供商或开发商,不择手段地去侵害用户的利益以获得收入。在我们看来,很多开发商可能是觉得没有什么成本,所以他们愿意利用这个开放平台尽可能去疯狂地营销,甚至在应用中设置很多后备陷阱,这些可能会损害用户的利益。因此在有效应对上述问题的管理能力没有形成之前,就贸然开放平台,我认为是不负责任的。开放是一种能力,而不是一个姿态。所以,在这些能力全部准备好之后,腾讯才拉开了开放的大幕。

选择四:我们会提供全方位的开放平台

第四个选择,我们的开放模式绝对不是一个简单的卖入口,只是卖流量,我们的选择是提供全方位的平台。刚才很多人谈到,我们看到业内有很多的开放平台,有的只是把一个网站开放出来,就称之为开放平台。

我们认为,真正的开放平台有它的关系链,有它的支付体系。腾讯的选择是一个全方位服务平台的概念,刚才我的同事提到我们不仅有账号关系链、流量,还有支付体系。更关键的是,我们通过自己多年的应用开发的经验,希望把这个能力总结出来,模块化贡献出来。

这样的话,很多合作伙伴可以在一开始就具备支撑海量用户运行的开发能力,包括测试、托管、数据库,还包括很多客服、运维等我们都可以帮他承担。这些复杂的关系对他们来说,将完全不用考虑。

也就是说,一个很小的公司只要有好的创意,就可以把注意力集中在产品开发上,其他的问题不用考虑太多。这就是我们的一个梦想。

选择五:制定规则会广纳贤言、与时俱进

第五个选择,我们在规则的制定上选择的是广纳贤言、与时俱进,而不是一言堂式的一锤定音。很多人说,在腾讯这个平台上,你们做了应用,你们既是裁判,又是运动员,我们很担心你们到时候把我们好的应用全部抄袭了,然后再把我们赶走怎么办?

在这里,我想给大家承诺,腾讯的规则是不内设障碍的,过去一些社区开放平台的平台商告诉开发者说,对不起,这个社区的应用很赚钱,你们不要做了,接着又发现另外一个种类也很赚钱,平台商说这个我要留下来,你们也不要做了,最后把所有的开发者都逼到只有去国外发展。我可以跟大家承诺,在腾讯的开放平台上,开发者绝对不会受任何限制,而且一切是公平透明的。

但是我们也知道,这个规则不可能是一劳永逸的,一次就完成了,一定需要不断优化。只要我们的原则是公平、透明、开放的,而且不断优化,我相信这个规则就会越来越清晰,越来越好。而且,我们需要所有的合作伙伴和我们一起参与,提出合理化的建议,共同打造一个最优的平台规则。

选择六:先成就合作伙伴,再成就自己

第六个选择,刚才大家说,你们平台商会不会直接做应用?我在这里也给大家做一个表态,那就是在利益分配方面,腾讯选择的是优先成就合作伙伴,然后再成就自己。

其实,赚钱并不是我们做开放平台的唯一目的。在整个开放平台上,越来越多的开发者能够成功,整个平台才算成功,而并不是腾讯一家赚到钱才叫成功。否则的话,这和过去半开放,或者封闭的模式没有什么区别。

所以,刚才我们的同事也介绍了,在短短两三个月的时间内,我们看到一批优秀的开发者已经涌现出来,我们单月的分成不断突破,从600万到800万,到现在突破1000万,这是一个很好的势头。

但是,这远远不够,因为要达到200亿的目标,还有很长的路要走。

选择七:选择开放平台中创新的应用

第七个选择,在开放平台关于同质化的应用和创新的应用中,我们一定会选择创新的应用。我们多年的SP(移动互联网应用服务的直接提供者)和应用开发的经验告诉我们,在任何一个平台上,一定会出现大量同质化的产品,但是也一定会出现非常优秀、很有创新的应用。我希望我们在平台规则上能够主动地、积极地扶持这些具有创新性的开发者和他们的应用。

也就是说,我们的平台要让有能力的人挣到钱,让天下没有被埋没的人才。所以,我们在规则的制定上会扶持和倾向于支持更具有创新性的开发者,也会在资金上提供更多的帮助。腾讯在过去的半年,通过共赢产业基金,50亿的额度,现在已经投资超过一半。

在这里我也给大家透露一下,在不久的将来,腾讯的共赢产业基金将会扩容到100亿,对我来说,没有什么比把一年的利润全部投给产业链更正确的事情了。这个是一点都不艰难的决定,是很轻松的,而且我相信一定是很正确的决定。

选择八:腾讯的开放是公司使命的变化

第八个选择,腾讯开放的意义,到底是经营策略的转变,还是公司使命的变化?我们的选择是后者。

回想12年前,我们这一批创业者在创业的时候,就好像在种一棵果树,我们关心的是这棵果树有没有收成,关心的是这个月能不能发出员工的工资,关心的是下个月能不能交得起我们托管服务器的费用。

但是,当我们的果树越来越多,渐渐成为一个果园的时候,我们关注的再也不是单棵果树的收成。我们必须要看到,这个地区的气候会怎么变化,会不会发生大面积的病虫灾害。这些已是生态方面的问题。

所以对于腾讯来说,从我们过去做生意转变到做生态,我觉得是一个很自然的事情,这不是外界给你的要求,而是你自身成长很自然的使命的转变。

如果说我们过去的梦想是建立一个一站式的在线生活平台,那么今天,我想把这个梦想再往前推进一步,那就是一起打造一个没有疆界、开放共享的互联网新生态。

我觉得这个梦想是非常重要的,所以最后利用这个机会我非常诚挚地邀请我们在座的所有合作伙伴,和腾讯一起携起手来,为了未来的梦想一起努力,为未来的没有疆界、开放共享的互联网新生态而努力。

最后,我再一次感谢所有的合作伙伴和领导的光临,谢谢大家。

第一节 互联网＋、互联网思维的概念[1][2]

一、互联网＋、互联网思维的概念

互联网＋,就是互联网＋各行业。

互联网思维的概念首先由百度的李彦宏提出,简单地说,互联网思维就是一种思考方式,是一种基于商业模式的创新思考方式。

二、企业家眼中的互联网思维

(1) 雷军的互联网"七字诀":专注、极致、口碑、快。

专注:少就是多,大道至简。

极致:做到自己能力的极限。

口碑:超越用户预期。

快:天下武功,唯快不破。

(2) 马化腾的"马七条"。

即:连接一切、"互联网＋"创新涌现、开放式协作、消费者参与决策、数据成为资源、顺应潮流的勇气、连接一切的风险。

(3) 周鸿祎:用户至上、体验为王、免费的商业模式、颠覆式创新。

第一,用户至上。客户不是最重要的,用户是最重要的,用户至上是基本的价值取向。

第二,体验为王。互联网有了一个新的价值。即它有什么体验,怎么定义这个体验,体验一定是用户可以感知的超出预期的情感认同。

第三,免费的商业模式。通过免费的手段来颠覆传统商业模式。

第四,颠覆式创新。互联网企业带来的颠覆主要有两种,一种是通过免费的商业模式的颠覆,另一种是通过用户体验的颠覆。

第二节 互联网对社会经济的影响[3]

互联网在像水和电一样走进我们的生活以前,曾带给我们很多美好的想象,当然,也为我们带来很多超乎想象的意外。在移动浪潮到来之后,展现在我们面前的问题是:未来

---

[1] 余来文,封智勇,林晓伟.互联网思维云计算、物联网、大数据[M].北京:经济管理出版社,2014:10.
[2] 余来文,封智勇,林晓伟.互联网思维云计算、物联网、大数据[M].北京:经济管理出版社,2014:15-17.
[3] 赵黎.马化腾自述:我的互联网思维[M].北京:石油工业出版社,2014:27-33.

的互联网会走向何方,会如何发展,又会为我们的生活带来什么改变……这些问题都将激发很多人进一步思考和探索未来互联网的热情。在此基础上,马化腾先生指明了通往互联网未来的七个路标,即"马七条"。

第一,连接一切。不仅是人和人之间连接,我们也看到人和设备、设备和设备,甚至人和服务之间都有可能产生连接,微信的公众号是人和服务连接的一个尝试。所以,PC互联网、无线互联网、物联网等,这些都是互联网在不同阶段、不同侧面的一种提法,它最终是联系很全面、很广泛的一个网络实体。

第二,"互联网+"创新涌现。"互联网+"是什么?过去十几年,中国互联网的发展很清楚地显示了这一点。加通信是最直接的;加媒体产生网络媒体,对传统媒体影响很大;加娱乐产生网络游戏,已经把以前的游戏颠覆了;加零售产生电子商务,过去认为电商的份额很小,但现在已经不可逆转地走向颠覆实体的零售行业。还有,最近互联网金融非常热,讨论很多。越来越多的传统企业已经不敢轻视互联网这个话题了。传统行业的每一个细分领域的力量仍然是无比强大的,互联网仍然只是一个工具。"互联网+"不是一个神奇的东西。而是理所当然的,互联网会衍生出很多新的机会。

第三,开放的协作。《第三次工业革命》这本书里面提到,未来的大企业的组织架构会走向分散合作的模式,大企业的形态一定要转型,它会聚焦在自己的核心模块,把其他模块拿来与社会上更有效率的中小企业分享合作。

第四,消费者参与和决策。互联网把传统渠道的不必要环节、损耗效率的环节拿掉了,让服务商和消费者、生产制造商和消费者更加直接地对接在一起。厂商和服务商可以如此近地接触消费者,这是前所未有的,消费者的喜好、反馈可以很快地通过网络反映出来。

互联网的一个重要精神是追求极致的产品体验和极致的用户口碑,这种精神也会出现在厂商和服务商身上。市场上已经开始出现这样的企业,苹果不用说了,国内的小米手机、雕爷牛腩也是好案例,它们的产品种数不多,但是很精,有大量的用户反馈,有自己的粉丝,讲究的是产品体验。这给我们带来反思,越来越多的公司意识到,让消费者参与决策来提高竞争力是如此重要。

第五,数据成为资源。大家现在谈大数据和云计算非常多,因为我们连接多了,传感器很多,服务很多,像搜索引擎、电子商务、社交网络,都聚合了大量的数据,这些数据成为企业竞争力和社会发展的重要资源。

第六,顺应潮流的勇气。很多人知道可以这么做,但事到临头又没有做。比如,柯达在胶卷市场的利润很高,它把数码相机雪藏起来,希望越晚发现越好。数码相机普及时它没有抓住这个机会,最终失去了市场。

第七,连接一切的风险。互联网一样有高科技造假这个问题,互联网很强大,不法分子将此拿来做坏事,因为还没有相关的法规,企业都遇到了这样的难题。

第三节　企业战略创新[①]

战略创新意味着什么？

一、确保领先竞争对手半步

俗话说，没有远虑，必有近忧。具体到企业层面来说，那就是一个企业能看多远就决定了能走多远，因为看得越远，准备的时间就越充分，工作就可以做得更细致。所以，要想在激烈的竞争中掌握主动权和主导权，就要站得高，看得远，从产业结构和发展趋势的高度去思考未来；从客户价值和商业模式的深度去思考产品；从生态系统和价值链的广度去整合社会资源。唯独这样，才能确保企业占据有利位置，始终领先竞争对手半步。为什么说是领先半步？因为领先一步或两步往往会付出巨大的代价，过分超前往往"得不偿失"，因为市场教育、市场引导的成本非常高。

那么领先对手半步从哪里开始入手呢？

首先，是对未来市场的发展趋势和演变过程有一个准确的"预判"，这里需要企业家的直感、智慧和远见，更需要高管团队的理解能力和运作能力，能把老板的好想法变成现实，即通过科学的论证把老板的好想法描述清楚，让普通人更能看得懂、说得清。

其次，是把未来用图形化或图像化的语言表达出来，能够在每一位员工心目中"成像"，从而激发整个团队的热情，让大家同心同德，为了一个共同的理想和目标而努力奋斗，让普通人充满激情和干劲。

再次，是勇于否定自己的过去，特别是那些已经取得成功的企业，面对不断变化的未来和过去的成功，必须舍得放弃，用自己的新产品来替代自己的老产品，用新的商业模式来替代老的商业模式，否则等到竞争对手出牌之后，等到竞争对手的产品或者商业模式赢得消费者认同之后，就大势已去了。

最后，是从后往前看，倒排时间表，根据目标去配置资源，根据竞争去做好准备，并根据市场的节奏和竞争对手的反应来确定系列产品上市的时间表，打出"组合拳"。

不管是产品还是商业模式创新，一旦某个企业取得了成功，一定会有一大批企业跟风、跟进，这是正常现象，也是好事。假如没有人跟风、跟进的话，说明该产品或者该商业模式还没有得到社会的认同，而一旦产品或商业模式创新被社会认同，就必然会遇到跟风。所以说，领袖人物需要一大批追随者，以证明自己的远见和伟大，领袖企业同样也需要一大批模仿者，以证明产品的价值和商业模式的领先。有人担心，一旦大量的企业跟进，先行者的优势就会逐步失去，这也是很多中国企业都曾真实面对的困境，其原因何在？就因为事先的功课没有做到位。当初看到一个好机会就匆匆忙忙地上马，没有设计好游

[①] 高建华.赢在顶层设计:决胜未来的中国企业转型、升级与再造之路[M].北京:北京大学出版社,2013:113-127.

戏规则,包括如何阻止特定的竞争对手跟进,比如在哪些方面有意识地让竞争对手跟进,在哪些方面设置壁垒让竞争对手难以跟进,因此造成了后来的被动。

可以说,在现代市场经济环境中,资源是有限的,市场是有限的,所以竞争变得越来越残酷。要想在竞争中立于不败之地,就要遵循市场经济的规律:既要自己过得好,又要竞争对手过得不好。因为市场经济本身就决定了其本质是带有进攻性的,一家企业的市场份额提升必然导致竞争对手市场份额的下降。

因此,要想在市场上占据有利位置,最好的选择就是走在潮头,成为某个细分市场的领头羊,让其他企业跟在后面走,同时又永远追不上,这就是所说的领先竞争对手半步。千万不要想着把竞争对手置于死地,那样既付出了巨大的代价,也可能招致垄断的指控,同时也违背了市场经济的游戏规则。

一个企业不管在市场上多么强大,都要维持适度的竞争,给竞争对手留下一块空间。给出一条生路。总之一句话:可以打击竞争对手,但不可以把竞争对手"打死"。没有竞争的市场是没有活力的,没有对手的游戏成不了真正的游戏。

二、找到新的业绩增长点

一个企业要想基业长青,就要跟上时代的步伐,洞察消费者需求的变化趋势,不断发现新的商机,找到新的业务增长点,这样才能保持业务的持续增长。

这一点对中国企业来说是机遇也是挑战,因为中国市场正处于高速增长、不断变化的阶段,内需市场不断扩大,消费层次不断提高,不像发达国家那样已经进入稳定状态。所以,不管是产品创新,还是商业模式创新,都处在一个日新月异的上升轨道,再好的产品或商业模式,过不了几年就会过时,其生命周期越来越短。为了应对这种动态市场的变化,要想在市场竞争中处于优势地位,就要把握好商机。通过战略转型找准企业的下一个业绩增长点,确定未来几年公司的核心业务往哪个方向转移,这样才能立于不败之地。

当然,要做到这一点,首先要有组织上的保障,即有专人或部门负责这项长期的、前瞻性的工作。一般说来,销售部负责当年的业务,而市场部负责未来几年的业务。换句话说,销售部管的是企业今天是否有饭吃,市场部管的是企业明天是否有饭吃,这就是常讲的"两条腿走路"。如果一个企业仅有销售部而没有市场部,就变成了"一条腿走路",确切地说那不叫走,而是蹦,不信的话大家可以试试,一条腿蹦的话能走多远?其辛苦程度是可想而知的。

不过,在寻找新的业务增长点时也需要注意一点,很多企业在战略转型的过程中容易犯的一个错误,就是看到新的商机之后就想放弃原有的市场。这是绝对不可取的做法。不管原有的市场利润有多低,做起来多么艰难,都不能轻言放弃,毕竟那是公司得以生存的"根据地"。尤其是在新市场、新行业没有进入稳定增长期之前,绝对不能顾此失彼,可以想办法去提高原有市场的利润率,或者采取措施去改善现有的运作模式,却不要轻易丢掉。尽管新的行业、新的市场,或者新的领域前途非常看好,但是毕竟还没有开始做,不能把所有的兵力都抽调到新的行业、新的市场。因为新的行业或市场一定存在不确定性,甚至是风险,所以不能只看到乐观的一面,还要考虑到挑战的、困难的一面,不要用创业初期的赌博心态去冒险。毕竟现有的市场和地盘是经过几年的拼搏才打下来的,一定要好好维护和珍惜。

总之，战略转型要想得到管理团队的认同和发自内心的拥护，一定要把战略转型的价值讲清楚，把新的业绩增长点说明白，让每一位管理者都能看到（至少想象得到）未来的机会在哪里，接下来如何去把握机会，转型之后企业将进入一个什么状态。这样才能打消大家的顾虑，让大家同心同德，统一思想，统一认识，才会有执行力。

三、设计创新的商业模式

1. 商业模式的内涵

首先，它是一个商业逻辑，即按照什么样的逻辑思维为客户创造价值，从头到尾必须自圆其说。

其次，它是基于"利他"的思维而开展商业活动的，即要么帮助客户提高幸福指数，要么帮助客户降低痛苦指数。

再次，它是一个系统性的方法论，属于科学的体系，一旦在某一个点上取得成功，即可以在更大的范围内进行批量复制。这就需要系统地思考，以终为始，根据最终目标来配置各种资源，缺什么就补什么，最终搭建起一个以市场为导向的组织。

2. 商业模式的要素

商业模式的创新决定了企业的成败，但是，商业模式创新的起点是"不走寻常路"，一定不能走抄袭、模仿的老路，必须在某一个方面或者某几个方面做出创新（而不是全面超越），远远地超越现有的竞争对手，否则根本谈不上什么商业模式。商业模式设计须按照以下六个要素去做：

要素之一：明确定向市场的模型。

这个模型的最左侧是企业，最右侧是最终消费者，企业经过哪些环节把产品或服务交付给最终客户，这中间可能涉及中间商、合作伙伴等，用一张图描述出来，也有人把这张图称为渠道模型。当然，很多企业都不是单一渠道，而是多渠道并存，以便覆盖不同的最终用户群体，这就要求企业在商业模式的设计过程中把不同渠道是如何分工、如何运作、如何避免冲突等问题想清楚。

要素之二：明确企业的营销模式。

弄清楚企业赚的是哪一份钱？凭什么能赚到这个钱？在哪些产品上可以不赚钱，甚至赔钱？通过这种搭配组合压制对手，挤压对手，用牺牲局部利益来换取整体利益。此外，企业一定要清楚自己依靠什么赚钱，在哪一方面遥遥领先？比如服务体验、产品设计、物流配送等等。换句话说，企业卖的是什么？这个问题一定要想清楚。

要素之三：明确企业的价值链和生态系统。

即把企业的所有利益相关者之间是什么关系，各自扮演什么角色，各自的价值如何体现描述清楚，把所有的上下游关系和所有的合作伙伴关系用一张图画出来，把各利益相关者在整个价值链上所创造的价值计算出来，把大家的工作关系理顺。要知道，当今世界，靠自己的力量打天下已经不行了，甚至说过时了，必须整合更多的社会资源共同做一件大事，这样才能提高企业的成功率，提高企业的安全系数。

要素之四：明确企业的价值主张。

即给客户带来了什么与众不同的、独到的价值创新,换句话说,站在客户立场上来看比现有的解决方案有什么优势和实实在在的意义?比如,可以是更便宜、更便捷、更安全、更有效、更稳定、更结实、更时尚等等,而在这些"更"的背后是企业的核心能力,因为要想实现这些价值创新,企业就要在资源配备上下功夫,需要很多年坚持不懈的努力,继而成为企业的创新基因。企业有了某种核心能力才可能建立竞争优势,才能与竞争对手拉开距离,让目标客户感受到本企业的价值所在。

要素之五:明确企业的组织架构。

有了清晰的商业模式,就可以把企业的组织架构图清晰地画出来,这与大多数人所熟悉的那种自上而下的组织结构图完全不同。不是明确上下级关系和隶属关系,而是明确互相之间的合作关系和服务机制,图的最上面是客户。通过这个组织架构图可以帮助企业在内部形成"握手关系",让每一个部门经理、每一位员工都明白自己在公司内的角色定位,即谁是自己的"内部客户",谁是自己的"内部供应商",自己的业绩和表现由谁来参与评价,从而设计出跨部门的工作规程,成为标准化的规定动作。把监督约束机制固化下来,形成企业的内部管控体系,为信息化系统建设,为360度考评奠定基础。

要素之六:明确企业经营管理的"道"。

它是一种经营管理的哲学,而不是"术",然而它必然涉及操作层面的事情,但是它依然是战略层面上的思考,是把一件事情想透彻,想清楚再做。这项工作需要企业家和高管层的高度重视,并不是几个人脑力激荡一下就能想出来的点子,而是一套完整的方法论,需要丰富的实战经验、行业知识和非常高的专业技能。如果企业内部没有合适的人带领大家一起去做商业模式设计,最好借助外部力量去完成它,这样可以达到事半功倍的效果,千万不要再沿着"摸着石头过河"的老路去摸索,否则会继续走弯路,浪费时间,错过机会,到头来还需要不断纠偏,不断付出巨额的成本和代价。

总之,商业模式设计就是"基于未来看现在""基于对手看自己""基于客户看产品""基于价值看创新",是为了建立企业的竞争优势而必须完成的一项艰巨的工作。唯有把商业模式设计好了,对外才能找准市场的切入点,给客户带来独到的价值,给客户一个选择本企业、本品牌的理由;对内则可以把企业内部的各种资源整合好,同心同德,统一步调。任何商业模式都是有生命周期的,所以企业要想跟上时代的步伐就要不断对过去的商业模式做出修订,要勇于否定自己过去的成功。

四、重塑品牌定位和价值追求

在大众化消费时代,企业追求的往往是知名度,只要有了知名度就能取得成功,因为不同企业的产品都差不多,用户看谁知名度高就买谁的。而在小众化消费时代企业追求的却是忠诚度,只要能把某个特定的消费群体牢牢地吸引住,让他们有归属感,就很容易取得成功。所以战略转型的关键是让品牌有一个有别于竞争对手的独特定位,让自己的品牌有鲜明的个性和特征。这样才能从众多同类产品中脱颖而出,给消费者一个选择的理由。

品牌的价值体现在哪里?品牌建设的目标是什么?一句话,那就是要成为目标客户的首选,即当消费者想买某一类产品时首先想到的就是某个品牌。要做到这一点就要想办法把品牌的"差异化定位"植入消费者的长期记忆中,他们一旦有需求,马上就能想到某某品牌能够满足他们的这一需求。唯有这样,企业才能够成为垄断竞争者当中的一员,才能有立足之地,才能靠品牌赚钱。否则企业的广告一停,销量就会下滑,成为只有知名度、没有忠诚度的空壳化品牌。

重塑品牌定位涉及以下几个方面的工作:

一是品牌定位的调整,如果过去的品牌定位不明确或者存在问题,价值诉求无法打动客户,就需要优化或提升;二是顺应竞争环境的演变,市场上可能出现了很多新的竞争对手,所以必须重塑定位;三是主流消费群体的演变,过去侧重的是价格敏感的温饱型和小康初级阶段的消费者,而现在和未来则是小康高级阶段中产阶层的消费者;四是品牌的个性化标志,出为品牌的标志是向客户传递一种信号,给客户留下第一印象,它的背后意味着品位品质和风格,必须让客户看到标志就产生我们所期望的那种联想;五是提炼品牌的价值诉求,用精练的语言与客户进行沟通,形成品牌的统一说辞,提高沟通的效率和效果。

第四节 互联网下的商业模式[①]

互联网的出现彻底改变了我们的商业运行规则,因子化世界开始出现,圈子经济广泛流行,商业信息变得越来越对称,从生产制造到消费者的距离大大缩短了。

互联网的应用,比的就是谁的商业模式更加富有竞争优势,谁更具有洞察客户价值真相的能力。只要企业挖掘出了客户的隐藏需求,提出了符合客户需求的独特价值主张,那么,该企业就能在商业模式之战中打好头响炮。

在商业模式研究和实践中,我们发现常见的基于互联网的商业模式有下列几种:

1. 信息平台模式

如网易、腾讯QQ、新浪、搜狐等网站。这些公司都属于门户网站,形成强大的信息平台或信息交流平台,通常以免费的方式让所有人进入浏览,网聚人流和吸引人气、提升点击率。形成庞大的人流和新平台后,再利用眼球经济去吸引广告,买广告位赚取费用。这就是基于互联网平台模式的商业模式。

2. 商务服务模式

如阿里巴巴、敦煌网、淘宝商城等。这些网站大都是专业型网站,提供专业信息和相关内容,不仅为会员客户提供信息交流的平台,还帮助它们进行业务推广和品牌宣传,甚至提供更多一站式服务,如淘宝的支付宝解决信用问题,敦煌网提供的翻译和报关及物流服务等等。它们大多都是通过提供会员服务,收取会员费、广告费和交易佣金来实现盈利。前面讲到过敦煌网就是根据不同行业、不同交易金额收取不等的交易佣金来获利的。这是基于互联网商务服务的商业模式创建形式。

---

① 危正龙,宋正权.商业模式突围[M].北京:中国经济出版社,2014:85-93.

3. 卖场模式

如京东商城、凡客诚品、亚马逊、一号店、当当等。这些网站很直接就是卖东西，是一个专业的大卖场，主要聚焦生活用品和家电类。它们通常以低价吸引顾客，并且配送上门，让顾客实惠、方便到底，客户自然很开心。这种模式最主要的目的就是号召客户形成一定量的客户群体和粉丝，然后压缩供应链，与供应链谈判挤压成本，而自己控制庞大的现金流量。这种商业模式就是卖场模式。

4. O2O 模式(online to offline)

商家通过线上(online)推广宣传、下订单，线下(offline)开门店让顾客实际去体验和感受。实体门店现场根本不直接销售商品，仅供商品展示和体验，然后根据客户的要求进行个性化定制，交付订金，然后安排生产。

5. 众包模式

众包模式(crowd-sourcing)是指一个公司或机构把过去由员工执行的工作任务，以自由自愿的形式外包给非特定的(而且通常是大型的)大众网络的模式。众包的任务通常是由个人来承担，但如果涉及需要多人协作完成的任务，也有可能以依靠开源的个体生产的形式出现。目的是花费最低的成本或获得更好的效果，或者用这种方式完成自己员工根本无法完成的任务。

众包区别于外包(out-sourcing)的特征是：第一，众包对发包方来说，干活的都是"志愿者"，发包方经常不需要支付报酬，就算需要支付也很划算。第二，对于干活的人来说是喜欢干这个、有明确目的性，所以决不敷衍。这两个特点就是目前热度不减的"众包"概念的生命力所在。

6. 微粉模式

如新浪微博、搜道秀等。这些商业模式的特点都是以人来吸引人，新浪微博利用名人秀来号召粉丝，玩起全民"织围脖"的时尚生活。搜道秀则是以性感美女时钟报时、自拍秀、卖萌为主旋律，吸引眼球和评价分享，聚合粉丝，然后在生活和商业中大行美女特权。

章末案例

陈向东跑出火箭速度，"跟谁学"获史上最大A轮融资

继雷军之后，国家会议中心迎来了又一位大神级创业者。2015年3月30日，前新东方执行总裁陈向东用开发产品发布会的形式首次完整揭秘了他的互联网教育创业项目——"跟谁学"。

数据令人咋舌！

仅仅成立9个月的公司，仅仅上线5个月的产品——"跟谁学"，取得了惊人的成绩——教师注册量达到7万名，学生数量数百万，最高日营业收入达到209万元，平台上最赚钱的入驻教师已经通过"跟谁学"创造了百万级的学费收入。

年轻的"跟谁学"，也已于2015年2月获得了高瓴资本、启赋资本等机构联合投资的A轮5000万美元，这是自20世纪90年代后期风险投资进入中国依赖最大的A轮投资，

此前的最高纪录是小米成立15个月后获得4100万美元A轮投资。

据投资人透露，他们在很短的时间内就做出了投资决策，除了数据漂亮以外，小米式的超豪华团队是另一个重要的原因——依靠陈向东强大的号召力，几个月内，"跟谁学"就网罗了300余名互联网和教育培训业的一流高手，这其中包括百度系的技术、运营高管张怀亭、李纲江、罗斌和新东方系的宋欲晓、吕伟胜，还有阿里系高管江潮、拉手网高管王欣等多位业界资深人士。

前段时间，外界对于"跟谁学"的各种猜测、质疑不断，甚至传出了陈向东卖掉别墅维持公司运营的消息，陈向东本人还曾在微博回应："让猜测再飞一会儿。"如今，谣言止于发布会——陈向东和他的"跟谁学"不仅不缺钱，相反还有钱任性，不经意间跑出了火箭的速度。

当天，陈向东还用精彩的演讲发布了"跟谁学"的产品体系："跟谁学"是一个由PC端网站和移动App共同组成的O2O找好老师学习服务电商平台。不同于众多垂直切入的在线教育项目，"跟谁学"从创业一开始就搭建了一个教育行业的淘宝式生态系统的大格局。功能上类似于聚划算、美团、大众点评、河狸家的教育培训集合体，能够为入驻机构、个体老师和学生同时创造价值。

课程版图包罗万象，从出国考试、K12辅导，大学英语四六级等应试类培训到钢琴、声乐、街舞、绘画、太极拳、武术等艺术体育类课程，甚至学魔术、学开飞机都能在平台上找到对应的资深教师。

上课方式灵活多样，有老师上门、学生上门、视频授课、一对一、一对多等多种形式，能够满足不同水平、不同类型、不同地区的学员的个性化需求。

陈向东透露，目前平台的入驻教师正在以每天几百名的速度增加，学员注册正在呈指数级增长。未来平台老师过百万名，付费学员过千万人只是时间问题。这次融到的资金将用于产品的深层次研发和业务的全国扩张。跟谁学的愿景是做成一个"人人乐用的学习平台"，并将成为"人类有史以来最大的一所学校"。就像人们想买东西就想到淘宝，想到搜索就想到百度，想到沟通就想到微信一样，未来人们想到学习就一定会想到跟谁学。

发布会吸引了一百余家媒体和全国各地的千余名教育行业资深从业者参加，陈向东在发布会后接受了联合采访，他表示：从赚钱的角度，他本可以退休陪伴家人，早已没有必要再每天工作16个小时不拿一分钱工资辛苦打拼，而正是情怀和梦想激励着他又走上了"跟谁学"的征程。他作为一个"最穷的县的最穷的乡的最穷的村"走出来的苦孩子，比谁都更深知教育公平的意义。

陈向东最后说：创业是一种生活方式，"每天被梦想叫醒"是一种幸福的感觉。

又一个小米级的企业诞生了？让我们拭目以待。

（资料来源：任建斌.顺流而为："互联网＋"背后的商业逻辑揭秘[M].北京：电子工业出版社，2015.）

思考题：
1. 跟谁学取得成功的主要原因有哪些？
2. 你从跟谁学的案例中得到了哪些启示？

本章小结

互联网思维的概念首先由百度李彦宏提出,简单地说,互联网思维就是一种思考方式,是一种基于商业模式的创新思考方式。雷军提出了互联网"七字诀":专注、极致、口碑、快;马化腾提出了"马七条":连接一切、"互联网+"创新涌现、开放式协作、消费者参与决策、数据成为资源、顺应潮流的勇气、连接一切的风险;周鸿祎提出用户至上、体验为王、免费的商业模式、颠覆式创新的观点。互联网帮助传统企业或组织提升效率并支持企业进行商业模式创新,"跨界""切割"伴随着互联网的发展出现,对企业的发展有着深远的影响。此时,企业面临着战略创新,企业需要确保领先竞争对手半步,找到新的业绩增长点,设计创新的商业模式,重塑品牌定位和价值追求。企业必须挖掘客户的隐藏需求,提出符合客户需求的独特价值主张。

关键概念

互联网思维 "互联网+" 战略创新 商业模式 商业模式创新

复习思考题

1. 什么是互联网思维?请举例阐述企业家眼中的互联网思维。
2. 企业如何实现战略创新?
3. 如何设计创新的商业模式?
4. 如何找寻新的业绩增长点?
5. 重塑品牌定位和价值追求应做好哪些工作?
6. 企业为什么应确保领先竞争对手半步而不是一步或更多?
7. 互联网下的商业模式有哪些?

第十四章　大数据时代的企业战略创新

名言警句

没有任何人任何事能够阻碍大数据、互联网,就像一百年以前,没有任何一个行业可以拔掉电一样,这是一个社会趋势,人类必须为这个做充分的思想准备,知识爆炸很厉害。

——阿里巴巴创始人　马云

大数据是一种非常重要的资产、资源和生产要素,是否拥有和控制数据的规模以及运用数据的能力,已成为衡量企业及至国家核心竞争力强弱的重要标志。

——中国人民银行党委委员　李东荣

学习目的

通过本章的学习,你应该掌握以下内容:
- 了解大数据的概念及特点
- 了解大数据时代的商业模式
- 掌握大数据对商业模式创新的影响
- 学会运用大数据的相关案例

开篇案例

今日头条的差异化战略分析

一、今日头条经营现状分析

今日头条成立于 2012 年 3 月,是一家隶属于北京字节跳动公司的个性化推荐引擎产品,它依赖数据挖掘技术、分析用户信息需求从而做到个性化推荐。今日头条是国内唯一通过挖掘数据、使用推荐引擎做出独立产品的公司,这也是与其他新闻客户端产品的最大不同之处,通过其强大的技术武器为用户推荐符合其需求的信息从而提高了客户忠诚度。移动互联网时代人们接触的信息纷繁复杂,如何选择符合自身需求的信息成了一大困扰。今日头条坚持"不生产内容,没有立场和价值观"的经营观念,为用户推荐有价值的个性化信息、打造人与信息连接的新型服务平台是它的根本宗旨。作为国内成长较快的互联网公司代表,今日头条十分注重技术投入,其技术团队是公司的核心团队,将工作重心放在技术挖掘和数据获取之上,自身并不生产内容。今日头条有 6000 多台服务器参与运算,从而能够以秒级速度实现对用户需求的分析以及对数据的抓取,这一技术特色使其获得了远超竞争对手的优势,并实现了公司的快速成长。

二、今日头条差异化战略分析

1. 技术差异化

"你关心的,才是头条"是今日头条的产品定位,也是其能够在众多新闻媒体客户端中脱颖而出的关键,而这一产品定位的实现依靠其个性化算法推荐。算法推荐是指基于大量的用户使用数据,运用特定的数学算法对其进行统计分析,从而生成用户画像,最后把符合用户阅读习惯与喜好的文章推送给用户,从而实现了个性化推荐。用户接收资讯等文章以后,算法会根据用户的阅读情况,如评论、转发、分享等,再次分析相关信息,通过机器反复学习为用户提供更加精准的资讯内容。正是通过这种"算法推荐+机器反复学习"的技术实现了精准的用户画像,确定了用户的阅读习惯、偏好等问题,从而在移动互联网"信息爆炸"的环境下节省了用户搜集信息的成本,提高了用户黏性。因为今日头条获得的信息是通过网络爬虫技术在各个网站上获取的,所以这就可能涉及侵权问题,因此今日头条通过与各网站建立合作关系获得授权,从而努力规避了这一问题。与此同时,今日头条推出"头条号""悟空问答"等产品来鼓励用户进行内容原创,丰富自身产品的内容来源。为了使其推荐技术更加精准,今日头条拥有超过1000台服务器,实时监测获取用户行为数据,从而确保可以获得海量数据并对其进行精准计算,一方面可以准确感知用户的兴趣点,以此进行相关推送,另一方面可以精准地分析资讯本身的特征,通过资讯的主题、转发、互动等情况为其找到可能感兴趣的用户。今日头条的这项差异化技术特征的实现使其达到了"越多人用越好用、用得越多越好用"的效果。

2. 内容分发差异化

今日头条通过以数据挖掘和个性化算法为基础的信息推荐机制,在获取和客观分析用户互联网行为数据后,为用户推荐可能感兴趣的内容,同时主动地测试用户的"阅读行为",进而不断优化推送内容,提高推送内容对用户的吸引力,大大增加了用户黏性。与此同时,该系统在用户使用频次增加时,通过交叉验证分析用户阅读内容,区分长期兴趣和短期兴趣,不断优化推荐机制,提高内容契合性,促进形成一种"召回模式",最终实现用户体验的最佳化和真正的私人订制。为了实现这样的目标,今日头条充分利用自己的推荐机制,为不同用户推送相关优质内容,同时也十分注重长尾内容的创作。与大规模标准化生产的内容不同,一般将那些独立制作的、拥有小部分受众群体的、非主流的内容称之为长尾内容。今日头条系统默认"热点"板块为首登页面,并且其所有板块推荐内容都是以个性化长尾内容为基础的,其中也包含把"头条号"作者产生的内容推荐给感兴趣的人。一方面,根据系统对用户的画像,预测受众对于报道的态度,提升用户体验,另一方面,鼓励自媒体创作更多优质文章。"头条号"作为"今日头条"旗下的自媒体平台,随着新增账号和自媒体的关注度和影响力的提升,头条号中不乏专门提供小众资讯的账号,以此来满足更多人的需求。也有人将"头条号"与微信公众号的运营模式相比较,发现"头条号"的优势在于能迅速将优质内容准确推送给目标用户,实现了实时推送、流量递增和阅读效率的提高。长尾内容也就存在于这些头条号的创作内容中,算法系统再根据用户兴趣和阅读习惯将个性化长尾内容分发给相应用户,实现内容分发差异化。

3. 平台运营差异化

今日头条的平台运营也充满差异化特色,其通过构建大平台来实现产品运营。首先今日头条建设了其自身的自媒体平台"头条号"。用户在使用新闻资讯客户端的时候,其诉求不仅仅是接收信息,还有对发表自身观点、参与内容创作的需求,"头条号"便满足了这一点的实现,它通过鼓励原创资讯内容和小视频的生产使原本作为信息被动接收者的用户变成了传播主体,既增加了用户参与热情也提高了今日头条原创内容的生产率。另外,今日头条在发展初期缺乏大量用户积累,但它可以通过新浪微博、腾讯QQ等第三方应用账号登录,而这些第三方应用拥有大量的客户群体,这样一方面降低了用户登录的操作难度,同时可以借助第三方应用获得用户的社交链等内容,丰富用户画像。此外通过将其内容更便捷地分享到微博、QQ等社交媒介,活跃了用户使用、提升了用户满意度,同时也可以从这些社交媒介上将用户地社交关系"迁移"过来,增加用户数量。另外,随着新媒介技术的发展,人们的阅读方式也在发生转变,由传统被动化接收信息的方式逐渐转变为社交化的阅读方式。今日头条在业务方面并未给自己设置边界,也注重社交属性的开发,所以在与社交平台的合作中,不断扩展自身业务范围,如用户可进行互相关注、发布头条信息等。如今,用户不仅可以把新闻内容转发到其他社交平台上,还可以实时关注好友的动态,通过点赞评论等行为进行线上交流。在用户建立起个人化传播中心的同时,也实现了新闻客户端与用户之间、用户与用户之间的双重互动,提高了其社交属性。

资料来源:潘玉雯.互联网企业的差异化战略分析——以今日头条为例[J].科技经济导刊.2018(4):96.

第一节 认识大数据

一、大数据的定义

大数据是指海量的数据,在一定的时间范围内,当下主流软件不能对大数据进行管理和处理,需要使用专业的数据处理软件,实现大数据的决策作用,实现数据的利用价值,对管理流程进行优化,实现企事业单位的良好运营,是数据海量、高增长率、形式多样的信息资源。

二、大数据的特点

1. 大量化。大数据呈现的是爆炸式的增长,近两年的数据增长量,是以前产生数据的总和,根据数据显示,在2011年,全球数据产出量为1.8 ZB,而到了2020年,全球数据产出量将达到50 ZB,增长了27.8%。

2. 快速化。大数据时代,人们与数据之间的关系发生了改变,人们由被动接收数据到主动创造数据,数据从产生到利用的时间被大幅度缩减,极大地缩减了生产决策时间。

3. 多样化。新型数据源的产生,使数据结构发生了变化,非结构和半结构数据增长速度极快,根据数据调查显示,存储在数据库中的结构化数据,格式多样,使用的标准也具有多样性,占据了大数据的10%;而非结构化数据则占据了整个大数据的90%,从大数据技术上来讲,非结构化的数据,处理非常麻烦,也不易被人理解,在数据处理时,需要使用更加智能化的信息技术,比如,数据海量存储、数据保护、智能检索等。

4. 价值化。数据具有海量的特点,这使得大数据价值密度减小,使用计算机从海量的数据中提取有价值的数据,成为大数据开发利用所面临的难题,深入挖掘大数据的价值,实现数据的价值化,成为大数据未来发展的重点和需要攻克的难点。

三、大数据的发展趋势

趋势一:数据的资源化

何为资源化,是指大数据成为企业和社会关注的重要战略资源,并已成为大家争相抢夺的新焦点。因而,企业必须要提前制定大数据营销战略计划,抢占市场先机。

趋势二:与云计算的深度结合

大数据离不开云处理,云处理为大数据提供了弹性可拓展的基础设备,是产生大数据的平台之一。自2013年开始,大数据技术已开始和云计算技术紧密结合,预计未来两者关系将更为密切。除此之外,物联网、移动互联网等新兴计算形态,也将一齐助力大数据革命,让大数据营销发挥出更大的影响力。

趋势三:科学理论的突破

随着大数据的快速发展,就像计算机和互联网一样,大数据很有可能是新一轮的技术革命。随之兴起的数据挖掘、机器学习和人工智能等相关技术,可能会改变数据世界里的很多算法和基础理论,实现科学技术上的突破。

趋势四:数据科学和数据联盟的成立

未来,数据科学将成为一门专门的学科,被越来越多的人所认知。各大高校将设立专门的数据科学类专业,也会催生一批与之相关的新的就业岗位。与此同时,基于数据这个基础平台,也将建立起跨领域的数据共享平台,之后,数据共享将扩展到企业层面,并成为未来产业的核心一环。

趋势五:数据泄露泛滥

未来几年数据泄露事件的增长率也许会达到100%,除非数据在其源头就能够得到安全保障。可以说,在未来,每个财富500强企业都会面临数据攻击,无论他们是否已经做好安全防范。而所有企业,无论规模大小,都需要重新审视今天的安全定义。在财富500强企业中,超过50%将会设置首席信息安全官这一职位。企业需要从新的角度来确保自身以及客户数据,所有数据在创建之初便需要获得安全保障,而并非在数据保存的最后一个环节,仅仅加强后者的安全措施已被证明于事无补。

趋势六:数据管理成为核心竞争力

数据管理成为核心竞争力,直接影响财务表现。当"数据资产是企业核心资产"的概念深入人心之后,企业对于数据管理便有了更清晰的界定,将数据管理作为企业核心竞争力,持续发展,战略性规划与运用数据资产,成为企业数据管理的核心。数据资产管理效率与主营业务收入增长率、销售收入增长率显著正相关;此外,对于具有互联网思维的企业而言,数据资产竞争力所占比重为36.8%,数据资产的管理效果将直接影响企业的财务表现。

趋势七:数据质量是BI(商业智能)成功的关键

采用自助式商业智能工具进行大数据处理的企业将会脱颖而出。其中要面临的一个挑战是,很多数据源会带来大量低质量数据。想要成功,企业需要理解原始数据与数据分析之间的差距,从而消除低质量数据并通过BI获得更佳决策。

趋势八:数据生态系统复合化程度加强

大数据的世界不只是一个单一的、巨大的计算机网络,而是一个由大量活动构件与多元参与者元素所构成的生态系统,一个由终端设备提供商、基础设施提供商、网络服务提供商、网络接入服务提供商、数据服务使能者、数据服务提供商、触点服务、数据服务零售商等一系列参与者共同构建的生态系统。而今,这样一套数据生态系统的基本雏形已然形成,接下来的发展将趋向于系统内部角色的细分,也就是市场的细分;系统机制的调整,也就是商业模式的创新;系统结构的调整,也就是竞争环境的调整等,从而使数据生态系统复合化程度逐渐增强。

资料来源:李跃勇.大数据技术理论及其应用实践[J].计算机产品与流通.2020(5):12-34.

第二节 大数据对企业管理决策的影响

一、对管理决策方式的影响

企业经营过程中离不开数据信息的支持,尤其是在进行管理决策的过程中,更是需要大量市场信息作为参考,因此数据信息搜集和分析工作成为企业进行管理决策的关键。从实际情况来看,大数据的出现已经影响到了企业的决策方式。在对大数据应用的过程中,一方面要在信息搜集方面下功夫,加强信息搜集的全面性,另一方面要对海量数据信息进行处理和筛选、分析和探究,以便把握事物的规律,判定事件的发展方向。因此,数据实际上可以左右企业管理决策的进行。实践中,大多数企业已经开始对数据分析给予关注,将数据信息与企业管理决策联系到一起,通过先找出问题,再结合问题进行相关数据信息搜集和分析的方法,使得每一个问题都能有丰富的数据信息作为佐证,保证企业管理决策方式的合理性。这既体现出了我国企业对大数据时代的顺应,同时也促进了我国企业管理决策方式的创新和转型。

二、对管理决策数据的影响

做好数据搜集是大数据时代对企业提出的基本性要求,如果企业在数据搜集方面出现信息遗漏或者信息丢失,大数据就很难在企业管理决策过程中发挥出作用。

首先,企业需要重新规划调整内部的数据信息管理工作,保证数据管理工作与大数据时代相适应。第一,大数据时代下,数据信息的激增会增加传统数据信息处理技术的负担,很多企业之间应用的技术和设备在大数据出现后逐渐丧失了存在价值,需要企业重新进行软件、硬件等方面的建设,为大数据的应用创造良好的条件。第二,数据信息的变化速度加快,企业在进行数据信息管理的过程中需要不断提升数据信息处理的效率,增加对数据信息的实时关注。当前已经有部分企业意识到了这一问题,但是由于技术方面限制较大,因此并没有达到理想的效果。第三,虽然大数据能够对企业的管理决策产生有效的作用,但是在实际工作中数据碎片的作用也不容忽视,企业要有效把握好两种数据之间的关系,进而可以在企业之中对两种数据进行转换应用,减少因果探究上的复杂性,实现对数据分析与管理的简化,降低工作人员的工作负担。

其次,企业需要对之前内部的知识管理进行革新,形成依托于大数据的新型知识管理模式。所谓的知识管理实际上就是对数据管理工作的细化。企业在进行管理决策的过程中,往往要经历一个知识提取的过程,通过对知识的应用和理解来达到确立决策的目的。现阶段,受到大数据时代的影响,知识的重要性得到了进一步的提升,绝大多数企业都开始着手构建现代化的知识管理模式,将知识作为企业内部无形资源的一部分。除此之外,企业也不能因为数据的重要性而忽视了主观对决策的作用,要将二者有效结合起来,才能确保企业管理决策的合理性。

三、对管理决策者的影响

如果决策者不认可大数据,在进行决策的过程中仍坚持传统的方法,那么大数据的作用将很难发挥出来。因此,大数据时代对企业管理决策最大的影响就在于其改变了企业管理决策者的思想观念,帮助企业管理决策者就自己在决策中所占据的位置给了重新的定位。

无论是过去还是大数据时代,管理决策者本身的重要性都是不言而喻的,所不同的是在传统的决策过程中,决策者本身是决策的主导,其根据自己常年的工作经验以及对事物的直观反应等进行决策,往往带有一定的盲目性。大数据时代,管理决策者一方面不再直接进行决策和管理,而是扮演问题的发现者和提出者的角色,另一方面基层管理人员和普通职员都可以参与到企业的管理与决策中去,使得企业的管理决策更加贴近于工作实际。不过要想达到这一点并不容易,管理层需要转变思想,树立平等意识,与企业内部员工进行平等的交流。由此可见,大数据时代不仅改变了企业内部的决策方式与管理方式,同时也改变了企业内部决策人员的工作思想。

四、对管理决策组织的影响

首先,大数据时代企业内部的管理决策已经不再是少数人的工作,企业中的管理者和基层工作人员都可以对企业的管理决策产生影响。因此企业需要对管理决策组织以及企业内部的管理决策文化等进行重新构建。通常情况下,一个企业内部可以应用的决策组织可分为集中和分散两类。前者侧重于环境的稳定性,后者则适宜应用于不稳定的环境中,环境适应能力更强,在大数据的帮助下分散式的决策组织能够强化数据信息的处理质量和应用效率,会产生更大的作用。同时,大数据时代营造出的决策环境相对不稳定,有着较为明显的分散性,高层领导也会因此而难以集中,进而促进分散式决策结构的形成。

其次,企业决策文化往往会影响企业决策权利的行使和应用。大数据时代企业内部已经逐渐形成了新的文化理念,因此企业决策文化也逐渐融入了新的内容。第一,企业决策的逻辑发生转变,数据信息搜集与应用成为决策管理的首要步骤,并且企业开始相信群策群力的作用,对广大职员的意见更尊重;第二,企业内部开始注重数据分析专业人才的培养,积极鼓励企业内部员工强化自身的数据分析应用能力,并将这一观念融入企业决策文化之中。

五、对管理决策技术的影响

首先,大数据时代企业要不断提升内部的数据分析能力,提升管理决策技术。当前被应用到企业中的数据分析技术主要以云计算为基础。简单来说,云计算是进行相关数据处理工作的一项基础性工具,其最大的作用是承载数据,对企业搜集到的大量数据进行管理,并且对存在差异的数据进行处理,减少企业数据分析过程中的困难。实践证明,企业对该项技术进行应用后,无论是在数据信息搜集方面,还是在数据信息分析与评价方面,能力都得到了有效提升。此外,在云计算的支持下,很多数据信息都可以通过具体的形式显示出来,并且被企业应用到信息展示方面,以此来减少用户在信息理解方面的困难,增加用户对企业的认可度。

其次,大数据时代数据信息激增,导致信息价值的提取效率较低,如何能在众多信息中找到对决策产生正向影响的数据信息是大数据时代下急需解决的难题。在信息筛选过程中,传统的方式方法不适用,必须开发新方法、引入新技术。当前,最具有应用价值的方法主要为知识发现法,该种方法在信息价值提取方面表现较为突出,能够在一定程度上缩短信息筛选应用的时间。当然这种方法在实际应用过程中也并不是完美的,其很难有效把握数据与数据之间的关系,并且面对一些隐含的信息也难以做出及时反应,所以在未来知识发现技术仍具有较大的发展空间,值得相关人员进行进一步的探索和完善。

最后,在大数据时代一项决策的形成相对比较复杂,所以构建一个健全的决策体系对企业来说尤为重要。在进行决策体系构建的过程中,企业必须要保证决策体系的灵活性,让决策体系能够在企业之中进行动态的发展,只有这样才能使该体系适应大数据时代下的决策环境,避免出现体系与环境的冲突。第一,新构建的体系应能够容纳更多的应用群体,要能够被企业中所有员工所驾驭,并且可以承载多种数据信息,对各类资源进行充分调动和应用;第二,该体系要更加开放,可以形成一个信息共享平台,让员工能够在该体系中对数据信息进行解和分析,为员工参与企业管理决策创造一定的条件。

资料来源:秦晓丽.大数据时代对企业管理决策的影响[J].财务与会计.2016(20):75-76.

第三节 大数据对商业模式创新的影响

一、大数据与商业模式创新

作为管理领域研究的热点问题,商业模式创新代表着全新的活动体系,其中包括企业及其联盟的创新行为、价值创造以及价值获取(Bouncken 和 Fredrich,2016)。许多国际知名企业,例如苹果、谷歌和亚马逊,以及国内的阿里巴巴和腾讯,都获得了巨大的成功,而其成功不仅仅由于雄厚的科技实力,也因其在商业模式方面所采取的创新。商业模式创新是指企业寻求新的逻辑和方法,为相关利益各方创造和实现价值,并且为顾客、供应商以及合作伙伴定义新的价值主张(Casadesus Masanell,Zhu,2013)。价值创造是商业模式创新的重要载体,其核心要素包括价值主张(识别企业能够为顾客提供的价值)、价值创造(商业模式的运作如何实现这些价值)和价值获取(顾客价值的实现如何为企业带来盈利)。在信息时代,大数据已经成为企业的宝贵资产,并正在改变企业的商业和盈利模式,成为影响企业运作的最重要因素之一。大数据提供了一种全新的能力,通过对海量数据进行挖掘和分析,从中获得有价值的信息,进而为企业发现和创造价值提供新的基础和路径(李文莲和夏健明,2013)。从这三个核心要素来看,大数据都能够为商业模式创新带来价值贡献。

首先,在价值主张方面,企业可以收集和获取客户产生的大量数据,通过对这些数据的分析,企业能够更好掌握顾客对商品或服务的喜好及消费习惯;同时数据收集分析也可以跨越组织边界,数据的可获得性使企业能够容易获得竞争对手产品和服务的相关信息,通过比较和分析,有助于企业更精准地掌握顾客的价值主张。其次,在大数据技术的支持下,企业能够对历史数据资源进行度量,定位价值链上的关键环节,改进内部的业务流程,有效整合各部门之间的运作关系,加速新创意的构想,快速交付产品和服务,从而在时间和质量两个维度上获得竞争优势。最后,企业通过大数据可以精确定位"关键的少数",即最能够为企业带来营收的关键市场区隔及顾客,并针对这些"关键的少数"提供有针对性的销售和服务策略;此外,企业通过建立数据模型,可以提高决策的科学性和精确性,降低企业的运营成本并提高企业的绩效。

二、大数据通过价值体系驱动商业模式创新

(一)通过内部价值链驱动商业模式创新

对企业而言,产品与服务提供的顾客价值是所有商业模式的出发点。企业最重要的任务之一是甄别哪些价值活动是构成商业模式的核心要素。依托大数据技术,企业通过对营运数据进行收集和分析,可以确定核心的价值活动,实现资源和能力聚焦,有效驱动企业内部价值链的整合和优化,从而驱动商业模式创新。

一般认为企业的价值活动包括采购、生产、营销和服务。在采购环节,企业可以整合历史采购数据和销售数据,预测用户对产品的需求,从而提升采购的精确性,降低库存成本;在生产环节,企业可以对生产过程进行动态监测,并通过SPC过程控制实时监控质量数据,对出现的质量问题和风险及时预警,降低损失;在营销和服务环节,通过对顾客的消费数据进行分析,可以精确了解顾客的需求,进行精准营销并提供个性化服务。

为了使价值链的作用最大化,企业需要对价值活动的流程进行优化,让企业价值活动的执行顺序更加合理。企业内部的价值活动通常是跨部门展开的,需要对其进行整合,使跨部门的活动接受统一的调度和指挥,在整体上达至最佳效果。对价值活动进行整合的最有效手段是以数据流取代业务流,通过MIS系统和数据的运用,分析部门接口之间的效率瓶颈,以数据驱动分析和解决问题,实现跨部门活动的信息流通和共享,从而提升跨部门的价值活动效率。传统的流程再造和优化方式通常具有实验性和破坏性,同时要付出大量的时间成本,总体上推高了企业的试错成本和不确定性。在大数据背景下,可以针对海量业务数据进行敏感性分析和蒙特卡洛分析,对流程瓶颈和效率洼地进行预测和识别,提高流程优化的成功概率并极大降低成本和风险。

商业模式创新有时还需要针对顾客需求的变化,对原材料的供应和采购、生产过程和销售策略等价值链上的活动进行快速调整。市场状况瞬息万变,需要企业进行前置作业,最佳的应对方式就是利用大数据预测顾客需求的变化,并据此快速调整采购、生产和销售等价值活动。

(二)通过产业价值链驱动商业模式创新

随着互联网经济的发展,企业的经营活动逐渐突破边界限制,从企业内部的价值链延伸到上下游产业,形成产业价值链。大数据的出现,改变了传统业务模式下产业价值链中的信息流、物流和现金流的走向和使用模式,也使得企业的商业模式出现了新形态。首先,大数据的出现可以有效提升物流系统的效率。通过在物流系统中运用物联网和信息定位技术对物流大数据进行分析,可以合理配置物流配送中心的选址以及物流配送区域的划分,有效降低物流运送成本,为商业模式创新提供必要的支持和保证。

其次,大数据技术的使用也可以极大提高信息在产业价值链中的流转效率。商品条形码、RFID以及EOS等技术和数据处理系统的使用,极大改变了上下游企业对信息流的处理模式。通过聚合信息资源,能够加速信息的传播和共享,减轻信息不对称对产业供应链的影响,促进上下游企业之间的协同。通过大数据的搜集和共享,上下游的成员可以直接访问彼此的关键信息,突破信息瓶颈,使库存水平、产量等要素更加透明,整体上降低成本。同时,通过对消费者大数据的分析,可以实时掌握顾客的需求和反馈,并在整个产业链上及时做出联动反应。

最后,运用大数据技术可以在交易过程中实时高频记录相关交易的所有信息,改变资金流在产业价值链成员之间的流动方式、交易形态和使用效率,具体体现在:具有强大数据支持功能的多种支付工具的使用极大提高了顾客支付的效率;产业链中各成员之间商品转移的方式和收益分配的模式朝向数字化的方向转变;产业链中的不同企业都可以通过大数据更有效地掌握下游客户的消费模式和偏好,并根据消费金额识别关键客户,有针对性地展开营销,为创造新的商业模式奠定基础。

(三) 通过价值网络驱动商业模式创新

借由大数据的穿透性,许多既有的资源边界和市场边界被打破(李艳玲,2014),融合已经成为新经济环境下的必然趋势。企业的价值体系可以容纳更多的成员,进一步形成企业的价值网络(David,Joseph,2000),许多新的商业模式正是基于价值网络展开。价值网络驱动的商业模式创新,主要从三个维度展开,分别是生产网络、销售网络和顾客网络。

就生产网络而言,随着产品复杂性的不断提高,企业需要与生产网络的不同成员合作,整合来自多元系统的数据以共创产品(Sang 等,2012)。由不同成员构成的生产网络其沟通和协调的成本会增加,利用大数据技术可以构建沟通平台,在多个生产企业之间建立信息共享机制,减少信息不对称。通过大数据分析,还可以建立自动的筛选和甄别机制,搜寻和识别符合条件的生产成员并淘汰不符合要求的生产网络成员,以提升生产效率和产品服务品质。

从销售网络来看,通过对既往销售数据的分析,可以协助企业选择最佳的营销渠道,制定有针对性的销售策略;通过实时精确地掌握每项商品的销售状况,可以及时调整销售策略,甚至可以据此调整上游生产网络的生产策略和产能安排;配合移动互联网和物联网技术,还可以极大缩短企业或最终顾客之间的距离,为商业模式创新创造时间和空间条件。

从顾客网络来看,企业可以通过数据分析,加强用户的黏性和忠诚度,为商业模式创新打下客户群基础。此外,通过大数据分析,掌握客户群体的人际网络关系,可以更进一步延伸和扩大使用者网络,建立不同细分种类的顾客社群,提升产品的形象和口碑。通过网络融合,可以使顾客参与到产品的策划、制作和营销过程中,加强顾客的参与感,与顾客共同创造价值。

(四) 通过价值生态系统驱动商业模式创新

"互联网+"情境下的网络交易平台进一步整合了生产网络、销售网络和顾客网络,为供需各方提供了在线沟通的环境。大数据驱动模式下的柔性制造降低了资产专用性;信息对称化降低了交易的不确定性,从而大幅降低了交易成本,提高了交易效率。企业借由交易平台通过网络化生态整合内外部资源实现升级,企业价值网络扩展成为不同的价值群落,并共同构成价值生态系统。在价值生态系统中,大数据技术将信息的价值创造作用发挥到最大程度,为海量信息的获取、存储、处理和管理提供了广泛支持。数据挖掘产生的信息作为全新的生产要素,可以独立参与价值创造活动,并与其他生产要素共同发挥作用。价值生态系统通过价值协同和价值互动为消费者创造持续的价值,在广度和深度上拓展价值空间。

在价值生态系统中,大数据通过影响不同的价值群落及其互动关系,进而促进商业模式的创新,具体表现在:第一,产品创新。使用大数据处理技术,通过交易平台可整合价值片段,使打造定制化的专属产品成为可能;分散的碎片化信息被大量收集、传递,通过信息加工后整合成为大数据,可以用来预测产品、技术和社会需求等方面的变化,在提供标准服务的基础上为产品增加个性化的附加价值。第二,服务创新。通过大数据可以及时获取用户意见,使客户深度参与甚至主导服务提供的过程,从而增加用户对价值生态系统的认同感;通过对顾客和相关价值群落的管理以及更有效的资源再配置,系统能够不断创造和传递新的顾客价值,并借由不同的价值传递路径实现服务创新。第三,营销创新。价值生态系统包括具有不同特征的价值群落,随着网络外部性效应发挥作用,顾客规模也不断扩张,通过大数据应用可以准确掌握不同顾客群落的消费足迹和习惯偏好,让不同价值群落之间潜在的连接关系显性化,进而形成多样化产品定制开发的能力,满足不同价值群落的需求,创造超额的顾客价值。第四,产业创新。价值生态系统中不同价值群落的融合,使得大数据本身也逐渐发展成为一种独立的生产要素,大数据作为重要的生产要素参与到价值创造过程中,其交叉聚合突变效应也体现得愈发明显(于晓龙和王金照,2014)。当前以大数据为核心的产业链已经形成,并发展出数据自营、数据租售、知识租售和数据众包等不同形态的产业创新。

资料来源:于伟,陈智锋.价值体系演化视角下大数据对商业模式的思考[J].商业经济研究.2019(13).

第四节 大数据时代的商业模式

随着科学技术的不断发展,21世纪已被标记为互联网和大数据时代。一时之间,大数据、云计算等新名词不绝于耳,并且深远地影响着我们的生活行为方式。与现实世界相类似,互联网的特征亦是极大的不确定性。在互联网上,人与资源可以实现零接触,用户不再是单一且被动的接受者,而可以是双向且主动的价值创造者。而这完全颠覆了泰勒所提出的科学管理理论和前文所提及的马克斯·韦伯的科层制理论。日本大型企业曾以分工细腻著称于世,但近年来其颓势愈发明显,究其根本原因,便是其结构性过强,无法积极应对不断变化的外在环境而对自身做出变革。而在这互联网和大数据时代,我们应摒弃以往的管理观念,重新审视个人和社会的关系,重关联而轻分离,重整体而轻部分,重团队而轻个人,须知提出问题才是解决问题的最好途径。而顺应这一思想,也产生了许多新型商业模式:

新零售商业模式,简称新零售。以管理学来定义,其为以消费者体验为中心,而非市场需求导向的数据驱动的泛零售形态。新零售要求企业必须善于抓住消费者的数字足迹,通过以机器学习、深度分析和人工智能等技术手段解决信息分散、垄断等问题,从而为提供定制化服务,直接借由信息将产品和服务一体化。

海尔的"人单合一"模式。为更好接受互联网和大数据时代的挑战,海尔提出"人单合一"模式,致力将自身转变为名副其实的互联网企业。这一模式仍是以消费者为中心,并强调员工可以将自身价值的体现,实现在为用户创造价值的进程中。为更好帮助员工达成这一目标并充分实现"人单合一"的思维,海尔搭建了线上开放式创新平台(Hope),其核心点便在于,使员工创客化,并使企业平台化。在此平台上,员工既是企业成员也是创造者,甚至允许用户直接或间接地参与企业的创新进程,从而实现用户和资源的零距离交互。海尔的"人单合一"的中心便体现在如何让每个员工都有机会去实现用户的价值最大化。

信息订制模式。 传统的观念是内容为王。在一些大型门户网站,其提供的海量、丰富信息颇为吸引眼球。但是,互联网已经开始进入信息过载时代,用户更希望在泛滥的信息展示、推送中看到自己感兴趣的信息以节约时间。通过大数据信息智能匹配技术可精准推送用户需要的信息,为用户节省大量的时间。为了获得更有价值的信息,许多用户愿意为此买单。根据咨询机构预测,信息服务定制将会有千亿元的市场规模。在这方面应用得最好的,无疑就是目前的今日头条,其智能推荐算法,使其在信息定制化时代远远甩开了传统的三大新闻门户。

精准广告模式。 大数据是精准广告推送的技术基础。平台方在获得用户行为信息、偏好信息之后,根据大数据分析出用户特点。平台再根据统计结果,为用户一对一精准推送广告,提升成交率。对于广告主来说,他能清晰地知道,自己的广告费究竟花在了哪里,减少广告浪费,提升营销效果。对平台来说,其广告的精准投放方式颠覆了传统的撒网式、喇叭式传播,成本更低,更受广告主的欢迎,有利于打造平台核心竞争力。对于淘宝、京东、1号店等电子商务平台来说,由于商品、服务推荐信息能够做到一对一智能匹配、精准投放,客户成交率大幅度上升,可为平台带来更多的有效流量,提升平台销售额,而且不影响客户体验。

B2B大数据服务模式。 一些企业在日常经营过程中沉淀下来大量数据,却不知道如何对其进行挖掘,体现大数据价值。专业的大数据服务机构则为用户提供数据挖掘分析解决方案,帮助他们对自己的数据进行加工,让高高在上的大数据技术走进企业、单位的实际应用。国内的大数据领先企业拓尔思就有多款大数据挖掘分析产品,包括内容管理系统、文本挖掘软件、身份服务器系统、机器数据挖掘引擎、大数据舆情分析平台等等。拓尔思为政府、金融、安全、教育、媒体、企业等领域提供大数据应用解决方案,是国内第一家在A股上市的大数据企业。2015年,拓尔思年报净利润达到1.21亿元。

上面介绍了五种大数据时代的商业模式,供读者学习。值得注意的是,在实际的企业经营中,远不止这五种商业模式,此处主要是抛砖引玉。

资料来源:①叶青.互联网大数据时代下的新型商业模式及对量子管理学的思考[J].科技经济导刊.2019,27(31).②微信公众号《通路快建》,2017-03-30。

章末案例

拼多多的商业模式分析

一、拼多多简介

拼多多是上海寻梦信息技术有限公司旗下的一家"新电子商务"平台,成立于2015年9月。拼多多专注于拼团模式,用户可以和家人、朋友、邻居等拼团,用更低的价格购买到商品。其致力于为最广大用户提供物有所值的商品和有趣互动的购物体验,让"多实惠,多乐趣"成为消费主流。2018年7月26日,拼多多在美国纳斯达克上市。创立近5年,拼多多平台已汇聚5.852亿年度活跃买家和510多万活跃商户,平台年交易额突破万亿大关,达人民币10066亿元,迅速发展成为中国第二大电商平台。

二、商业模式分析

(一) 定位

拼多多的定位是新电商——第三方社交电商平台,专注于C2B拼团。拼多多坚持消费者优先,为消费者提供公平且最具性价比的选择。拼多多初期将目标用户定位于"五环外"的人,主要面向三四线城市的消费群体,这些地区的消费者对价格比较敏感,更易于被拼多多的拼团低价模式吸引。而相关的数据显示,目前拼多多一二线城市用户占比已接近一半,其中男女比例大概为4∶6;在年龄分布中,35岁以下用户占比最高,接近七成。拼多多通过"农村包围城市"的策略,成功地在市场上占领了一席之地。

(二) 业务系统

拼多多主要以拼团购物的模式来销售产品。在平台上,用户可以选择"单独购买"或"发起拼单",二者的价格有差异,"发起拼单"的价格往往比"单独购买"便宜很多,低价的产品会更吸引用户,促使他们选择拼团的模式完成产品的购买。

拼多多通过C2M模式来提供低价的产品,这种模式将制造商和消费者直接联系起来,可以去除库存、物流、分销等中间环节,大大压缩了成本。

(三) 关键资源能力

1. 用户流量

拼多多的团购模式与传统的团购不一样,需要用户主动邀请别人拼团。为了享受更优惠的价格,用户会积极地去组团,主要通过微信等社交软件将拼团信息发送给家人、朋友、邻居等,邀请他们一起购买商品。此外,拼多多还设置了很多游戏化环节,如"砍价免费拿",在这个环节,用户可以选择一件自己想要的商品,然后在规定的时间内邀请其他用户帮忙砍价,当价格砍到0元时,用户就可以免费获得商品,而新用户砍价的力度会大于老用户,用户如果想尽快完成任务,就需要邀请没有注册过的人来助力。为了获得免费的商品,用户会分享链接,邀请大量的好友帮忙砍价。社交网络具有无限延展性,通过用户的分享,拼多多吸引了更多的消费者,用户数量能够呈快速增长。拼多多获得了用户流量,可以吸引更多的商家入驻平台,帮助平台更好地发展下去。

2. 低成本

2018年12月,拼多多推出"新品牌计划",计划扶持1000家工厂品牌升级,采用C2M模式共同打造"爆款"产品。这一举措有助于降低渠道和库存成本,从而让用户以低价买到产品。拼多多和传统电商相比,获客成本较低,因为其借助了社交网络来获得大量用户,通过老用户的人际关系获取新用户,使用户数量爆发式增长。

3. 团队

拼多多的团队十分年轻,并且富有创造力,公司成员的平均年龄为27岁,其中70%的成员毕业于清华、北大、复旦、交大等国内知名高校和其他海外名校,成员中有来自各大名企的技术和产品精英,如谷歌、百度、阿里巴巴、腾讯等企业。2019年公司的员工规模达到近6000人,而且技术工程师的数量占全体员工数量的一半以上。

4. 资金

2016年7月,拼多多获得B轮1.1亿美元融资,IDG资本、腾讯、高榕资本领投。2018年4月11日,拼多多完成新一轮融资,融资金额在30亿美元左右,投资方包括腾讯、红杉。经过几轮融资,拼多多成功在纳斯达克上市。

(四)盈利模式

拼多多的收入来源主要是交易佣金、广告和商家保证金。拼多多的单品利润较低,但由于拼购模式有助于打造单品爆款,形成规模经济,降低成本,因此平台和商家都能获利,形成双赢的局面。

(五)现金流结构

拼多多发布的2019年年报显示,截至2019年年底,拼多多持有现金、现金等价物及短期投资共计410.6亿元,其中现金和现金等价物57.7亿元,短期投资352.9亿元。从中可以看出拼多多的现金流充沛并且比较稳定。除了现金储备充裕外,2019年拼多多经营现金流净额为148.21亿元,同比增长了90.8%。

(六)企业价值

2020年1月9日,胡润研究院发布《2019胡润中国500强民营企业》,拼多多以市值2930亿元位列第14位。2019年,拼多多股价上涨68.54%,目前从股票市值上看,拼多多的股票市值超过500亿美元。

资料来源:倪徐冰.社交电商拼多多的商业模式分析[J].河北企业.2020(8):94-95.

思考题:

拼多多的成功商业实践对你有何启示?

本章小结

大数据是指海量的数据,大数据具有大量化、快速化、多样化和价值化的特点。企业经营过程中离不开数据信息的支持,尤其是在进行管理决策的过程中,更是需要大量市场信息作为参考,因此数据信息搜集和分析工作成为企业进行管理决策的关键。在信息时代,大数据已经成为企业的宝贵资产,并正在改变企业的商业和盈利模式,成为影响企业运作的最重要因素之一,大数据能够为商业模式创新带来价值贡献。在这互联网和大数据时代,我们应摒弃以往的管理观念,重新审视个人和社会的关系,重关联而轻分离,重整体而轻部分,重团队而轻个人,须知提出问题才是解决问题的最好途径。而顺应这一思想,也产生了许多新型商业模式。

关键概念

大数据　大数据时代　企业管理决策　商业模式　商业模式创新

复习思考题

1. 请结合实际阐述什么是大数据?
2. 大数据对企业管理决策有何影响?
3. 大数据对商业模式创新有何影响?
4. 大数据时代有哪些新型商业模式?请举例说明。

第六篇

战略控制
——规避战略管理之险

第十五章　战略控制与评价

名言警句

我什么也不害怕,也不害怕丢钱,我只害怕不确定性。

——索罗斯

问题不在于企业需不需要搞多元化,而在于企业自身有没有能力搞多元化。

——张瑞敏

学习目的

- 了解企业战略实施控制内涵,掌握企业在实施战略管理过程中执行控制的作用
- 了解企业战略实施控制的类型,掌握不同类型的战略控制所呈现的不同特点
- 全面了解企业战略实施控制的过程,提高控制的科学性
- 了解战略控制的方式,掌握企业战略执行控制方式的选择方法
- 了解战略评价的概念与方法

引导案例

沃尔玛的战略控制系统

总部设在阿肯色州的沃尔玛公司是世界上最大的零售商,2004年销售额为800亿美元。它的成功基于创始人山姆·沃尔顿实施商业模式的方法。沃尔顿要求所有的经理在工作中采取亲力亲为的风格并且充分献身于沃尔玛的主要目标,他将之定义为全面顾客满意。为了激励员工,创立了一个复杂的控制系统和向各级员工公布员工和企业绩效的文化。

首先,沃尔顿设计了一项财务控制系统,逐日向经理们评估每家商场和商场内每个部门的绩效。有关商场利润和商品周转率的信息媒体都会提供给商场经理,然后再由商场经理发布给62.5万名员工(称为合伙人)。通过信息分享,沃尔玛鼓励所有的合伙人学习零售业务的基本要素,从而可以在工作中加以改进。

如果商场表现不佳,经理们和合伙人就会进行检查,找出改进的方法。沃尔玛的高层经理定期走访有问题的商场,提供专业意见。高级管理人员每个月都会用公司的飞机巡视各地的沃尔玛商场,从而把握公司的脉搏。沃尔玛公司的高层管理者还习惯于在周末开会讨论本周的财务成果及其未来的影响。

沃尔顿坚持在绩效和奖励之间建立联系。每个经理的个人绩效表现为能否完成具体

的目标,绩效决定了经理的工资上涨和晋升机会(升迁到更大的商场或公司总部,沃尔玛的传统式内部提升经理模式)。根据公司的绩效和股票价格,高级经理获得大额的期权,即使普通合伙人也能获得股票。一位20世纪70年代与沃尔顿一起创业的合伙人到后来应当可以积累价值25万美元的股票(来自多年的股票升值)。沃尔顿创建了一套复杂的控制系统来规范员工的行为,包括各项管理规定和预算制度。每家商场的业务活动都是一样的,所有的员工接受相同的培训,了解自己应当怎样对待顾客。通过这些方法,沃尔玛实现了运营的标准化,从而获得了很大的成本节省,与此同时经理们也可以很容易地实现整个商场的变革。

沃尔顿不满足于产出和行为控制以及能够以货币奖励来激励员工。为了吸引员工参与企业运营并且鼓励他们用自己的行为提供高品质的客户服务,他还为公司创建了强大的文化价值和行为规范。合伙人必须遵循的规范包括"10英寸态度",这是沃尔顿在走访商场时提出来的,意思是"保持在距离顾客10英寸时应注视顾客的眼睛,对他表示欢迎并且询问是否需要帮助";"日落原则",是指员工应当在接受顾客请求的当天就给予满足,这些都适用于所有的沃尔玛商场。

沃尔玛创建的强烈的顾客导向价值观通过商场员工口耳相传的故事体现了公司对顾客的专注。有一个故事说一名新来的员工不顾危险在轿车轮下救出小男孩;菲利斯的故事讲述他是如何为在商场内发作心脏病的顾客实施心肺复苏术;还有一个关于安妮塔的故事,她将给自己的孩子留的"超级战队"玩具卖给了一位顾客以满足那位顾客孩子的生日愿望。强烈的沃尔玛文化帮助公司控制和激励员工,也帮助和实现了公司要求的严格的产出和财务绩效。

资料来源:龚荒.企业战略管理——概念方法与案例[M].北京:清华大学出版社.2008.

第一节 战略控制概述与作用

一、战略控制概述

战略控制[①]主要是指在战略实施过程中,根据预定的战略目标和行动方案,监测企业为达到目标所进行的各种活动的进展情况,把其与战略实施的要求相比较,发现偏差,分析产生偏差的原因,针对原因纠正偏差,使企业战略的实施更好地与企业当前所处的内外环境、企业目标相一致,确保企业目标得以实现。

一般而言,战略控制是与战略实施同时进行的[②]。这是因为在战略实施过程中,一方面企业中的每个人由于缺乏必要的认识、能力、培训和信息,对其所从事的工作不甚了解,

---

① 解培才.企业战略管理[M].上海:上海人民出版社,2002:243-254.
② 孙睦优.企业战略控制过程与方法[J].冶金经济与管理,2006(1):24-26.

或者是个人、部门目标与企业目标不相一致,从而出现行为上的偏差;另一方面由于现行的战略计划存在缺陷或者当下企业的内外部环境与原先制定战略时的预想不同[1],导致战略计划的局部或者整体已经不符合企业的内外部条件。以上几个方面所产生的偏差如果得不到及时的纠正,都会影响企业战略的正常实施,最终将使企业各种经营活动的结果与战略目标不相一致。

企业战略执行过程是一个非常复杂和长期的过程[2],要想企业战略计划有效地实施,除了要制定切实可行、正确完善的战略方案外,还必须辅以战略控制,这样才能使战略实施的进程和结果基本与预期相符。总而言之,战略控制具有十分重要的意义。

二、战略控制的作用

企业经营战略的控制在战略管理中的作用主要表现在以下四个方面:

(1) 它是战略管理的一项重要工作,保证企业战略的有效实施。企业战略仅能决定该做哪些事,不该做哪些事,属于行动方案阶段。而战略控制属于行动阶段,它将会直接影响企业战略决策实施的效果和效率。除此之外,企业实施战略控制本质不仅是为了使企业各经营活动按照预期的设想进行,还应当是治理企业所面临的战略风险,降低其对企业发展带来的不利影响。

(2) 它是制约战略决策的一个重要因素。企业经营战略实施的控制能力与效率的高低决定了企业战略行为能力的大小。如果一个企业在战略实施过程中能实行有效的控制,及时地发现问题并且解决问题,说明这个企业具有较强的战略实施控制能力,在此环境背景下的高层管理者,在进行战略决策时,会做出较为胆大的、敢于冒险的、创造性更强的战略方案。反之,就会采用较为稳妥的战略决策。

(3) 它为战略决策提供重要的反馈。战略控制可以帮助企业的战略决策者明确决策中的哪些内容是符合实际的、正确的,哪些是不切实际的、不正确的,这对于提高战略决策的适应性和水平都具有重要意义。比如,在实际工作中,对前一次决策的执行结果进行总结和反思,吸取其经验教训,这些对下一次的战略决策会有帮助作用,而战略控制就是能够提供这样一种反馈的重要方式。

(4) 它促进企业文化等企业基础的建设,强化企业的整体素质,为战略决策奠定了良好的基础。

第二节 战略控制的类型与特点

战略控制主要是以企业的高层管理领导为主体,关注的是企业内部的绩效与外部环

---

[1] 王铁男.工商管理系列教材——企业战略管理[M].哈尔滨:哈尔滨工业大学出版社.2006:385-386.
[2] http://baike.baidu.com/link?url=zyPX2Bz-6CCxeRCWsWm3DrvrHchtORXu7KD5olFNAhKupSu-Hju2Rm59Z1HnSpF1AB_Msa4EvvDGx8AEfTcXE_

境相关的因素[①]。一般可分为以下四类:

一、避免型控制

避免型控制主要是指公司的管理者通过采用适当的措施来消除不恰当的行为产生的机会,从而达到不需要采取控制手段就能避免不当行为产生的目的。避免型控制有以下几个特点:

1. 管理集中化

它主要是指将各级管理层次的权力集中到少数高层人员的手中,这样能够避免因分层控制而产生的矛盾。当管理人员在做所有决策都采用了集中化的方式时,事实上就不存在管理意义上的控制问题了。

2. 高效自动化

它是指企业运用计算机或其他高效信息技术来实现自动化的管理,达到减少控制的目的。计算机等高效自动化手段通常能够按照企业的预期目标恰当地进行工作,保证了工作的稳定性,使控制得到改善。

3. 与其他组织共同承担风险

企业在生产经营过程中,将内部的一些风险与企业外的一些组织共同分担。这样,即使一些存在较大风险的岗位出现了不适当的行为,也不用担心其行为会严重地损害企业的利益。

4. 转移或者放弃某项经营活动

企业内部的管理者可能因为不太了解企业价值链的某些环节,对某些经营活动感到难以控制。在这种情形下,管理者们可能采用将潜在的利益与相应的风险一同放弃或者外包的形式,消除有关的控制问题。

在此要提出,如果企业的管理人员不能或者不愿意采取转移或者放弃的方式,来避免由他人引起的控制问题,那么也可以采取其他的控制方式来处理此类的控制问题。

二、具体活动控制

它主要是指保证企业的每个员工能够按照组织的要求进行生产经营活动的一种控制手段,一般有以下三种形式:

1. 工作责任制

采取工作责任制,首先企业要有一个清晰准确、合情合法的行为界限,并建立一个明晰的绩效标准,将员工的实际工作成绩与评价标准相对比,以便执行必要的奖惩措施。通过奖惩手段才能使员工更主动地按照规定的工作要求和程序来开展工作,实践证明,这是一个行之有效的控制方法。

2. 行为的限制

这种方式可以通过两种途径来实现:一种是利用物质性的器械或设施来限制员工的行为。另一种是行政管理上的限制,即对职工的生产经营活动进行限制。员工必须按照

---

① 甘华鸣,许志峰,高照娟.执行战略流程操作手册[M].北京:中国物资出版社,2004:197-199.

各自工作岗位的职责进行工作,以避免出现不符合企业预期的行为。

3. 事前审查

它是指在战略行动成果尚未实现之前,通过预测判断战略行为的结果是否会偏离既定的绩效标准,从而提前采取纠偏的措施,以保证企业战略目标的顺利实现。

三、成果控制

它主要是通过检查和评价职工或者组织的成果是否符合战略控制标准,促使企业取得符合战略要求的成果;同时,对于那些实现成果的行为给予奖励,对不能实现成果的行为给予惩罚。

四、人员控制

它是指通过员工参与战略目标的制定过程和实际绩效的评价过程,既让他们看到个人行为的作用,又让他们发现自己的成绩与不足,为实现战略目标服务。

人是企业中最活跃、最珍贵的资源,企业可以通过采取人力资源培训与开发等方式来提高员工的素质,并使其按照正确的要求进行工作,取得预期的成效,这就是这种控制的特点。当该控制系统出现问题时,可以采取以下措施加以解决:

(1) 实施员工训练计划,改善工作分配,提高关键岗位人员的能力。

(2) 改善上级与下级的沟通状况,使企业员工更清楚地知道与理解自己的作用,将自身的工作与企业中其他群体的工作很好地加以协调与合作。

(3) 建立具有内在凝聚力的目标和高效协作的工作团队,促成同事之间的相互制约。

第三节 战略控制的过程与方法

一、战略控制的过程

战略控制是指根据企业使命和愿景的要求,监督战略的实施过程,及时纠正偏差,使战略实施的结果基本上符合预期计划的管理过程。一般而言,战略控制过程可以分为以下四个步骤:

1. 确定绩效标准

一般来说,企业根据战略目标确定绩效标准,绩效标准是企业工作成绩的规范,它用来确定实际中的企业生产经营活动的结果是否达到战略目标。绩效标准与战略目标一样,都是可定量的、易于衡量的,但是都要能够反映企业的资源和能力的状况、竞争地位及其在行业中的地位、主要利益相关者的价值取向。企业常用到的衡量标准[①]有销售额、净资产、销售成本、价值增值、产品质量、市场占有率、销售增长率、劳动生产率和投资收益率

---

① 陈忠卫.战略管理[M].大连:东北财经大学出版社,2007:253-254.

等。在这些定量标准中,最常用的工作评价标准是投资收益率,即以税前净收益除以投资总额。因为投资收益率是一个全面衡量企业绩效的单一指标,它能反映公司或事业部对企业永久性资产的应用情况,并可用在不同企业之间做横向比较。但是,这个指标也有一定的局限,它通常用来度量短期绩效。

2. 衡量实际绩效

企业需要检查战略实施的进展情况,按照计划的时间,收集和处理数据,按既定标准衡量绩效,同时管理人员还需要监控环境变化所产生的各种信号。这是因为企业所面临的内外部环境都是企业制定战略的重要依据,一旦环境产生变化的信号,也意味着企业战略的前提也将发生变化,这对企业战略实施的威胁就会很大。

一般而言,环境变化的信号有外部环境信号和内部环境信号这两种。内部环境信号较为容易控制,时间也比较短。相比之下,外部环境信号较难察觉与掌控,因为它具有相当大的不确定性,很难预测它们的发生和结果。在实际运行中,环境变化的信号有时强有时弱,其中强信号是指环境变化的信息全面且准确,出现前往往没有征兆,出现后企业不是很了解其所发生的状况,可以做出反应的时间和选择的余地较少。在此情况下,企业极有可能会遇到重大的战略机会或者威胁。而弱信号一般出现在强信号之前或者伴随着强信号一起出现。一旦企业发现了环境变化的弱信号,就应立即对其进行监控,并采取相应的措施。

而且,在衡量绩效的过程中,管理者需要特别注意以下四种困难:

(1) 缺乏数量化的绩效标准,尽管绩效标准有时不一定能够数量化,但至少有方法测量。

(2) 信息系统无法提供及时有效的信息,应事先加以预估。

(3) 偏重短期绩效而忽视长期绩效。

(4) 绩效的衡量只是集中在容易衡量的部分,而忽略了绩效的真实意义。

3. 评价实际绩效

评价实际绩效就是将实际的工作成绩与确定的绩效标准相比较,找出实际成绩与绩效标准的差距及其产生的原因。一般来说,形成差距的原因[①]主要有以下三个方面:

(1) 短期行为。企业对其各个层次管理者的考核指标多以利润或者投资收益率为主,而导致企业的管理层片面追求短期效益,忽视了企业的使命与愿景。虽然短期内企业实现了利润的增长,但却丧失了长期发展的潜力,这会使得企业的长远战略目标难以实现。

(2) 环境变化。制定企业战略的依据——企业内外部环境发生了意想不到的变化。

(3) 目标移动。在实施战略的过程中,受到企业内部某些主客观因素变化的影响,偏离了预期战略目标。

除此以外,评价实际绩效也是发现战略实施过程中是否存在问题和存在什么问题,以及为什么存在这些问题的重要阶段。

---

① 甘华鸣,许志峰,高照娟. 执行战略流程操作手册[M]. 北京:中国物资出版社,2004:205-206.

4. 采取纠正措施和权变计划

出现了偏差就必须采取纠正措施,以保证企业的生产经营活动仍纳入正常的发展轨道,最终确保战略目标的实现。企业在纠偏前,必须深入分析产生偏差的原因。一般可以从以下三个方面[①]进行分析:

(1) 出现的偏差是不是临时性的波动?

(2) 原定战略的执行是否有误?

(3) 是不是因为外部环境发生了重大变化,导致了原定战略已经脱离了实际?

企业管理人员要针对不同的原因采取不同的纠正措施,做到具体问题具体分析。企业只有顺应变化着的条件,才能保证企业战略的圆满实施。一般来说,企业可以有选择地采取以下三种纠偏措施[②]:

(1) 常规模式。企业按照常规的方式去解决偏差,这种模式花费时间较多。

(2) 专家解决模式。这种控制模式往往把目前所出现的问题列为专题,集中加以讨论,重点解决相关问题。这种模式的典型特征是反应速度较快,节约时间成本。

(3) 预先计划模式。企业对可能出现的问题进行计划部署,从而减少反应的时间,提高处理突发事件的能力。

权变计划是指企业在战略控制过程中为了避免发生重大意外事件而采用的应变计划。这种计划也是一种及时的补救措施,可以帮助企业管理人员处理不熟悉的情况。

二、战略控制的方法

为了实施有效的控制,在战略系统中可以使用许多控制方法。下面介绍几种常用的控制方法。

1. 预算控制

预算可能是最广泛使用的控制方法或工具。所谓预算是一种以财务指标或数量指标表示的有关预期成果或要求的文件。预算一方面起着如何在企业内各单位之间分配资源的作用;另一方面,它也是企业战略控制的一种方法。预算准备完成之后,企业内部的会计部门就要记录各项开支,定期做出报表,表明预算、实际支出以及二者之间的差额。做好报表之后,通常要送到该项预算所涉及的不同层次的负责人手中,由他们分析偏差产生的原因,并采取必要的纠正措施。

2. 审计控制

审计是客观地获取有关经济活动和事项的论断和论据,通过评价弄清所得论断与标准之间的符合程度,并将结果报知有关方面的过程。审计过程基本上着重于一个企业做出的财务论断,以及这些论断是否符合实际。在我国执行审计的人员有两类:一类是独立的审计人员或注册会计师,他们的主要职责是检查委托人的财务报表。不过,他们还执行其他工作,如会计服务、税务会计、管理咨询以及为委托人编制财务报表等。另一类是企业内部审计人员,他们的主要职责是确定企业的方针和程序是否被正确地执行,并保护企

---

① 黎群,张文松,吕海军.战略管理[M].北京:清华大学出版社;北京交通大学出版社,2006:207-209.
② 陈忠卫.战略管理[M].大连:东北财经大学出版社,2007:253-254.

业的资产。此外,他们还经常评估企业各单位的效率以及控制系统的效率。

3. 经营审核

它是指在弄清楚经营成果的基础上,深入到企业政策、程序、职权应用、管理质量、管理方法等方面的综合分析研究和专门分析研究,分析它们的效果,做出正确的评价,从而推动经营管理工作的改进,来保证战略目标的实现。

4. 个人现场观察

这是指企业的各层管理人员(尤其是高层管理人员)深入到各种生产经营现场,对控制系统进行直接观察,从中发现问题,并采取相应的解决措施。在许多企业中,人们设计计算机管理系统来实际控制企业的各项活动。然而,为了实行有效的控制,控制系统必须满足以下几个基本要求:

(1) 控制系统应是节约的,既不能产生过多的信息,也不能提供太少的信息,而应是最经济地产生各部门所需要的最低限度的信息。

(2) 控制系统应是有意义的。控制系统必须与企业的关键目标相联系,能为各层管理人员提供真正需要和有价值的信息。

(3) 控制系统应当适时地提供信息。经常和快速地反馈并不一定意味着是较好的控制,关键是要及时地提供给管理者使用。例如,在试销一种新产品时,就需要快速的反馈;而在长期研究和开发项目中,逐日、逐周、逐月地反馈进展情况,可能是不必要的,而且也无益。因此,应使设计的控制系统对应于所考核的活动或职能的时间跨度。

(4) 控制系统应提供关于发展趋势的定性的信息。例如,知道某一产品市场占有率是上升还是下降,抑或是保持稳定,与确知其市场占有率的多少同样重要。类似这样的定性信息比仅用定量数据能更快地发现问题,从而有助于更迅速地采取解决问题的行动。

(5) 控制系统应有利于采取行动。控制系统输出的信息必须传递给企业中那些根据这些信息而采取行动的人。如果给管理人员提供的报告仅仅是为信息而提供信息,那通常意味着这些报告会被忽视,事实上,也可能导致管理人员忽视其他有用的报告。应当明白,并非企业中的每个人需要所有的报告。

(6) 控制系统应当是简单的。复杂的控制系统常常会引起混乱,收效甚微。有效控制系统的关键是它的实用性,而非它的复杂性。

第四节 战略评价

战略评价是战略制定的一个重要环节。因为一个企业可能要面临达到战略目标的多种战略方案,在这些众多方案中最终选择哪一个或者哪几个进行组合则需要进行评估与选择。目前对战略方案的评价已经有很多战略评价方法和战略工具,此节将会着重介绍几种常用的评价方法和工具及其优缺点。

一、战略评价

(一) 战略评价的概念

一般而言,战略评价包括两个方面:一是战略方案的评价,即在战略决策前对战略方案的评价;二是战略实施的评价,即对战略实施过程中战略活动的评价。对战略方案的评价是指运用科学的方法和程序,对战略方案进行分析和论证,并预测战略方案的未来效果及战略实施过程中可能遇到的风险。企业战略方案评价主要是针对企业在战略期内所实施的各种战略评价,因此,必须建立在科学的预测基础上。

(二) 战略评价的原则

战略评价所涉及的内容和因素很多,因此,评价的原则也是多元化的。一般涉及战略方案的适宜性、可行性和可接受性[1]等三个方面。

1. 适宜性

它是研究企业的战略是不是一个好战略,即评估所提出的战略对在战略分析中所确定的组织情况的适应程度。比如,某种战略是否有效地利用了企业的现有实力,克服或者避开了企业的弱点,并能抵御环境的威胁。一般在评估战略的适宜性时需要注意下面几个问题:

(1) 该战略在战略分析过程中的问题,如企业的资源、能力和技术方面的劣势以及外部环境威胁解决到什么程度,是削弱了企业的竞争地位还是强化了企业的竞争地位。

(2) 该战略是否完全利用了企业的优势和外部环境所提供的机会。

(3) 该战略是否与企业的使命和目标相一致?如果一个战略虽然改善了企业的收益情况,但却破坏了企业的长期形象,这个战略称不上一个好战略。

2. 可行性

可行性分析是研究企业是否有能力和资源来执行战略,是否能够实现战略目标,即好的战略不仅前景吸引人,而且还要有实施的条件和可行性。因此,要对企业的现金流进行预测分析(现金流如何获取以及获取的途径)以迅速判断企业所制定的战略在财务上的可行性,同时也要考虑企业内部资源的问题。在评价一个战略是否具有可行性时,企业管理者可从以下几个方面做出更细致的评价:

(1) 战略实施是否具有充足的资金来源。

(2) 企业自身的能力是否能够达到战略要求的水准(如产品质量水平、服务水平等等)。

(3) 企业是否能够处理好战略实施带来的竞争压力。

(4) 企业是否能够确保无论是公司管理层还是技术操作层都具有一定的技能。

(5) 在实施战略前,企业是否已经具备一定的市场竞争地位和必要的市场推销技能。

(6) 企业是否已经具备一些渠道,保证必需的原材料和服务的供应。

(7) 企业在生产过程和技术等方面是不是已经具备了一定的竞争力。

在此需要提出的是,在实际进行可行性评价的时候,应该根据企业的实际情况做具体

---

[1] 王铁男.工商管理系列教材——企业战略管理[M].哈尔滨:哈尔滨工业大学出版社.2006:267-269.

分析，不要仅局限于上面列出的这些问题。同时，还必须考虑到战略调整时间的影响。

3. 可接受性

可接受性是研究一个战略被执行后可能出现的结果是什么，以及企业能否成功地实施战略。关于可接受性的评价有一定的困难，因为它在很大程度上与人的主观期望密切相关。所以，我们谈到战略的可行性时必须明确是相对于"谁"的可接受性，这需要仔细地进行分析。除此以外，要注意分析实施该战略所带来的变化是否是企业内部资源所能够承受的，同时还要考虑风险有多大，以及回报率等情况。所以，要认真考虑投资回报率、折现率、回报期限、资本结构情况、收益平衡点和现金流等财务方面的分析情况。

（三）战略方案的评价方法

战略方案的评价有很多种类，在这里我们介绍三种较为常用的方法。

1. 波士顿矩阵（BCG）

这种评价方法适用于多样化经营企业战略方案的评价方法，它把一个公司各种"战略业务单位"所处的地位，画在一张具有四个区域的坐标图上（如图14-1所示）。

这个矩阵是由波士顿咨询团提出来的，根据两项因素构成：

一项是经营单位的相对市场份额（＝本公司某项业务本期销售额/最大竞争对手的该项产品的本期销售额），代表了公司在该项业务上拥有的实力。

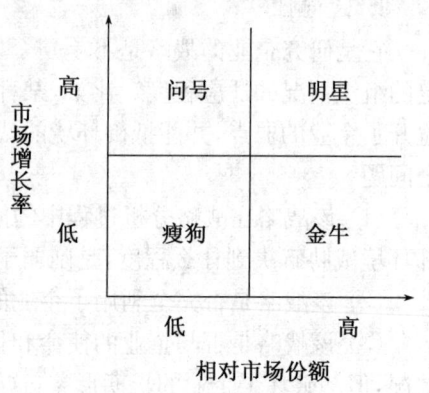

图14-1 波士顿矩阵

另一项是经营单位业务的市场增长率[＝(本期总销售额－上期总销售额)/上期总销售额]，代表了公司该项业务的市场吸引力。

将上述两项因素分为高低两档，就形成了一个四象限的矩阵，再分别按照每个经营单位两项因素的数值，标在矩阵的某一象限，就可以进行战略方案的评价了。

如图14-1中的四个象限代表四种类型的经营单位以及它们各自采用的战略。

（1）明星象限的战略。

位于矩阵右上角的业务，具有较高的市场增长率和较高的相对市场占有率，说明它们的竞争实力强，有优势，市场前景好，有进一步发展的机会。处于明星象限内的业务部门或者公司应该考虑的战略主要有：前向、后向和横向一体化、市场渗透、市场开发、产品开发及合资经营。

（2）问号象限的战略。

问号象限的经营单位，都是市场增长率高、相对市场份额低的分部或者单位，表明市场前景好，有发展机会，但目前实力不显，获利甚微。这类型的企业通常对资金的需求量大而资金创造能力小，其应该采取的战略分为两种：第一种是把企业的有限资金投入到更有发展前途的部分，扩大其产销规模，增加其竞争能力，提高其竞争地位，使其转变为明星单位；第二种是对于那些余下的经营单位，企业无力对其增加投资，只好采取维持战略或者放弃战略。

(3) 金牛象限的战略。

金牛是位于第四象限的分部,都是相对市场份额高、业务增长率低的分部。说明它们竞争地位强,有优势,但市场前景不妙,不应再增加投资扩张模式。很多今天的金牛都是昨日的明星,企业应使金牛分部尽可能长时间地保持其优势地位。因此,处于金牛象限的企业应采取稳定性的战略,维持现状,尽可能地保持市场份额,并将其创造的利润抽出来满足增加投资的分部或者单位的需求。

(4) 瘦狗象限的战略。

瘦狗是位于第三象限的分部,其市场份额和市场增长率都低,说明它们既无发展前景,又没有多大的实力,处于软弱的市场地位,再去追加投资已不合算,应该采取抽资战略或者放弃战略。

采用波士顿矩阵来评价战略方案的主要益处在于,它使人们注意到企业各个分部门的现金流动、投资特性及需求,也可以看出各个企业总体战略方案对每个经营单位的定位是否准确,其内容是否符合矩阵所显示的战略要求,以及战略方案后果。根据这些就可以挑选出战略的备选方案。同时也为各经营单位的战略确定了方向和要求,为评价经营单位战略提供了基础。

波士顿矩阵虽然简单易行,被广泛采用,但也有某些局限性。首先,波士顿矩阵将企业的所有分部都看成是明星、问号、瘦狗和金牛之一未免过于简单,很多位于波士顿矩阵中的企业分部不易被明确地加以归类。此外,波士顿矩阵不能反映各部门或其所在产业在一定时期是否增长,也就是说,该矩阵没有时间的特性,而更像是对企业在某一时间点的拍照。最后,除相对市场份额地位和产业销售增长率之外的一些变量,如市场和竞争优势等,对公司各分部门决策的制定也十分重要,但这类变量却未能被考虑在波士顿矩阵中。

2. 行业引力—竞争能力矩阵[①]

此矩阵是由美国通用电气公司针对波士顿矩阵的局限性提出的业务结构分析方法,它把外部环境(用行业吸引力表示)和企业内部实力(用竞争能力表示)归结在一个矩阵内,并以此进行经营战略的分析与评价。其中,行业吸引力划分为高、中、低三个档位,企业应找出影响行业吸引力高低的若干关键外部环境因素,并以此来评价行业吸引力。竞争能力划分为强、中、弱三个档次,企业应找出影响企业竞争能力的若干关键内部可控因素,并以此与主要竞争对手比较来评价企业实力。

---

① 解培才.企业战略管理[M].上海:上海人民出版社,2002:243-254.

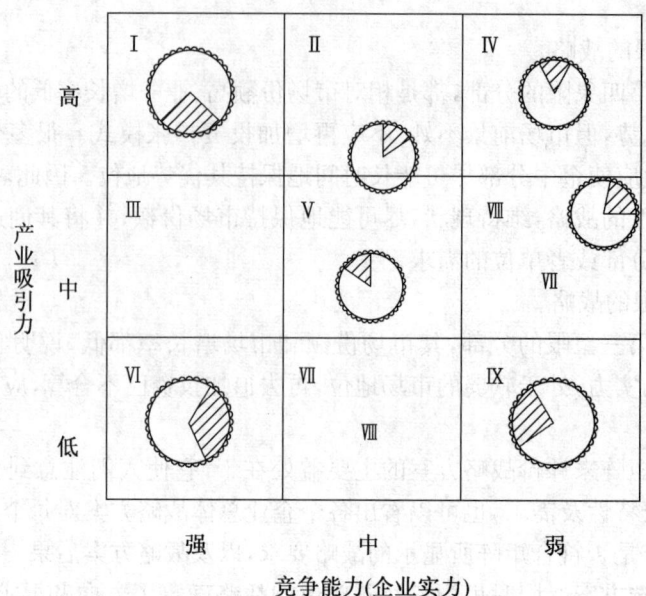

图 14-2 行业引力—竞争能力矩阵

说明：
(1) 图中的每个圆圈代表一个经营单位，其大小代表该单位的规模。
(2) 每个圆圈中的阴影部分代表该单位的市场份额。

图 14-2 中的九个象限代表着九种类型的经营单位，以及它们应该采取的战略选择。一般可分为三类象限：Ⅰ、Ⅱ、Ⅲ象限代表应采取投资发展或者择重点发展的经营单位，其战略包括单一经营发展战略（市场渗透、市场开发和产品开发）和一体化战略（前向一体化、后向一体化）；Ⅳ、Ⅴ、Ⅵ代表维持经营单位，采取的战略主要是市场渗透和产品开发战略；Ⅶ、Ⅷ、Ⅸ象限代表应该利用和退出单位，采取的战略一般有回收型或放弃型战略。

行业吸引力—竞争能力矩阵，相比波士顿矩阵适用的范围更宽。但是该矩阵存在一些局限性，比如这个矩阵的等级值计算存在主观性、行业吸引力评价具有模糊性、确定投资优先顺序的方法不完全适用，而且给出的战略建议也是很笼统的。

3. 生命周期矩阵

该矩阵是按照产业生命周期阶段和企业竞争地位相结合而成的一种矩阵。它是以行业生命周期（投入、成长、成熟、衰退）为横坐标，企业竞争地位（支配、强大、有利、防御、软弱）为纵坐标，组成一个有 20 个单元的需求增长潜力的生命周期矩阵（如表 14-1）。识别某项业务在生命周期中所处阶段的主要标志有：市场占有率、需求增长潜力、产品品种多少、竞争者多少、市场增长率、进入壁垒、技术变革和用户购买行为等，根据这些特征可对所在行业的阶段做出判断。

确定企业竞争地位是根据经营单位的市场占有率、资金利润率、投资、销售利润率、成本领先地位、技术领先地位、附加值率等来做综合定性判断。

表 14-1　生命周期矩阵

地位＼周期	投入	成长	成熟	衰退
支配	迅速增长,全力争得占有率,保持地位	迅速增长,获得成本领先地位。保持地位,保持占有率	与行业同步增长,保持地位	保持地位
强大	全力争得占有率,力争改善地位	与行业同步增长,保持地位	有一定的增长,保持地位	保持地位或者耗用潜力
有利	重点地争得占有率,改善地位	有重点地争得占有率,争取改善地位	维持,寻找重点并加以巩固	耗用潜力或者逐步退出
防御	有重点地改善地位	寻找重点并加以巩固	寻找并抓住重点,或者逐步退出	逐步退出或者放弃
软弱	上马或者下马	寻求机会或者放弃	寻求机会或者逐步退出	放弃

在上述的两个要素所构成的矩阵中,形成了 20 个象限,各个象限都有其相对应的战略选择。按照企业个体经营单位所处产业生命周期阶段和在产业中的竞争地位,标入矩阵中,就可用来评价战略方案。

生命周期矩阵也有其局限性,主要是产业的生命周期阶段的确定比较困难,存在一定的抽象性;行业演变的单一性;生命周期的不可控性;生产周期的不同阶段适用战略模式化。

章末案例

民生银行的风险控制

民生银行是我国股份制商业银行,成立于 1996 年。在我国四大商业银行的不良贷款"野火烧不尽,春风吹又生"的今天,民生银行却探索出了一条成功的风险管理道路。

一、重视贷前调查——充分检验,防范风险

民生银行广州分行是广州地区唯一实行"预授信申报公示"制度的银行。当年广东南海华光集团骗贷屡屡得逞,"洗劫"了广州数家银行近 74 亿元人民币;但其骗贷行为无法逃过民生银行的火眼金睛。

南海华光集团曾向民生银行广州分行申请了 5000 万元人民币的授信额度。当民生银行广州分行收到南海华光集团的有关资料后,立即进入其受理贷款申请的检测达标通道,这第一道关卡就是大名鼎鼎的"预授信申报公示"。预授信申报公示制度是广州分行 2002 年上半年刚刚推出的新制度,目的就是为化解一些常见的由于信息不对称而导致的风险。这套制度的原理其实非常简单,就是当银行接到授信申请时,在银行内部网站上将南海华光集团的有关材料进行为期七日的公示,广而告之,广泛征求意见,听取群众的呼声。预授信制度不但大大节省了支行具体经办人员实地贷前调查的工作量,而且使调查渠道更为广泛、通达,使授信通道更为透明、民主、公开,很难出现漏网之鱼,为自身保护提供了安全绿色屏障。南海华光集团的申请也正是在公示期间,由于该行员工陆续提供的华光集团的相关信息显示出其众多漏洞,经有关部门认真分析核实后,而被多票否决,实现了防患于未然。

二、加强贷后检查——重视结果,更重过程

尽管贷前调查与贷中审查至关重要,但并不意味着款项贷出后就"一劳永逸",贷后管理也绝对不可小觑。民生银行杭州分行主管风险控制的副行长赵继臣说,在杭州分行,风险控制高于业务发展。银行不良资产反映的是结果,但产生是在过程。因此,对于分行来讲,过程控制重于结果控制,注重贷后管理是保证信贷资产质量的基础和关键。

杭州分行曾为杭州某企业贷款400万元人民币,然而该企业的两幢房产早在2003年9月就被法院查封,分行信贷资产的安全受到严重威胁。于是分行组织相关人员多次与借款人、保证人联系,制订清收措施。经过各项艰苦努力的工作和与当事人谈判,终于在贷款到期前一天全额收回了400万元贷款的本息。

另外,在对湖州某集团有限公司的续授信现场检查中发现,该公司在生产经营、销售渠道及财务等方面均存在问题。检查人员随即向分行贷审会提出了不能给予其续授信的理由,果断退出,避免了后来其他贷款行因来不及收贷而最终采取法律补救手段情况的发生。检查过程中,杭州分行还了解到安吉某经济技术开发总公司存在的资产流动性风险,分行配合支行几次到安吉,与企业和政府联系落实分期还款计划,并积极争取到了总行的支持,分三期收回了全部贷款本息。可见在贷款业务中,过程控制至关重要。杭州分行正是通过贷后管理,及时发现存在的问题,将风险"扼杀于摇篮中"。

三、培养风险意识——认识到位,团结一心

民生银行的一位领导曾说:"银行经营同质化趋势很强,民生银行能够取得比较好的成绩,靠的是员工们工作拼搏、热情、坚韧、执着。"是什么力量鼓舞激励着民生员工?我们应该看到,民生银行尤为注重员工队伍业务培训、案例教育和警示教育工作,通过多样化、实用化、层次化的培训方式,生动活泼地为员工的实际工作注入了新鲜活力,大大强化了员工的风险防范意识,规范了他们的业务操作,对真正做到按章办事起到了积极的促进作用。意识决定行动,有了正确的积极的思想做后盾,才有了广大员工在风险防范方面更强的行动力。在高度风险意识熏陶下,风险防范观念深入了每一位民生银行员工的内心,使风险防范成为一种自觉的意识,成为民生企业文化的灵魂。

资料来源:孟鹰,余来文,等.战略管理:理论、应用和中国案例(第二版)[M].北京:经济管理出版社.2019.

思考题:
1. 简述一下民生银行风险控制的主要过程。
2. 其他商业银行能否复制民生银行的风险控制策略?

本章小结

战略控制是战略管理的一个重要环节,战略控制的目的是为了实现预期的战略目标。

战略控制一般分为四大类:避免性控制、具体活动控制、成果控制和人员控制。不同的控制类型有其相应的优缺点,企业要根据自身具体的情况采取适合的控制类型。

战略控制是一个动态的过程,有制定绩效标准、衡量实际绩效、评价实际绩效和采取纠正措施与权变计划等。控制的方法主要有四种:预计、审计、经营审核和个人现场观察。

战略评价对企业战略的实施也具有重要的意义,战略评价包括两个方面:一方面是战略方案的评价;另一方面是战略实施的评价,本章主要关注战略实施过程中的评价。评价涉及多种因素,但在评价方案的过程中要遵循适宜性、可行性和可接受性这三个基本原则。

战略评价方法也是很重要的,不同类型不同发展阶段的企业所采取的评价方法也不尽相同。

关键概念

战略控制　预算控制　战略评价　波士顿矩阵

复习思考题

1. 简述战略控制的基本概念和原则。
2. 战略控制的类型有哪些?各自的优缺点是什么?
3. 简述战略控制的基本过程。
4. 企业战略常用的控制方法有哪些?
5. 企业在评价战略方案时,一般遵循哪些原则?
6. 评价战略的常用方法有哪些?

第十六章 战略风险与变革

名言警句

任何行业的竞争都会有风险。但是,越是进取、迅速和活跃的企业及其管理部门,越有失足的潜在危险。

——罗伯特·西蒙斯

超过25%以上的利润不做。

——王石

学习目的

- 通过分析企业战略风险,掌握战略风险的内涵与类型
- 根据风险的性质和战略风险的管理目标,识别战略风险,掌握对战略风险的控制处理策略
- 深入了解战略变革的原因,帮助企业选择合适的变革方式,并与其所处的变革环境相适应
- 了解实施战略变革的关键因素,实现对企业的有效变革

导入案例

万达的四次战略转型

万达集团现在可以说是在实体经济中发展非常迅速的,作为万达集团的掌门人,王健林因为个人敏锐的商业嗅觉和判断能力,一次次带领万达集团完成了转型。

第一次在1993年,由地方企业转向全国性企业。集团从大连走出去,到广州开发。广州是中国改革开放的高地,当时流行一句话,"东西南北中,发财到广东"。我们敢去很不简单,需要勇气。总结走出去经验后,1998年万达大规模走向全国。

第二次在2000年,由住宅地产转向商业地产。住宅地产不稳定,有项目就有现金流,项目做完现金流就断了。而且从全世界的实践看,每个国家的城市化进程就半个世纪左右,城市化进程结束房地产行业就会萎缩。从企业持续稳定发展角度,万达决定转向商业地产。

第三次在2006年,从单一房地产转向商业地产、文化旅游综合性企业。围绕不动产,万达进入文化、旅游等其他产业。这次转型使集团的思维方式、人才结构、企业管理都发生变化。过去万达总裁班子都是搞建筑出身,转向综合性企业后,文化、旅游等方方面面

的人才都有了。

第四次转型 2015 年初开始实施。这次转型分两方面：从空间上看，万达从中国国内企业转向跨国企业；从内容上看，万达从房地产为主的企业转向服务业为主的企业，形成商业、文化、金融、电商四个支柱产业。万达第四次转型从空间和力度上都发生深刻变化，与前三次转型有本质不同。一是企业性质发生了根本变化。前三次转型，企业仍以房地产为主，这一次转向以服务业为主。二是企业战略目标发生本质变化，从中国一流企业转向世界一流跨国企业，不仅满足于在中国发展，而且要走向世界。

2017 年 1 月 14 日万达集团年会上，王健林对外宣布万达转型基本成功。他明确提出，不仅万达集团不是地产企业，万达商业也不再是地产企业了。

2016 年是万达发展的转折之年。万达集团的报告显示，万达服务业收入占比 55%，历史上首次超过地产，未经审计的净利润也大于地产，万达提前一年实现了转型阶段目标；特别是作为转型核心企业的万达商业，虽然地产收入仍大于租金等其他业务，但预计租赁业务净利占比已经超过 50%。

此外，王健林还宣布，万达商业向轻资产转型成功。2016 年开业的 50 个万达广场中，已有 21 个属于轻资产。2016 年第 4 季度，万达商业与中信信托、民生信托、富力集团等签约 90 个万达广场，投资合同达 1050 亿元。2017 至 2019 年，每年开业交付 30 个万达广场给投资方，净租金双方分成。这种轻资产模式称之为"投资类万达广场"。另外，万达商业轻资产还探索出另一种模式——"合作类万达广场"，就是对方出地又出钱，万达负责设计、建设指导、招商运营，净租金双方分成。

资料来源：作者：企业文化中心. 万达新闻中心（http://www.wanda.cn/2015/focus_0428/31142.html）.2015-04-28.

第一节　战略风险的概念与类型

一、战略风险的概念

在企业管理领域中，战略风险的概念最早是由决策理论来进行界定的，即战略性决策所带来的风险，与一般影响企业的风险相比，战略风险往往会影响整个企业的发展方向、目标和业绩。目前，战略风险定义的分歧主要集中在战略风险是战略性风险还是战略的风险。前者认为战略是一种具体的行为和活动，重点强调战略的制定、选择、实施和控制的整个过程中，各种活动偏离实际制定的目标而造成损失的可能性；后者则认为战略风险是一个未预料到的时间或者一系列的事件，他们会削弱管理者实施原定战略的能力，影响到整个公司的发展方向和生存能力。还有一种观点就是将战略实施看作是企业的一种行为，那么战略的风险就转化为企业行为风险而统一于战略性风险之下。

虽然对战略风险的具体定义有很多,但基本上都没有脱离战略风险字面的基本含义。[①] 风险的基本定义是损失的不确定性,战略风险就可理解为企业整体损失的不确定性。这里损失可以理解为经济利益损失,也可以理解为非经济利益的损失(如竞争优势的减弱)。战略风险作为一种企业战略与风险的结合,除了具有风险的损失、不确定性、动态等一般特征外,还具有主观特性、可管理性等基本特征。[②] 在这里,"主观"的主体不单指人,同时还包括企业自身,风险的衡量是不能脱离认识主体而客观存在的。对战略风险而言,可感受性具有更重要的意义,因为在战略中主观判断因素、资源依赖因素要发挥重要作用。综合众多经济学家和管理学家对战略风险的定义,同时融合现代风险的概念,战略风险的概念可归纳如下:

(1) 从战略风险可能引起的结果来看,有整体性损失和战略目标无法实现两种结果。整体性损失包括经济利益损失和非经济利益损失,非经济利益损失如竞争优势减弱、综合排名降低、战略实施能力削弱等。根据战略理论,战略管理的目的是实现企业的战略目标,现代战略理论将战略概念定义为"一个组织长期的发展方向和范围,它通过在不断变化的环境中调整资源配置来取得竞争优势,从而实现利益相关方的期望",实际上现代意义上的战略是实现目标的途径而不包括战略目标本身,如果将战略目标分为财务类目标和非财务类目标,实际上整体性损失等同为战略目标无法实现,并且能够比较具体地反映战略风险的影响结果。

(2) 从战略风险产生的原因来看,战略风险产生于外部环境、战略管理行为和战略成功必要条件。外部环境如宏观经济和产业环境也可指未预料的外部事件;战略管理行为指战略性决策行为、战略管理活动中的战略行为或一系列未预料的内部事件。战略成功的必要条件指企业资源、能力等。这些都是引起战略风险的可能原因,上述定义不同程度涵盖了战略风险产生的某些方面的原因,但是不够全面。

因此,根据上述对战略风险概念的分析总结,结合现代风险的内涵以及现代战略概念,将战略风险定义为未来的不确定性对企业实现其战略目标的影响。该定义包含以下三方面的内容:一是体现了风险的基本内涵;二是体现了战略风险的特性,即战略风险是对战略目标的影响,战略目标包括财务类目标和非财务类目标;三是涵盖了导致战略风险产生的各种原因和情景。

二、战略风险的类型[③]

战略风险主要可以分为以下七个种类,每个大类又有它们各自的风险内容。具体分类如下:

1. 行业风险
(1) 利润薄弱
(2) 产能过剩

[①] 袁志刚.企业战略风险评价指标体系研究[J].科技创业月刊,2008(7):94-96.
[②] 商迎秋.企业战略风险识别、评估与应对研究[D].北京:首都经济贸易大学,2011.
[③] 黎群,张文松,吕海军.战略管理[M].北京:清华大学出版社;北京交通大学出版社,2006:199-200.

(3) 研发或者资本开支成本上升
(4) 产品大量普及
(5) 政府管制放松
(6) 经济周期的巨大波动
(7) 供应商实力增加
(8) 其他

2. 品牌风险
(1) 品牌变质
(2) 品牌崩溃
(3) 其他

3. 技术风险
(1) 技术更新换代
(2) 专利过期
(3) 流程过期
(4) 其他

4. 客户风险
(1) 客户偏好的改变
(2) 客户实力的增强
(3) 过度依赖少数客户
(4) 其他

5. 竞争对手风险
(1) 出现全球性的竞争对手
(2) 逐步获得市场份额的竞争者
(3) 独一无二的竞争者

6. 项目风险
(1) 研发失败
(2) 业务拓展失败
(3) IT 项目失败
(4) 并购失败

7. 发展停滞风险
(1) 销量保持不变或者下降
(2) 销量上升但是价格下降
(3) 产品难以推陈出新
(4) 其他

第二节　战略风险的控制

企业战略风险研究的目的,就是为了识别战略风险,预警风险,并在此基础上提出相应的风险管理对策,以便最大限度地降低战略风险对企业战略目标的影响和减轻风险对企业的整个组织构架、价值链系统的冲击和震荡。

其实,企业在实施战略管理过程中,战略风险的控制很容易就被管理者们所忽视,人们的眼光大都集中于战略的制定,然而许多看似制定详尽、论据充分甚至科学的战略都以失败告终,这主要是因为企业的管理人员没有对战略或者风险实施及时的控制与处理。所以说,建立战略风险管理控制系统对企业的经营成败至关重要。

对于一般性的企业,将风险分为五个阶段或者等级,相应实施不同风险预警对策,不要将风险等级划分得过宽而造成对风险管理不及时。[①]

一、低风险状态

企业所处的环境和企业经营状况良好,在实际运行中产生的战略风险对企业整体不会产生较大影响,此时风险预警管理以预防和加强模拟监测为主,同时还要通过风险知识培训和控制监察来寻找自身的遗漏。

在该状态,企业要广泛地收集相关信息,及时加以分析和处理,把隐患消灭在萌芽状态。需要重点做好以下信息的收集与监测:

(1) 随时收集公众对产品的反馈信息,一旦出现某一方面的问题立即跟踪调查加以解决。

(2) 了解企业产品和服务在用户心目中的形象信息,包括质量、价格、服务、建设改进等,分析了解公众对本企业的组织机构、管理水平、人员素质和服务的评价,从中发现公众对企业的态度及变化趋势。

(3) 掌握政策决策信息,如有关法规条令的颁布,研究和调整企业的发展战略和经营方针。

(4) 研究竞争对手的现状、实力、潜力及策略发展趋势,经常进行优劣对比,做到知己知彼。

(5) 搜集和分析本企业内部的信息,进行自我诊断和评价,找出薄弱环节,采取相应措施。

二、较低风险状态

当预警系统发出的警报表明企业的战略风险处于较低风险状态时,企业所处的环境不确定性因素在不断增大,风险的各种特性也在逐步显现出来,对正在实施的企业战略行

---

① 王华. 企业战略风险管理研究[D]. 沈阳:沈阳工业大学,2007.

为会产生一定的影响,此时必须要有正确的风险预警和监控手段。要对风险预警指标体系中的各指标逐一审查,并对所暴露的风险因素进行详细分析和诊断,有意识地采取行动防止和减少事故的发生以及给企业带来的损失。一般可以采取如下对策:

1. 战略风险回避策略

回避策略是以放弃或者拒绝承担文献作为控制方法来回避损失的可能性。回避策略是最消极的风险应对策略,它通常用于应对突发性、高风险、损失巨大而又难以挽回的风险,是有意识地采取避险措施。回避策略的实质在于回避战略风险源,进而避免战略风险。比如放弃某个政治局势动荡的海外市场或者超出企业风险承受能力的风险投资等。当然回避了投机战略风险,也就不会得到投机收益。在一种风险被完全避免后,也就不可能产生损失,也就不会对企业的战略产生影响,因此,也就没有必要去阻止风险事件的发生,减少损失的程度,或为了损失而预备基金。回避风险后,风险发生损失和获得收益的可能性都为零。回避策略的使用有其局限性,如某跨国公司为了避免政治风险和政治管制而不进入中国市场,但是在市场竞争日益激烈的情况下,这样往往就会失去市场机会,从而落后于竞争对手。

2. 战略风险减弱策略

减弱策略是指通过减少战略风险发生的机会或者减弱损失的严重性,以战略控制风险的损失。回避的作用总是有限的和相对的,因为任何经营活动都不可避免地伴有不同程度的战略风险。因此,企业总是在追求预期利益的同时,尽量将损失降至最低程度。战略风险减弱策略相对于战略风险回避策略来说,是一种比较积极的风险管理策略,它对企业不愿放弃也不愿转移的战略风险,通过降低其损失发生的概率,缩小其损失的程度来达到控制的目的。战略风险回避策略和战略风险减弱策略的区别在于,战略风险减弱策略不消除战略风险发生的可能性,而战略风险回避策略则使战略风险发生损失的可能性为零。实施减弱策略,不仅要有技术力量、人员和法律方面的保障,而且在经济上也要是可行的,即预期收益大于或者等于预期成本,否则,就不宜采用此项策略。减弱策略的运用可以扩大到企业的战略风险领域,其具体方法可谓多不胜举。如,公司业务依赖于大量出口,为了避免汇率波动对企业收入的影响,在国外建设生产设施,尽管一开始成本较高,但是风险管理的综合成本会更低。采用减弱策略要注意提高风险预防,事先从制度、文化、决策、组织和控制、培育核心能力上提高企业防御风险的能力。

3. 战略风险自留策略

战略风险自留又叫战略风险承担,是指企业自己承担由战略风险所造成的损失。风险发生后,一般都会造成一定的损失,为此,企业需要事先考虑到风险可能的损失,对风险做出预先补偿,这是一种借鉴财务性风险处理的手段。战略风险自留策略与战略风险减弱策略的不同之处在于,战略风险自留策略是在战略风险发生之后处理其风险,而战略风险减弱策略是在风险事件发生前采取措施,以改变风险事件发生的概率和影响程度。风险自担就是风险损失发生时,直接将损失摊入成本或者费用,或者冲减利润。风险自保就是企业预留一笔风险金或者进行生产经营时,有计划地计提风险基金。

4. 战略风险转移策略

战略风险转移是企业以付出一定的经济成本(如保险费、赢利机会、担保费和利息等),采取某种方式(如参加保险、信用担保、租赁经营、套期交易、票据贴现),将风险损失转嫁给他人承担,以避免战略管理过程中出现的风险可能给企业带来的灾难性损失。

三、一般风险状态

企业所处的环境风险可变因素增大,而风险已经临近企业,也已经开始产生其多变不定的侵袭作用。此时企业必须根据警报启动风险管理工具,引导风险或转移风险,同时将下一步可能产生风险破坏时的管理准备做好,并且要高度注意风险的流动可能性。

四、较高风险状态

企业的战略风险已经显现出极大的障碍性,必须结合企业实际和该领域相关情况,对企业的战略目标风险与战略行为做出修订与控制指令;同时对企业自身要启动特别危机处理程序,及时在企业内部寻找较少风险损失的对策,并对未出现风险的领域提高风险预警等级和加强防风险扩散措施,也可以采取部分中止行为。在战略风险事故发生前或发生后,采取各种有效的方式和措施,以抑制风险的发生、异变或者风险扩散和产生连锁反应。这种风险战略侧重于防范,比如采取组织整顿、结构调整等对策来缓解风险程度。

五、高风险危机状态

进入这个阶段的战略风险对企业的威胁是致命性的。一旦爆发,损失巨大,后果极其严重,企业状态往往一时难以恢复或者直接走向破产。因此,企业对这类风险必须给予高度重视,立即采取措施加以控制和处理,回避其恶性损失。

首先要在危机发生前,制订合适、有效的控制计划,有利于企业的正常生存和健康发展。其具体的应对方法[1]有:

(1) 要以最快的速度设立危机控制中心,调配训练有素的专业人员,以便实施危机控制和管理计划。

(2) 当这种危机突然来临时,企业应该详细分析危机的病症及其机理,确定相应的对策,制定消除危机影响的处理方案,尽可能快地遏止和逆转企业的劣势。

(3) 分工协作,实施方案。

(4) 要善于利用媒介与用户进行沟通。

(5) 设法使受到影响的用户帮助企业解决有关问题。

(6) 邀请权威性机构来帮助企业解决危机,以确保用户与社会对企业的信任。

(7) 制订应急计划时,注意倾听外部专家的意见。

(8) 平时加强对专业人员的专门训练。

当战略危机被克服和避免之后,一方面,要注意从社会效应、经济效应、心理效应和形象效应诸方面,评估消除危机的有关措施的合理性和有效性,并实事求是地撰写出详尽的事故处理报告,为以后处理类似的危机事件提供参照性文献依据;另一方面,要认真分析危机事件发生的深刻原因,积极总结经验教训,并做出相应的改进,增强企业对危机的免

---

[1] 周美娜. 企业战略风险预警管理研究[D]. 沈阳:沈阳工业大学,2006.

疫功能，预防和防止类似危机的再次发生。

上述提出的预警对策仅是一种战略指导意义的对策措施，在实际应用中，企业还需要根据对各指标的评价、企业整体战略风险的评价，结合本企业的实际情况确定具体的预警对策，做到居安思危，对可能发生的风险做好预防和准备工作，使企业处于一种相对的安全状态。

第三节 战略变革的原因

一般认为，战略变革是指企业通过战略内容，使企业战略能够动态地协调企业和客观环境，从而达到获得企业竞争优势的目的。因为战略是事关组织自主发展前进的根本，所以不可避免地会使组织中的一些人有所变动。战略变革不是随时间偶然的自由放任，而是一种对预先行动的研究，以使每个人都适应变革。总而言之，企业战略变革就是要符合企业发展前景和需要，根据实际情况制定出好的发展模式，不仅可以让企业在勇于创新发展的道路上越走越稳，还能因战略变革的量体裁衣而使企业在竞争中突出重围。时代在变迁，社会在高速发展，一切事物都是随之变动和缓慢发展的，摸石头过河差不多是每个企业的基本现状，基于不同时期和不同成长背景，企业对于战略改革模式的选择不能够一成不变，要做到具体问题具体分析，没有最好的改革模式，只有最实际、最合理、最合适的改革模式。虽然选择合适的企业战略改革模式难度很大，但是其重要性更是不言而喻，只有解决种种难题才能达到期望的效果。

因此，想要更加深入地探讨战略变革，就必须知道变革发生的原因[①]，为寻找最好的处理方法提供线索。

一、企业的生命周期

美国管理思想家伊查克·爱迪思把企业生命周期形象地比作人的成长与衰老，把企业生命周期分为成长、成熟与衰退期，每个阶段的特点都非常鲜明。从理论上讲，企业生命周期理论的目的不是要说明企业成长的阶段性，而是要揭示出影响企业生命周期的因素，进而说明如何改善企业的生命周期。

每个企业都有生命周期，也都会历经创业期、成长期、成熟期与衰退期四个阶段。任何事物都有个逐渐成长的过程，从创业初始到企业成长青春期再到企业经济实力的雄厚最后到企业经济萧条，这一系列都是企业的生命周期。旧事物总是因新事物的到来而逐渐隐退的，在这高速发展的社会，新生事物层出不穷，只有顺应更替才能找到适合企业发展的改革模式。伴随着企业生命周期发展的需要，企业战略变革模式随之产生，进而促进企业持续、稳定[②]、快速发展。

---

① 陈洁玲.企业战略变革的影响因素分析[J].企业改革与管理，2015(8):69.
② 陈晓梅.认知视角下企业战略变革的影响因素[J].市场研究，2014(11):29-31.

二、企业文化

实现企业的可持续发展,除了要进行战略管理外,还要进行信念、价值观、态度、结构、操作的变革,也就是企业文化的变革,使企业能更好地适应变化的环境,应对不确定性,并能使这种能力延续发展。企业文化对企业可持续发展的作用由当今企业生存的内外部社会环境所决定。

一个企业有理念和发展目标等就是企业文化的体现,没有企业文化的企业是不能够顺应社会变更长期可持续发展的。有研究者在研究过程中发现企业战略变革和企业文化有关,只有构建起企业文化,才能判断企业战略变革的程度。企业价值观和文化交流的相互融合才是企业战略改革形成的必要过程。一个企业的战略改革反映出该企业的文化,与此同时企业文化又反过来制约和影响该企业战略改革的形成和实施。

三、组织结构框架

组织是由人组成的权力与控制因素,包含管理层次、管理跨度、集权程度、人员结构、分工形式、关键职能、专业化程度、规范化程度、制度化程度、职业化程度等几个方面。通过这些参数,可以了解一个企业组织结构的基本情况及其权利和控制情况,它为评价和比较组织提供了基础,也为组织的设计提供了依据。

企业组织架构[①]的灵活性或组织柔性与战略变革能否有效实施密切相关。变化是企业战略变革的客观需要,而适应变化则是战略变革有效实施的必要条件。企业组织架构越灵活,组织柔性程度越大,企业越能够及时适应变化,进而促进战略变革的有效实施。这是因为,组织柔性程度越大,组织架构越灵活、越便捷,组织就越能够以最短的运行时间、最小的运营成本、最少的经历代价和最小的业绩损失对环境变化做出及时有效的调整和反应,从而体现出较高的环境适应性,促使企业战略变革的有效实施。

四、领导者

领导者对于企业的战略变革而言至关重要。领导者的个人素质与战略变革的成败密切相关。优秀领导者具有战略眼光,适时地发现变化的环境和条件,及时地实施战略变革并有效地执行。领导者是企业的异质性资源,同时企业面对的是资源稀缺的竞争环境。领导者这种资源所具有的功能恰恰能有效地对资源进行整合,使有限的资源为企业创造最大的价值。领导者能力[②]所表现出来的直接结果就是一种从未存在的稀缺性资源,通常就是通过对现有资产、技能和能力的整合。领导者能力在资源生成模式中先于其他模块,具有起因的作用。企业拥有的资产、技能和能力本身并不能给企业带来经济利润,领导者能将这些因素整合在一起,才能形成从未存在的稀缺性资源。

在竞争日趋激烈的今天,领导者的战略能力对于企业的战略变革起着至关重要的作用。提高自身文化水平、提高自身分析和解决问题的能力、拥有与企业共进退共成长的大

---

① 许鹏程.企业战略变革过程影响因素的初始研究[D].北京:对外经济贸易大学,2007.
② 王浩.企业战略变革动因分析方法研究[D].武汉:武汉理工大学,2009.

无畏精神等是企业领导者所要具备和培养的素质,只有具有战略能力和长远战略眼光的优秀领导者,才能发现时机,充分发挥其长远战略运行计划的能力,从而让企业在经济动荡的时代背景下稳定、健康地生存和发展。

五、企业的外部环境

影响企业的因素太多,内部因素和外部因素并存,相比之下外部因素对企业影响较大。企业外部经营环境是不断变化的,可直接影响到企业管理模式、改革方向、战略手段等,只有顺应时代变迁和历史变革,遵循与时俱进,与社会大变革同发展、同进步,这样才能在复杂、不稳定、动态的环境下得以生存和适应。

第四节 战略变革的选择

一、战略变革的类型

早在1987年,Prahalad和Doz在对20世纪七八十年代的跨国公司战略问题的研究中区别了两种战略变革的过程:一种是公司危机引发的"迅速""剧烈"的变革过程;另一种是公司主动引发的缓慢的变革过程①。后者是战略变革的基本过程,前者是后者的极端情况。他们通过考虑影响战略质量的因素,认为剧烈变革过程其效果不及缓慢变革过程。

英国战略管理学教授Johnson和Scholes(1993)对此问题的观点是:组织中的战略变革是渐进式的,偶尔会出现一些转型式变革,由此认为战略变革的主导过程是渐进式过程,因为战略变革主要是基于企业已有的行事方式或惯例所形成的"影响路径"或"影响环"上的一个社会系统而进行的。沃尔贝达和巴登富勒在对大型多业务企业如何在变革力量和稳定力量之间的冲突中寻求平衡的战略更新的文献综述中提出,从时间机制而言,学术界认为,战略更新有两个过程:一个是非连续的间断性革命变化过程;另一个是缓慢进化过程。荷兰学者Bobdewit和Meyer(1998)通过对大量直接或间接性战略变革的文献整理发现,理论界有两个观点:非连续性变革视角的革命式过程观点;连续性变革角度的演进式过程观点。

大部分情况下,组织中的战略形成过程是适应其生产方式的,偶尔会发生一些质变式改变,主要有四种战略变革类型(图15-1所示),这在一定程度上影响了管理变革的方式。

有证据表明,渐变式的变

性质	范围	
	转型化	重新调整
渐变式	进化式变革	适应式变革
一蹴而就式	革命式变革	重组式变革

图15-1 战略变革类型

---

① 何飞云,余来文.企业战略变革的路径选择[J].商业时代,2006(29):50-51.

革性质更有利于变革,因为渐变式变革可以为员工逐渐建立起个人技能、常规与信念,这样有利于提高变革效率并获得员工的支持。"一蹴而就式"的变革可能在某些情况下是必要的。例如,组织正面临着危机,或者需要迅速改变其发展方向,但是这种变革方式会打破组织的连续性与一贯性,而且会很痛苦。就变革过程所涵括的范围来说,需要考虑的问题是:是否可以在不改变组织当前范式(即组织当前所遵循的信念和假设)的情况下实现这种变革。如果可以,这种变革就是对组织战略的重新变革,而不是战略方向的根本性变革,这种变革是否需要对组织当前范式进行改变,如果需要,那么这种变革就是转型式变革。以下是四种战略变革类型:

1. 适应式变革

这是指组织的现有范式内逐渐进行的变革。这是最常见的组织变革形式。

2. 重组式变革

这是指发生速度很快,但并没有从根本上改变组织范式的变革。例如,一个组织可能对其结构进行重大调整,或者推行一个大型的削减成本的项目,以应对艰难的或者不断变化的市场环境。

3. 进化式变革

这里指需要改变组织范式的战略变革,但这种变革需要较长的时间完成。管理者可能会首先认识到有必要进行战略转型,然后,管理者开始对进化式变革进行规划设计,并确定实现变革所需要的时间。也可以从另一个角度解释进化式变革,即将组织视为"一个学习型系统",随着环境的变化不断调整其战略,在此基础上就产生了学习型组织的概念。但是,渐进式变革可能存在战略偏移的风险。其原因在于,尽管环境和竞争压力需要组织进行一些更为彻底的改革,但变革毕竟是建立在组织现有范式和常规的基础上,并受到组织范式和常规的约束。

4. 革命式变革

这里指需要对组织战略和范式进行重大、快速改变的变革,这可能是因为上述战略偏移最终带来了要求组织进行变革的重大压力,比如利润急剧下滑或者组织受到收购的危险。

因此,了解所需变革的范围是很有帮助的。如果运用文化范式,那么核心问题就是:

(1) 需要进行的战略变革是否可以在不改变当前文化特别是组织范式的条件下进行。

(2) 是否需要对组织文化和组织范式做出重大调整。例如,一家零售商可以在不对其组织假设及信念进行根本性变革的条件下推出新产品。某些战略变革(即使这些变革未采用对产品做出重大改变这一形式)可能要求对组织的核心假设做出根本性的变革。例如,当一家制造商从以产品为中心转向以客户为导向时,服务方式的转变可能不会导致公司产品的变更,却很可能需要对组织文化做出重大改变。①

二、战略变革的路径选择

企业战略变革虽然受很多因素影响,但是只要企业在变革过程中把握好相应的对策和路径,就能够持续获得竞争优势。企业战略变革的路径主要有以下几个方面:

---

① 李玉刚.战略管理[M].北京:科学出版社,2005:229-230.

1. 调整企业理念

企业战略变革首选的理念是得到社会普遍认同的、体现企业自身个性特征的、促使并保持企业正常运作以及长足发展而构建的反映整个企业经营意识的价值体系。它是企业统一化的可突出本企业与其他企业差异性的识别标志,包含企业使命、经营思想和行为准则三部分。调整企业理念,首先,确定企业使命,即企业应该依据怎样的使命开展各种经营活动,它是企业行动的原动力;其次,确立经营思想,指导企业经营活动的观念、态度和思想,给人以不同的企业形象;最后,靠行为准则约束和要求员工,使他们在企业经营活动中必须奉行一系列行为准则和规则。调整企业理念,给企业全新定位,这是一种企业适应社会经济发展的变革,只有在这种不断地演化、渐进变革中,才能够构建新的企业战略,企业才能重生,才能得到发展和壮大。在重新调整企业理念时,首先要与行业特征相吻合;其次在充分挖掘原有企业理念的基础上赋予其时代特色;最后企业理念要和竞争对手有所区别。

2. 企业战略重新进行定位

如何实施战略定位是战略变革的重要内容,根据迈克尔·波特的观点,帮助企业获得竞争优势而进行的战略定位实际上就是在价值链配置系统中从产品范围、市场范围和企业价值系统范围三方面进行定位的选择过程。产品的重新定位,对于明星产品而言,由于企业竞争力和市场吸引力强,也是高速成长的市场领先者,对其要多投资,促进发展,扩大市场份额;对于"金牛"产品而言,由于具有规模经济和高利润优势,但有风险,对其维持市场份额,尽可能多地榨取市场利润;对于问题产品而言,虽然产品市场吸引力强,但由于要加大投资,因此主要考虑在尽可能短的时间内收回成本;对于"瘦狗"产品而言,企业的对策就是尽快地售出剩余产品然后转产。对于市场和企业价值系统的重新定位,由于企业作为一个独立的组织,其竞争优势来源于研发、生产、营销和服务等过程,来源于企业的价值链配置系统,就是这个系统在市场与企业之间不断地传递有关价格、质量、创新和价值的信息,从而为企业营造和保持新的竞争优势。

3. 重新设计企业的组织结构

在进行组织结构设计时,要围绕战略目标实现的路径来确定不同层级的管理跨距,适当的管理跨距并没有一定的法则,一般是3~15人,在进行界定时可以依据管理层级的不同以及人员的素质、沟通的渠道、职务的内容以及企业文化等因素。在设计组织结构时,还要充分考虑企业各部门顺利完成各自目标的可能性,以及在此基础上的合作协调性、各自分工的平衡性、权责明确性、企业指挥的统一性、企业应变的弹性、企业成长的稳定性和效率性、企业的持续成长性。通过重新设计企业的组织结构,理清各部门的管理职责,改变指挥混乱和权责不对等的现象,从而提高管理效率。

第五节　战略变革的成功因素

佩蒂格鲁和惠普对美洲虎公司、Longman 公司、Hill Samuel 商业银行和 Prudential 人寿保险公司进行了深入的经验研究，他们也研究了这四家公司所在行业的更为一般的情况，得出了成功的战略变革所需要的五个相互联系的因素[①]。

一、环境评估

企业是一个开放的系统，有效的管理变革要求企业员工保持对环境的敏感性，不能只依赖于技术人员或者专业管理人员，企业的员工应密切地关注环境，对环境信号保持敏感。作为企业的管理人员，应该使员工充分相信，通过企业内的交流网络可以充分了解环境的变化。

企业只有在对环境保持高度敏感的基础上，寻找机会，积累经验，谋求扩大自身竞争优势。可以说，那些成功地实施战略变革的企业不但要成为一个"学习型组织"，而且要比竞争对手学习得更快、更有效。因此，对环境的评估不应该视为一个具有独立功能的独立研究，组织的所有部分都应该不断地评估环境。战略的创造性通常产生于这一过程。

二、领导的变革

领导风格只有联系组织特定的环境才可以进行评价，没有一般意义上的"好领导"，最好的领导也要受到公司实际情况的制约。一般来说，战略变革的推动者必须是企业的高层管理者，因为他们在推动组织以适宜的步履向前发展时，通常是最有效的、大胆的行动。但是在企业战略变革的过程中，涉及企业原有运行模式惯性的改变甚至颠覆，必将受到员工上上下下的质疑甚至反对。作为企业的领路人在此时不可以迷失方向和犹豫不决，而是从战略的高度审时度势地加以监督和执行，否则，将会不利于企业发展。

三、战略与经营变化的联系

为了在战略变革与经营变革之间建立联系，企业需要把战略变革转化为详细的战略规划，确定成功的关键因素和关键任务，并通过控制过程来管理企业。战略变革与经营变革之间有着重要的联系，主要有以下两个方面的原因：第一，如果经营变革与战略变革不一致，那么无论战略变革设计得多么完美，战略变革都不会成功。第二，战略变革最终要落实到经营层面。将战略变革转变为经营变革，将战略优势转变为实际经营能力，努力尝试风险较小、易于管理的方法，这对于成功实施战略变革是十分必要的。

---

① 王铁男.工商管理系列教材——企业战略管理[M].哈尔滨：哈尔滨工业大学出版社.2006：402-405.

四、战略性人力资源管理

企业最稀缺的资源就是那些博学多才、经验丰富、懂得居安思危和深谋远虑的人。而那些能够成功驾驭变革的企业,也正是将公司的人力资源开发管理政策、战略模式以及战略变革过程联系起来的企业。

从人事管理到人力资源管理,再到战略性人力资源管理,这是组织中对人的管理的两次重大的模式变革。相对而言,传统的人力资源管理是以人力资源管理理论为基础,并且其所处的外部环境都是单一的、线性的商业模式和相对稳定的竞争环境,而战略性人力资源管理是以战略管理理论与人力资源管理理论的有机结合为基础,且其所处的外部环境是复杂的、非线性的商业模式和变化迅速的动态竞争环境。除此之外,战略性人力资源管理更加重视战略层次,关注长期的人力资源规划,这是传统的人力资源管理未做到的方面。

五、管理变革的凝聚力

管理变革的凝聚力就是将企业的各个部分整合、发展成为一个高效的、协调的整体,同时又能不断地进行变革,以适应当前的动态竞争环境的变化。团队是能够充分体现凝聚力优势的企业内部组织形式,传统科层组织限制个人发挥最佳优势,而团队却为企业战略变革的实施提供机遇。例如,新产品的开发需要在保留传统企业组织结构功能精华的同时,通过团队弥补其缺陷。

章末案例

格力战略变革之路

一、专业化战略成就国际领先品牌

从成长的格力到发展的格力,如何实现"打造百年企业"的目标,专业化战略是董明珠的选择,也是格力的选择。2002—2012年,格力整合所有资源,力图将空调做到最完美,"好空调,格力造"的口号家喻户晓。为推进专业化战略,格力采取了一系列措施。2003年12月,投资达7亿元,建设格力电器四期工程,格力电器成为全球最大的专业化空调生产基地。

2004年9月,格力电器收购集团旗下的凌达压缩机、新元电子、格力电工、小家电等子公司,进一步加强和完善了配套产业链,为冲刺世界冠军奠定了坚实的基础。

2005年11月,全球第一台超低温热泵数码多联机组在格力电器下线,是1999至2005年原建设部科技评估中首个获"国际领先"认定的项目。2005年12月,格力家用空调产销量突破1000万台,跃居全球第一。

2006年9月,格力电器被国家质检总局授予空调行业唯一的"世界名牌"。

2009年3月,经国家科技部批准"国家节能环保制冷设备工程技术研究中心"正式落户格力,这是中国制冷行业第一个也是唯一的国家级工程技术研究中心。

2010年初,"格力掌握核心科技"的广告语,更是宣告了格力转型升级的信心和决心,也道出了家电业同行的心声。

2011年7月,全球首条碳氢制冷剂R290(俗称"丙烷")分体式空调示范生产线在格力电器正式竣工,并被中德两国联合专家组一致鉴定为"国际领先"。2011年12月,全球首台高效直流变频离心机组在格力电器下线,被鉴定为"国际领先"。机组综合能效比1.2,比普通离心式冷水机组节能40%以上,效率提升65%以上,是迄今为止最节能的大型中央空调。

2012年2月,国家科学技术奖励大会在北京举行,格力1赫兹变频技术荣获国家科技进步奖。格力电器成为该奖项设立以来唯一获奖的专业化空调企业。2012年2月格力电器率先承诺,格力变频空调两年免费包换。2012年3月,格力形象片亮相美国纽约时代广场。2012年5月董明珠升任格力电器董事长兼总裁,带领格力电器成为中国首家突破千亿元的家电上市企业。2012年12月,格力电器环保贡献获联合国认可,成为中国家电行业首个获蒙特利尔多边基金的企业。同年,格力"双级增焓变频压缩机的研发及应用"鉴定为"国际领先",改写了空调行业百年历史,开创了双级变频新纪元。2012年,格力电器实现营业总收入1001.10亿元,同比增长19.87%;净利润73.8亿元,同比增长40.92%,成为中国首家突破千亿元的家电上市企业。

回顾专业化战略的这10年,格力每年在科研上的投入超过20亿元,创新技术成果已经成为格力在市场竞争中获胜的关键因素,也成为企业持续发展的动力。对于技术的高度重视,使得格力有了在更高层面参与竞争的底气。可以说,在专业化战略的引导下,格力已经将"中国制造"做到了极致,具有令全球制冷业业内人士认同的制造能力。格力的专业化战略得到了行业、市场以及消费者的认同。回想这10年,董明珠在多次采访中表达了坚定不移带领格力走专业化战略路径的决心。然而未来又会怎样发展呢?

二、宣告进入多元化战略

2013年9月17日晚间,以董明珠为代言人的晶弘冰箱的新广告片在中央电视台播出。这一广告的播放,似乎释放了一个信息——原来只做空调的格力,要开始多元化扩张。格力不再坚持专业化战略的主张了吗?

时代飞速发展,互联网经济作为新兴的经济模式,更是势如破竹。新的经济环境,新的商业模式,全新的挑战。2013年12月12日晚,第十四届CCTV中国经济年度人物颁奖典礼上,董明珠与小米公司董事长雷军立下了10亿元"升级版赌约"。这一场豪赌,董明珠的信心来自哪里?回顾前20年,格力的发展与时代的发展一直紧密结合。为了证实这一点,董明珠和格力用实际行动践行着。

2014年3月18日,上海AWE中国家电博览会,格力电器正式推出了集前沿科技和时尚潮流于一身的高端生活电器品牌大松(TOSOT),包括净水机、电暖器、加湿器、电风扇、空气净化器、干衣除湿机、电饭煲、电压力锅、电磁炉九大系列新品,均已高调亮相。依托于格力电器一流的研发体系和卓越的产品质量,专门针对"80后""90后"年轻消费群体打造的潮流新贵品牌TOSOT,开创了家电领域独一无二的时尚风潮和高品质生活艺术理念。之后TOSOT品牌的广告片在央视及各大卫视播出。

2015年3月18日,董明珠在中山大学讲堂演讲结束互动交流中,首次对外展示了格力手机。格力手机突然曝光,号称不强调智能化,做"物联网"概念,用手机控制家居电器、调控生活环境。

2015年9月22日,中国制造业高峰论坛结束之后,格力电器举行了2016年新品发布会,四大新品惊艳全场:格力划时代空调、磁悬浮离心机组、晶弘瞬冷冻冰箱以及TO-SOT零耗材空气净化器。格力电器还同时发布了"格力,让世界爱上中国造"的新口号。2016年3月6日,格力电器公告透露拟发行股份购买珠海银隆新能源有限公司,2016年7月5日,格力电器在深交所公告披露了收购珠海银隆新能源的详细方案,并称正在论证实施员工持股计划。董明珠表示收购银隆不是简单的跨界,而是两家公司的强强融合。

2016年7月23日,第二届中国制造业高峰论坛上,董明珠首次正式宣布格力进入多元化时代。

三、从专业化到多元化:未来会如何?

从一个年产值不到2000万元的小厂到全球最大的专业化空调企业,格力电器完成了一个国际化家电企业的成长蜕变,并进行了五次品牌理念的更新升级:"格力电器,创造良机""好空调,格力造""格力,掌握核心科技""格力让天空更蓝大地更绿""让世界爱上中国造"。前20年,在品牌建设方面,格力一直奉行"专业化"品牌发展道路,推动公众对品牌专业的认识,品牌拥有极高的辨识度和联想度,消费者一旦提到"格力"二字,便联想到格力以空调为主打的优质产品。通过专业化品牌塑造,有效地提升了公众对格力的专业品牌认可,格力空调成为好空调的代名词,推动格力空调的品牌形象在空调业中一骑绝尘,成为全球唯一一个单品销售超过千亿元的品牌。格力坚定不移的专业化战略使得品牌保持着新鲜的生命力,形成格力品牌始终紧跟时代,不曾褪色的品牌特色。近几年,从小家电到冰箱再到手机,格力多元化战略开的花多,结的果少。格力做的晶弘冰箱在国内市场占有率非常低,大松小家电也很难在市场上看到。对于格力而言,之前在家电领域的相关多元化都做得不容乐观,现在进入汽车领域做非相关多元化,也是困难重重。收购珠海银隆的交易失败,"野蛮人"敲门,卸任风波……更是困难重重,2016年12月10日,在中国企业领袖年会上,董明珠表示,虽然收购珠海银隆失败了,但是格力还会继续做电动车。

格力电器正走上变革之路,新一轮的发展遇到了瓶颈,下一步能否正确扩张,能否变革成功,公司将面临一系列挑战。通过多元化、智能化战略的变革转型能否为企业带来新的发展格局?

资料来源:孟鹰,余来文,等.战略管理:理论、应用和中国案例(第二版)[M].经济管理出版社.2019.

思考题:
1. 格力变革的主要内容有哪些?
2. 影响格力成功实现变革的主要因素有哪些?

本章小结

战略风险是会影响整个企业的发展方向、目标和业绩的,但是在实施战略管理过程中,战略风险的控制却容易被管理者们所忽视,最终导致战略实施的失败。所以说,建立战略风险管理控制系统对企业的经营成败至关重要。所以,要深入研究分析战略风险,必须了解其概念、类型和与其相适应的风险控制方法。

企业实施战略变革必须要符合企业发展的前景和需要,因此之前一定要了解变革的原因。一般而言,战略变革的动因有五种:企业的生命周期、企业文化、组织结构框架、领导者、企业的外部环境。

依据战略变革的范围与性质的不同,战略变革有不同的类型。所谓变革范围是指变革在多大程度上设计对组织当前范式的选择;而变革性质是指这种变革是可以经过循序渐进的过程来实现,还是需要采取紧急的即刻行动(一蹴而就的方式)。不同类型的变革需要在进行变革管理的过程中采取不同的路径选择。

成功实施战略变革必须抓住五个关键因素:环境评估、领导的变革、战略与经营变化的联系、战略性人力资源管理、管理变革的凝聚力。

关键概念

战略风险　战略变革　变革路径选择　成功变革因素

复习思考题

1. 一般而言,企业战略中存在的风险分几种类型?
2. 有哪些处理策略可以有效地对战略风险进行控制?
3. 为什么要进行战略变革?如何理解战略变革的内涵?
4. 战略变革的途径有哪些选择?
5. 联系实际,分析成功实施战略变革的关键因素有哪些?

主要参考文献

[1] [美]格兰特. 企业战略管理[M]. 北京:光明日报出版社,2004.
[2] [德]阿诺尔特·魏斯曼. 战略管理[M]. 史世伟,等,译. 北京:华夏出版社,2001.
[3] 杨锡怀,冷克江,王江. 企业战略管理——理论与案例(第2版)[M]. 北京:高等教育出版社,2004.
[4] 项保华. 战略管理——艺术与实务[M]. 北京:华夏出版社,2001.
[5] [英]C.鲍曼. 战略管理[M]. 北京:中信出版社,1997.
[6] 徐佳宾. 企业战略管理[M]. 北京:经济管理出版社,2004.
[7] 邵一明,蔡启明. 企业战略管理[M]. 上海:立信会计出版社,2005.
[8] 张士玉. 战略管理[M]. 北京:中国财政经济出版社,2002.
[9] 罗珉. 公司战略管理[M]. 成都:西南财经大学出版社,2003.
[10] 陈幼其. 战略管理教程[M]. 上海:立信会计出版社,2004.
[11] 王迎军. 战略管理[M]. 天津:南开大学出版社,2005.
[12] 谭开明,魏世红. 企业战略管理[M]. 大连:东北财经大学出版社,2006.
[13] 王方华,陈继祥. 战略管理[M]. 上海:上海交通大学出版社,2003.
[14] 王方华. 企业战略管理(第2版)[M]. 上海:复旦大学出版社,2007.
[15] 王方华. 企业战略管理[M]. 上海:复旦大学出版社,2006.
[16] 贺金社. 战略管理[M]. 郑州:河南科学技术出版社,2005.
[17] 黄旭. 战略管理思维与要径[M]. 北京:机械工业出版社,2007.
[18] 刘庆元,刘宝宏. 战略管理:分析、制定与实施[M]. 大连:东北财经大学出版社,2001.
[19] 约翰·A.皮尔斯二世. 战略管理(第8版)[M]. 北京:中国人民大学出版社,2005.
[20] Richard Lynch. 公司战略[M]. 昆明:云南大学出版社,2001.
[21] 弗雷德·R.戴维. 战略管理(第6版)[M]. 李克宁,译. 北京:经济科学出版社,1998.
[22] 弗雷德 R.戴维. 战略管理(第8版)[M]. 李克宁,译. 北京:经济科学出版社,2001.
[23] [美]费雷德·R.戴维. 战略管理(第10版)[M]. 李克宁,译. 北京:经济科学出版社,2006.
[24] C.W.L.希尔,G.R.琼斯. 战略管理[M]. 北京:中国市场出版社,2005.
[25] C.W.L.希尔. 战略管理(第6版)[M]. 北京:中国市场出版社,2007.
[26] 罗伯特·M.格兰特. 现代战略分析(第4版)[M]. 北京:中国人民大学出版社,2005.
[27] 罗伯特·M.格兰特. 公司战略管理[M]. 北京:光明日报出版社,2005.
[28] 迈克尔·A.希特,R.杜安·爱尔兰,罗伯特 E.霍斯基森. 战略管理——竞争与案例(第6版)[M]. 北京:机械工业出版社,2005.

[29] 迈克尔 A.希特,等.战略管理(第6版)[M].吕巍,译.北京:机械工业出版社,2006.
[30] 迈克尔·波特.竞争战略[M].北京:华夏出版社,2004.
[31] 朱煜.经营战略[M].北京:中国纺织出版社,2004.
[32] 张秀玉.企业战略管理[M].北京:北京大学出版社,2005.
[33] 王铁男.企业战略管理[M].哈尔滨:哈尔滨工业大学出版社,2006.
[34] 张世君,刘荣英.企业战略管理[M].武汉:武汉理工大学出版社,2006.
[35] 秦远建,胡继灵,等.企业战略管理[M].武汉:武汉理工大学出版社,2005.
[36] 邹昭晞.企业战略分析[M].北京:经济管理出版社,2001.
[37] [英]格里·约翰逊,凯万·斯科尔斯.战略管理[M].王军,等,译.北京:人民邮电出版社,2004.
[38] 王建民.战略管理学(第2版)[M].北京:北京大学出版社,2006.
[39] 黎群,张文松,吕海军.战略管理[M].北京:清华大学出版社,北京交通大学出版社,2006.
[40] 黄丹,余颖.战略管理[M].北京:清华大学出版社,2005.
[41] 李玉刚.战略管理[M].北京:科学出版社,2006.
[42] 李玉刚.战略管理研究[M].广州:华南理工大学出版社,2006.
[43] 李玉刚.战略管理行为[M].北京:中国物价出版社,2006.
[44] 钟耕深.战略管理[M].济南:山东人民出版社,2006.
[45] 孟卫东,张卫国,龙勇.战略管理——创建持续竞争优势[M].北京:科学出版社,2004.
[46] 陈忠卫.战略管理[M].大连:东北财经大学出版社,2007.
[47] 金占明.战略管理——超竞争环境下的选择[M].北京:清华大学出版社,2004.
[48] 王玉.企业战略管理教程[M].上海:上海财经大学出版社,2005.
[49] 王玉,王琴.企业战略——谋取长期竞争优势[M].上海:复旦大学出版社,2005.
[50] 包昌火,谢新洲.竞争环境监视[M].北京:华夏出版社,2006.
[51] 王方华,吕巍.企业战略管理[M].上海:复旦大学出版社,2000.
[52] 大卫·J.科利斯,等.公司战略——企业的资源与范围[M].王永贵,杨永恒,译.大连:东北财经大学出版社,2000.
[53] 吴照云.管理学(第5版)[M].北京:中国社会科学出版社,2006.
[54] 胡大立.企业竞争力决定因素及其形成机理分析[M].北京:经济管理出版社,2005.
[55] 胡大立.企业竞争论[M].北京:经济管理出版社,2001.
[56] 克雷格·弗莱舍,等.战略与竞争分析——商业竞争分析的方法与技巧[M].王俊杰,等,译.北京:清华大学出版社,2004.
[57] 詹姆斯·S.哈里顿.标杆管理——瞄准并超越一流企业[M].欧阳袖,张海蓉,译.北京:中信出版社,2003.
[58] 阿诺尔多 C.哈克斯,庞博.战略实践:如何系统制定企业战略[M].王德忠,等,译.北京:机械工业出版社,2003.
[59] 陈继祥,等.战略管理[M].上海:上海人民出版社,2006.

[60] 张明玉,张文松. 企业战略理论与实践[M]. 北京:科学出版社,2005.
[61] 邹昭晞. 企业战略分析[M]. 北京:经济管理出版社,2002.
[62] 李纯. 企业战略管理[M]. 北京:中国商务出版社,2005.
[63] 龚荒. 企业战略管理[M]. 徐州:中国矿业大学出版社,2006.
[64] 段从清. 企业战略管理[M]. 北京:人民出版社,2005.
[65] 林建煌. 战略管理[M]. 北京:中国人民大学出版社,2004.
[65] 杜春峰. 标杆管理在提升企业竞争力中的作用[J]. 科技情报开发与经济,2007,17(22).
[65] 刘光明. 万向集团的标杆管理[J]. 企业管理,2004(7).
[68] 余凯程,等. MBA 管理案例精选[M]. 大连:大连理工大学出版社,2006.
[69] 许晓明. 企业战略管理教学案例精选[M]. 上海:复旦大学出版社,2000.
[70] Richard Lynch. 公司战略:《财富》500 强成功经典[M]. 昆明:云南大学出版社. 2001.
[71] 格林·约翰森,等. 公司战略教程[M]. 北京:华夏出版社. 1998.
[72] 尹传高. 中国企业战略路线图[M]. 上海:东方出版社. 2006.
[73] 丁宁,等. 企业战略管理[M]. 北京:清华大学出版社. 2005.
[74] 黄凯. 战略管理[M]. 北京:石油工业出版社. 2005.
[75] 刘英骥. 企业战略管理教程[M]. 北京:经济管理出版社. 2006.
[76] 罗伯特·S. 卡普兰,戴维·P. 诺顿. 综合计分卡——一种革命性的评估和管理系统[M]. 北京:新华出版社. 1998.
[77] 秦扬勇. 平衡计分卡与战略管理[M]. 北京:中国经济出版社. 2007.
[78] R. 爱德华·弗里曼. 战略管理:相关者方法[M]. 上海:上海译文出版社. 2006.
[79] 约瑟夫·W. 维斯. 商业伦理:利益相关者分析与问题管理方法[M]. 北京:中国人民大学出版社. 2005.
[80] O. C. 费雷尔,约翰·弗雷德里克,琳达·费雷尔. 商业伦理:伦理决策与案例[M]. 北京:清华大学出版社. 2005.
[81] 王璞. 战略管理咨询实务[M]. 北京:机械工业出版社. 2003.
[82] 王一,贾云广. 战略管理工具箱[M]. 上海:上海远东出版社,2006.
[83] 贾旭东. 现代企业战略管理思想、方法与实务[M]. 兰州:兰州大学出版社,2006.
[84] 阿尔弗雷德·钱德勒. 经营战略[M]. 北京:中国国际广播出版社,2003.
[85] http://www.3722.cn/listknowhow.asp? articleid=21950
[86] http://yg2005.qqqweb.net/client/yg2005/2008510185727531.doc
[87] 王德中. 企业战略管理[M]. 成都:西南财经大学出版社,2002.
[88] 何志毅. 师鉴——向案例学习管理[M]. 北京:北京大学出版社,2006.
[89] 解培才. 企业战略管理[M]. 上海:上海人民出版社,2002.
[90] 李福海,张黎明. 研究生系列教材——战略管理学[M]. 成都:四川大学出版社,2004.
[91] 邓海涛. 企业战略管理[M]. 长沙:国防科技大学出版社,2005.

[92] 宝贡敏.现代企业战略管理[M].郑州:河南人民出版社,2001.
[93] 郭松克,肖飞,等.企业战略管理[M].北京:中国财政经济出版社,2006.
[94] 蔡树堂.企业战略管理[M].北京:石油工业出版社,2001.
[95] 李维安,周建.企业战略管理——案例点评[M].杭州:浙江人民出版社,2005.
[96] 韩立达.中国企业管理科学案例库教程[M].北京:光明日报出版社,2001.
[97] [日]大前研一.新企业战略[M].卿学尼,译.北京:中信出版社,2006.
[98] [加]亨利·明兹格.公司战略计划——大败局的分析[M].昆明:云南大学出版社,2002.
[99] [美]J.戴维·亨格.战略管理精要[M].北京:电子工业出版社,2002.
[100] 杨锡怀.企业战略管理——理论与案例[M].北京:高等教育出版社,2004.
[101] 罗伯特·西蒙斯.战略实施中的绩效评估和控制系统[M].北京:中国人民大学出版社,2002.
[102] 杜宝芬.企业风险管理[M].北京:经济管理出版社,2008.
[103] 周春生.企业风险与危机管理[M].北京:北京大学出版社,2007.
[104] COSO制定发布.企业风险管理——应用技术[M].大连:东北财经大学出版社,2006.
[105] 刘升福.企业战略风险理论研究与实证分析[D].武汉:武汉理工大学,2004.
[106] 刘新立.风险管理[M].北京:北京大学出版社,2006.
[107] 王强.企业失败研究[M].北京:中国时代经济出版社,2002.
[108] 詹姆斯·林.企业全面风险管理[M].北京:中国金融出版社,2006.
[109] Steven J. Roof.超越COSO——加强公司治理的内部控制[M].北京:清华大学出版社,2004.
[110] 何文炯.风险管理[M].北京:中国财政经济出版社,2005.
[111] 余来文,陈明.管理竞争力[M].北京:东方出版社,2006.
[112] 余来文,等.动态环境下的企业战略变革研究[J].当代经济管理,2006(1).
[113] 刘华.中航油新加坡公司内部控制案例分析[J].上海市经济管理干部学院学报,2008(3).
[114] 张黎明.论企业战略变革的原因与对策[J].经济体制改革,2004(1).
[115] 张黎明,刘燕梅.企业战略变革的类型分析[J].西南民族大学学报,2004(4).
[116] 李蕾,梁威.企业战略变革阻力来源与应对策略[J].企业研究,2005(9).
[117] 薛求知,徐海康.企业战略变革透视[J].经济理论与经济管理,2001(10).
[118] 黄旭.企业战略变革研究[M].成都:四川大学出版社,2004.
[119] 项保华.战略管理[M].北京:华夏出版社,2001.
[120] 胡建绩,陆雄文.企业经营战略管理[M].上海:复旦大学出版社,2002.
[121] 韩伯棠,张平.战略管理[M].北京:高等教育出版社,2004.
[122] Peter Drucker. The Age of Discontinuity, London, Heinemann, 1969.
[123] Charles Handy. The Age of Unreason, London, Commerce Publishing, 1989.
[124] 赵黎.马化腾自述:我的互联网思维[M]北京:石油工业出版社,2014.

[125] 余来文,封智勇,林晓伟.互联网思维云计算、物联网、大数据[M].北京:经济管理出版社,2014.

[126] 任建斌.顺流而为:"互联网+"背后的商业逻辑揭秘[M].北京:电子工业出版社,2015.

[127] 路长全.大跨界:互联网时代的新商业模式[M].北京:世界知识出版社,2015.

[128] 高建华.赢在顶层设计:决胜未来的中国企业转型、升级与再造之路[M].北京:北京大学出版社,2013.

[129] 危正龙,宋正权.商业模式突围[M].北京:中国经济出版社,2014.